Belezas IMAGINÁRIAS

ANTROPOLOGIA DO CORPO E DO PARENTESCO

Belezas Imaginárias

ANTROPOLOGIA DO CORPO E DO PARENTESCO

PIERRE-JOSEPH LAURENT

EDITORA
IDEIAS&
LETRAS

DIREÇÃO EDITORIAL:
Marcelo C. Araújo

CONSELHO EDITORIAL:
Márcio Fabri dos Anjos

TRADUÇÃO:
Newton Aquiles Von Zuben

COPIDESQUE:
Thiago Figueiredo Tacconi

REVISÃO:
Ana Aline Guedes da Fonseca de Brito Batista

DIAGRAMAÇÃO:
Érico Leon Amorina

CAPA:
Vinícius Abreu

Título original: *Beautés Imaginaires Anthropologie du corps et de la parenté*

ISBN: 978-2-87209-979-5

EDITORA IDEIAS& LETRAS

Rua Diana, 592
Cj. 121 - Perdizes
05019-000 - São Paulo - SP
(11) 3675-1319 (11) 3862-4831
Televendas: 0800 777 6004
vendas@ideiaseletras.com.br
www.ideiaseletras.com.br

Dados Internacionais de Catalogação na Publicação (CIP)
(Câmara Brasileira do Livro, SP, Brasil)

Laurent, Pierre Joseph
Belezas imaginárias: antropologia do corpo e
do parentesco / Pierre Joseph Laurent;
[tradução Newton Aquiles Von Zuben].
São Paulo: Ideias & Letras, 2013.
Título original: *Beautés Imaginaires: Anthropologie du Corps et de la Parenté.*

ISBN 978-85-65893-33-6

1. Beleza física (Estética) - Aspectos sociais
2. Corpo humano - Aspectos sociais I. Título.

13-03915 CDD-306.4

Índices para catálogo sistemático:

1. Beleza humana: Antropologia do corpo e do parentesco: Sociologia 306.4

A meu mestre, Mike Singleton, último assistente de Evans-Pritchard que, como seu nome já indica, soube iniciar-me na singularidade.

Agradecimentos

A intuição sobre a qual repousa essa obra teria permanecido evanescente sem o entusiasmo de minha mulher Danielle Bastien. Doutora em psicologia e psicanalista, partilhou comigo anos de trabalho na África; ali adquiriu um refinado conhecimento de antropologia. Nas trocas apaixonantes que pontuaram as etapas dessa investigação, beneficiei-me de uma escuta benevolente e descompromissada. Sua vigilância e rigor levaram-me a tratar o feminino de modo mais seguro.

Em fevereiro de 2002, Philippe Descola ocupava a Cátedra Jacques Léclerq da Universidade Católica de Louvain. As cinco conferências que ele proferiu, intituladas "Os usos do mundo", bem como os debates que as acompanharam, permitiram-me articular aquilo que não passava ainda de uma interrogação dispersa entre antropologia cognitiva, antropologia fundamental, epistemologia e antropologia social e cultural.

Permanecerei sempre em débito para com meu mestre e amigo Mike Singleton. O primeiro esboço deste livro beneficiou-se de suas qualidades epistemológicas. Devolveu-me um manuscrito repleto de comentários, todos muito fecundos, uns mais que outros e, graças às nossas conversações, este trabalho progressivamente ganhou consistência. Sou particularmente grato a Maurice Godelier por nossos intercâmbios - tanto em Paris como em Louvain-la-Neuve - sobre a antropologia de parentesco e as relações da antropologia francesa com o darwinismo. À medida que ocorriam nossos intercâmbios por correio referentes aos seus questionamentos, compreendi melhor minhas próprias interrogações. A primeira versão completa do manuscrito valeu-se do rigor científico de Frédéric Legrand da Universidade de Laval (Québec). Ele favoreceu-me com seu relevante conhecimento do mundo ameríndio. Que ele encontre aqui a expressão de minha gratidão.

Em dezembro de 2008, tive uma oportunidade de expor, diante dos pesquisadores do Laboratório de antropologia prospectiva da UCL (Universidade Católica de Louvain), as grandes linhas de uma pesquisa em curso de elaboração. Os debates que se seguiram permitiram-me burilar meus argumentos. Por suas preciosas sugestões fico grato a Jean-Luc Bracklaire, Pascale

Jamoulle, Jacinthe e Charlotte Plaideau, da Universidade Católica de Louvain, que me auxiliaram na composição final do manuscrito. Devo a Mathieu Hilghers da Universidade Livre de Bruxelas, judiciosas indicações bibliográficas assim como uma excelente vigilância teórica que me induziram a esclarecer certos desenvolvimentos.

Os capítulos que mobilizaram aportes disciplinares e outros da antropologia foram agraciados com releituras especializadas. Devo a Nathalie Frogneux do Instituto Superior de Filosofia da UCL, um debate estimulante sobre o primeiro capítulo. O capítulo dois, consagrado à Grécia antiga, recebeu os comentários de Marco Cavalieri do Departamento de Arqueologia e de História da arte da UCL, assim como de Paul-Augustin Deproost do Departamento de Estudos Gregos, Latinos e Orientais, igualmente da UCL. Recebam aqui a expressão de minha gratidão. Por ocasião dos encontros do comitê científico do colóquio internacional "Darwinismo e especificidade do humano" (UCL, abril, 2009), meus colegas incentivaram-me a prosseguir minhas análises sobre as relações entre a antropologia social e cultural com o darwinismo. Sou particularmente devedor de Bernard Feltz - filósofo das ciências da UCL - por seu convite para participar de seu seminário de 2007, consagrado a "Darwin entre ciência e sociedade. O *Intelligent Design* em questão". Essa oportunidade propiciou-me esclarecer detalhes técnicos vinculados à terceira parte da obra. Devo, finalmente, a Philippe Van den Bosch de Aguilar da unidade de biologia animal da UCL, uma leitura sob o ângulo das neurociências. Agradeço-lhe muito particularmente por suas observações precisas e relevantes, assim como por suas sugestões bibliográficas, especificamente referentes aos neurônios espelhos.

Essa obra teria sido impossível sem o apoio amigável de meus colegas Olivier Servais e Anne-Marie Vuillemenot do Laboratório de antropologia prospectiva, cuja energia transbordante e entusiasmo científico sustentaram-me em momentos de dúvida.

Michelle Cros da Universidade Lyon 2, Felice Dassetto, Robert Deliège e Patrick D. Neuter, os três da UCL, Sylvie Fainzang de INSERM, Dorothée Guilhem do CNRS e da Universidade do Mediterrâneo (Marseille), Joseph Josy Lévy da UQAM, de Montréal e Virginie Vinel da Universidade Paul Verlaine de Metz me transmitiram muito amavelmente referências bibliográficas especializadas ou informações diretamente extraídas de seus campos. Devo agradecer muito particularmente Ari Pedro Oro da Universidade do Rio Grande do Sul, do Brasil, por seus frequentes incentivos e seu ardente desejo de editar esse livro em seu país. Sou, enfim, grato a Christine Weyers por ter-me orientado no mundo muito codificado da cirurgia plástica.

Durante as etapas de elaboração desta pesquisa tive oportunidade de expor partes deste livro por ocasião de colóquios e seminários. Sou particularmente devedor a Francine Saillant da Universidade de Laval (Québec 2007, colóquio "Antropologia das culturas globalizadas"), a Jean-Pierre Olivier de Sardan, CNRS e EHESS (Marseille 2010, seminário socioantropologia do desenvolvimento), a Cláudio Furtado e Arlindo Mendes da Universidade do Cabo Verde (Praia, 2010, ciclo de conferências na Universidade do Cabo Verde).

Gostaria de recordar desta estimulante lembrança: meus alunos do curso "Fundamentos antropológicos" dos anos 2008-2009 e 2009-2010 foram os primeiros ouvintes dos quais anunciei de modo detalhado as etapas de uma investigação em curso de realização. De suas questões, dúvidas e debates, por vezes apaixonados, colhi ensinamentos e, em retorno, a exigência de uma argumentação lógica e clara.

Devo a Christelle Daussin uma releitura atenta do manuscrito. À tenacidade de Cécile Wéry, colaboradora fiel de nosso laboratório, sou tributário do cuidado final para com esta obra assim como o controle das citações e a organização da bibliografia.

Finalmente, devo agradecer a Universidade Católica de Louvain e, de modo especial, Véronique Gosselain e Marie-Claire Vandyck, aos jovens pesquisadores do Laboratório de antropologia prospectiva (LAAP): Sébastien Antoine, Charlotte Bréda, Mélanie Chaplier, Marie Deridder, Gregory Dhen, Julie Hermesse, Samuel Hubaux, Claire Remy, Odon Kawaya Meya, Chiarella Mattern, Jean Nke, Maurice M´ntububa, Emmanuelle Piccoli, pois formam uma equipe de trabalho amigável, estimulante e particularmente propícia à investigação em antropologia.

O Fundo Nacional da pesquisa científica (FRNS), por meio do fundo FRFC, tornou viável a realização das pesquisas de campo.

Essa publicação beneficiou-se do apoio do Fundo Nacional de Pesquisa Científica.

Índice

Segunda Parte

Quarta Parte

INTRODUÇÃO

A LIBERAÇÃO DO OLHAR

> *Os Kung reconhecem diferenças na atração física inata e, certos indivíduos são reconhecidos como particularmente bonitos, no entanto, a cultura não elabora muito a partir de tais diferenças. Cada mulher tem a possibilidade de tornar-se mais sedutora: ela veste seus melhores vestidos [...], após ter-se banhado e ter ungido seu rosto com óleos e aplicado uma maquilagem feita com plantas selvagens.*
>
> *Excetuando os enfermos, as "muito magras" ou as muito idosas, a maioria das mulheres julgam-se sedutoras. [...] Quanto a seduzir um marido e desposá-lo, tal objetivo é atingido por todas as mulheres Kung, sem exceção.*
>
> Marjorie Shostak,
> Nisa. *Une Vie de Femme,* 2010, p. 334.

Quando me interessei pela beleza humana tomada como exemplo para tratar da singularidade e, de modo particular, de sua eventual função na construção de certas instituições das sociedades consuetudinárias, como os Mossi de Burkina Faso, não imaginava que isso me conduziria a interessar-me ativamente pela antropologia fundamental. Durante mais de dez anos, a questão da beleza não me parecia ser um tema particularmente debatido pelos aldeões de Kulkinka em Burkina Faso; no entanto, eu observava em finais de 1990 a emergência massiva de tal temática. Progressivamente, iria formular a hipótese de uma relação inversa entre a beleza e o matrimônio. Tal intuição aprofundou-se para se tornar uma evidência quando pude colocar meus dados em relação com aqueles publicados por Hua Cai em 1997, a propósito dos *Na.*[1]

A partir do funcionamento da família matrilinear *Na*, adquiri a convicção que a sociedade matrilinear levada até os últimos limites (sem pai e sem casamento), exacerba, à primeira vista, paradoxalmente a desigualdade das mulheres, entre elas, em sua vida amorosa e sexual quando está organizada segundo as modalidades da "visita". E em Kulkinka, em favor das pesquisas dedicadas às transformações das alianças consecutivas à chegada de "novos movimentos religiosos" (os pentecostais), observei uma revolta da juventude contra as alianças

---

1 CAI, H. *Une Société sans père ni Mari. Les Na de Chine.* Paris, PUF coleção Ethnologies, 1997. Cf. O capítulo 3 consagrado a essa sociedade.

consuetudinárias dominadas pelos mais velhos. Eu vivia o momento singular da invenção, por esses jovens, de novas formas de aliança na qual o fato de poder escolher seu parceiro tornava-se prioridade, onde anteriormente tal ideia não era permitida.[2]

As tensões surgidas no seio das alianças manifestam-se em um momento particular da transformação da sociedade Mossi, na qual, desde então, os princípios consuetudinários de "viver em conjunto" são lesados, enquanto que o Estado se esforça em organizar outros princípios de solidariedade entre as pessoas, onde as formas do seguro social permanecem limitadas, ou mesmo inexistentes, ou de qualquer modo, disponíveis para uma minoria de assalariados. Esse momento particular iria reter minha atenção. Ele revela, com acuidade, os papéis destinados para as alianças consuetudinárias enquanto elas desagregam. O desenvolvimento da livre escolha do cônjuge transcorre em um cenário exacerbado pela luta para a sobrevivência, o acesso ao consumo e à busca por todos os meios de ascensão social.[3]

Nesse contexto, em Kulkinka, por algum tempo tudo parecia permitido: as alianças haviam sido declaradas obsoletas pela juventude, e os casamentos regulados pelos "novos movimentos religiosos", muito atentos às regras e às normas, não haviam ainda invadido a sociedade rural Mossi. Durante esse momento de uma excepcional inventividade testemunhei debates que incidiam sobre a "importância do olhar", portanto sobre a importância de reservar-se a possibilidade de ver seu parceiro antes de tomar a decisão de se casar. Observei tal fenômeno tanto entre as moças quanto com os moços, no entanto, com matizes. Para as moças, o fato de, doravante, poder "ver" seu parceiro, remete à possibilidade de se fazer uma ideia no que diz respeito à tranquilidade financeira de seu pretendente, em uma sociedade na qual "o hábito faz muito bem ao monge" e, igualmente, de firmar-se uma opinião sobre seu modo de expor o corpo, de falar, de vestir-se... Os moços me pareceram antes privilegiar o aspecto físico das moças, sem, no entanto, descartar a situação socioeconômica.[4] A própria ideia de ver o corpo e, principalmente, o olhar do outro, tornava-se um fator decisivo a tal ponto que os jovens, sobretudo as moças, dotadas de um físico tido como atraente pelo meio social, procuravam concluir sozinhos, um projeto de aliança

---

2 Registrei essas observações na obra *Les Pentecôtistes du Bourkina Faso*. Mariage, Pouvoir et Guérison. 2003, Paris Karthala/IRD.

3 Cf. Capítulo 5.

4 Para um debate sobre as relações entre a beleza e as variáveis socioeconômicas, cf. os capítulos 9 e 10.

e atitude, até então totalmente impensável. Paralelamente, constatava que todos não iriam facilmente encontrar o que lhes conviria, aliás, alguns não encontrariam cônjuge no lugar onde, na sociedade Mossi, o único status aceitável para um adulto, qualquer que seja, era o de ser casado.

Nesse contexto de desregramento social e de transformação rápida de cultura, em especial na região urbana como em Ouagadougou, a capital, observei um novo impulso do sentimento de inveja em confrontos violentos, às vezes entre moças, e entre elas e as esposas mais velhas, para "encontrar um marido capaz" (um homem com certa comodidade financeira)[5] e/ou, uma vez casados, para mantê-lo. Do mesmo modo, a rivalidade entre homens garantidos e outros, os jovens, para o acesso à sexualidade das jovens mulheres, tornavam-se cada vez mais visíveis.[6] Nesse contexto, resumido pela ideia da "modernidade insegura", a diferença entre o nível de vida entre os novos ricos e os outros se ampliava. Tal diferencial tornava-se objeto de todas as manipulações e conduziu à afirmação de novas relações sociais, cujos atores principais são os *big men,* dissimulados com suas redes de dependentes e clientes.[7] Frequentemente ocorriam lutas cruéis, atribuindo a maior parte a uma forma nova de barbárie que dizia respeito a um utilitarismo imediato voltado para o corpo como desafio, onde se misturavam nos homens dominantes, força e poder (nesse caso o dinheiro), beleza e sedução, ao mesmo tempo, visando o acesso à sexualidade das jovens e, em certas jovens, para sua sobrevivência, recorrendo a seu corpo ou a busca de ascensão social.

Tal estado de espírito pode nos parecer cínico. É resultado, todavia, da atual conjuntura que faz do outro objeto de seu desejo e o subjuga. Não é próprio dos homens dominantes, pois a busca pela sobrevivência ou pela ascensão social por meio da utilização do corpo não é mais, ou talvez não tenha sido jamais, o único apanágio das jovens. O turismo sexual diz respeito a homens e mulheres. Por exemplo, desde há alguns anos, aldeias da costa gambiana acolhem uma clientela turística especializada, sobretudo composta por mulheres europeias provenientes do norte da Europa. Essas mulheres, em geral celibatárias de meia idade, às vezes abandonadas, ou ainda, não desejando mais atravancar-se com um homem ou marido, buscam a possibilidade de ter acesso ao corpo de homens jovens e sedutores, enquanto que em seu país, por diversas razões, têm dificuldades ou reticências no encontro com outro sexo. A sedução de tais mulheres por homens

5 Cf. Mazzocchetti, 2007.

6 Para uma análise detalhada ver parte IV capítulo 9.

7 Laurent, 2000; ver também Laurent, 2008a.

gambianos é facilitada por uma imprecisão mantida com relação aos objetivos de uns e outros e, pela existência de uma diferença econômica que, de pronto, desfigura o encontro: tal situação desigual revela (a ilusão de) onipotência a algumas, por meio do dinheiro, e aos outros a expectativa de entrar na sociedade de consumo. Um jovem bonito e forte, tenta seduzir uma mulher ocidental, às vezes idosa, de frágil aparência, com a expectativa de desposá-la, partir para a Europa, mantendo assim sua família que permaneceu no país natal com remessa mensal de recursos financeiros. Note-se ainda que esses jovens gigolôs devam, em muitos casos, apostar na beleza de sua amante. A sedução de mulheres brancas torna-se modelo de sucesso e um comportamento valorizado para esses garotos da costa gambiana, uma vez que têm como exemplo os mais velhos que casados com uma estrangeira, poderão enfim emigrar para voltar um dia, na maioria das vezes sós, mas cobertos de sinais de sucesso social e econômico, tais como, a possibilidade de construir uma moradia de alvenaria, a posse de um veículo, vestuário apurado, ou ainda, o uso de joias em ouro... Tais sinais de respeitabilidade deveriam também poder apagar, ou mesmo justificar os meios colocados em jogo para atingir seus fins, lá onde, inversamente, a prostituição feminina permanece severamente controlada. Em suma, de tudo isso, parecia-me surgir, ou talvez simplesmente retornar - como este livro tentará mostrar - uma verdadeira obsessão pela beleza na construção das relações sociais e, mais particularmente das relações entre homens e mulheres.

Ampliando, no momento, essas considerações, retenhamos a ideia da emergência progressiva - em favor de um movimento de globalização da modernidade, isto é, nesse momento da modernidade tardia, em Burkina Faso, como em outros lugares - de uma tirania da encenação da imagem desejável de si, em um sentido aqui estético e utilitário. O sociólogo alemão Georges Simmel explicava que "graças à sua figura, um homem já é compreendido por sua aparência, antes de ser compreendido por seus atos" (Simmel 1993). Tal promoção da imagem desejável de si repousa, de um lado, sobre a tensão entre a vontade de singularizar-se para atrair os olhares e, ao mesmo tempo, procurar assemelhar-se, imitar e, de outro lado, sobre a ansiedade por não possuir as formas canônicas veiculadas pelas top models. Será valorizada então a aparência (o porte distinto, a magreza, êxito sexual etc.), ou seja, o desejo absoluto, mimético, perpétuo e onipresente de agradar, seduzir, ser belo, jovem, em suma, de ser reconhecida pelo desejo que se suscita nos meios de comunicação - as revistas e periódicos, a televisão, a internet, sobretudo - desempenhando um papel determinante na difusão planetária de novos padrões de relações sociais assentados sobre a "beleza". Entretanto, antes de poder abordar esse debate, na quarta parte deste livro, será percorrido longo caminho relativo ao papel da beleza nas sociedades consuetudinárias.

***

Nesses últimos anos, meus colegas indagando-me a respeito de minhas pesquisas em andamento, eu lhes esclarecia, evasivo, que trabalhava sobre a beleza humana. Uma questão emergia então, invariavelmente, que eu interpretava como uma recomendação a propósito de uma linha vermelha que eu parecia traspor: qual era minha definição de beleza? Não importava qual era minha resposta, recebia de volta uma advertência relativa à natureza audaciosa, ou ao menos arriscada do empreendimento. Por mais que argumentasse que minha indagação não visava nem a estética nem qualquer critério de beleza,[8] que ela se conciliava com o discurso que propunham meus informantes, e antes, dizia respeito a um problema de ordem, de classificação e, portanto, de discussão sobre categorias de idênticos e de diferentes, nada valia.

Recordo-me de um encontro com dois colegas, um filósofo das ciências, e outro orientalista, ao final de um colóquio consagrado à paisagem e estética. O filósofo terminava sua intervenção sobre a ideia segundo a qual a relação à paisagem equivalia à relação ao corpo, no sentido em que o corpo é ao mesmo tempo um dado e um constructo. O corpo dado, observava ele, é o corpo objeto que é o corpo próprio. Em outros termos, esse corpo dado remete a uma "estética do já" que, em seguida, deve apropriar-se. Tal apropriação conduz ao segundo corpo. Trata-se então de um corpo construído em relação a um entorno estético expressando uma identidade cultural particular. Nesse sentido, com esse corpo readequado, pode-se falar de uma abertura a uma inventividade tanto mais fecunda quanto mobiliza uma dimensão de ordem simbólica. Eu lhe fiz então, observar que aderia amplamente a tal proposta (aliás, bem clássica para um antropólogo), pois era um fato que hoje nossas sociedades exaltavam demasiadamente os aspectos "dados do corpo", no sentido em que não se trata mais tanto de aceitar tal como se é e de consentir sem protestar contra aquilo que se recebeu "naturalmente", vale dizer, aquilo que se denomina anteriormente dom divino. Estamos longe de Platão que fez de Sócrates o paradigma de sua filosofia: feio fisicamente e, no entanto, moralmente belo, levando com isso, seu auditório a refletir. Eu acrescentava para melhor assegurar minhas propostas, que bastava para

8 A propósito das práticas normativas complexas suscitadas pela noção de beleza ver, por exemplo, o verbete "Beleza" de Pfersmann, em Marzano, 2007, pp. 111-116.

convencer-se, constatar a atenção dada hoje à imagem, ao olhar, assim como ao desenvolvimento sem precedente da cirurgia estética, enquanto sente-se, doravante, culpado de não possuir o corpo desejado... O filósofo me respondeu que era incontestável, mas que permanecia não menos verdadeiro que uma mulher pode ser ao mesmo tempo bela e sem charme! E acrescentava que havia certamente pessoas que não eram agraciadas pela natureza (um pequeno acréscimo que turva penso eu, mais profundamente do que parece à primeira vista, as coisas e das quais, precisamente, trata este livro).[9] Diante dessa réplica, não pude impedir-me de pensar em Helena da guerra de Troia, mas me calei, preferindo lançar meu interlocutor sobre o que entendia por charme. E ele me responde que era o que ilumina e habita o corpo. O charme, esclareceu ele, conduz à ideia de construção e, é bem isso a subjetividade.[10] O colega orientalista que nos ouvia, interveio então, para dizer que era evidente que, para o nosso filósofo, era o charme o mais relevante, e que ele não amava a beleza. Surpreso com essa observação tomou alguns segundos para responder. Finalmente, ele reconheceu que a beleza conta também (aqui no sentido da beleza do "corpo dado", do corpo como uma "estética já lá...").

Esse livro insiste sobre a articulação entre "corpo dado" e o "corpo sujeito" na reprodução das sociedades. Uma articulação que deve distinguir-se de uma posição na qual, sem dúvida consciente, a articulação sob a influência dos moralistas, tende-se a reduzir a importância do primeiro termo para concentrar-se no segundo tido por mais nobre, ao ponto de este último parecer, em análise final, "existir verdadeiramente". Isso me faz recordar o romance de Amélie Nothomb Atentado, no qual um homem particularmente feio apaixona-se por uma jovem e bela atriz. No romance, o homem em questão deveria encarnar a verdadeira beleza, a beleza interior, a grandeza de alma, aquela que é cega para o físico. Como observa a autora, ele pede a essa jovem que tenha uma alma nobre capaz de ver sua beleza através da fealdade; "entretanto, como por acaso, quando nosso Quasimodo-Epifânio apaixona-se, não é de uma jovem feia de alma admirável de quem ele descobriria os tesouros escondidos e que ficaria radiante com sua união espiritual [...]. O Senhor de bela alma que se declara campeão da beleza interior e que faz mártir de sua aparência, lança acusações contra nossa sociedade superficial, tal senhor gostaria que o amássemos por suas qualidades

9 "Uma beleza fatal" no sentido aqui de uma beleza que seria fatal à teoria da *La Distinction* para retomar os mesmos termos de Pierre Bourdieu.

10 A propósito da noção de charme, cf. capítulo 7, pt 1.

invisíveis. E a mim, por quais qualidades invisíveis que tu me amas?" (pp. 148-149). E mais adiante ela conclui com essa ideia: "Como não ficar enfastiado ao descobrir que o único homem que poderia me amar como eu sonho ser é um monstro com o semblante repugnante?" (p. 150).

O debate é complexo e refere-se a diversas dimensões que deverei progressivamente identificar. Sem tal esforço preliminar, correria o risco de me encerrar em um discurso antes ocidental da analogia entre as ideias do belo, do bem e do verdadeiro. Enquanto que meu propósito diz respeito a problemas de categorias de identificação, de classificação, de singularidade, de ordem e distingue-se bem claramente de uma análise da beleza que mobilizaria a estética. Uma estética no sentido em que os medievais já compreendiam quando articulavam em um vasto sistema o que denominavam os *transcendentais*, o verdadeiro, o bom e o belo. Recordemos que para Platão a ideia de bem é vinculada à ideia de belo. Os dois termos eram frequentemente associados, e por vezes confundiam-se. É, portanto, sobre essas analogias, até mesmo de recalques situados no fundo do pensamento ocidental que se deveria discutir antes de poder tratar mais serenamente do "regramento social da beleza".[11]

Uma vez que minha argumentação não visa o estético, mas sobre o desafio ético da beleza humana, parece-me plausível restringir-me, no momento, a uma definição minimalista da beleza. Ela resulta, evidentemente, da ideia segundo a qual a beleza humana é o que agrada aos olhos e ao espírito. Uma definição que se fundamenta sobre dois registros distintos, o olho e o espírito, que justificarei no primeiro capítulo. Indico, todavia, que situa tal noção na conjunção de duas ordens: a ideia mesma de beleza resulta de uma construção sociocultural, local, sujeito então à variação, ao mesmo tempo em que se sustenta sobre princípios biológicos. A beleza não é uma essência, vale dizer, uma categoria em si, objetivável; resulta de uma construção individual e social (cf. "A incorporação do social",[12] ela evoca igualmente os desejos e fantasmas, ao mesmo tempo em que possui um substrato biológico.[13] É possível ancorar a identidade humana em um naturalismo não reducionista? De um lado, embora a propensão em distinguir aquele que é belo daquele que não é varia de um grupo a outro, é fato que a beleza é efêmera (efeito do envelhecimento) e que ela é - não obstante instituída sobre bases socioculturais - desigualmente distribuída entre os

11 Cf. capítulo 2 para uma discussão sobre a concepção da beleza na Grécia antiga.

12 Por exemplo: Bourdieu, 1980, 1979, pp. 222-230 (cf. capítulo 10).

13 Cf. capítulo 1, para uma discussão sobre a noção de beleza e, especialmente, dos argumentos da psicossociologia que propõe os critérios universais da beleza humana.

humanos de um dado grupo (cf. Por exemplo, "prêmio à bondade" estudado pela sociologia").[14] De outro lado, a beleza evoca uma ordem sensível, aquela das emoções e do sensorial, em suma, além das palavras e da razão - aquela do inefável, do confuso, do equívoco, do fascínio, - mesmo que o sensível permaneça culturalmente determinado. Da articulação entre esses dois elementos, podem-se deduzir os processos da "regulação social da beleza", isto é, de uma ordem sensível, sabendo-se que a beleza é desigualmente partilhada entre as pessoas, com consequências sobre a reprodução do grupo que elas instituem.

Falar sobre a beleza equivale tratar daquilo que é refratário ao social: designarei aqui pela ideia de uma ordem sensível distinta da ordem política, isto é, da diferenciação,[15] das hierarquias e da submissão.[16] Mostrarei que é pela "regulação social da beleza" que o social produz a igualdade entre as pessoas ao estabelecer categorias de equivalência.[17] Tomar em consideração a repartição desigual da beleza entre as pessoas conduz a atribuir um lugar à singularidade humana no estabelecimento da sociedade. Essa singularidade deve ser regulada para que a sociedade possa reproduzir-se. A descrição do processo de regulação da ordem sensível é o objeto desta obra. Em contraste, a aparência que retorna massivamente em nossas sociedades evoca o desejo, e equivale igualmente a uma sociedade fechada, social e infraética.

***

Se não tiver cautela, abordar um tema tão delicado como o da beleza humana, pode-se correr o risco de se fazer submeter sob o domínio da sociobiologia, de ser acusado de racismo,[18] ou mesmo de querer postular a existência, ao menos implícita, de uma continuidade comportamental entre o homem e a natureza, na qual a condição humana não aparece afetada por uma "ontologia naturalista", para retomar uma das categorias de Philippe Descola que descrê

---

14 Cf. Amadieu, 2005.

15 Em minha exposição o termo diferenciação remete, de preferência, à teoria da troca de Claude Lévi-Strauss com a produção de diferenças culturais no seio de um determinado grupo (Claude Lévi-Strauss não fala de política a respeito disso).

16 Essas noções evocam, de preferência, Pierre Bourdieu, com *La distinction*, e Maurice Godelier com as transmissões das relações política e religiosas.

17 Cf. parte II.

18 Ver Claude Lévi-Strauss e o darwinismo no capítulo 8.

o modo ocidental de articular a natureza e a cultura.[19] Esse tema permanece, portanto, delicado, pois toca em um ponto sensível da identidade das diferentes sociedades humanas, a saber, sua autonomia em relação à biologia, especialmente, ainda mais que alguns não hesitam hoje (como ontem) em negar-lhe qualquer legitimidade científica.

Três razões principais alimentam as reticências dos antropólogos em face da questão da beleza humana.

Primeiro, a beleza humana, e mais particularmente a beleza no feminino, evoca também, por saltos analógicos, o corpo da mulher como objeto do desejo do homem, palpitando com isso as cordas sensíveis dos movimentos feministas que se construíram ao preço de lutas, precisamente a propósito da categoria de mulher identicamente dominadas por todos os homens. Se o feminismo permanecer na história ocidental como uma liberação e um dos avanços determinantes da humanidade no século XX - a mulher não se vê mais obrigada a usar de astúcia com o homem para viver - é também um fato que, para instituir-se, tais movimentos foram obrigados a transcender as diferenças entre as mulheres, por causa da beleza desigual, quanto às suas relações com os homens. Colocar a questão da bondade desse modo induz a uma forma de violência que reside nesse não dito desvendado e cuidadosamente mantido em segredo nos debates e análises. Sem evitar essa dificuldade deve-se, entretanto, instaurar um diálogo positivo, mas exigente com o feminismo.

Em seguida, explicar-me-ei no segundo capítulo, o velho mistério de misoginia grega, e também a cultura ocidental judaico-cristã, fundando-se amplamente, se não sobre a negação, sobre o medo do feminino e, bem particularmente sobre o medo da beleza e do prazer feminino, tornando mais difícil ainda o reconhecimento do papel ativo que as mulheres desempenharam, ao menos da mesma maneira, porém de modo diferente, que os homens na edificação das instituições fundamentais nas sociedades humanas, tais como as alianças matrimoniais.

Finalmente, quem desejaria comprometer-se sobre uma fronteira disciplinar tendo como única bagagem a beleza? Sobretudo, tendo Charles Darwin arriscado com sua obra *A filiação do homem*, com sua teoria da seleção sexual (Darwin, 2000). A fim de relatar um aspecto das polêmicas suscitadas por essa noção, relevarei simplesmente, o que Claude Lévi-Strauss declarava em *Raça e cultura:*

---

19 Descola, 2005, p. 279. Para um debate sobre esse tema, cf. capítulo 8.

> *Na verdade, a história da noção de raça confunde-se com a pesquisa de traços desprovidos de valores adaptativos. Pois, como poderiam eles ter sido mantidos tais quais durante milênios, e, porque eles de nada servem para o bem ou para o mal, porque sua presença seria, portanto, totalmente arbitrária, testemunhar hoje por um passado tão longínquo.*

O argumento é sutil e é evidente a alusão sobre *A filiação do homem* de Darwin e à rejeição do uso que aqui foi feito dele. O teor da controvérsia pode ser resumido como segue: Darwin, considerado por Lévi-Strauss como o iniciador da noção de raça, pode tornar-se o verdadeiro inimigo, aquele que, além disso, opõe-se à autonomia da antropologia, sobretudo, diante da biologia.[20]

Portanto, interessar-se pela repartição desigual da beleza equivale a valorizar as singularidades, mas também as disparidades existentes entre os indivíduos, enquanto que os militantes antirracistas entendem, no fundo com razão, de rejeitar a ideia de qualquer diferença humana "essencial".[21] O risco de atiçar o comportamento discriminatório com base na falta de identificação de diferenças psíquicas.[22] Nesse sentido pode-se falar de humanismo no estruturalismo de Lévi-Strauss, por transcender, já em sua essência metodológica, os particularismos humanos.[23] Porém, além disso, a recusa em tratar a beleza humana e, portanto, da singularidade, como um fundamento, *factum*, um fato a ser estabelecido, teria seu fundamento sobre a busca, talvez vã, de uma solução que se esperava dar a um problema semelhante àquele que, outrora, o uso obrigatório do terno nos colégios e nos liceus buscava resolver. O objetivo era apagar as diferenças sociais que surgiam em detalhes sutis, como o porte distinto, o corte de cabelo, ou uma joia. Poupar falar da beleza humana, como se fosse um tema politicamente incorreto, equivaleria a repelir um problema fundamental que parecia de há muito resolvido, mas que retorna a nós como uma nova barbárie, infligida a todos, sob o signo da tirania das aparências.

---

20 Para uma exposição detalhada sobre a argumentação de Charles Darwin sobre a seleção sexual e as posições dos antropólogos contemporâneos, cf. parte III, capítulos 7 e 8.

21 Ver a respeito disso Pichot, 2000.

22 Cf. Coletivo 1960; Stoczkovisky 2002; Stoczkovisky, 2006.

23 Cf. o final do *Totémisme Aujourd'hui* no qual Lévi-Strauss refere-se explicitamente a Jean-Jacques Rousseau: "É porque o homem vê-se primitivamente idêntico a todos os seus semelhantes (em cujo número deve-se incluir os animais, Rousseau afirma expressamente), que ela adquirirá, em seguida, a capacidade de se distinguir como ele (os animais), vale dizer, de tomar a diversidade das espécies como suporte conceitual da diferenciação social" (Lévi-Strauss, 2008a p. 544).

Por que não retomar o problema da singularidade humana pela cintura e tentar pensá-lo de modo diferente, sem anátemas nem *a priori?*

Entretanto, rendamos a Cesar o que lhe pertence: é inútil procurar um verbete "beleza feminina" nos dicionários de antropologia, não existe[24] com exceção notória dos índices de Mitológicas de Claude Lévi-Strauss, onde figura com destaque, sob a rubrica "beleza feminina" e "beleza"[25]: o que deveria definitivamente assegurar-me, no que diz respeito à ambição acadêmica de meu projeto. A regulação social da beleza e, daí, a edificação social da semelhança que dela decorre, tem um local, ao lado da diferenciação social como operador fundamental do pensamento humano?

***

No início de meus campos etnográficos em Burkina Faso e, hoje, no Cabo Verde, assim como a consulta de numerosas monografias que nos conduzirão para a América do Norte e do Sul, na Ásia e África,[26] mostrarei que o reconhecimento mútuo entre os humanos, o que denomino pela ideia de instituição da identidade ao idêntico,[27] não é uma condição natural do homem, mas sim uma percepção instituída socialmente, ao mesmo título que a ordem social e política que produz a diferenciação, as hierarquias e a submissão,[28] Serão levados em conta os efeitos de uma desigualdade fundamental que institui a partilha da beleza, e também os efeitos de seu caráter efêmero. As "sociedades consuetudinárias com aliança" estabelecem uma equivalência social ao tomar a responsabilidade pela singularidade humana para ultrapassá-la pela invenção de uma ficção cultural que estabelecem as categorias de equivalência do homem e da mulher. Em favor de formas das mais diversas tomadas pelas alianças, produzir-se-á uma semelhança, ou ainda uma permutabilidade entre as pessoas de um determinado grupo a fim de permitir trocar caro a Claude Lévi-Strauss, e a reprodução da sociedade.

---

24 Cf. por exemplo, Izar/Bonte, 2000; Ingol, 1994.

25 Ver a esse respeito os capítulos 5 e 6.

26 Cf. os capítulos 3, 4, 5 e 6 nos quais serão expostas as formas tomadas na regulação da beleza (da ordem do sensível) nas diferentes sociedades consuetudinárias, e nos capítulos 9 e 10 nas sociedades com livre escolha do cônjuge.

27 A ideia da identidade repousa sobre a da intuição de articular o universo das emoções àquele da normatividade, uma regulação que hoje mais claramente identifica-se ao olhar da descoberta em neurologia dos neurônios espelhos (cf. no capítulo 1 "A beleza como uma emoção").

28 Para uma consideração da singularidade em epistemologia, cf. Singleton, 1998.

Para demonstrar essa proposta, descreverei o processo institucional que gera a equivalência (isto é, a regulação social da beleza) no sentido em que, para afirmar de modo trivial, uma mulher vale outra mulher, seja ela jovem ou idosa, bela ou feia, fecunda ou estéril e, simetricamente um homem vale outro homem, isso visando permitir o funcionamento do processo geral de troca, ou seja, para que cada qual possa encontrar um lugar na sociedade por meio do jogo de alianças. Desse modo, é necessário tratar da investigação da segurança social e econômica, doravante disponível a um maior número de indivíduos no seio das sociedades consuetudinárias, vale dizer, sociedades sem trabalho remunerado nem seguro social instituído por um terceiro Estado. Nesse sentido, as alianças permitem a cada um guardar durante sua vida a qualidade de membro pleno de um determinado grupo, e isso, bem além do desejo de uns e outros. Posto em outros termos é por aliança que aqueles que são considerados como os mais frágeis de um grupo apegam-se à sociedade para sobreviver.

Esse raciocínio repousa sobre a proposta em adotar não um, mas dois pontos de vista sobre as mesmas alianças. Esse outro ponto de vista consiste, sobretudo, em levar em conta a capacidade de iniciativa das mulheres, e especialmente o papel da mulher no estabelecimento das instituições sociais. Trata-se de um modo de enfatizar a diferença, mas também a complementaridade em relação a um segundo ponto de vista dominante masculino (mas não exclusivamente), que trata daquilo que denominei o político (no sentido aqui da organização de um princípio de ordem - de classificação - de natureza política que conduz, mais comumente a promover uma assimetria). Esses dois processos - a regulação da ordem sensível que produz o semelhante e a regulação da ordem política que produz a diferenciação *via* transmissão - assumidos pelas mesmas alianças,[29] articulam-se mutuamente por meio da troca. Participam na reprodução da sociedade na medida em que regulamentam domínios diferentes, mas complementares, cobertos pela ordem sensível e pela ordem política. São ficções culturais.

Reconhecer esse duplo ponto de vista leva a identificar dois grandes princípios presentes na regulação social da beleza, isto é, na instituição de equivalência social no seio de um determinado grupo. O primeiro refere-se à produção de categorias de equivalência (a beleza regula a inveja/rivalidade)[30] e o segundo trata mais particularmente da segurança dos grupos considerados os mais frágeis em

29 Cf. capítulo 4.

30 Cf. capítulo 5.

uma sociedade.[31] Nas "sociedades de aliança", a regulação social da beleza determina, ao mesmo tempo, uma equivalência social para participar de trocas por aliança, e a segurança por uma participação ativa nas questões de transmissão entre gerações e, portanto de filiação. Se essas duas dimensões (a regulação inveja/rivalidade e a organização da segurança) diz respeito indistintamente à regulação do olhar - um olhar que, sem isso, parece como cativado pela singularidade humana, ou seja, a contemplação do belo e do feio (da força e da fraqueza) -, a primeira carece do estabelecimento de categorias de equivalência entre os homens e entre as mulheres, enquanto que a segunda, diz respeito mais precisamente ainda, sobre a capacidade de iniciativa das mulheres na orientação das instituições sociais que constituem as alianças. Falaremos, então, de trajetórias matrimoniais das mulheres, das alianças secundárias e da solidariedade transgeracional. Tratarei da questão, para "as sociedades consuetudinárias de aliança", da segurança econômica e social dos grupos mais frágeis pela instauração de uma equivalência social estabelecida entre pessoas, malgrado os anos, onde, por exemplo, descobrir-se-á que uma mulher velha é sempre uma mulher casada.[32]

Insistirei sobre o fato de que tanto os homens como as mulheres dispõem de uma capacidade de iniciativa em matéria de reprodução da sociedade. Tal especificidade remete a papéis diferentes, hierarquizados, que evidentemente não exclui na maior parte das sociedades consuetudinárias, a dominação (mas a astúcia não é ela, também, uma forma de traição da ordem daqueles que pensam e apresentam-se como dominantes);[33] entretanto, tais papéis são complementares.[34] Para isso, será conveniente descrever a aliança por meio do olhar do feminino para poder explicar a contribuição específica das mulheres no estabelecimento de grandes instituições que regem as sociedades humanas. Descreverei então o papel preponderante, porém não exclusivo, (cf. aquele de certos idosos, dos frágeis...), das mulheres na regulação da ordem sensível presente nas sociedades consuetudinárias.

Nas sociedades de "matrimônio por consentimento mútuo generalizado", a regulação da ordem sensível transforma-se. E as questões relativas à desigualdade

---

31 Cf. capítulo 6.

32 Cf. capítulo 6.

33 A propósito do ardil, ver especialmente Detieen/Vernant, 1974; Certeau, 1990 e 1994; Handman, 1983; Laurent 1998.

34 Note-se essa conclusão de Yvonne Verdier: "O universo feminino define-se, portanto, não negativamente em relação ao mundo dos homens, mas do interior e a partir dele mesmo como universo organizado e regido pelas próprias leis, local de soberania e de autonomia das mulheres mesmas" (Verdier, 1979).

fundamental (à singularidade quando ela manifesta-se na repartição da beleza) participam, mais do que parece, na distribuição desigual da ordem política e, portanto, da sociedade, isto é, da transmissão da ordem social. Que ocorre se a bela do povo seduz o filho do rico? A beleza não é desde há muito, uma forma popular da esperança? Então, a beleza pode tornar-se "fatal" para a ordem política, às suas hierarquias e às suas assimetrias. Hoje em Ouagadougou e no Rio de Janeiro, quando os caminhos "clássicos" da ascensão social (escola, família, trabalho) abrandam-se, o corpo torna-se para alguns um capital do qual se deve saber tirar proveito.[35] Mas então a ascensão social não passa mais por um caminho no seio da ordem política, uma vez que a beleza (uma qualidade de ordem sensível), por exemplo, permite almejar, obter um lugar mais privilegiado no seio da ordem política. O mercado e o desejo, na medida em que isso os favorece, são cegos às estratificações sociais, pois não são socialmente racionais. A beleza, em sua essência, possui a capacidade de corromper as hierarquias sociopolíticas e apresenta então, um risco para a reprodução da sociedade. Daí resulta que a beleza não é um simples capital colocado a serviço da distinção ou da reprodução das relações sociopolíticas. A beleza funciona igualmente como um talismã graças ao qual é possível superar certas barreiras sociais.

Para evidenciar esse fenômeno, nós nos apercebemos do cruzamento num mesmo espaço do "corpo de classe", e do "corpo de ascensão social" no âmbito de sociedades em plena agitação (Burkina Faso e Brasil).

No início da análise da "regulamentação social da beleza" no seio de sociedades consuetudinárias, a questão será ampliada a outras formas de regulação da beleza: econômica, física (cirurgia estética), ou ainda, virtual, sem as quais as relações de ordem hierárquica e, portanto, políticas, seriam perturbadas.

***

A beleza humana como modo de tratar da singularidade e a descrição de seu papel na edificação das instituições das sociedades consuetudinárias me conduzirão à antropologia fundamental. Num primeiro momento, pretendia encontrar uma integração maior de meus trabalhos com outras disciplinas na investigação do lado da psicologia cognitiva e do ramo da antropologia cognitiva. Fui confrontado, no entanto, por impasses. E foi seguindo as pistas traçadas por Charles Darwin, notável passador de fronteiras (o que parecerá paradoxal para alguns), que pude colocar-me à obra. Nesse sentido, o darwinismo sendo globalmente

35 A esse respeito ver os capítulos 9 e 10.

aceito por especialistas da evolução, os diversos aspectos da identidade humana, individual e coletiva pedem, doravante, ser descritas sobre a base de uma articulação amplamente assumida entre a antropologia sociocultural e as teorias da evolução, à vista de uma antropologia fundamental reformulada à luz dos avanços disciplinares e interdisciplinares mais recentes. Para tanto, fornecerei os elementos para realizar uma integração completamente assumida e, no entanto, crítica dos grandes eixos do darwinismo, isto é, sobretudo, a seleção natural e a seleção sexual.

Assim, uma vez que os novos desenvolvimentos do conhecimento mostraram que Darwin tinha razão, - que a espécie humana é uma espécie social dentre outras - seria pertinente rever certos aspectos daquilo que chamarei a "teoria geral" de Claude Lévy-Straus, formulada nas Estruturas fundamentais do parentesco. Vale dizer, as consequências extraídas da teoria da troca das mulheres em relação às regras impostas pelo interdito do incesto, uma teoria que distinguirei de sua "teoria alternativa", proposta no Pensamento selvagem e que explica a troca de mulheres pelo" sistema de diversidade híbrida". É interessante notar que a "teoria alternativa" da troca é a única a figurar nas Obras de Claude Lévi-Strauss (2008), na coleção La Pleiade. Opondo-se, sobre essa questão, a Claude Lévi-Strauss e aliando-se ao ponto de vista de Charles Darwin e Maurice Godelier, nas Metamorfoses do parentesco, invertendo as proposições de Lévy-Straus quando esse fato parte de, atualmente bem estabelecido, que a espécie humana é uma espécie social dentre outras. Consequentemente, ela não pode dar-se a si mesma a sociedade, e a aliança não pode situar-se no fundamento desta. A aliança é, portanto, liberada do peso de fundar a sociedade humana. Neste sentido, Maurice Godelier propõe uma integração inteiramente assumida do aporte da seleção natural de Darwin para a antropologia fundamental. Mas o que ocorre com a seleção sexual e, portanto, da singularidade humana?

A título de hipótese, discutirei a proposta segundo a qual as reservas que a obra de Darwin, *A filiação do homem*, inspira Claude Lévi-Strauss, e depois, de modo muito mais indireto, Maurice Godelier, exigem, certamente, ser analisadas com todo cuidado pertinente, tendo em conta um debate cujo alcance é significativo. Entretanto, mostrarei que tais reservas poderiam também depender, em parte, pelo fato de o naturalista ter esboçado, antecipadamente, os contornos de uma antropologia original que levaria em conta a "identidade humana ancorando-a na evolução das formas de vida biológica sobre a terra" (Schaeffer, 2007, p. 389), para seguir a abordagem não reducionista do naturalismo formulada por Jean-Marie Schaeffer. Em outras palavras, esses trabalhos de Darwin poderiam questionar certos aspectos das pesquisas da antropologia fundamental.[36] Para tanto, deverá ser levando em consideração o particularismo da espécie humana, capaz de instituir novas relações com a natureza, dotando-se, desse modo, de uma história particular que deveria integrar-se à história geral da evolução. Por meio de um retorno reflexivo sobre as três grandes teorias relativas à antropologia fundamental - a de Charles Darwin, de Claude Lévi-Strauss e de Maurice Godelier, - para citá-las de modo cronológico, proporei uma análise crítica de cada uma delas com a intenção de estabelecer um diálogo fecundo entre especialistas da evolução e da antropologia social e cultural por meio de uma antropologia fundamental, doravante capaz de lançar pontes entre esses dois grandes domínios científicos.[37]

À diferença de Darwin que se mostrou pouco loquaz sobre tais questões, se a inclusão dos "menos aptos" na sociedade (possível graças à emancipação da seleção sexual que as alianças permitem - e da seleção por meio de outros mecanismos, processo claramente identificado pelo naturalista inglês) é vista como traço positivo que caracteriza a espécie humana, é então, possível integrar na antropologia fundamental, o argumento da seleção sexual. Para o naturalista, os primeiros esboços das "estruturas de parentesco" surgem com a emergência progressiva de um princípio de "não escolha" do parceiro sexual, princípio que se estabelece com as primeiras regras de aliança instituídas pelas sociedades humanas, regras que vêm opor-se à seleção sexual. É por meio desse princípio que, segundo Darwin, "a sociedade humana civiliza-se".

Comecei com essa tarefa: pesquisar as modalidades de uma articulação completamente assumida, contudo crítica, das teorias da evolução com a antropologia social e cultural por meio da descrição prática e teórica do processo de regulação da ordem sensível. Esse processo de inclusão dos "mais frágeis" na sociedade repousa sobre a imposição a um determinado grupo de categorias de equivalência entre os homens e mulheres, à exclusão de outros, isto é, daqueles ao qual a equivalência é recusada. Esses últimos não pertencem, portanto, à sociedade e podem ser considerados como bárbaros, inimigos, até mesmo "comestíveis". A coerência de uma sociedade e sua reprodução institui-se, então, também pela invenção social de uma fronteira. Essa fronteira expressa a quem é concedida a humanidade comum pelo reconhecimento de uma semelhança entre os homens e entre as mulheres. Tratar-se-á, essencialmente, de descrever como as sociedades humanas souberam atribuir-se a obrigação

36 Cf. capítulo 7.

37 Cf. capítulo 8.

feita aos dominantes de tomar a cargo os mais frágeis, e isso bem além de seu desejo, pela invenção da ficção social de categorias de equivalência entre as mulheres e entre os homens de um mesmo grupo.

Tal como um oximoro. É pela inclusão do diverso, vale dizer, dos outros, que se tornam então idênticos os grupos que abrem-se à alteridade (pela inclusão na sociedade desses outros, aqueles que designarei sobretudo como sendo os mais frágeis de um dado grupo). É, portanto, a instituição social da semelhança que torna pensável a troca (as alianças matrimoniais), na medida em que esse tipo de troca deve, necessariamente, postular a equivalência entre as pessoas trocadas, o mais das vezes mulheres, para que essa troca possa estabelecer-se em função de princípios de complementaridade entre grupos parceiros. Cada sociedade teve que instituir por ela mesma tal processo de produção de equivalência entre humanos, a fim de transcender uma forma primordial de discriminação.

Disporei então de todos os elementos para mostrar que nas "sociedades de aliança", a troca (as formas tomadas pelo casamento) articula a instituição de semelhança com a de transmissão. O papel da troca, cujas modalidades práticas de funcionamento foram descritas por Claude Lévi-Strauss na sua "teoria geral", é de encaixar duas ordens que se alimentam mutuamente para participar plenamente na reprodução da sociedade, a saber, a ordem sensível e a ordem política.

***

O último elemento de ordem metodológica. Gostaria de enfatizar que ao seguir minha hipótese inicial de uma relação inversa entre beleza e aliança, é à margem das alianças, lá onde não existem, ou não ainda, ou não existem mais, que deverei dirigir minhas investigações a fim de tentar analisar a eventual influência da beleza sobre as relações e as instituições humanas. Dito em outros termos, é nas sociedades que desconhecem as alianças (cf. os *Na*), o que não as valorizam senão parcialmente (cf. as sociedades que denomino a "regime duplo", cf. os Muria, - *Muria é o nome de um vilarejo no distrito de Darbhanga em Bihar, na Índia* N.T. - os Cashinahua, - *um povo indígena do Peru e Acre no Brasil* N.T.*)*, poderei, da melhor maneira possível, determinar o papel da beleza nas relações humanas e, ao mesmo tempo, o impacto das alianças sobre sua eventual regulação. Deparei-me, no entanto, com uma importante dificuldade: dever selecionar, além do que vem a serem ditas sobre as alianças, as monografias a serem utilizadas em função de seu interesse para a singularidade humana e, não somente as monografias que versam sobre os efeitos de estrutura.

Dito de outro modo, numerosas monografias revelaram-se, após cuidadosa leitura, inúteis para abordar a beleza humana, na medida em que não tratava de modo explícito o destino singular das pessoas. Tais exigências iriam reduzir consideravelmente os trabalhos etnográficos mantidos nas análises que vão seguir. Com efeito, é aquém das categorias de homem e de mulher e do modo pelo qual, globalmente, cada sociedade regulamenta para si própria as relações entre essas categorias sobre as quais orientei minha atenção para discutir mais detidamente as trajetórias singulares que cada sociedade atribui a uns e a outros de seus membros, sejam eles jovens, velhos, feios ou bonitos.[38]

A monografia é o modo de expressão mais utilizado em antropologia e não abrirei mão da exigência, para cada sociedade mobilizada neste livro, em fornecer aos leitores um conjunto relevante de elementos contextuais. De certa maneira, significa propiciar a ocasião de partilhar esse prazer do confronto com o inédito e de informar assim a viagem, ao menos admito, de uma das motivações da profissão do antropólogo. Por mais imaginativo que se possa ser, não será jamais possível atingir o grau de inventividade das sociedades. É, portanto, pelo cuidado com os detalhes que se pode progressivamente esperar apreciar os arranjos incríveis ao qual cada grupo humano chegou para instaurar o viver em conjunto.

38 Desejaria assinalar que essa prioridade atribuída à singularidade faz parte integrante do projeto de antropologia prospectiva do Laboratório de Antropologia Prospectiva (LAAP) da Universidade Católica de Louvain. Ver, por exemplo, Singleton, 2001, pp. 15-40.

Primeira Parte

Emergência de uma Questão

O Reconhecimento de uma Desigualdade Fundamental

I

A BELEZA COMO DESIGUALDADE FUNDAMENTAL

1 | A BELEZA E A EXCEÇÃO HUMANA?

O tema da beleza, além de um acesso pela arte e pela estética, incomoda os antropólogos, essencialmente em razão de um problema epistemológico, a saber, a quem pertence esse debate que é igualmente aquele da singularidade? A dificuldade reside, sobretudo, no caráter ambivalente da noção situada nas fronteiras disciplinares (arbitrárias) e, portanto, igualmente nas fronteiras das controvérsias entre as ciências da natureza e as ciências da cultura.

O problema da definição, evocado acima, é mais complexo do que aparenta. Minha prudência a respeito disso se deve à minha vontade de não me deixar enquadrar em um debate que não diz respeito, exatamente, ao meu objeto de pesquisa sem, no entanto, esquiva-lo em razão de sua relação com meus propósitos; explico-me. De modo sucinto, uma vez que esse debate complexo deita suas raízes em concepções epistemológicas situadas no coração da concepção ocidental do humano,[1] que retroativo, contudo, sobre o modo de tratar a beleza humana e, portanto, da singularidade. Pode enunciar-se nesses termos: seja que se aceite o continuísmo natureza/cultura, mesmo que fosse uma continuidade de grau, como propõe a ecologia comportamental, próxima nesse ponto da concepção darwiniana,[2] seja que se adote o ponto de vista da psicossociologia que valoriza os critérios universais da beleza humana (Baudouin/Tiberghin, 2004), seja, enfim, que se aprecie uma ruptura entre a natureza e a cultura, posição que estabelece "a condição humana" em favor da cultura, da história, da moral e das regras sociais.

Estou de acordo, como propõe Maurice Godelier, sobre o fato que de acordo com os dados da paleontologia e da morfologia evolutiva, o humano é uma espécie naturalmente social, isto é, uma espécie social dentre outras

---

1 Ver a esse propósito Schaeffer, 2007.

2 "Mesmo que a cultura humana pareça titânica em diversidade e em complexidade em comparação com as culturas animais, não se pode afirmar que a cultura seja verdadeiramente própria à espécie humana. A diferença entre o homem e o animal, de fato, não diz respeito senão a uma questão de grau de importância para a cultura, não de existência ou ausência de processos culturais" (Danchin/Giraldeau/Cézilly, 2005, p. 524).

(Godelier, 2004, p. 499); isso terá consequências importantes (cf., terceira parte) sobre minha relação invertida entre a beleza e a aliança, pois, como consequência, a aliança (o contrato) não terá mais que arcar como a função de fundadora da sociedade. Aliás, que a beleza humana apresente ou não critérios universais isso não diz respeito, diretamente, a minha análise que se funda sobre a repartição desigual da beleza entre as pessoas de um determinado grupo. No entanto, para demonstrá-lo convém alargar o campo de investigação em direção à psicologia cognitiva e à ecologia comportamental.

Determinados trabalhos de psicologia cognitiva abordam a beleza humana no sentido particular de atração que uma pessoa exerce, vale dizer, de seu poder de sedução. Estabelece-se assim, uma noção mensurável, o que não permite a ideia de beleza considerada como subjetiva e, portanto, inutilizável. Para o emprego de protocolos experimentais, tais pesquisas mostram, por exemplo, um semblante sedutor e outro não. A título indicativo, tais trabalhos dizem respeito à manifestação do papel dos diferentes traços na atração de rostos compostos em função dos rostos mesclados... Sendo o objetivo explicar o que é o rosto ideal, e isso, para além da variabilidade intra e intercultural (Baudouin/ Tiberghien, 2004).

Para a psicologia cognitiva, "um rosto atraente o é globalmente para todo mundo, não importa o sexo do avaliador ou aquele do avaliado, sua idade ou sua aparência étnica [...]. Isso se aproxima do caráter mais ou menos universal do estereótipo *O que é belo é bom*" (Baudouin/Tiberghien, 2004, p. 89). A psicologia cognitiva trata, nesse caso, se não da origem das formas tomadas pela beleza humana como Darwin propôs em sua teoria da seleção sexual[3], ao menos da natureza fisiológica: a beleza é de preferência um rosto datado de tal tipo de traço. Assim, a beleza objetiva da psicologia cognitiva opõe-se à beleza subjetiva que depende também do gosto de cada um, seja também da beleza que se revela no olhar do outro; a psicologia fala a respeito disso de desejo. E mais, para a psicologia cognitiva, a beleza depende de características físicas do rosto, sobretudo;[4] o restante do corpo considerado em sua totalidade é pouco abordado. Esse tipo de análise conduz, no entanto, à seleção de critérios físicos da beleza humana. A atração poderia ser definida objetivamente sobre a base de critérios universais (Baudouin/Tiberghien, 2004, pp. 12-13).

---

3 Cf. o capítulo 7 no qual a teoria da "seleção sexual" de Charles Darwin será exposta em relação com sua implicação na regulamentação social da ordem sensível.

4 Será interessante compreender porque, a respeito da beleza, a psicologia cognitiva valoriza, de modo particular, a face...

Ao contrário disso, concordemos que Charles Darwin adquirira de suas viagens a convicção que não há no espírito do homem um padrão universal da beleza do corpo humano.[5] Para a psicologia cognitiva que não contesta a variabilidade dos critérios de beleza segundo a história, os lugares, as classes sociais de pertença existem, entretanto, para além dessas diferenças, normas comuns de atração.[6] Enquanto que para a ecologia comportamental, o argumento de Darwin sobre a carência de critérios universais de beleza seria, hoje, menos facilmente observável em razão da relevância da indústria da beleza pelo mundo, do mesmo modo que pelo desenvolvimento atual dos meios de comunicação que permitem difundir certos critérios de beleza para além das fronteiras e que poderiam ser responsáveis por certa homogeneização dos critérios de beleza (Danchin/Giraldeau/Cézilly, 2005 p. 528). Nesse sentido, porém, por um ingresso bem diferente, os trabalhos da antropóloga Jackie Assayag mostram, no entanto, o impacto da indústria de cosméticos e dos meios de comunicação na definição do belo, como por ocasião da eleição de Miss Mundo 1996 na Índia, onde a modelo "Barbie" plana em tela de fundo, tendo como particularidade que: "A beleza como palidez está para a Ásia assim como a magreza está para os Estados Unidos" (Assayag, 1999 pp. 67-82). É inegável que hoje ao mesmo tempo a indústria de cosméticos e os lobbies vinculados à cirurgia estética desempenham um papel estimulador na estandardização da beleza.[7]

Como observei, reconhecendo o valor desses trabalhos, meu objetivo é outro. Não consiste em buscar critérios universais da sedução, mas sim compreender e descrever o papel desempenhado pela dupla beleza/feiura e, portanto, pela singularidade humana na elaboração de instituições próprias às sociedades humanas. Que os critérios de beleza sejam universais ou não, ou ainda que a sedução, a paixão e o amor mobilizem fundamentos biológicos (hormônios, feromônios, neurotransmissores), como explicam as neurociências,[8] eles constituem evidências que é conveniente levar em consideração. Todavia, há outra que reside no fato que tais investigações não dizem respeito às invenções institucionais das quais as sociedades puderam dotar-se para dominar os efeitos da beleza sobre sua reprodução e sobre sua estabilidade e para as quais as alianças

5 "Certamente não é verídico que haja um só modelo de beleza no que concerne o corpo humano" (Darwin, 2000, p. 704); a viagem de Darwin a bordo do Beagle durou cinco anos e foi de uma importância decisiva (Darwin, 1982).

6 Cf. a exposição do ponto de vista de Darwin. A propósito da concepção da psicologia cognitiva da beleza, ver (Baudoin/Tiberghin, 2004, pp. 86-87).

7 Cf. capítulo 10.

8 Ver, por exemplo, Vincent, D.J., 1986; ver igualmente Vincent L., 2004.

puderam desempenhar uma função. Tratar-se-á de prestar conta do processo de regulação de uma ordem sensível, que denominei "regulação social da beleza", e que intervém na reprodução da sociedade.

Definir os padrões da beleza feminina, mesmo sendo possível que existam para além da diversidade, não é nem meu objetivo nem minha questão; deixemos essa controvérsia que opõe, sobre esse ponto, a psicologia cognitiva e a ecologia comportamental, mais claramente darwiniana. Para elaborar uma hipótese inversa entre a beleza e as alianças, não é suficiente salientar que, para essas disciplinas, a beleza desempenha uma função no estabelecimento de relações sociais. Levarei em consideração, portanto, nos trabalhos de psicologia cognitiva, que "a atração tem um impacto considerável sobre o conjunto da vida social (vida sentimental, profissional etc - Baudouin/Tiberghien, 2004, pp. 99-100)." Para a ecologia comportamental, "a obsessão humana da beleza na sociedade moderna não é tão diferente dos fenômenos de mesma natureza em outras sociedades, e o simples sucesso da indústria da beleza constitui, de fato, uma prova do imenso poder de nossas preferências sexuais" (Danchin/Giraldeau, Cézilly, 2005, p. 528). Nessa última citação é evidente a proximidade com Charles Darwin de *A filiação do homem*.

Uma observação, no entanto, para reforçar que esse debate que opõe os defensores de possíveis critérios universais de beleza àqueles que não creem nisso, é mais complexo do que parece. Ele diz respeito sobre uma bifurcação epistemológica na qual se encontram, de um lado, os que julgam que a beleza existe em si e pode ser explicada segundo critérios evidenciados a partir de experiências, e de outro lado, os que defendem que a beleza procede de convenções culturais, ao mesmo tempo negociáveis e evolutivas. Acabo de indicar as razões pelas quais esse debate não era o meu. Não posso, todavia evitá-lo, pois é conexo de outro debate com o qual, por vezes é confundido e que opõe os naturalistas com os defensores de posturas mais claramente nominalistas/construtivistas. Esses últimos, longe de desejarem compreender o real considerando-o verdadeiro, perguntam-se o que é a verdade *ut sic* (como tal) e em si, ou como se pode reconhecê-la de verdade. Segundo essa concepção, a verdade enquanto essência é impensável na medida em que resulta de convenções culturais: por meio de um processo analógico, singularidades dão lugar a generalidades, vale dizer, convenções coletivamente aceitas. Nessa corrente de pensamento, a beleza que se impusesse resultaria de uma convenção cultural de algum modo naturalizada, isto é, da qual se teria esquecido como resultante de convenções sociais, culturais e artificiais.[9] Essa perspectiva exercerá influência sobre minha abordagem da beleza, assim como sobre as definições das "categorias de equivalência", da qual se tratará na segunda parte.[10]

Uma influencia que, no entanto, pretendo atenuar. Não desejando enclausurar-me no debate entre singularidade primordial e a estrutura substancializada, observei que o corpo é ao mesmo tempo um dado e um constructo. Essas duas dimensões demandam ser consideradas conjuntamente e não separadamente ou excluindo uma da outra. O corpo objeto é aquele do corpo próprio, de uma "estética já ali". Mostrarei que ele remete a uma repartição desigual da beleza e a uma "singularidade dada". Que estas repousam sobre critérios universais ou que procedem de convenções culturais evolutivas e negociáveis não altera fundamentalmente minha questão. O corpo próprio é, portanto, aquele do qual cada humano deve apropriar-se. Trata-se então de um corpo construído que se torna um corpo sujeito capaz de expressar uma identidade cultural particular em favor do reconhecimento que lhe outorga o meio social.

II | Beleza e antropologia do sensível

Todo mundo considera o belo como belo, é nisso que reside sua feiura. Todo mundo considera o bem pelo bem, é nisso que reside o mal.

LAO-TSEU. *Tao-te-king,* 1967, p. 12

A desigualdade fundamental

A seu modo e contexto, Heródoto já relatava as consequências da repartição desigual da beleza, quando foi promulgada com os Babilônios uma lei que ele julgava vergonhosa: para esses, uma vez na vida, toda mulher deveria dirigir-se ao templo de Afrodite para entregar-se ao primeiro estrangeiro que lhe oferecesse dinheiro. "Finalmente, quando ela pagasse o que devia à deusa, entregando-se a um estrangeiro, ela retornava para sua casa. Depois disso, não importava a soma que se lhe oferecesse, não era mais possível seduzi-la. Aquelas que possuem como atributo um porte elegante e beleza não permanecem muito no templo; as feias, porém, ali permanecem mais, pois não

9 Para uma análise detalhada dessa tendência, ver os trabalhos de Mike Singleton, em especial Singleton, 1998, 2001, 2004 e 2008.

10 Cf., sobretudo os capítulos 5 e 6.

conseguem satisfazer a lei; há mesmo aquelas que permanecem três ou quatro anos..." (Heródoto, 1980, p. 48).

Mais próximo de nós, Françoise Giroud e Bernard-Henri Lévy, em um diálogo intitulado "Os homens e as mulheres", chegam a considerar a feiura como uma injustiça fundamental:

> *B. H. L.: Havia um jornal em maio de 1968 - ou depois, não sei mais - que se atribuía como palavra de ordem "libertar as feias". Era idiota, certamente. Terrorista em diabo. Isso significava, aproximadamente, que a feiura era uma noção burguesa ligada à ideologia capitalista, e da qual era necessário, portanto, obrigatoriamente, se desvencilhar. Como? Desejando as feias. Sim, exercitando-se metodicamente em desejar mulheres ou homens feios. A ideia consistia em que havia ali, para o verdadeiro militante revolucionário, um imperativo tão absoluto quanto aquele de lutar, por exemplo, contra o trabalho em série, repetitivo. Tudo isso era idiota. Havia, contudo, nessa idiotice uma intuição que não era estúpida, a saber, que se encontra ali, ao lado dessa história de feiura, uma divisão, infelizmente, decisiva - e menos relativa que se afirma.*
>
> *F. G.: O que você expressa é a revolta diante da desigualdade fundamental entre os seres humanos, uma vez eliminada, por hipótese, todas as desigualdades sociais... Mas eu me repito, é a Deus que tal discurso se endereça...* (Giroud/Lévy, 1993, pp. 55-56).

Com esse debate estamos longe do postulado rousseauísta de Claude Lévi-Strauss que postulava o idêntico como uma condição natural do homem.[11] Essa oposição resume, de modo muito preciso o objeto dessa obra quando ele pretende mostrar a maneira pela qual as sociedades, sobretudo as consuetudinárias, tiveram que superar a seu modo, o que Françoise Giroud denomina "a desigualdade fundamental".

No início do livro, eu propunha uma definição minimalista da beleza - como aquilo que agrada o olho e o espírito - a qual remete a dois registros distintos, o da percepção (visual) e do intelecto. Devo agora discuti-la. Mais fundamentalmente, esse problema aparentemente simples revela-se como uma tremenda tecnicidade. Especialistas defrontaram-se,[12] como Jean-Pierre Changeux, autor de O homem neuronal, (1998)[13] e o filósofo Paul Ricoeur, autor de *A memória, a*

---

11 Cf., por exemplo, Lévi-Strauss, 2008b, p. 661.

12 Por exemplo: Changeux/Ricoeur, 1998, ou ainda esta obra célebre: Massimo Piatelli-Palmarini, 1979.

13 Ver igualmente Changeux, 2008.

história e o esquecimento (Ricoeur, 2000). Suas interlocuções oferecem um apanhado da amplidão da questão apresentada. O objetivo perseguido era chegar a esboçar progressivamente os contornos de uma zona de intersecção, lá onde precisamente encontra-se a beleza, entre o que agrada ao olho, isto é, o olhar, o turvo, o equívoco a sensação, e aquilo que agrada ao espírito, isto é, a palavra, a objetivação, a troca (o símbolo), a lei, o terceiro. Entretanto, em sua obra comum, o diálogo (se houve um) finaliza-se pelo esboço de alguns eixos pela cofundação de uma humanidade a partir de uma dimensão estética do belo (Changeux/Ricoeur, 1998), uma dimensão estética que não é, entretanto, aquela que eu privilegio, pois reservando-se de estender a alçada do belo à singularidade humana, isto é, às consequências éticas da beleza, ela não pode contribuir a solucionar a ambiguidade na qual os antropólogos - privilegiando a explicação da diferenciação social sobre a instituição social do idêntico - confinaram a noção, sem trazer elementos para a compreensão dessa desigualdade fundamental. Nesse debate o especialista do cérebro e o filósofo hermenêutico instalam-se sobre suas posições e o acordo final sobre o qual se finaliza a obra torna-se como um dever, formulado bem depressa para que se encontre aí algo com o qual progredir numa precisão de definição da beleza humana. A partir dessa leitura, formo a convicção que esse tipo de encontro interdisciplinar entre neurociências e filosofia não é a pista certa para definir a zona de intersecção disciplinar onde se situa a noção de beleza, nem, aliás, a natureza de sua ambivalência. Em outros termos, a busca de um acordo por meio da estética entre as neurociências e a hermenêutica não é objeto desse trabalho, o qual trata do desafio ético da beleza humana.

A beleza como uma emoção

Jacques Prévert em Palavras me dá a oportunidade, nesse extrato de uma poesia intitulada "Eu sou como sou", de abordar de modo diferente a beleza humana, aqui feminina:

> *Sou feita para agradar E não posso nada mudar Meus saltos são muito altos Meu porte muito encurvado Meus seios muito endurecidos E meus olhos com olheiras E então o que isso pode lhe importar Eu sou como sou Eu agrado a quem agrado O que isso pode lhe importar [...] Porque me questionar Eu estou aí para lhe agradar E não posso nada mudar* (Prévert, Paroles, pp. 99-100).

Para tentar compreender essa zona de intersecção na qual reside a beleza humana, um pequeno salto analógico entre beleza e o rosto conduz-me às paginas que Emmanuel Lévinas consagra em *Totalidade e infinito*. Elas me servirão, sem por isso aderir a elas completamente, para esclarecer o que entendo por beleza e beleza no feminino e sua eventual função na elaboração de instituições humanas, tal como o matrimônio. Faço uma observação para assinalar que esse salto analógico entre beleza e o rosto encontra-se alhures. Malinowski, a respeito dos Trobiandeses explica que "nas fórmulas da magia da beleza, no vocabulário das seduções humanas [...] é ao rosto, olhos, nariz, dentes e cabelo que se atribuem lugar proeminente" (Malinowski, 2000 p. 215).

Consideremos o raciocínio por meio dessa proposição de Emmanuel Lévinas segundo a qual o rosto não aparece, no sentido de uma representação, mas que ele expressa-se, ou ainda, que "sua revelação é palavra" (Lévinas, 2006, pp. 287-289). O rosto "ensina", comenta Paul Ricoeur e pergunta-se se há em *Totalidade e infinito* um "além do rosto". Sim, responde Ricoeur, "mas seu lugar próprio é aquele de uma fenomenologia do *Eros* (do amor, do desejo) que oferece em leitura as preciosas páginas de Emmanuel Lévinas sobre a carícia,[14] a beleza feminina e a fecundidade" (Ricoeur, 2004, pp. 234-235). Essas poucas linhas, confesso, não são estranhas à minha vontade inicial de aprofundar a questão da beleza de um ponto de vista antropológico e, no início desta, tentar propor uma antropologia do sensível, ou uma descrição do processo de regulação da ordem sensível. Eu me explico.

Devo a Lévinas essa proposta de colocar o rosto e mais amplamente o corpo e a noção de beleza na intersecção de dois registros: primeiro aquele da palavra e, em seguida naquele do sensível que conduz a uma forma de não sociabilidade. Em outros termos, a contemplação do rosto, para além das instituições sociais e políticas que regem o "viver em conjunto", permite conduzir a dois territórios opostos, aquele da ética que se encarna no rosto do Outro, em Lévinas, e o da beleza que evoca a sociedade fechada, a paixão, o casal, seja ainda algo de social. A natureza dessa intersecção exige ser analisada com cuidado. Não busca, a priori, estabelecer uma ponte entre as ciências da natureza e as ciências humanas, como foi o caso, analisado acima, por Jean-Pierre Changeux e Paul Ricoeur. Nisso, sou próximo desse projeto, no qual a favor da reabilitação da noção de beleza humana, não tentarei nem uma articulação entre a biologia e a antropologia social e cultural, nem uma antropologia cognitiva, embora proponha um diálogo com os grandes eixos do darwinismo. Mais modestamente,

14 Mesmo se Lévinas tivesse uma atitude às vezes ambígua em matéria feminista.

minha intenção visa, sobretudo, vincular o universo das emoções àquele da normatividade a fim de levar em consideração as duas dimensões sugeridas em minha definição de beleza, a saber, as da percepção e do intelecto para daí estabelecer eventuais consequências sobre a edificação das instituições humanas.[15] Tal projeto incide, portanto, sobre uma antropologia do sensível, isto é, uma antropologia que avalia a contribuição do sensível ao estabelecimento do "viver em conjunto".

O rosto apresenta dois registros. O primeiro trata do rosto como aquilo que estabelece, no respeito das regras do "viver em conjunto", uma relação entre o outro e eu: "O rosto me fala e, com isso, convida-me a uma relação sem comparação com um poder que se exerce..." (Lévinas, 2006, p. 216). De tal poder exorbitante do rosto tratarei a seguir. Retenhamos aqui esse poder coercitivo exercido pelo rosto que eu olho: ele exprime a razão. Pata retomar os termos de Lévinas, essa razão é também aquela "do terceiro que me olha nos olhos do outro - a linguagem é justiça [...]. A epifania do olhar como olhar abre a humanidade" (Lévinas, 2006, p. 234). O olhar do rosto do outro remete, de certo modo, ao respeito e, além disso, a submissão às regras e conveniências coletivamente admitidas. Nesse sentido o rosto conduz à ética quando Lévinas afirma: "O rosto não brilha, ele fala" (Lévinas, 2006, pp. 37-38). Para Ricoeur, comentando *Totalidade e infinito*, esse regime é, fundamentalmente, o da ética:

> *Quando o rosto do outro se eleva à minha face [...], sem dúvida o outro aparece, seu rosto o faz aparecer, o rosto, porém, não é um espetáculo, é uma voz. Essa voz me diz: "Não matarás." [...] Com Lévinas o rosto singulariza o mandamento: é a cada vez a primeira vez que o Outro, tal Outro, me diz: "Não matarás"* (Ricoeur, 1990, p. 338).

Esse rosto moderado que atesta a presença do terceiro (da lei, da regra) fala de uma humanidade comum no que ela tem de policiado, de regulamentado, de coação, de limitado; essa relação - aquela do olhar que dirijo ao outro

---

15 A proposta de unir o universo das emoções àquele da normatividade parece poder enunciar-se de modo diferente desde a descoberta recente dos neurônios-espelho no homem. Visto que os dados neurofisiológicos indicando que nossas reações emocionais (medo, cólera, desgosto, dor, alegria), por exemplo, são especialmente induzidos pela ativação dos neurônios-espelho capazes de codificar a informação sensorial em termos motores, é possível compreender que esses mecanismos de "ressonância ajam como uma forma de compreensão implícita, de origem pragmática e não reflexiva, ou seja, desvinculada de uma modalidade sensorial específica (Rizzolatti, Sinigaglia, 2008, pp. 120-121 e 142-143). Para maiores detalhes sobre essa articulação, ver a conclusão deste item.

- evoca, ao mesmo tempo, respeito e distância; enfatizemos, mas retornarei a isso, que a construção social da coerção a partir do olhar que se lança sobre o rosto do outro apresenta, de modo muito diferente, o reconhecimento "da identificação original a todos os outros" como aquela de uma evidência de base na qual a identificação seria, de pronto, estabelecida como condição natural do homem - enquanto espécie (Lévi-Strauss, 2008a, p. 544).

Entretanto, a ética, isto é, aqui o "visível do político", no sentido em que o olhar do outro estabelece a relação com o terceiro, a lei, as instituições..., "é aquilo que deixa visível o olhar"[16] quando não é um espetáculo, mas uma voz , e aí ocorre o segundo registro analisado por Emmanuel Lévinas. Esse rosto prenderá toda minha atenção, pois ele deixa brilhar a beleza e desemboca sobre o fundamento da ordem sensível cuja descrição dos processos de regulamentação é tema deste livro. A beleza possui alguma coisa de transgressivo pelo fato de conduzir a uma sociedade a dois, fora do mundo, fechada sobre si mesma quando governada pela paixão. Esse segundo olhar situa-se para além do possível admitido pela lei e as instituições, ele abre-se, então, para a singularidade humana. Supõe o desrespeito e a transgressão aos quais, no mesmo movimento, esse rosto e olhar que o contempla e que agora se alegra. Está para além do rosto que não se pode dizer por palavras. Tal olhar é inefável, ele remete ao sensível. Não se trata mais de discurso, de objetivação, mas sim de ressentimento quando esse olhar possui o poder absoluto de abolir as fronteiras da lei; ele semeia a dúvida, o trauma, a inquietação, o equívoco, pois é animado por um poderoso sentimento do "que ainda não é", na verdade, "um menos que nada" ... mas, já esquecido do terceiro que clama para abrir-se à liberdade, ao prazer, à volúpia.

Esse último parágrafo descreve perfeitamente o universo do sensível e, por extensão o próprio objeto de uma antropologia do sensível que se atribui o objetivo de prestar conta das consequências da beleza humana na edificação do viver em conjunto. Para além das instituições encontra-se o singular que se mostra por meio do sensível. Posto em outros termos, que papel assume o sensível no estabelecimento das instituições humanas, como a da aliança? Para responder a tal questão, deve-se ainda identificar o que concretiza o sensível. Seguindo Lévinas, nesse caminho, é possível deixar claro que: "A sensibilidade [...] não pertence à ordem do pensamento, mas àquela do sentimento, vale dizer, da afetividade onde estremece o egoísmo do eu. Não se reconhecem, mas vivem-se as

16 Paul Ricoeur discutindo com Emmanuel Lévinas, em Ricoeur, 2004, p. 235.

qualidades sensíveis..." (Lévinas, 2006, p. 143). E prosseguindo por essa proposta: "A volúpia é uma experiência pura, experiência que não se molda por nenhum conceito, permanece cegamente em experiência" (Lévinas, 2006, p. 291). Reterei disso que a análise da beleza humana por uma antropologia do sensível privilegiará o contentamento (a fruição) e que "o ser sensível, o corpo, concretiza esse a alusão, modo de ser" (Lévinas, 2006, p. 144).

Posto isso, resta-me no momento considerar a beleza feminina como uma entrada privilegiada no universo do sensível; ela não está só, retornarei sobre isso, e nisso tomarei certa distância em relação à Lévinas. No presente, há evidência que essa relação entre a beleza feminina e o sensível constitui uma porta de entrada relevante que privilegiarei a fim de compreender e determinar o papel do sensível no estabelecimento das instituições humanas, movido por minha intenção inicial de restituir às mulheres sua capacidade de iniciativa enquanto atrizes das instituições humanas, entre as quais, as formas tomadas pelo casamento. Nesse estado proponho, portanto, hipoteticamente, considerar que essas instituições não visam unicamente regular um universo simbólico e tornar possível a troca, mas também organizar o da sensibilidade por meio de equivalências entre os seres. Pela lógica, não se deve estabelecer equivalência para conceber tal tipo de troca?

Desse corpo que concretiza o ser sensível, pode-se estabelecer uma relação entre o olhar, beleza e feminilidade. Segundo Lévinas, o feminino reside no segundo registro de apresentação do olhar, no equívoco, de alusão e subentendido que constituem a apresentação do feminino. E ainda, o desrespeito supõe o olhar e o feminino oferece um olhar que transcende o olhar. A respeito desse além do olhar, Lévinas tira uma definição pelo sensível (a fenomenologia) da beleza feminina que sugiro conservar: "Essa presença de não significância do olhar [...] - e na qual a castidade e a decência do olhar beiram o limite do obsceno, ainda rejeitado, mas muito próximo e prometedor - é o evento original da beleza feminina, desse sentido eminente que a beleza toma no feminino..." (Lévinas, 2006, p. 294). Não me parece útil levar mais adiante o raciocínio. Dispomos, no momento, de todos os elementos conceituais para prosseguir na análise. Entretanto, antes de concluir, uma última consideração para enfatizar que nesse modo de enunciar as coisas, o feminino remete, antes de tudo, a um modo íntimo de sociedade a dois. Dito de outro modo, o amor possui algo de refratário à sociedade. Para Emmanuel Lévinas, está claro que o feminino é "mestre superiormente inteligente, muito frequentemente dominado pelos homens na civilização masculina na qual se inseriu, e a mulher devendo ser tratada como mulher, seguindo as regras imprescritíveis da sociedade policiada".[17]

17 Lévinas, 2006, pp. 295-296. Faço questão de enfatizar que Lévinas tinha uma atitude ambígua

Dessa discussão, vale lembrar que falar da beleza equivale tratar do que é refratário ao social (uma sociedade fechada que inclui, de certo modo, a paixão e mesmo o casal). É nesse sentido que a beleza deve ser regulada, pois tem algo que é inaceitável pela sociedade.[18]

Tratar-se-á de uma ordem sensível que deve ser regulada oposta à ordem política.[19]

Ainda um esclarecimento para justificar a escolha do termo regulação (a regulação social da beleza) para tratar de superação da desigualdade fundamental entre as pessoas por meio da equivalência social. Essa citação de *La Réserve*, romance de Russel Banks, que está na mesma direção do que vem a ser dito, auxilia-me a esclarecer essa escolha:

> *Ela lhe lançou um sorriso agradecido e passou diante dele. Permanecendo alguns passos atrás, ele admirou os largos passos dessa mulher, cheios de*

---

em matéria feminista, e nisso, não o seguirei. Para uma crítica ver, por exemplo, Sylviane Agacinski: "Se o lugar do eu, aquele do existente em face da morte, é ocupado por um sujeito viril, fica difícil pensar um existente feminino, no sujeito feminino. [...] Referir-se ao outro sexo impõe-se, ao contrário, a cada qual aceitar-se a si mesmo como outro do outro. [...] Inversamente, o androcentrismo, como etnocentrismo, consiste em não ver a alteridade senão de um só lado, o lado do outro, de modo unilateral" (Agacinski, 2007, pp. 350-351).

18 A ideia segundo a qual analisar a beleza equivale a tratar daquilo que é refratário ao social - a beleza devendo ser regulamentada para que seja aceita pela sociedade - hoje pode enunciar-se a partir de outra entrada, viável desde a descoberta e a descrição do funcionamento dos "neurônios-espelho" humanos. "O sistema dos 'neurônios-espelho' determina um espaço de ação partilhada: se vemos alguém tomar com as mãos um pedaço de alimento ou uma xícara de café, compreendemos imediatamente o que ele está fazendo (Rizzolatti Sinigaglia, 2008, p. 164)". Esses dois autores indicam que, como havia escrito Merleau-Ponty, "O ato do espectador é um ato potencial" sobre o qual sabemos hoje que ele é "induzido pela ativação de neurônios espelho capaz de codificar a informação sensorial em termos motores e tornar possível essa 'reciprocidade' de atos e intenções que está na base de nosso reconhecimento do outro" (Rizzolatti/Sinigaglia, 2008, p. 143). Em outros termos, esse "espaço de ação compartilhada" estabelecido pelos neurônios espelho age como uma compreensão de natureza implícita (sensório-motora, isto é, produzindo efeitos antes de qualquer mediação conceitual e linguística) de origem pragmática e não reflexiva (Rizzolatti/Sinigaglia, 2008, p. 120). E os autores concluem por essa fase que, evidentemente, soa como um convite para estabelecer uma relação com nossa discussão com Lévinas a propósito da articulação entre os dois registros da face: "Igualmente, a capacidade que o cérebro tem de ressoar à vista da face e dos gestos de outro indivíduo e de codificá-los imediatamente em termos 'viscero-motores' oferece o substrato neural de uma coparticipação empática que, sejam de diferentes maneiras e em diferentes níveis alimenta e orienta nossas condutas e nossas relações individuais (Rizzolatti/Sinigaglia, 2008, pp. 202-203)". Parece que é sobre essa base renovada que se pode hoje unir o universo das emoções àquele da normatividade. Para mais informações sobre os "neurônios-espelho" ver também: Heyes, 2010, pp. 575-583; Rizzolatti, Fabbri-Destro, 2008, pp. 179-184; Sinigaglia, Sparaci, 2010, pp. 3-29).

19 Cf. parte II.

segurança, seu dorso ereto e seu modo de andar com a cabeça erguida como se tivesse realizado algo de que pudesse estar orgulhosa. Que belo animal, exclamou ele. No entanto, uma mulher a ser vista, é tudo. Não para tocar. No máximo, talvez, para pintar. Em todo caso, uma mulher da qual se deve desconfiar (Banks, 2008, p. 26).

Nesse fluxo de acontecimentos, a breve descrição da vida cotidiana, trata-se, sem parecer, de relações diferentes entre um homem e uma mulher, na qual essa mulher é descrita em seu corpo, como um "ser sensível que concretiza tal modo de ser" e na qual um homem observa essa representação. No mesmo *élan*, seu espanto transforma-se em encantamento de seus sentimentos para torná-los aceitáveis às regras do grupo, e essa mulher, por sua vez, é totalmente estranha a si própria, isto é, igualmente à consciência dos sentimentos que ela desperta no homem? É nesse sentido que falava de equívoco. Minha antropologia do sensível visa a descrição do processo situado na interseção do ressentido, trazendo nela a transgressão, e daquilo que estabelece o político pelo respeito às regras. Pareceu-me pertinente atribuir o qualificativo de regulação a esse processo de ultrapassagem daquilo que denominei desigualdade fundamental; uma regulação da qual, apesar das plantas adventícias que devem, sem cessar, ser extirpadas para atingir-se uma horta bem cultivada,[20] não se liberta jamais, ou ainda, como um rosto cuja apresentação e contemplação devem ser civilizadas permanentemente, com o risco de destruir as categorias de equivalência instituídas e de fazer renascer a singularidade, os sentimentos, em suma, um para além que é, também, uma forma de não sociabilidade.

III | A feiura como expressão de um sofrimento

Deixemos, por hora, Lévinas, ao mesmo tempo saudando os avanços relevantes que ele me proporcionou realizar, pois uma série de observações impõe-se. Elas me conduzem a tornar precisos os limites no qual se inscreve a análise da beleza feminina e do sensível que vem de ser proposta.

Seguindo meu projeto de considerar o impacto da beleza sobre as instituições humanas a partir da hipótese de uma relação inversa entre a beleza e as alianças, de pronto, manifestei minha intenção de trabalhar sobre as consequências de uma repartição desigual da beleza como desigualdade fundamental

20 Cf. a descrição dos jardins dos Achuar (Descola, 1986, p. 216).

vinculada ao corpo próprio, ao corpo objeto, ou seja, uma "estética já ali". Parece-me, portanto, difícil tratar a beleza e da beleza feminina como uma evidência. Indiquei que aquém das categorias de homem e de mulher, estão os indivíduos com seu destino próprio. E essa singularidade não é analisada por Lévinas que nada diz, explicitamente, sobre a feiura, nem as consequências sobre a constituição do feminino, por exemplo. Que pensar da feiura de um corpo ou de um rosto? Trata-se, então, de que trauma, ambivalência e equívoco? O sensível ressente-se também, se não, sobretudo, em sua relação invertida com a beleza, vale dizer, na emoção suscitada pela feiura. Em outras palavras, não posso permanecer aí, nem mesmo me restringir à analogia platônica, evocada anteriormente por Changeux e Ricoeur, entre o verdadeiro, o bom e o belo. Como então não pensar que o feio seja mau ou falso, mesmo se de modo evidente seja atribuído um bônus à beleza? Mostrarei que a feiura remete antes a um sofrimento e, além disso, sua contemplação evoca a finitude, isto é, à própria condição de todo ser humano, seja ele belo ou feio. Nesse sentido ela encarna o sensível por excelência. É, portanto, outra pista que deve ser seguida no momento, uma vez que minha intenção consiste em tratar do desafio ético da articulação entre a beleza e a feiura humana como principal objetivo de minha antropologia do sensível.

A propósito disso, Malinowski propunha aos Trobiandeses o seguinte método:

> *Tentemos de construir uma noção de ideal de beleza procedendo por eliminação, em outros termos, buscando o que, para um indígena, torna uma pessoa feia e repugnante e, consequentemente, inaceitável do ponto de vista erótico. As deformidades e as doenças do corpo e do espírito, a velhice e o albinismo, [...] ouve-se frequentemente esse comentário: "Ninguém desejaria transar com ele"* (Malinowski, 2000 p. 210).

Em outro lugar, ele afirma que "a idade avançada constitui um sério *handicap* nas questões de galanteio. A mitologia ressalta muito bem a oposição entre a velha repugnante e a juventude atraente. Um herói que fracassa por causa de sua aparência de homem idoso sofre um rejuvenescimento após conseguir o que deseja. Isso começa por uma enumeração implacável de todos os estigmas com os quais foi marcado pelas mãos do tempo: pele enrugada, cabelos esbranquiçados, maxilas desdentadas..." (Malinowski, 2000, p. 211).

Nesse sentido, é impossível satisfazer-me somente da definição de beleza. É pertinente completá-la por uma abordagem que será mais amplamente descrita e discutida no capítulo 6, consagrado ao destino dos mais frágeis de um grupo e à sua inventividade institucional nas sociedades consuetudinárias. Enquanto que a beleza evoca um poder (cf. Afrodite enquanto força universal),[21] segundo uma primeira abordagem, a feiura me remete à analogia das "jovens nascidas velhas", as *Greias* da Grécia antiga. E Hera, que simboliza a aliança, as protege também, ela protege as alianças contratadas entre os humanos.[22] A analogia mobilizada aqui entre juventude e velhice, para significar a feiura, permite definir a feiura, não como o fato de todos desfigurarem-se automaticamente, mas antes como o estado de fragilidade, isto é, também de dependência no qual podem encontrar-se certos idosos. Então, se a feiura atinge uma categoria particular de pessoas, evoca igualmente, cedo ou tarde, a condição à qual cada indivíduo será um dia levado a conhecer, tenha ele um físico deslumbrante ou não. A feiura no sentido de uma forma de fragilidade, diferentemente, portanto, da beleza, é uma condição que todo ser humano será obrigado a viver.

Em sua análise da feiura, Murielle Gagnebin segue no mesmo sentido quando afirma que "o feio [...] está do lado da morte". E prossegue: "O feio é o sofrido, o inaceitável, numa palavra, é a finitude do homem. Em definitivo, o que é, portanto, o feio senão a figura humana do tempo, a escritura da velhice, a imagem da morte?" (Gagnebin, 1978, p. 147). Em uma interpretação do quadro *Caprichos 16,* intitulado: "Que Deus a perdoe, é minha mãe", extraído de uma série de quadros de Goya, no qual o pintor coloca em cena uma velha mendiga toda curva, gravemente corcunda, e uma jovem mulher elegante, com expressão altiva, a filósofa apresenta o seguinte comentário:

> *Essa posição tem a dupla vantagem de valorizar as formas majestosas da jovem mulher e enfatizar deliciosamente a afetação de seu porte. A silhueta da mendiga segue exatamente o movimento inverso: curvado para o solo, sua espinha dorsal incha-se com uma bossa espessa e insolente. [...] Vamos refinar nossa leitura: tudo se passa como se a mantilha branca, orlada de rendas negras dispostas de modo a dissimular os ombros da jovem mulher, se colocasse, gradativamente, de modo a formar com o chalé branco da velha como uma e só coisa. A jovem se vê, assim, prolongada pela velha* (Gagnebin, 1978, p. 29).

A mulher em Goya parece fundamentalmente ambivalente: "Nascida cheia de graça pela beleza, a mulher leva consigo os germes da feiura. Não está ela destinada a perder um por um o charme que a natureza lhe concedeu

21 Cf. o capítulo seguinte.

22 Cf. capítulo 2.

primitivamente? A feiura seria desse modo assimilável à ambivalência" (Gagnebin, 1978 p. 48).

Entretanto, é simplista assimilar a beleza à juventude, há também uma juventude feia. E Murielle Gagnebin prossegue de acordo com a analogia que acabo de evocar das "jovens nascidas velhas" que são as Greias da antiga Grécia: "Essa feiura assemelha-se admiravelmente à feiura que a velhice imprime sobre os traços outrora belos. Não se poderia, na sequência, dizer que há jovens mulheres prematuramente envelhecidas? Em duas palavras: "jovens velhas" (Gagnebin, 1978 p. 53). Nesse sentido a feiura trata do conceito central do tempo, de Kronos. A feiura tem algo da morte e, ao mesmo tempo, da monstruosidade (o terror do cadáver). Ela revela pela sua contemplação a condição humana de não estar no mundo senão com um corpo que sofre os efeitos do tempo que se esgota. A feiura, mais que a beleza, expressa, portanto, melhor a sensibilidade humana pelo fato de revelar os efeitos do templo. Se a beleza à imagem de Afrodite remete a figura do próprio poder, a beleza eterna das Imortais não deixa de ser acessível aos humanos.[23] Do lado oposto, a feiura alia-se à condição humana na medida em que testemunha de inelutável tempo que passa. A feiura evoca, simplesmente, o sensível: "A essência do sensível é a mudança, ou se preferir, a marcha em direção à morte. Presa do tempo parece sempre, cedo ou tarde, como destinada ao desgaste" (Gagnebin, 1978, pp. 139-140). Em outras palavras, a noção de feiura permite compreender o sensível submetido à marcha do tempo.[24]

Reterei como abertura privilegiada sobre o sensível, o fato que a feiura versa sobre a brevidade da vida humana e das condições de transmissão de uma geração a outra. Esse livro é consagrado, amplamente, à descrição do modo pelo qual as sociedades humanas puderam levar em consideração questões colocadas pela singularidade dos indivíduos e, particularmente, no sentido que acabo de apresentar, pois, a feiura testemunha uma ausência de poder e de fragilidade. Qual o destino daqueles considerados por uma sociedade como os mais frágeis, provisória ou permanentemente? De modo geral, ao sugerir a

23 Ver no capítulo seguinte minha discussão sobre as figuras de Psique e de Eros.

24 A propósito disso, Jean-Paul Sartre em *As palavras* conta como aos sete anos, a evidência de sua feiura lhe foi revelada por sua mãe, depois que ele voltou do cabeleireiro onde fora levado pelo seu avô: "Eu observava com benevolência os cachos de cabelo rolar pela toalha branca, inexplicavelmente embaçada; eu voltei glorioso e tosado. Houve gritos, mas não abraços e minha mãe fechou-se em seu quarto para chorar: haviam trocado sua filhinha por um garotinho. E pior: enquanto esvoaçavam em volta de minhas orelhas, meus cachos lhe haviam permitido recusar a evidência de minha feiura" (Sartre, 1964, p. 87).

fragilidade de determinadas pessoas, a feiura diz respeito a questões relativas à sobrevivência, ou seja, à busca da melhor segurança social e econômica para cada um, problema particularmente complexo nas sociedades consuetudinárias sem terceiro Estado.

Uma observação para assinalar que essa abordagem da feiura como estado de fragilidade tem todo seu sentido em relação às sociedades consuetudinárias que desconhecem as políticas públicas (desemprego, pensão, emprego remunerado...) endereçadas ao grupo dos mais vulneráveis. Assim, se existe uma assimetria no binômio beleza/feiura - sobretudo no intergeracional: se está bem consciente da beleza juvenil, sobretudo a feminina, parece nitidamente que somos menos focados sobre a feiura dos velhos, - a feiura, entretanto, toma toda sua dimensão e a assimetria reduz-se quando se afirma, como acabo de fazê-lo, que a feiura remete antes para uma forma de fragilidade (às vezes a um sofrimento), a qual se expressa diferentemente em função da idade e do sexo, mas que todos, cedo ou tarde, seremos levados a conhecer pelo efeito do envelhecimento.[25]

Mostrarei que a produção da equivalência social induzida pela regulação do sensível (da beleza) apresenta duas dimensões: a primeira trata da inveja e a segunda da proteção dos mais frágeis de um dado grupo. É também nesse sentido que as sociedades consuetudinárias devem regular a ordem sensível a fim de que os mais frágeis (segundo essa ordem sensível) disponham de um lugar na sociedade. Essa produção de equivalência coabita com o estabelecimento de fronteiras, isto é, dos limites ao que é considerado, numa determinada sociedade, como sendo sua humanidade comum. É a essa condição que a regulação da ordem, e mais precisamente de uma ordem política e religiosa capaz de articular a sociedade como um todo pela imposição de hierarquias e pela submissão em função de estatutos e atributos, poderá expressar todos os seus efeitos (seja com os Mossi pela constituição dos mais velhos chefes da linhagem de um monopólio na relação com os ancestrais, ou primogênitos, atribuindo-se, com isso, o melhor lugar em relação à ordem política).[26] E as trocas entre os

25 Para uma análise detalhada deste argumento, ver capítulo 6: "Segurança de pessoas e alianças secundárias".

26 A respeito disso, ver minha análise da teoria de "domesticação da sexualidade/desejo" de Maurice Godelier (cf. cap. 8). De certo modo, o desparecimento da regulamentação de ordem sensível que produz uma equivalência entre pessoas conduz a uma sociedade na qual a ordem política não pode mais expressar seus efeitos, tal a situação extrema dos *Ik* (grupo étnico de Uganda N.T.) descrita por Colin Turnbull no qual os grupos mais frágeis (idosos, crianças, enfermos, doentes) não são mais considerados como pertencentes à sociedade e podem ser abandonados à sua sorte, vale dizer, o mais comumente à morte, após o fim da

grupos que compõe a sociedade resultam da articulação dessas duas ordens, uma vez que a regulação da ordem sensível produz equivalência social e que aquela da ordem política estabelece estratificações sociais aceitáveis para a sociedade. Para compreender facilmente essa articulação, convém considerar o mesmo grupo de pessoas de acordo com dois pontos de vista: como idênticas entre elas segundo a primeira ordem (sensível) e como bem diferentes entre elas segundo a segunda ordem (político). Note-se que a produção de equivalência social pela regulação da ordem sensível não produz a identidade ao idêntico, o que seria intrinsecamente impossível, mas sim um simulacro social de semelhança que deve impor-se como uma evidência para que a sociedade possa reproduzir-se.

A partir disso, posso no momento formular uma segunda observação com relação à Lévinas. É evidente que se o sensível diz respeito, particularmente, ao feminino e à beleza feminina, ele não se limita, e nisso, adiro às observações que foram endereçadas ao filósofo. O sensível articula-se em minha pesquisa entre os polos beleza/feiura e não concernem exclusivamente as mulheres, mas também aos homens: qual o destino, nas sociedades consuetudinárias, dos homens feios, estéreis, fracos, feridos, doentes, velhos...? É nesse sentido que minha antropologia do sensível que analisa o papel da beleza feminina diz respeito também aos mais frágeis de um grupo, sejam homens ou mulheres, velhos ou velhas, feios ou feias, na formação das instituições humanas. Com a interrogação subjacente, a questão de saber quem mais carece das instituições.

Última observação para fixar minha definição da beleza humana, objeto deste primeiro capítulo, nas dimensões mais concretas da vida cotidiana. Os homens e as mulheres poderão perseguir objetivos distintos no que denominaria a procura da beleza. Assim, que seja um homem ou uma mulher, a definição da beleza poderia modular-se em função das relações que se estabelecem entre os sexos. Nesse nível, esboçarei a ideia segundo a qual, para o homem, a beleza feminina remete ao desejo de possuí-la. E a rivalidade entre os homens decorre desse desejo de poder possuir esse corpo antes de tudo exclusivamente para eles (à diferença dos *Na*), seja de possuir um corpo feminino, erótico e constitutivo do feminino.[27] Deixarei claro ainda que para o homem, esse corpo feminino pode sem dúvida fragmentar-se quando seu desejo lança-se mais particularmente sobre o olhar, a voz, a delicadeza da pele, os cabelos,

---

ajuda mútua (Trunbull, 1973).

27 Além do célebre mito de Helena, cuja beleza impele os homens à guerra e finalmente à destruição da cidade de Troia, esse caso menos conhecido narrado por B. Malinowski de uma mulher trobriandesa bela e sedutora que induziu ao suicídio numerosos homens que haviam sucumbido à sua beleza (Malinoswi, 2000, pp. 96-97).

quadris, seios, nádega... Como objetos singulares (até o "fetichismo" freudiano) de seu desejo. Para a mulher, a beleza parece, de preferência, poder apreciar-se a partir das relações que as mulheres estabelecem entre elas. A beleza emanaria, então, do sentimento de inveja ou de rivalidade que entretém entre si, em razão de um diferencial de beleza e das consequências em suas buscas para atrair um homem, possuí-lo para si e em seguida conservá-lo. A beleza do homem, no olhar da mulher, sem minimizar sua relevância, parecerá nas análises que serão feitas na sequência, de uma importância menor em comparação com a atração do homem pela aparência física da mulher e ao investimento da mulher para agradar (será verdade, porém, quando a mulher procura um amante?). Mostrarei, no entanto, que nas condições de deficiência de segurança social e econômica, como em Burkina Faso hoje, por exemplo, a mulher valoriza antes o "homem capaz" do que o homem com físico sedutor - o que não exclui, evidentemente, o desejo feminino por um homem capaz e bonito.

Para concluir, mostrarei que no momento tratar-se-á, sobretudo, de levar em conta os efeitos dessa desigualdade fundamental que constitui a repartição da beleza, mas igualmente de seu caráter efêmero. A seu modo, o romancista Michel Houellebecq, ocupando-se com as consequências da feiura sobre a existência de seu herói, enuncia propriamente a extensão do problema: "O liberalismo sexual produz fenômenos de pauperização absoluta. Alguns fazem sexo todos os dias; outros cinco ou seis vezes durante a vida, ou jamais [...]. Diferentemente, acrescenta ele, "num sistema sexual no qual o adultério é proibido, cada um é mais ou menos sucedido em encontrar o companheiro de cama".[28] Nos capítulos que seguirão, procurarei mostrar que a resposta apresentada pelas "sociedades consuetudinárias com matrimônio" a essa injustiça fundamental, liga-se a ideia que para além do desejo, os membros dos grupos mais frágeis de uma sociedade, no sentido que acabo de indicar, não importa como, permanecem homens e mulheres, plenamente, e continuam pertencendo de pleno direito à sociedade humana; é nisso, vale dizer, na imposição de uma equivalência entre os membros de um grupo, que esse último consegue incluir em seu seio, a diversidade e a singularidade.

Uma advertência para finalizar esse capítulo. Com certeza, se procuro indicar que a ordem sensível da qual a beleza constitui uma manifestação, influencia as relações humanas, é igualmente verdadeiro que a beleza não consegue tudo provar: a competência, o carisma, a posição social são dados incontornáveis. Indicarei, no entanto, como a beleza pode subverter essas outras qualidades entre nós como nas sociedades consuetudinárias de então.

---

28 Houellebecq, 1994, p. 100. No mesmo registro, ver também Bruckner, 1997.

II

No Fundamento do Ocidente
A Ocultação do Feminino na Grécia Antiga

(fim do século VI-IV a.C.)

I | Preâmbulo

Atribuir-se a tarefa de expor as relações eventuais entre as alianças matrimonias e a beleza humana - no duplo sentido que acabo de lhe atribuir - convida tomar as devidas precauções, em especial, a precaução de analisar a maneira pela qual essa questão surgiu a partir do horizonte cultural no qual ela foi formulada. Recorrer à Grécia antiga como ponto de partida deste livro, deve ser entendido como a primeira etapa de uma vigilância epistemológica que me reterá ao longo deste estudo. É conveniente, pois aprimorar os utensílios críticos, capazes de interrogar as categorias implícitas a partir das quais este texto poderá ser estabelecido. Essa passagem por um pensamento fundador do Ocidente contemporâneo consiste em questionar minhas evidências, aquelas que minha própria cultura veicula, com a intenção de assegurar mais firmemente a qualidade dos esquemas interpretativos propostos. Assim, antes de penetrar mais na análise de uma noção tão particular que é a beleza, pareceu-me impositivo interrogar as fontes implícitas de meus usos. Um pouco à imagem de um antropólogo que, em um novo terreno, aprende o idioma de seus hóspedes, ao mesmo tempo em que consiga progressivamente colocar-se boas questões, isto é, aquelas que fazem sentido para eles. Sem um desvio crítico em relação às minhas próprias categorias, como aventurar-se em direção a outras culturas sem correr o risco de conduzi-las totalmente a mim?

Este capítulo tem como principal objetivo fornecer os elementos contextuais com o intuito de melhor analisar as categorias a partir das quais o Ocidente estabeleceu as noções de corpo, de beleza, mas igualmente, as relações homem-mulher, e de modo particular, a noção de feminino. Para tanto, será pertinente priorizar a emoção, o sensível, o sensorial na instituição das relações humanas, tendo como porta de entrada privilegiada um domínio do sensível que trata mais particularmente do visível, do parecer, das aparências.

É, portanto, voluntariamente que restrinjo o objeto deste livro a uma das dimensões do sensível quando falo da beleza. Não abordarei questões relativas à palavra nem à escuta, embora certas sociedades tenham privilegiado mais que outras essa tradição cultural em detrimento do sensível visível. Uma observação para enfatizar que o visual não é apanágio do Ocidente. Assim, a propósito dos Trobiandeses, Malinowski observa: Não somente os indígenas têm vantagem em relação a nós em poder contemplar, durante todo dia, corpos nus; porém, constata-se ainda o fato notável que é de interessarem-se, principalmente, do ponto de vista erótico, à cabeça e ao olhar. [...] é para o olhar humano, olhos, boca, nariz, dentes e cabelos que se atribui o lugar proeminente (Malinowski, 2000, p. 215).

Evidentemente, falar da Grécia antiga, quer dizer, evocar o culto da beleza, isto é, um realismo visual que se expressa, sobretudo pela beleza do corpo humano. É, então, dessa evidência, que em outro lugar poderá não ser uma evidência, que trata esse capítulo. A Grécia clássica antiga exaltou intensamente a perfeição das formas e, a esse título, ela representa uma porta de entrada notável para propor a hipótese da provável existência de uma relação inversa entre matrimônio e beleza. No fundamento do Ocidente, com os Gregos, estamos em presença de um discurso sobre a beleza, sem falsa modéstia nem ostracismo, um discurso anterior ao da Igreja católica.[1] Foi necessário, especialmente, aguardar o Renascimento italiano para que o corpo humano e a beleza fossem, por um tempo, reabilitados.[2] Uma partilha se produz aqui, "orientando nitidamente, e por longo tempo, os gêneros em direção a duas qualidades opostas: força para o homem, beleza para a mulher" (Vigarello, 2004, p. 29).

Entretanto, a Grécia antiga, aquela da cidade democrática do fim do século VI e do V e IV, era igualmente aquela da condição servil das mulheres, submissas pelo matrimônio e reclusas na casa de seu marido. "A misoginia circula ao longo da história grega, constituindo um cenário permanente..." (Brulé, 2001, p. 45). Nicole Loraux explica "que, na cidade dos homens, não existe mulheres realizadas como as que são mães, oficialmente tranquilizadoras para o pensamento, porque domesticadas pelo matrimônio e aguerridas pela maternidade" (Loraux, 1989, p. 230). Para os homens gregos a mulher é ambivalente e no âmago do matrimônio oficial ergue-se o pensamento mítico-religioso que age como uma

1 Cf. Mazzaucco, 1989; Ranke-Heinemann, 1990, 1992; Roussell/Sissa/Thomas, 2005, Ver Delumeau, 1978, pp. 398-449.

2 Ver a respeito disso: Calbrese, 2003; Crobi/Courtine/Vigarello, 2005, vol. 1 e 2; Corbin/Courtine/Vigarello, 2006; Eco, 2004; Marzano, 2007; Vigarello, 2004.

herança nutrindo o sistema das representações e o viver junto. Na mitologia, casamento e beleza postam-se lado a lado e conduzem, muitas vezes, ao dilema. Seria a beleza do feminino que amedronta tanto os homens? O que se oculta por trás desse imenso pavor? Ao lado da austera Hera, deusa do matrimônio legítimo, esposa de Zeus e unanimemente venerada, não se encontram Atena, Afrodite, Pandora ou mesmo Helena? De imediato a Grécia nos mergulha em uma relação complexa, até mesmo paradoxal, entre as formas da aliança e a beleza corporal, relação que remete diretamente em direção da hipótese central dessa pesquisa que visa evidenciar as formas institucionais adotadas pelas sociedades a fim de regulamentar o que proponho denominar a ordem sensível (sensorial, emocional).

Antes de esboçar esse debate, uma observação impõe-se. É evidente que está fora de questão, para um antropólogo africanista como eu, pretender qualquer exaustividade na descrição das relações entre os homens e as mulheres relativas ao matrimônio e a beleza dos corpos na Grécia antiga, uma vez que existem tantos dados que exigem, para interpretá-los, competências diversas e raras, assim como uma longa especialização de que não disponho. Esse trabalho repousa essencialmente e, portanto, mais modestamente em fazer corresponder às interpretações de especialistas com a intenção de salientar, à margem dos matrimônios promovidos pela Grécia antiga - sejam aqueles vividos na prática, mas também aqueles narrados nos mitos e na poesia, - o papel representado pela beleza, assim como as consequências que ela produziria quando, liberta da opressão do matrimônio, pudesse agir mais diretamente sobre as relações entre homens e mulheres, mas também sobre os homens entre eles e as mulheres ente elas. Em outros termos, isso coloca a questão do método adotado para produzir dados úteis e de qualidade. Com efeito, se avanço como hipótese que a regulação da ordem sensível (que proponho de restringir aqui à regulação social da beleza) é assumida pelo matrimônio (onde as alianças existem), os efeitos da beleza sobre a sociedade permanece a priori invisíveis (uma vez que são reguladas pelas alianças). Portanto, é à margem das alianças matrimoniais que seria possível mostrar o impacto da ordem sensível sobre a estabilidade e a reprodução das sociedades.

Os homens e as mulheres da Grécia antiga veneram a beleza e, ao mesmo tempo, desconfiam dela. Como pano de fundo deste capítulo postam-se duas figuras divinas; elas dividem, sobretudo, dois domínios: o matrimônio e a beleza. A primeira, Hera, é a esposa legal de Zeus. Ranzinza, invejosa diante das numerosas amantes de seu marido e implacável em relação aos filhos ilegítimos que ela perseguirá, protege as mulheres e o matrimônio. A segunda é Afrodite.

Ela é a força que aproxima os seres e une os sexos e "em seu brilho, o corpo da deusa é a próprio poder de Eros, enquanto força universal" (Vernant, 2007b p. 1330). Com ela toda vida inflama-se, a dos homens, das mulheres, dos deuses.

> *Ela dispõe de todos os meios para chegar a isso, sobretudo a beleza. Seu corpo é um encantamento; e depois, vestes, perfumes, ornamentos, flores, sorrisos... tanto assim que os mortais tendem a mão em direção a ela: cada um deseja torná-la sua esposa legítima e levá-la para casa. Essa deusa do amor é uma esposa? Com certeza, sim. Porém, como dizer da deusa do amor que ela é "casada"? Não importa quem seja aquele que se lhe é dado como "marido e senhor", ela tende furiosamente a amar outros* (Brulé, 2001, p. 20).

Assim, está colocado o problema.

Além dessas duas deusas centrais para meu propósito, é pela descrição de traços relativos a outras figuras femininas extraídas da mitologia e da poesia, sobretudo, que me proponho abordar essa sociedade. Figurarão humanas e deusas, todas descritas como muito belas, tais como Metis e Atena, mas também, Nausicaa, Pandora, Tétis, sem esquecer Clytemnestra, Helena e Psique, ou até Danaé e também Éris. Há aquelas não tão belas e as feias, com nariz chato, as Greias que nascem velhas. Há também Noite, Velhice, Sedução, União amorosa, Vingança, Cólera... Tantos nomes longínquos e, no entanto, familiares que deverei tentar reanimá-los.

É, portanto, com um olhar de etnólogo, treinado na observação de formas do matrimônio encontradas em um território africano que eu abordei, ou que me foi possível abordar, essa literatura.[3] Familiarizado com a observação e com a descrição prática da diversidade das alianças na sociedade tradicional Mossi e amplamente influenciado pelas consequências operacionais, no terreno da teoria de Lévi-Strauss sobre o parentesco, me interessei, de certo modo "naturalmente" por certas narrativas míticas da Grécia antiga, pelos aspectos práticos do matrimônio, privilegiando frequentemente uma interpretação ao pé da letra, considerando os impactos diretos sobre os grupos humanos de uma ou outra solução adotada na matéria. Igualmente, os anos vividos com camponeses Mossi tornaram-me familiarizado com as consequências da oralidade na vida cotidiana. Dessa experiência, fui levado a considerar a relação com o sistema de crenças numa orientação mais pragmática.[4] Em outras palavras, os

3 Sobre as relações entre história e antropologia, ver, entre outros, Vernant, 1999, pp. 89-111.

4 Sobre esse debate: Goddy, 1994.

"Ogotemmêli" (célebre informante Dogon de Marcel Griaule) são tão raros na África consuetudinária como eram os grandes poetas na Grécia antiga; então, a massa da população, não carecendo de coerência filosófica global para existir, encontra nos mitos as respostas práticas, *ad hoc*, imediatas para as dificuldades da vida cotidiana. O pensamento popular remete a uma elaboração caracterizada por uma lógica situacional, vale dizer, também por uma prática prudente que se revela a maneira mais simples de ajustar o fluxo dos acontecimentos ou de enfrentá-lo.[5] Seguindo essa lógica, arriscarei também introduzir algumas comparações com as práticas sociais e as narrativas míticas de outros povos que pertencem a épocas muito diferentes que, no entanto, esclarecerão, assim espero, o propósito.[6]

Porém, antes de poder abordar alguns aspectos do sistema de pensamento da Grécia antiga, fixemos, ao modo de um antropólogo que tenta tomar pé em um novo terreno, as principais referências que regem as alianças. Será a ocasião de chamar a atenção sobre as considerações práticas das alianças, por vezes delicadas para compreender-se para quem vive como uma evidência o "matrimônio de amor" valorizado há pouco tempo no Ocidente contemporâneo.

II | Regras de aliança na Grécia antiga - referências

Deve-se aguardar a chegada da cidade democrática, no fim do século VI. ateniense, para progressivamente ver impor-se um matrimônio legítimo, participando assim, da perpetuação das "casas" e assegurando "pela regulação mais estrita do matrimônio a permanência da própria cidade, sua constante reprodução" (Vernant, 1974, p. 63). Anteriormente, não há forma precisa de matrimônio, "mas práticas matrimonias diversas, que podem coexistir umas com as outras, uma vez que respondem a finalidades e objetivos múltiplos, pois o jogo das trocas matrimoniais obedece a regras muito flexíveis e muito livres no âmbito de um comércio social entre as grandes famílias nobres, comércio em cujo seio a troca das mulheres surge como um meio de criar vínculos de solidariedade ou de dependência, de adquirir prestígio, de confirmar uma

5 A respeito disso, ver Singleton, 2004; ver também Singleton, 1994, pp. 179-200.

6 Sigo nesse ponto, mas em sentido inverso, o caminho amplamente tomado por meus ilustres antecessores, como Jean-Pierre Vernant para quem "as lendas helenas, para serem compreendidas, exigem a comparação com os relatos tradicionais de outros povos, pertencentes a culturas e épocas bem diversas..." (Vernant, 1999, p. 9).

vassalagem[7]...". No âmbito da cidade, o matrimônio é concebido para assegurar à casa dos homens uma descendência legítima, isto é, o filho. No mundo de lenda que influencia a Grécia arcaica, a distinção entre esposa legítima e concubina é menos nítida. Jean-Pierre Vernant chega à conclusão que "se existe [...] normas, regras de conduta, a margem de escolha permanece bem vasta, o leque das atitudes bem aberto para que não se possa falar de um modelo único de instituição matrimonial" (Vernant, 1974, p. 68). Daí resulta uma multiplicidade de estatutos femininos.

Tão logo púbere, a moça, doravante *parthenos* (virgem), caso provenha de boa família e, portanto, bem dotada, é oferecida, graças a um conjunto de cerimônias (rituais, festas) aos olhares dos pretendentes, da cidade ou dos deuses[8] (Bruit-Zaidman, 1996, p. 6). Nesse contexto, a própria ideia de olhar torna-se importante, assim como a aparência física: a jovem de expor-se, e os outros de a olharem. Tais práticas aproximam pelo olhar - seja por intermédio da aparência - uns e outros e nesse sentido a beleza do corpo tem (parcialmente) parte vinculada com os projetos de aliança; tais aspectos ocupam um espaço notório nas narrativas que seguem. Uma observação impõe-se: longe de nós sugerir que a beleza explica, por si só, as estratégias matrimoniais para as quais intervêm diversos outros elementos. Porém, paradoxalmente, ao menos a nossos olhos, a Grécia antiga expõe a jovem aos olhares ao mesmo tempo em que enquadra o olhar, e até mesmo o renega completamente pelo fato de ele remeter ao desejo: assim Psique não pode ver seu esposo e Tirésias perde a visão por ter olhado Atena no banho.

Existe, portanto, certa tensão entre beleza e matrimônio: e não é bem entendido, por acaso. Assim, constatar que essa tensão é expressa desse modo no contexto da Grécia antiga, permite acrescentar um esclarecimento essencial. Há evidência que os homens gregos levaram bem longe o uso do corpo da mulher como objeto de seu prazer, sem consideração pelo prazer dela. O corpo da mulher parece como um envelope obrigado a ser belo ao serviço da sedução e da satisfação da sexualidade masculina. Mulher-objeto que resume muito bem "o lugar do corpo feminino na relação sexual" (Brulé, 2001, p. 130).

O tempo limitado da moça é também aquele de certa liberdade, aberta à vida pública. Esse breve período no qual a moça, como a efêmera, brilha com todos os seus fogos ao pôr do sol, findará pelo matrimônio e pela esposa, pela

7 Op. cit. p. 62; ver ainda Vernant, 2007a, pp. 656-676.

8 Sobre isso ver Bruit Zaidman, "Le temps des jeunes filles dans La cité grecque: Naussicaa, Phrasicleia et les autres". Revues. org. CLIO, n. 4, 1996, p. 6.

partida de sua casa natal para encontrar a casa de seu marido. Tendo feito esses esclarecimentos, retomemos as alianças matrimoniais, cujas múltiplas formas não podem ser descritas aqui. Retenhamos simplesmente que o matrimônio grego é virilocal e monogâmico (Brulé, 2001, p. 81). Como em muitas outras sociedades, para uma jovem mulher o matrimônio é mais uma ruptura muito violenta, do que uma festa.[9] "A ideia de que na *parthenos* (virgem) esconde-se um animal selvagem que não foi ainda submetido ao processo de civilização, corresponde bem à ideia de que os Gregos se fazem da evolução do feminino." O domador do feminino selvagem é o marido [...] (Brulé, 2001, p. 80).

A prática generalizada do dote (*proix*) como instituição vinculada ao matrimônio legítimo implica numa troca matrimonial no interior da cidade e mesmo um reforço de certa endogamia familiar, enquanto que no período precedente, os filhos de grandes famílias esposavam estrangeiras (Vernant, 1975 pp. 70-71). Em certos casos, como aquela da organização de um concurso, a escolha do esposo é deixada para a discrição da moça. Por outro lado, a futura esposa é considerada como um bem precioso, mas mesmo assim um bem, que entra nas estratégias de aliança entre famílias. Se o marido dá uma determinada quantia de bens ao pai de sua esposa, esta dará filhos que pertencerão ao seu marido.

Casada, a mulher é vinculada à casa de seu marido, ao seu terreno, ao seu lar. De uma estrangeira, o que ela é geralmente, torna-se a representante do lar do marido e de suas virtudes particulares. Em outras palavras, o leito conjugal onde o rei dorme com a rainha é o próprio símbolo do poder. Então "tomar, no coração de sua casa, em seu leito, unindo-se à sua esposa, o lugar do rei é adquirir títulos para reinar, na sequência dele, sobre a terra que a mulher, de certo modo simboliza" (Vernant, 1974, p. 77). É sob a luz disso que é pertinente compreender a intensidade dramática contida no rapto, no estupro e no adultério. E o drama é impelido ao seu auge no caso do casamento de Helena. Seu matrimônio é considerado por seu pai como muito delicado, em razão de extraordinária beleza de sua filha. Ulisses, astuto, propõe então ao pai, Tíndaro, fazer todos os pretendentes prestarem um juramento: "não importa qual seja a decisão de Helena, eles ratificarão essa escolha e (que), além disso, estarão

9 Assim, entre os Mossi o dia de um casamento consuetudinário, para as meninas da classe etária casada, como para a esposa, trata-se, antes de tudo de uma separação e de uma partida em direção ao desconhecido. São expressos, frequentemente, por meio de prantos, que relembram mais aqueles em ocasião de funerais do que a uma forma qualquer de contentamento. Atenção, porém, as comparações são sempre muito delicadas e a situação da mulher Mossi, que permanecerá sempre uma estranha na casa de seu marido, nada tem a ver com aquele concedido à mulher grega no qual a esposa representa o lar do marido (cf. Vernant, 2007a).

todos engajados por esse matrimônio. Se ocorrer àquele que ela terá escolhido alguma coisa que, em suas relações não esteja bem, todos se sentirão solidários com o marido" (Vernant, 1999, p. 107). Tais engajamentos complexos, vinculados aos eventuais rancores e invejas, estabelecidos com a caução do marido, entre homens, por uma mulher muito (demasiado) bela, conduzirão finalmente à guerra de Troia.

III | A DUPLA CONFISCAÇÃO PELOS HOMENS DO FEMININO DAS MULHERES

A misoginia dos Gregos constitui o pano de fundo desta análise para a qual se deve guardar na memória que a mulher é considerada um ser inferior. A cidade é a dos homens viris que a constituíram pela exclusão das mulheres. E, no entanto, como adianta Nicole Loraux, "a epopeia não seleciona até o fim e, masculino e feminino são aí duas determinações essenciais que se repartem entre elas a dominância, portanto são inseparáveis" (Loraux, 1989, p. 11). Para os filósofos do período clássico, a divisão do território é bem nítida, a virilidade para os homens e a feminilidade para as mulheres. Porém, o que acontece com essa distinção quando o pensamento une aquilo que a filosofia busca a qualquer preço desunir (Loraux, 1989, p. 217). A esse propósito, Nicole Loraux enuncia uma hipótese forte pela qual mostra que ocorre o inverso. Os homens apropriar-se-ão do feminino, pois além da força e da violência, é isso que lhes falta para dominar. E, muito mais, as mulheres participam na fabricação da virilidade dos homens gregos. Mas uma vez que os homens apoderaram-se do feminino para realizar sua virilidade, o que resta para as mulheres? A resposta é evidente: a negatividade a fim de terrificar, seduzir e fascinar. É uma maneira de passar em silêncio o que o homem emprestou às mulheres para completar sua virilidade, de algum modo, o natural feminino; de acordo com essa perspectiva, não sobraria então, às mulheres, senão o feminino em si, a saber, aquele do artifício e do fascínio (Loraux, 1989, p. 218), em outros termos, sua corporeidade. Enquanto a mulher encontra-se, assim privada, ela torna-se um envelope vazio, um corpo-objeto que provoca tanto medo nos homens que sua beleza pode ser divina, com consequências incalculáveis. Esse processo de confiscação do feminino das mulheres pelos homens ocorre em duas etapas, primeiro aquela da apropriação de sua alma (espírito) e, em seguida, aquela de seu corpo. Analisemos agora essas duas etapas como exemplo de regulação da ordem social da beleza realizada na Grécia antiga.

Apropriar-se da astúcia das mulheres para dominar

Um mito importante para compreender essa privação do natural feminino das mulheres pelos homens é aquele que narra o matrimônio de Zeus com Metis, após o nascimento de Atena. Como mostrou Louis Dumont, a hierarquia constrói-se sobre o "englobamento do contrário",[10] é disso que se trata aqui. Nos imortais, a vitória de Zeus por ocasião da guerra interminável entre primeira geração dos deuses e de seus filhos - Cronos que destitui seu pai Uranos e em seguida Zeus seu pai Cronos - não se deve unicamente à força frontal, mas à inteligência sutil, a que vai conduzi-lo ao matrimônio com Metis, evitando que ele seja excluído pela nova geração (Detienne/Vernant, 1974, p. 66). Em seu combate pela supremacia, Zeus certamente recebeu apoio de Prometeu que lhe concede a astúcia. No entanto, esse apoio não é suficiente, devendo ele mesmo encarnar a astúcia, isto é, *metis*, espírito inteligente e falso que permite antecipar e manipular os acontecimentos. Para isso Zeus desposa Metis que simboliza essa forma de inteligência, porém muito mais do que possuí-la como esposa, pretende ele próprio encarná-la. Ele teme que Metis conceba um filho que, dotado com as mesmas qualidades da mãe, o destitua. Por ocasião de um combate entre esposos, cheio de astúcia e em subtilidade onde as aparências entrecruzam-se, Zeus devora finalmente Metis e o filho que levava. "Desposando, dominando e devorando Metis ele se torna mais do que simples monarca, ele se faz a própria Soberania" (Detienne/Vernant, 1974, p. 106). Zeus não pode mais ser destituído do trono, deus é inteiramente *metis*, a prudência em pessoa. Ele englobou o natural feminino (aqui a prudência, a astúcia e a inteligência), e o filho temido, que iria mesmo vencer o pai, será finalmente uma moça,[11] uma guerreira viril, deusa da razão, inventiva e cheia de astúcia. De modo que o tempo, aquele de sucessão das gerações que transtornam as hierarquias, é vencido. Retornarei mais amplamente, a seguir, sobre essa relevante consideração que não deixa de evocar os trabalhos de Maurice Godelier (Godelier, 2004, p. 409). Para Nicole Loraux, discorrendo sobre a gestação de Zeus, "é sobre o registro do feminino de totalidade de um corpo cerrado sobre o filho que traz dentro de si - no caso presente, o de Zeus que absorveu uma divindade mulher - que se imagina na Grécia o impedimento de um poder mais forte que aquele do deus forte" (Loraux, 1989, p. 19), e o corpo feminino é

---

10 Cf. Dumont, 1966, p. 397.

11 Zeus dará, ele mesmo, a Atena.

concebido como o próprio poder de Eros,[12] Aliás, Zeus englobando Metis, cria para além da complementaridade que ele evidentemente adquire, a hierarquia que coloca o feminino numa ordem inferior ao masculino.

Se o homem ganha em complexidade, a mulher então, em substância, uma vez que ela transitou no espírito do homem. O que sobra da mulher? Algo negativo, certamente, despojada que é da prudência, da astúcia, da inteligência, um envelope quase vazio. Mas que envelope! Uma silhueta à qual, bem ou mal, o estranho qualificativo lhe é geralmente acoplado. Possuindo algo de divino - pelo menos de modo metonímico - a beleza amedronta os homens - enquanto é afetada de ambiguidade; eles não deixarão de desejá-la, de temê-la e de tentar enquadrá-la. Entretanto, se *metis* representa a parte feminina da mulher possuída pelos homens, sobra essa dimensão irredutível do feminino, a beleza do corpo, que não podem absorver, mas que tentarão dominar. Se ouso dizer, essa parte não apropriada do feminino, a beleza do corpo, permanece ainda *metis,* uma *metis* capaz, ao mesmo título que as astúcias da inteligência, se não mais, de transtornar as hierarquias mais sólidas, em suma, uma beleza fatal!

O feminino aqui remete a um trauma, isto é, a algo de refratário que evoca o sensível (a emoção, o sensorial) e a necessidade de sua regulamentação por uma instituição apropriada (as formas tomadas pelas alianças, como regulamentação social da beleza). Nesse caso há algo de patético nessa busca grega pela dominação da mulher. A sequência da narrativa nos ensinará, pois, que se assiste a uma inflação de meios vinculados a essa busca infinita da dominação masculina. O corpo não permanece a nossa condição de estar no mundo, com um corpo capaz de dizer bem além das palavras? É nesse equívoco, em águas turvas, muito bem esclarecido por essa narrativa de Zeus e de Metis, que se situa meu projeto de uma antropologia da beleza, ou seja, uma antropologia do sensível que tentaria insinuar-se no cruzamento do racional (da razão e do dizer) e das emoções, precisamente onde a beleza do corpo feminino torna-se um elemento de insegurança para o homem grego.

Suprimir a corporeidade feminina

Após a deposição da metis cabe aos homens apagar a corporeidade das mulheres para, desse modo, completar a tarefa de renúncia do feminino das mulheres.

---

12 Essa temática não deixa de lembrar aquela do "macho que pare" e da "mãe devoradora", temas africanos explorados por Denise Paulme, 1976.

Primeiramente, o que ocorre com as mães, antes de considerar a questão da mulher sedutora. Uma figura notória de mulher mãe é Clytemnestra, a meia--irmã de Helena; ela casou-se com Agamêmnon. É um matrimônio sem amor, baseado sobre a força e a violência. Têm quatro filhos. Antes de partir para a guerra de Troia, Agamêmnon deve sacrificar sobre o altar de Ártemis, sua filha Ifigênia. Clytemnestra toma conhecimento, mas desconhece que sua filha escapou da faca do carrasco. Clytemnestra tem um amante e Agamêmnon sua concubina. Na volta da guerra de Troia, Agamêmnon e Cassandra são assassinados em um conluio tramado por Clytemnestra e Egisto. Por sua vez, os filhos matarão o casal assassino de seu pai. Para Nicole Loraux, Clytemnestra não mata Agamêmnon por ciúmes, por causa de adultério, ou ainda por poder, porém, por causa de uma cólera inextinguível, a de uma mãe cuja filha lhe foi tomada para ser imolada e que vinga sua criança. Não é, todavia, esse argumento, explica a historiadora, que sustenta a narrativa. Com efeito, para o pensamento grego, Clytemnestra encara "a única versão possível da assimilação do masculino por uma mulher" (Loraux, 1989, p. 22). Assim, não é dor de uma mãe que prevalece como elemento explicativo de sua ira, o de uma mulher viril que ama o poder, afastando-a assim de sua queixa (Loraux, 1989, pp. 219-231). Desse modo está lembrado que na cidade, apesar de tudo, a mulher realizada deve permanecer submissa pelo matrimônio e devotada a seus filhos. Observo que a figura de Clytemnestra tornou-se, no século XX, emblemática da liberação das mulheres do poder masculino.

Em segundo lugar, ao lado da mulher mãe, outro natural feminino é aquele da mulher em sua corporeidade, da mulher sedutora, a que remete ao prazer. Para evocá-la, Nicole Loraux apoia-se ainda sobre a incontornável personagem de Helena, e igualmente o personagem de Atena, cujo corpo nu visto por Tirésias, deixou-o cego. "Helena tantas vezes casada, mas cujo corpo belo não pode ser uma miragem, a imaterialidade de um fantasma," (Loraux, 1989, p. 270). É filha de Nêmeses/Leda, uma bela mortal violentada por Zeus e que guarda em si rancor, violência e espírito de vingança. Helena, a mulher em sua feminilidade, e sua meia-irmã Clytemnestra, a esposa revoltada (ao contrário de Helena, ela é filha de um mortal) conformam-se como uma dupla calamidade (Vernant, 1999, p. 106). Helena "mantém, por sua vez, [...] uma áurea divina. O esplendor de sua beleza, que pelo poder de sedução faz dela um ser assustador não cessa, no entanto, de resplandecer sua pessoa e de iluminá-la com uma luz na qual brilha o reflexo divino. Quando ela deixa seu esposo, seu palácio, seus filhos para seguir os passos do jovem estrangeiro que lhe propõe um amor adúltero, é ela culpada, é ela inocente?"(ibid). Para os gregos, a silhueta enganosa de

Helena, benevolente e maléfica, torna-se a possibilidade de imprimir uma forma à miragem da sexualidade. Platão faz do prazer sexual o fantasma do verdadeiro prazer e afirma que para esse eidolon combate-se como se combatia em Troia pelo fantasma de Helena (Loraux, 1989, p. 250). Como se observa, nesse sistema de pensamento, o que é seguro, para os homens que a desejaram, é que amar Helena permanece, antes de tudo, a experiência de uma ausência. Os amantes de Helena veem sua beleza, porém, essa deixa transparecer uma inadequação da emoção que ela provoca (junto aos homens) em sua interioridade. Sua identidade não pode ser tomada como aquela que provoca seu corpo. O corpo, aqui, é uma mentira.[13] A corporeidade de Helena nada diz de sua interioridade (redutível aos gregos) como se fosse depositária de sua beleza. Helena suscita um desejo irresistível, mas qual é o seu desejo? Ela parece como que estranha ao desejo por ela provocado, como que distante.[14] Seu belo corpo impede aproximar-se de Helena de outro modo? Apesar de tudo, a ausência de regulação da ordem sensível é um impasse aos olhos dos Gregos. Tudo ocorre como se a interioridade velada pela beleza, não pudesse ser positiva, mas somente enganosa na medida em que remete às incessantes reivindicações das mulheres por suas insatisfações. O poder de sedução de Helena, isto é, sua força de atração, faz dela um ser amedrontador.[15]

Resumindo: ao final desse processo de submissão, as mulheres gregas são duplamente destituídas de sua inteligência astuta e, ao mesmo tempo, de seu

13 Enfatizemos que o inverso está hoje em ação no Brasil onde a identidade está "à flor da pele" (cf. capítulo 10).

14 Cf. Loraux, 1989, pp. 236-237.

15 Um raciocínio de mesma natureza poderia ser feito por Atena. Assim, Atena, voltada para o interior, remete para a castidade, para a temperança, para o trabalho (Brulé, 2001, pp. 36-37). Ela é a filha guerreira, viril de Zeus e Metis, da qual conservou a astúcia e o fascínio. A deusa escolheu a virgindade, como a *parthenos,* como a menina oferecida em matrimônio na puberdade; entretanto, ela será fecundada por Hefáistos, o ferreiro manco. Atena, apesar de sua virilidade, possui um corpo de mulher, uma mulher que jamais se contempla em um espelho por medo de se ver tornando feia. Desde quando Tirésias descobriu que "esse ser viril não é senão uma mulher"? (Loraux, 1989, p. 261) Sem dúvida, mas Nicole Loraux propõe afirmar: o que ele viu não seria, porventura, "o segredo de um corpo feminino [...] de uma mulher bem dissimulada que as vestes guerreiras da deusa encobrem tanto como a materialização do interdito" (Loraux, op. cit. p. 270). O que é nada menos que uma relação mais familiar com a feminilidade, aquele para os gregos também com a silhueta bem conhecida da jovem irrepreensivelmente longínquo (ibid) Pierre Brulé falando de Nausicaa, a *parthenos* por excelência, caminha no mesmo sentido quando diz que "nós somos frustrados em nossa busca do corpo feminino grego, nada a ver com a evidência, a permanência, a exibição do corpo masculino, aquele dos guerreiros, dos atletas" (Brulé, 2001, p. 777).

corpo que, na melhor das hipóteses, torna-se um *eidolon* (um duplo, um fantasma, uma miragem).[16] Esse corpo feminino ausente, cuja beleza, no entanto, exala por entre as poucas fendas que lhe são consagradas pelas raras narrativas que a mencionam, parece um não ser quando não conduz à violência, à ira e à morte. Portanto, assim como a guerra de Troia aconteceu (Vernant, 1999, p. 91), "fica a evidência: dupla e una, Helena nunca é mais bela do que quando levada por Paris" (Loraux, 1989, p. 252).

Antes de prosseguir no raciocínio, recordemos que meu procedimento consiste em ir à periferia das alianças, onde por hipótese a beleza não é regulada, a fim de compreender a influência da ordem sensível sobre a reprodução da sociedade. Nessa Grécia antiga onde as formas de matrimônio dominam a beleza feminina, pode-se esperar encontrá-las à margem das alianças? Provido dessa intuição, indaguemos o que poderia ser essa eventual beleza "em estado nativo", isto é, antes de sua regulação. Em outros termos, é possível extrair algumas informações relativas à beleza à margem de regras e exigências impostas pela sociedade? Existem descrições relativas a algo antes de Hera, vale dizer, de uma situação social diferente daquela regulada pelas alianças? A resposta é positiva, desde que se tome a figura de Afrodite e sua influência sobre a sociedade, e nós teremos acesso a uma sociedade regida pela beleza, isto é, por uma forma do sensível.

Falar de beleza feminina como "estado nativo" equivale a pensar a beleza de Afrodite, certamente a força da união, sem dúvida, a doçura, mas também, em sua beleza feita de trevas e de astúcia quando ainda não tinha gerado nem Eros (o amor) nem Himeros (desejo). Uma Afrodite que mantém relações, pelo menos distantes com Hera, a deusa da ortodoxia do matrimônio. Tendo a deusa da beleza como horizonte, torna-se viável completar a análise, abordando de outra maneira o tema da beleza corporal, não mais por sua regulação oficial, aquela imposta pela cidade dos homens, mas pela ordem sensível. Será questão de tratar a concepção da beleza antes de ser subjugada e dominada pelos homens. Afrodite é livre e seu corpo representa o próprio poder.

Restringir-me-ei, nos pontos que seguem, a enfatizar os fatos inerentes aos processos de encadeamento desta "beleza nativa", instituídos, aliás, tanto pelos homens quanto pelas mulheres, e é lá que desejaria chegar. Recordemos do rei Peleu: ele retém fortemente envolto em seus braços a deusa Tétis, da qual Zeus e Posêidon estavam enamorados, mas cuja descendência temiam. Bem a propósito, essa narrativa leva a discutir, como preâmbulo, a figura de Hera, a protetora

16 Ver a respeito disso Vernant, 2007a, pp. 538-539.

ranzinza das alianças oficiais que não é outra senão uma mulher! O matrimônio também deveria ser pensado no feminino? Em outras palavras quem submete quem a quê?

IV | Tensões entre a beleza e as alianças matrimoniais

Consideremos agora situações à margem das alianças (isto é, não diretamente regidas pela figura de Hera), a fim de realçar os efeitos da beleza sobre a sociedade. Em outras palavras, Afrodite e a beleza opõem-se à Hera e a regulação da ordem sensível pelo matrimônio.

Fruição do feminino

Movido pela vontade de chamar atenção sobre o provável papel das mulheres na edificação da aliança, insistirei sobre o fato que a deusa do matrimônio legítimo é uma figura feminina, Hera, e que diante da revelação por Tirésias do prazer ao feminino, Hera opõe-se a Afrodite, outra mulher. Nesse sentido, o *Matrimônio* legítimo (simbolizado por Hera) mantém uma relação menos conflitante com a *Beleza* (Afrodite).

Um dia, Zeus e sua esposa Hera discutiam asperamente para saber quem, homem ou mulher, no ato sexual tinha mais prazer, Zeus sustentando que era o homem. Diante da enormidade da disputa, decidiu-se chamar Tirésias que os acasos da existência, durante certo tempo o haviam transformado em mulher antes de tornar-se um homem. A resposta foi irremediável: "Se houvesse dez partes (de prazer), o homem usufruía de uma só e a mulher de nove". Hera exaspera-se "furiosa por ver assim revelado o pouco caso que as mulheres faziam dela, quando confrontadas a Afrodite. Para vingar-se, ela cega Tirésias - ao menos nessa versão, pois em outras, ele tornou-se cego por ter olhado Atena em seu banho - mas Zeus que não se satisfez com essa resposta, o faz divino". E Nicole Loraux conclui: "Hera tinha toda razão de ficar furiosa: foi suficiente a esse homem, anteriormente uma mulher, para destruir a construção tranquilizadora que, colocando as esposas fora do prazer, reconduziria os Andrés a uma virilidade sem desmentido como sem surpresa" (Loraux, 1989, p. 17).

Essa conclusão é incontestável e devemos tomá-la como tal: a figura de Hera e, portanto, para além do matrimônio que ela representa conduzem os homens a dominar as mulheres, a afirmar sua virilidade e a manter a ordem e a longevidade da cidade. Entretanto, essa conclusão parece, por certos aspectos, incompleta, pois não diz nada de outra evidência, segundo a qual Hera, além de sua condição imortal, remete a uma figura feminina, portanto, uma mulher que garante a ortodoxia do matrimônio. Não é Zeus ou outra figura feminina que a mitologia finalmente conservou para simbolizar o matrimônio oficial. É ainda Hera que fica irada e ouve revelação de Tirésias, enquanto que Zeus (um homem) alegra-se, ele que possui inúmeras esposas legítimas - Hera certamente era a única esposa imortal oficial - e ilegítimas (Zeus teve nada menos que 25 matrimônios e/ou relações amorosas, com mulheres ou deusas).[17] De alguma maneira, nesse caso, a ira de Hera dirige-se não a Zeus, mas para Afrodite, outra mulher. Diferentemente de Zeus (polígamo e infiel), Hera e Tetis (esposa perfeita de Peleu) são bem ligadas à instituição oficial do matrimônio, de um matrimônio aqui monogâmico. É unicamente porque são dominadas ou é, também, por razões que lhes são próprias? É nesse sentido que proponho de lançar outro olhar sobre as alianças matrimoniais, isto é, um olhar emancipado do único prisma da dominação masculina como evidência indiscutível, mas que nega às mulheres qualquer capacidade de iniciativa. A questão aqui será compreender as alianças do ponto de vista das mulheres e não mais unicamente da perspectiva dos homens.

O matrimônio poderia ter alguma relação com o desafio mais especificamente vinculado ao feminino, ou seja, outro quanto aquele da troca, em conjunto, de mulheres e de homens, para retomar a concepção de Lévi-Strauss? Nesse capítulo, não poderia senão apresentar a questão sem resolvê-la em razão da falta de dados disponíveis, mas, sobretudo, por causa de um contexto cultural pouco favorável a esse tipo de debate, se não fosse a figura feminina de Hera que permite, ao menos, evocá-la. Consequentemente obervarei que com referência à hipótese de uma relação inversa entre beleza e matrimônio, gostaria de submeter ao debate a ideia segundo a qual as mulheres poderiam ter instrumentado, por intermédio das alianças, outras mulheres, a fim de prevenir-se, entre elas, da repartição desigual da beleza[18] e do papel que essa desigualdade poderia desempenhar ao mesmo tempo no estabelecimento das relações com o outro sexo e na sobrevivência de cada um. As mulheres poderiam, assim, ter tido um papel notório na invenção da regulação da ordem sensível. A beleza,

---

17 O caso de Zeus não é isolado. Em outro registro, pode-se sublinhar que, nas sociedades consuetudinárias, as alianças desempenham um papel político determinante e os grandes homens dessas sociedades podem ter diversas esposas.

18 Aqui em sentido bem geral das tensões inerentes aos diversos contínuos vinculados à beleza/feiura, à juventude/velhice, até mesmo à fecundidade/esterilidade...

não obstante o fato de ela remeter a uma construção sociocultural é ao mesmo tempo tributária, com relação a seu fundamento biológico, de uma repartição aleatória, no seio de um dado grupo, e ela é, por outro lado, efêmera. Ela não explica, portanto, a estabilidade das relações entre os sexos, mas ao mesmo tempo, representa um poder certo para aquelas (ou aqueles) que delas são dotados, ela constitui essa força universal, a de Afrodite. Entre mulheres, essa força de união, de acordo, de sedução, na relação com outro sexo, remete a uma relação injusta, uma vez que a desigualdade poderia querer atenuar, regular, e enquadrar uma instituição como a do matrimônio. É nesse sentido que eu falo de regulação da ordem sensível e, mais especificamente, da regulação social da beleza, e nisso, Hera opõe-se à Afrodite. E mais, nada impede dirigir um duplo olhar sobre a aliança e, portanto, pensar que esse mesmo matrimônio, que regularia as tensões entre mulheres, não pudesse, no mesmo movimento, participar da reprodução da cidade pela regulação das relações entre os homens e as mulheres submetendo a mulher grega a seu esposo. A partir dessa dupla perspectiva, mostrarei no desenrolar dos capítulos seguintes, que a aliança é uma instituição situada na interseção das ordens sensível e política, uma vez que ela gera, ao mesmo tempo, uma equivalência social segundo uma perspectiva e uma distinção social sobre outro plano.

Devo admitir que essa tese seja dificilmente aceitável, caso se mantenha na denominação da "mulher-objeto", isto é, da mulher tomada aqui como uma categoria homogênea. Além do mais, não há vantagem em cair no capricho inverso dos movimentos denominados "masculinistas" que poderiam descobrir em minhas considerações argumentos para justificar "o desaparecimento da condição masculina".[19] Sejamos claros, esse argumento não se assenta em um questionamento da desigualdade entre os homens e as mulheres, mas de preferência sobre uma reflexão ligada à busca da segurança social e econômica em sociedades bem diferentes da nossa e para as quais existem auxílios fornecidos por instituições públicas aos indivíduos mais frágeis. De tal sorte que são no conjunto, tomadas sob os cuidados de famílias, sob cuja política elas devem submeter-se (dentre as quase regras da aliança). Com o tema da beleza, tão louvada na Grécia antiga, posso ao menos mostrar que a beleza e a sedução que ela exerce não explicam o matrimônio e, ainda menos, a busca de segurança por grupos mais frágeis da sociedade. Ao contrário, a beleza feminina, em relação à aliança, deve ser dominada, enquadrada, até mesmo por vezes negada tanto por

19 Cf. Anais do primeiro congresso internacional sobre a condição masculina, Paroles D´hommes, Genève, março de 2003.

homens quanto por mulheres que a receiam, pois riscam de conduzir à guerra. É, portanto, em vão, pelo fato de a beleza no feminino, por sua essência, dever brilhar, que sua importância revela-se aqui com tanto mais de acuidade. Retenhamos, nesse momento de demonstração, que a regulação social da beleza toma dois caminhos diversos que finalmente reaproximam-se na medida em que ela busca substituir a feiura e a velhice, todavia, com uma observação: velho não significa feio, mas frágil, do mesmo modo que a feiura remete a uma forma de fragilidade, e é por essa razão que há entre os dois termos certa semelhança.[20] Essas duas condições exprimem, portanto, formas de fragilidade diferentes que, uma vez reguladas, permitem que as pessoas consideradas frágeis apeguem-se à sociedade como princípio de sua segurança social e econômica.

Aspectos da regulação social da beleza

Uma narrativa versando, entre outras coisas, sobre o tema da beleza e do matrimônio, haurido da enorme riqueza da mitologia grega é aquela apresentada pelo destino da deusa Tetis. Permanecendo fiel a Hera, ela tornar-se-á esposa perfeita do rei Peleu. Ela lhe dará sete filhos, dentre os quais Aquiles que, tornado imortal casar-se-á com Helena. Sua história é emblemática para meu propósito e, a esse título, merece um desenvolvimento um tanto mais amplo. Como todas as deusas marinhas (tal como Metis), Tetis possui o dom de transformar-se, ela é inacessível, como a água que não se pode agarrar. Graciosa, radiante, e cheia de sedução, Zeus e Posêidon ficam amorosos dela. Lutam para desposá-la. Entretanto, Prometeu (pro-metheus, aquele que sabe por antecedência), detém um segredo terrível, pois sabe que, se Zeus une-se a Tetis, ela parirá um filho mais poderoso que seu pai (Detienn/Vernant, 1975, p. 65). Finalmente, por medo de ser destituído do trono e, portanto, de ser obrigado a ceder o lugar para a nova geração e conhecer o envelhecimento, Zeus e após ele Posêidon, entendendo o perigo que corriam em face desse projeto de aliança, renunciam a Tetis, e também ao risco do matrimônio. Os rivais divinos irão, então, impor à bela deusa uma má aliança: para desembaraçar-se, eles a obrigarão a casar-se com um mortal. O rei Peleu é designado pelos deuses para ser seu esposo. Peleu deve desembaraçar-se sozinho para submeter Tetis e isso, apesar da degradação que essa aliança contra a natureza provoca na deusa. "Peleu deverá, portanto, raptar Tetis, para fazê-la passar, de acordo com o

20 Para uma historia ocidental da feiura desde a Antiguidade: Eco, 2007.

ritual, da habitação marinha onde reside até a casa, o palácio, a morada e o lar de seu futuro marido" (Vernant, 1999, pp. 94-95). Para realizar isso, o rei mortal tomará a deusa marinha pelo braço, a atrairá para si e a enlaçará fortemente no círculo formado por seus braços, ambas as mãos unidas. Tetis, paralisada por esse laço circular, aquele que lhe impõe um homem, seu futuro marido que a retém fortemente, apesar de todas as astúcias e de suas metamorfoses, será vencida: "Quando ela tiver percorrido todo o ciclo das aparências emprestadas, encontra sua forma primeira, autêntica de jovem e bela deusa: ela é vencida" (Vernant, 1999, p. 95). Em outros termos, a moça, não importa o projeto de aliança que no presente caso foi combinado para ela, deve finalmente aceitar sua sorte de mulher destinada ao matrimônio e à procriação. Tetis, como jovem deusa devotada a Hera será boa esposa, aceitará sua condição, entretanto, sua submissão não é, por essa razão, evidente.

A beleza feminina ameaça os deuses que dela se desembaraçam no mundo dos homens, os quais se inquietam a ponto de aquelas que os abordam deverem ser fortemente enlaçadas. E mais, a beleza das mulheres é uma punição. Pandora é a primeira mulher humana que possui a beleza das deusas. Criada por Zeus para vingar-se dos homens a quem Prometeu deu tudo, ela é vista como uma "mulher armadilha" (Brulé, 2001, p. 52). "Não se pode contemplá-la sem ficar maravilhado, estupefato. Ela possui a beleza das deusas imortais, sua aparência é divina (Vernant, 2007, p. 56). Todavia, sua aparência exterior é o contrário de sua realidade" (Vernant, 2007, p. 54). Jean Pierre Vernant enfatiza que Pandora, e as mulheres femininas que delas proveem têm como característica de serem sempre insatisfeitas, reivindicadoras, incontinentes (Vernant, 2007, p. 57). Assim, do mesmo modo que Pandora, Peleu deve desconfiar de Tetis. A transferência, para não dizer rapto, da morada marinha onde ela viveu sua juventude, à residência de seu futuro marido, é uma batalha que não está ganha de antemão. A jovem deusa não resolve, senão, quando atada, ou ainda, estreitamente mantida pelo homem que deve dominá-la pelos laços do matrimônio que representam seus braços viris que a retém poderosamente. Tetis submete-se ao matrimônio pela coação: suas resistências vencidas por um marido autoritário e que a deseja, ela tornar-se-á então uma boa esposa. Tal é, nessa narrativa, a percepção da aliança.

Como se percebe, no momento, a beleza corporal da mulher coloca aos gregos um problema sério. Tetis, que pela sua grande beleza inicialmente conduziu Zeus e Posêidon a se afrontarem para possuí-la, submete-se pelo matrimônio, sem dúvida não sem resistência, a seu marido Peleu. Então, sua beleza não lhe servirá mais, ou antes, não pode mais lhe servir (no sentido, aqui, da sedução) no estabelecimento de suas relações com os outros, exceto para seu marido, (à diferença de Helena, cujo esposo está ausente). Retida por seu marido, abraçada por ele, não participa mais do concurso de beleza que irá, no entanto, desenrolar-se sob seus olhares durante suas próprias bodas. A bela Tetis que desencadeou a paixão dos deuses poderia participar, mas ela torna-se uma simples testemunha. Sua beleza não deveria transformar-se em amor para transfigurar o ser aterrorizante que não seria senão beleza (Afrodite)? Após o matrimônio, a beleza da mulher deverá estar inteiramente devotada ao arrebatamento de seu marido. Essa mutação entre a beleza e o amor não deixa de evocar a narrativa de Eros e de Psique.

Porém, não nos equivoquemos sobre as intenções do procedimento: a mulher grega "domesticada" pelo matrimônio torna-se, ao final da transformação da beleza em amor, uma boa esposa que dará à luz filhos para a casa de seu marido e de modo mais amplo, para a cidade. No *Banquete* de Platão, por ocasião entre a troca de Sócrates e Diotimo, os protagonistas se entretêm a respeito do deus Amor. Eles concordam que o amor deve estar relacionado ao que é belo e que amar as coisas belas significa fazer, de tal modo, que essas coisas pertençam àquele que as ama. Basta então, substituir o belo pelo bom para compreender que o fato de possuir coisas boas torna feliz.[21] Na concepção platônica, "o amor é a posse perpétua do que é bom". Prosseguindo um pouco mais, pode-se compreender que a procriação não é outra a não ser a imortalidade tornada possível aos humanos pela perpetuação. O objeto do amor torna-se, então, o procriar e o dar à luz no belo, isto é, na concordância com os deuses, pois no parto, há uma parte de imortalidade e, portanto, de divino. O belo e, por conseguinte, a corporeidade tornam-se efêmeros, equivalem aqui em estar de acordo com o divino (Platão, 1951, pp. 201-212). Desaparecidos, a ira de Hera e o contentamento de Zeus diante da revelação do prazer no feminino por Tirésias.

À margem das alianças, o papel do sensível sobre a sociedade

Duas figuras podem, no momento, guiar-nos à margem das alianças, a saber, as duas meias-irmãs, Helena e Clytemnestra. Já fiz alusão a esses personagens. Relembrarei somente que Clytemnestra, a mortal, e Helena, a imortal, afirmam-se como uma dupla calamidade (Vernant, 2007a, p. 106). Helena com sua áurea

21 PLATÃO, *O Banquete*, texto estabelecido e traduzido por Léon Robin, Paris, Les Belles Lettres, 5ª Edição, 1951, pp. 201-212.

divina possui um poder de sedução que faz dela um ser amedrontador. Ela parece como que estranha à sua beleza. Amar Helena é fazer a experiência da ausência: ela suscita o desejo, porém "qual é o desejo de Helena?" indaga Nicole Loraux (Loraux, 1989, p. 236). Amar Helena que está ausente de si mesma, é amar um fantasma (Vernant, 2007b, p. 1539). Quanto a Clytemnestra, ela foi raptada pela força. Vive um matrimônio sem amor, ligado à sede de poder de seu marido, Agamêmnon. Progressivamente, por razões múltiplas e complexas, seu matrimônio conduz a um fracasso que se transforma em revolta e depois em rancor. Evidentemente, a grande beleza e o casamento forçado conduzem, nesses dois exemplos, a impasses. Do lado oposto, como mostrei, está Tetis, deusa destituída de sua condição de imortal em razão de sua beleza; ela desencadeia a paixão dos deuses, no entanto, desconfiam de sua descendência. Ela finalmente será vencida por um mortal, Peleu, que a estreita fortemente entre seus braços. Fiel à Hera, ela tornar-se-á esposa exemplar que dará à luz a sete filhos. Enquanto Tetis se decide, Helena e Clytemnestra vivem suas paixões: o excesso de beleza para uma e para outra, o ódio induzido por uma união sem amor. Isso remete a uma Afrodite negra à violência do desejo de suplantar o outro e, igualmente, aos olhos dos gregos, à confusão entre amor e beleza.

Retomemos o desenrolar das núpcias de Tetis e de Peleu, no ponto em que a deixamos, pois de certo modo, elas estão somente começando. Por ocasião do grande banquete oferecido para o seu matrimônio, os deuses estão presentes e se banqueteando quando a deusa Eris, que não havia sido convidada invade a festa. Convém lembrar que no sistema grego de pensamento, uma noção não pode existir em sua plenitude sem a mistura dos contrários, de modo que, aqui, Eris a Discórdia, complementa Eros, o Amor que une os seres. Em outra cena eles defrontar-se-ão para designar um mestre do universo. No banquete de Peleu, Eris não vem com as mãos vazias. Ela traz um presente, uma maçã de ouro do jardim de Hespérides; essas maçãs dadas por Gaia à Hera como presente de casamento tornam-se caução da paixão pelo ser amado. Eris deposita então, a maçã preciosa bem no meio das bodas na qual se encontra a inscrição singular "A mais bela". Três deusas, de extraordinária beleza equivalente, assistem a cena: Atena, Afrodite e Hera. A tensão eleva-se entre elas quando cada uma julga que o presente lhe é devido de pleno direito. Note-se que Tetis, contida, abraçada por Peleu, não participa do concurso do preço da beleza divina que irá, na verdade, ocorrer por ocasião de suas núpcias, como se a mulher (a humana VS as imortais) casada, comprometida aqui, não precisaria mais rivalizar em beleza. Zeus, que não deseja decidir sobre uma questão tão delicada, mais uma vez deixa cair o problema sobre os homens.

Páris, jovem e sedutor pastor, filho mais novo de Hecubo e de Priam, rei de Troia, foi designado pelos deuses para arbitrar a competição divina. No julgamento de Páris, cada deusa, para tentar o juiz, lhe promete mundos e fundos: "Atena e Afrodite oferecem-lhe aquilo que constitui, enquanto deusas, seu apanágio, os bens ligados ao seu poder funcional" (Vernant, 1974, pp. 77-78): para Atena, a vitória nos combates em guerra e a sabedoria a todos causará inveja, e para Afrodite, o sucesso completo na sedução, assim "tudo o que há de mais belo no plano feminino lhe será obtido e, em especial, a bela Helena", a saber. A beleza, o prazer, a felicidade com uma mulher (Vernant, 1999, p. 104). Diferentemente dessas duas divindades, Hera lhe promete o que ela ainda não possui como seu, mas aquilo a que ela está associada por seu matrimônio divino, o poder soberano (Vernant, 1974, pp. 77-78). A vitória na batalha, a beleza feminina ou a soberania, Páris escolherá Afrodite e, portanto, a beleza de Helena. Jean-Pierre Vernant comenta essa escolha da seguinte maneira:

> *Afrodite é uma beleza, essa deusa especial cujo aspecto a faz reconhecível entre todas. Quando Páris tem diante de seus olhos Afrodite, Atena, Hera, é comparando e confrontando o corpo das três deusas, assinalando suas diferenças, que o futuro sedutor de Helena pode adivinhar os poderes e privilégios que pertencem a cada uma [...]. Se ele escolher Afrodite para lhe entregar a palma, significa que essa muito bela é também a Beleza, o que todo indivíduo no mundo, seja ele um animal, homem ou deus, é tornado belo e desejável. Em seu esplendor, o corpo da deusa é o poder mesmo de Eros, enquanto força universal* (Vernant, 2007b, p. 1330).

É nesse sentido que falo do sensível, ou de uma ordem sensível e da importância de sua regulação em favor da "regulação social da beleza".

Gostaria, nessa etapa da demonstração, sugerir uma breve pausa a fim de enfatizar dois elementos que serão, posteriormente, longamente discutidos ao mesmo tempo: o olhar do homem que escolhe uma mulher e certa semelhança entre a escolha de Páris; como aquele que "compara, confrontando o corpo", e determinados aspectos da argumentação apresentada por Charles Darwin em sua obra *A filiação do homem* a propósito da escolha do parceiro sexual. Não se trata, com certeza, senão de uma semelhança que se opõe, contudo, à proposta teórica que sustenta a semelhança, isto é, o idêntico, como uma "condição natural" do homem, vale dizer, adquirida de pronto, negando desse modo, qualquer influência de uma ordem sensível sobre a sociedade e sua reprodução. Portanto, de um lado, trata-se de uma escolha a ser feita e para a qual as alianças desempenham um papel e, de outro, de uma evidência na qual as alianças não têm papel algum (argumento que eu contesto). Mas admito, isso é outra história; fechemos, pois, o parênteses nesse momento.

A escolha de Páris, a da beleza, conduzirá, no entanto, à guerra de Troia longo caminho que se deve, sem dúvida, ressituar no âmbito de múltiplas alianças e de relações filandrosas acertadas entre os primogênitos e os pretendentes de Helena. Nesse sentido, o matrimônio, considerado aqui à luz das bodas de Peleu e de Tétis, encontra-se relacionado aos temas da beleza e da guerra. Escolher Afrodite, como o faz Páris, e que não cessará de desejar Helena, a esposa do rei Menelau, é também optar por um amor adúltero. Descobre-se a outra vertente de Afrodite: a força da união, do acordo, e da doçura, que a deusa exala por sua bondade, duplica-se em uma Afrodite negra, noturna, tenebrosa, urdindo suas astúcias na escuridão. Em suma, seguindo nisso, o modo de pensamento grego, Afrodite enlaça, em um mesmo movimento, o acordo entre seres diferentes e a violência do desejo de suplantar o adversário, isto é, em uma palavra, a rivalidade. Por trás desses sentimentos surge o deus da guerra, Ares. Diferentemente de Hera ou de Tetis, Afrodite é casada, porém, ama outros. Ela é mãe, não será, no entanto, um modelo: "A *Odisseia* contém o episódio mais célebre de seus amores indevidos, no qual ela ousa manchar o próprio leito de seu esposo Efáistos em companhia do deus da guerra, Ares" (Brulé, 2011, p. 20). Em outros termos, Afrodite é tão infiel quanto Zeus e, portanto, o que desejaria tentar esclarecer é que a ideia mesma de matrimônio pertence ao feminino, ou ao menos se coloca sob sua asa. Ainda uma vez Afrodite, a deusa que ganha o concurso de beleza, afronta Hera que se apega ao matrimônio legítimo, ainda que, uma Hera que se enfurece com Tirésias por ter revelado o segredo do prazer feminino. Resta-nos, neste momento, mostrar que a revelação desse segredo não ameaça unicamente a dominação dos homens, mas risca igualmente criar tensões entre as mulheres.

Da beleza pessoal à instituição de equivalências entre os humanos

Parece agora, no pensamento grego, que o jovem pastor que escolheu Afrodite, a beleza, o prazer e a felicidade com uma mulher, escolhe igualmente um caminho que conduzirá ao caos. Páris é, sem dúvida, muito jovem para preferir a vitória guerreira, Atena, ou ainda por desejar Hera, a soberania pelo matrimônio. E mais, para existir no mundo dos mortais como imortais, Hera deve sacrificar-se para impor o matrimônio tanto aos rapazes quanto às moças e, ela não cessa de mostrar-se ranzinza e extremamente vigilante para manter no tempo as formas institucionais.

Com Hera, como figura emblemática, o questionamento apresentado acima diz respeito às premissas de minha intenção de restituir às mulheres sua capacidade de ação, e isso mesmo numa situação de dominação; demonstrarei que elas possuem, tanto quanto os homens, individualidade e iniciativa na produção de instituições relevantes da sociedade. Levar em consideração a influência da beleza (do sensível) sobre a sociedade equivale a dar importância à singularidade das pessoas como condição primeira das sociedades. A aliança possui um duplo papel e, no que concerne à regulação do sensível, o objetivo institucional do matrimônio equivale a realizar uma equivalência entre grupos de pessoas lá onde os olhos não percebem o diverso. Portanto, em filigrana da aliança, e como um oximoro, mantém-se a produção de equivalência lá onde não há senão diferenças. É pela inclusão do diverso, vale dizer, dos outros que se tornam então idênticos, que os grupos abrem-se para a alteridade (pela inclusão dos outros - aqueles que denominei anteriormente como os mais frágeis - e, portanto, também à primeira vista paradoxalmente, à semelhança que torna pensável a troca que deve postular a equivalência, entre as pessoas e grupos, para se estabelecer). Cada sociedade precisou estabelecer para si mesma esse processo de equivalência entre os humanos a fim de transcender uma forma primordial de discriminação.

Certamente estou longe de poder demonstrar essa proposta, pois teria necessidade, para isso, de descrever o processo institucional que gera a equivalência (isto é, a regulação social da beleza) no sentido em que, empregando uma expressão trivial, uma mulher vale outra mulher, seja ela jovem ou idosa, bela ou feia, fecunda ou estéril, e simetricamente um homem vale outro homem. Isso permite o funcionamento do processo geral de troca, vale dizer, que cada qual pode encontrar, para si, um lugar na sociedade por meio do jogo de alianças. Prefiro, todavia, evocar essa questão antecipadamente a fim de estabelecer claramente as intenções contidas neste capítulo e, sobretudo, nos seguintes.

Notemos que a narrativa das núpcias de Peleu e de Tetis coloca muito claramente esse problema da singularidade humana e de sua necessária transcendência (isto é, da distribuição desigual da beleza e dessa ordem sensível e regular) por meio do estabelecimento de uma humanidade comum, em favor da submissão de todos aos imperativos das regras de aliança. Ferida por não ter sido convidada ao banquete, é Eris que, ciumenta das três deusas da beleza, vinga-se e semeia a discórdia. Nesse relato fabuloso, anterior à guerra de Troia, encontram-se expostas as tensões provocadas por mulheres, entre elas, em torno do tema da beleza. Evidentemente, as três deusas são aqui de um fascínio equivalente e os deuses sabem que não podem decidir entre Vitória, Beleza e Soberania, enquanto que um homem, o jovem Páris, decide sem hesitação. Ele escolhe seu ideal e deixar-se-á seduzir pela Beleza, como Epimeteu por Pandora, e aí reside o problema colocado por essa escolha de um jovem pastor, problema que Hera toma para si a responsabilidade de solucionar. Páris escolhe Afrodite, e o que ocorreu com as outras mulheres? Esse jovem escolhe Afrodite, pois sua escolha é intuitivamente motivada pela beleza (a emoção, o sensível). Assim, mesmo que as mulheres possam, enquanto tais, reconhecer uma importância secundária à beleza (ao poder de atração), elas sabem que esse poder suscita o desejo em outro sexo.

Dessa maneira, a política, a competição, a rivalidade e a inveja não são algo próprio dos homens (para retomar o ponto de vista implícito de Claude Lévi-Strauss sobre as alianças), mas sim dos homens e das mulheres que encontram desse modo a plenitude de sua capacidade de ação. O masculino e o feminino experimentam essas tensões de modo diferente em razão de suas especificidades. Tanto quanto os homens encontram, nas estratégias matrimoniais, os meios de instaurar equilíbrios através da solução de diversos problemas (apaziguamento das tensões entre grupos, acesso à sexualidade feminina, obtenção de uma descendência etc.), o interesse superior das mulheres é o de não serem abandonadas no local onde se casaram e, portanto, de não correr o risco de serem impedidas de ter acesso aos recursos, em razão da forte concorrência que elas travam entre si em relação ao acesso ao outro sexo, e também, em razão de uma beleza efêmera e desigual. O que nos tornamos quando a beleza desvanece e quando não atrai mais os olhares? De algum modo, tal como Afrodite que se opõe frequentemente a Hera, a beleza opõe-se ao casamento e à sua estabilidade que ela não explica, a não ser seguindo minha hipótese de uma relação invertida entre esses termos: a beleza aparece então como associal, e entre os gregos, para ser regulada, ela deve metamorfosear-se em amor.

O pensamento grego é complexo. Se Hera participa do concurso de beleza improvisado, por ocasião das núpcias de Peleu e de Tetis - a Soberania não deveria ser equivalente à Beleza? - e revela-se ser de uma beleza igual àquela das outras deusas, ela aparece, às vezes com traços de uma velha mulher. Do mesmo modo que Graecia (Graecia antiqua, a Grécia antiga) parece significar "adorador da velha mulher", a Greia, a cinzenta (como as cinzentas Greias cobertas de gesso) relembra aquela que tem os cabelos cinzentos. As Greias são irmãs das Górgones. Já aludimos a elas, "são as jovens mulheres que nascem velhas", portanto, com os cabelos brancos. Essa fórmula de "moças que nascem velhas" é uma excelente definição da feiura uma vez que permite que a velhice seja relacionada a ela e, também, essencialmente penso eu, a uma forma de fragilidade. Evidentemente, a feiura e a velhice são distintas (um velho pode ser belo e uma velha, bela), porém como já observei, elas possuem um traço em comum. Ambas evocam a finitude e praticamente uma forma de fragilidade frente à sociedade: "São todas enrugadas, têm pele amarela, do mesmo modo quando se deixa o leite envelhecer e coagular [...]. Sobre o corpo dessas jovens divinas, em lugar de uma branca carnação, a monstruosidade de uma pele de velha toda desbotada, toda enrugada" (Vernant, 1999, p. 220). Sendo três, não totaliza senão um só olho, sempre abertos e à espreita, e do mesmo modo, um só dente que devoram as pessoas que as encontram. Em sua busca para matar a górgona Medusa, o jovem herói Perseu compreende a falha das três jovens, ele as deixa cegas e sem dentes. Doravante mortais e, no entanto, reduzidas a nada, as Greias estão prontas a lhe oferecer tudo (como não compreender que vencidas elas devem abandonar a luta com o herói e ceder o lugar a outras jovens...); elas lhe indicarão o caminho das ninfas, jovens nubentes boas para o matrimônio.

A conclusão disso é forte. Hera, como todas as figuras da mitologia, não pode ser apreendida simplesmente. Ela reina sobre o matrimônio oficial e a esse título, bela e feia ao mesmo tempo, soberana da aliança, deve proteger todas as mulheres, sejam elas viúvas ou casadas, velhas ou jovens, feias ou belas... A aliança aparece aqui como a instituição que regula a ordem sensível na medida em que assegura a sobrevivência de cada membro de um determinado grupo, para além da atração exercida individualmente por pessoas.

Para consolidar essa proposta, não posso deixar de mencionar Aristófanes em sua comédia *A Assembleia das mulheres*. Nessa obra ele desenvolve uma crítica da situação que levaria à comunidade de bens e de mulheres. De certo modo, ele discorre, em estilo zombador e em forma de utopia, as mulheres arriscando impor a equivalência entre as pessoas se os homens abandonassem seu poder. Praxagoras e suas companheiras dissimuladas em homens conseguiam tomar o poder enquanto que o mundo grego as excluía de toda vida política. Elas desejam transformar, por decreto, o modo de gestão da cidade.

Passagem célebre da comédia é o programa de Praxagoras e suas comparsas, da qual uma parte trata diretamente de nossas questões: "Mas agora que viveremos do fundo comum, o que ganharemos em não colocar tudo em comum? [...] Pois eu colocarei as mulheres também em comum, de modo que possam dormir com os homens e procriar com não importa quem".[22] Assim como Hera é uma deusa feminina, levemos em consideração que Proxagoras é igualmente um personagem feminino. Segue então, uma proposta que vem imediatamente regulamentar essa liberdade, na medida em que toma em consideração a singularidade humana, na dimensão de sua repartição desigual da beleza. Forçando um pouco o traço, falarei sobre essa busca de igualdade do início de uma tentativa de institucionalização do matrimônio, visto não mais da perspectiva dos homens, mas sim das mulheres. "As vilãs e abatidas estarão sentadas ao lado das belas, e quem desejar a bela deverá antes provar a vilã". Mais adiante ainda, Praxagoras replica que para os velhos o problema será examinado de modo semelhante: "Os feios vigiarão os jovens quando saírem, após o jantar, os espreitarão nos lugares públicos, e não será permitido às mulheres dormir com os bonitos, antes de terem sido dadas aos feios e aos pequenos..." (Aristófanes, 1966, p. 332).

Tratando-se da liberdade das mulheres no que diz respeito à sua sexualidade e a escolha do pai de seus filhos, o programa não remete, portanto, a uma liberdade total, ou ainda ao simples fato de que os homens, velhos e feios, pudessem ter acesso à sexualidade das mulheres jovens e belas... Muito pelo contrário, esse programa remete às consequências para a cidade, da ausência de consideração da singularidade, isto é, da ordem do sensível, quando ela se expressa, principalmente, na repartição de desigual da beleza. Note-se ainda que se a divisão desigual da aparência corporal atinge no programa de Praxagoras, de Aristófanes, indistintamente homens e mulheres, ela revela-se como um problema mais crucial para reduzir pela iniciativa das mulheres que introduzem, de pronto, esse problema em seu programa de governo. Proxagoras propõe proteger os mais fracos da sociedade, aqueles que terão menos chance de ter acesso à sexualidade em razão de sua feiura ou de sua velhice; estamos bem longe de uma total liberdade sexual. Na medida em que se trata de promover uma igualdade no acesso ao corpo do outro sexo, tanto para todos os homens quanto para todas as mulheres, prefiro falar então de utopia. Ela deve ser cuidadosamente distinta da organização da "visita", tal como ela é, organizada pelos *Na* como maneira de normatizar a sexualidade.[23] No entanto, diferentemente dos *Na*, mostrarei na segunda parte dessa obra que as regras que regem o funcionamento do dormitório misto das jovens Muria da Índia (o Ghotul) revelam semelhanças com o programa de Praxagoras. Assim, a fim de manter o bom entendimento no dormitório, quando nada os obriga a fazê-lo, os jovens

---

22 ARISTÓFANES. *L'Assemblée dês femmes*, Paris, Flamarion, 1966, p. 331.

23 Cf. capítulo 2.

Muria elaboram regras tendo como objetivo promover, entre eles, um acesso equilibrado ao corpo do outro sexo.

Nesse caso bem diferente (Hera, Praxagoras e as jovens mulheres, enfatizemos que são, antes de tudo, as mulheres que editam regras que convidam à regulação, entre mulheres sobretudo, da beleza e, portanto, do equilíbrio entre elas, de acesso (acesso do qual alguns podem se aproveitar). Em minha opinião é também esse tipo de regras - as que visam regular a ordem sensível e, portanto, transcender os efeitos da singularidade humana - que Hera reina, tanto quanto aquelas que reconduzem os homens em seu papel de dominação viril na cidade (isto é, sobre uma ordem política).

Resumindo, tanto no masculino como no feminino, a beleza corporal é uma forma de *metis* capaz de transformar as hierarquias estabelecidas, romper os equilíbrios precários da sociedade e de levar à discórdia. Os homens desejam-nas, mas as temem, e as mulheres entre elas se desconfiam.

Eris (a Discórdia) manipula a beleza a fim de conduzir ao desentendimento (à guerra, a Ares, ou à violência do desejo de vencer o adversário) primeiro entre as mulheres e, em seguida entre os homens, uma vez que a beleza, seja seu excesso, ou melhor, sua carência, pode tornar invejosos tanto os homens como as mulheres.

V | Psique e Eros, um caso de regulação da ordem sensível pela aliança

Os relatos apresentados sugerem que a beleza no feminino (a sedução, o desejo, e mesmo a cobiça e a sensibilidade) é insuportável enquanto não se metamorfoseia em amor (com a submissão às regras da cidade). Entre as duas noções, beleza e amor, situa-se o olhar e, os gregos evocados há pouco o sugerem enfaticamente, verdadeira inversão da beleza, elas que são feias e fazem pena ao olhar. Nessa transição imposta da beleza ao amor, tratar-se-á de um olhar a ser dominado (pela regulação social da beleza) a fim de reproduzir a sociedade.

O tema da inveja entre mulheres em razão de sua beleza desigual é estudado por Apuleu em *As Metamorfoses*, na qual a Psique, em virtude de sua extraordinária beleza, é adorada como nova Afrodite (Venus). Afrodite entra então numa cólera violenta e proclama: "Eu saberei fazer de modo a que ela arrependa-se dessa beleza à qual ela não tem o direito" (Apuleu, 1992, pp. 30-31).

Esse relato versa sobre o riso da indistinção ou da confusão entre três termos aproximados: a alma, o amor e a beleza. Cada temática se desenvolve em favor do renascimento de Psique e de Eros, aqui no sentido de seu processo de distinção da Beleza (Afrodite é a mãe de Eros - Eros é, portanto, distinto da Beleza - e, ao final do relato, Afrodite torna-se à sogra de Psique sendo que essa se distingue da Beleza). Serão examinados os dois caminhos percorridos pelo feminino e pelo masculino para emancipar-se da força universal, mas associal, que representa a Beleza. Enquanto que, jovens adultos, mulheres e homens tomavam-se pela Beleza ou apaixonavam-se por ela. Para que Psique possa invocar "aquilo que não pode ser conhecido no sentido estrito" como Eros, o amor, a fim que aconteça uma união estável, eles deverão, cada um por sua conta, distinguir-se da Beleza.

Como notou Claude Lévi-Strauss com sua fórmula, se "a finalidade real do matrimônio não é tanto obter uma mulher, mas arranjar cunhados" (Lévi--Strauss, 1949, p. 556), a partir da perspectiva feminina, a finalidade da aliança é menos conseguir um esposo do que limitar a capacidade de certas mulheres em monopolizar o olhar dos homens impondo uma equivalência entre elas. De sorte que se deve restituir ao matrimônio a instituição de uma vida em comum baseada em um entendimento entre três grupos diferentes, o constituído pelos homens entre eles, o das mulheres entre elas e o de casais formados por homens e mulheres. O matrimônio coloca-se no cruzamento de diferentes tipos de problemas (as regulações de ordem sensível e política) apresentados por esses três grupos distintos que eles entrelaçam ao tentar propor uma resposta geral, com certeza hierarquizada e desigual. Em outros termos, Hera, a deusa que preside as alianças estáveis, monogâmicas e legítimas é uma mulher. Os homens utilizaram amplamente, para seus fins, essas tensões entre mulheres que souberam canalizar no matrimônio, mas as mulheres talvez tivessem que recorrer ao poder dos homens para prevenir-se das tensões que poderiam brotar entre elas?

Cientes dessa hipótese pragmática, com a intenção de alimentar esse debate, interroguemo-nos sobre esse famoso "olhar", aquele que com certeza "aterroriza", que não se suporta, mas também aquele de Psique, a quem foi proibido ver seu marido, ou de Tirésias que a visão do corpo desnudo de Atena tornou cego. No sentido de avaliar adequadamente a questão, ousarei fazer uma comparação com a sociedade Mossi em Burkina Faso onde os primogênitos negociam as alianças para os jovens. Como consequência disso, é o olhar que deve ser neutralizado para que esses jovens, diferentemente de Páris, por exemplo, atrelem-se ao ponto de vista dos primogênitos. Nessa sociedade, o matrimônio é uma instituição da qual não se pode tolerar quantidade excessiva de considerações estéticas (isto é, os aspectos físicos da beleza humana).

"Você toma o que lhe dão", lembrava-me frequentemente um informante. Mossi, a propósito das estratégias de aliança, no sentido aqui, em que os mais jovens (moças e rapazes) devem inclinar-se diante da vontade dos mais velhos e aceitar o cônjuge que lhes é destinado. Bem entendido, a comparação termina aqui, pois as regras de aliança Mossi nada têm em comum com aquelas usadas pelos gregos antigos.

O matrimônio como luto

A narrativa de Psique (Alma)[24] e de Eros, embora seja bem posterior que a maioria das narrativas que foram comentadas, traz elementos preciosos para o debate. Essa narrativa complexa inspirou numerosas análises e interpretações que não estou em condições de comentá-las aqui. Proponho, mais modestamente, alguns fatos que alimentam, de modo especial, meu propósito.[25] Apuleu, que escreveu em latim no século II,[26] relata em *As Metamorfoses* que Psiche era a mais jovem e a mais bela das três filhas de um rei. Indivíduos apertavam-se ao seu redor para admirá-la, a ponto de lhe oferecer um culto. Afrodite, invejosa, quer vingar-se por ser esquecida pelos homens. Ela pede então a seu filho Eros, incutir nela o amor pelo mais feio e desprezível dos homens. Diz-se de Psique que ela possui uma beleza insolente cujo triunfo Afrodite não pode tolerar. Porém, essa beleza não lhe serve de nada, ela é admirada como se admira uma obra de arte, no entanto ninguém lhe pede em matrimônio. Ela é solitária, bela, mas abandonada, enquanto que suas irmãs possuidoras de uma beleza média já são casadas. Seu pai envergonhado com essa situação toma conhecimento, por

---

24 A noção de psyché remete, nos estudos helenísticos, a múltiplos trabalhos e debates que me é impossível aqui resumir. Retenhamos que a concepção da psique humana evoluiu durante os séculos para transformar-se com Platão. De uma instância que leva uma vida independente - um duplo fantasmático do corpo (Vernant, 2007a, p. 357 e 2007b, pp. 1540-1541), - ela tornar-se-á interioridade; para Platão "a inversão dos valores atribuídos à alma e ao corpo é completa. Em vez de o indivíduo ser intimamente ligado a seu corpo vivo e que a psique apresente-se como o *éidolon* desse corpo, seu fantasma, é a psique imortal que constitui, no foro interior de cada um seu ser real. O corpo vivo muda então de status, ele "desrealiza-se" para tornar-se a imagem inconsistente, ilusória, transitória daquilo que somos na verdade" (Vernant, op. cit. p. 1541).

25 Utilizei a versão dada por Apuleu, *Les Métamorphoses. Le Conte d'Amour e de Psyché*. Paris, Les Belles Lettres, 1992.

26 Com *Les Métamorphoses d'Apuleu*, o primeiro grande romance latino, deixo Grécia antiga. Entretanto, utilizei os nomes dos deuses gregos correspondentes aos deuses latinos a fim de que o leitor possa os relacionar com os desenvolvimentos precedentes e compreender melhor as narrativas.

intermédio de um oráculo que consultara, que ela deveria esperar por um matrimônio fúnebre, pois não iria casar-se com um humano, mas com um marido cruel, tirânico e que despedaça corações.

O matrimônio de Psique assemelha-se a uma cerimônia de luto no qual a assembleia assiste suas exéquias. O que, na verdade, não surpreende ao colocar-se no lugar da jovem e em certas circunstâncias. Com efeito, recorde-se que o matrimônio consistia, antes de qualquer coisa, para a jovem esposa abandonar sua casa, sua família, seus amigos, para encontrar o lar, desconhecido, do esposo e do qual muitas vezes não se tinha ouvido nem o nome. Sobre esse sujeito, as descrições etnográficas são legião: assim para a sociedade Mossi, o dia do matrimônio (*sibri daaré)* é uma data triste que se passa sem grandes festejos para a jovem mulher e, com apreensão para a família de seu marido, temendo que ela fuja do domicílio conjugal (Laurent, 2003). É agora que intervém o célebre "rapto de Psique" (inspirou numerosos pintores),[27] tirada do mundo de sua juventude para encontrar a casa de seu cruel e imortal esposo, do qual ela nada sabe. Na verdade, não se trata de funerais, pois para Psique, a alma não arrebatada pelos rituais vagueia entre os mortos e vivos. Ela descobre um palácio encantado no qual os menores desejos são satisfeitos por vozes e, à noite, sem que ela possa ver, seu esposo deita-se ao seu lado. Com essa moradia muito bela, porém desconhecida, com esses estranhos que a servem, mas dos quais ela nada sabe, com esse marido cuja identidade e olhar ela desconhece, Psique irá acostumar-se e fará sua essa singular existência.

Por experiência, o etnólogo não pode privar-se de ver aqui também a metáfora dos primeiros meses de vida da jovem casada numa sociedade matrilinear e patrilocal, tal como a dos Mossi ou dos Haoussa. A moça, casada por seus irmãos mais velhos com um segmento de linhagem, deixa sua residência para encontrar a residência "dos seus maridos", como ela os chama. Somente depois, o chefe de família indicará seu esposo único e legítimo dentre os homens da linhagem com a qual ela foi entregue em matrimônio. Nesse sentido institucional, fica evidente que a beleza da jovem mulher não é levada em conta (oficialmente). No dia de seu matrimônio, assim como ocorreu com Psique, ela é raptada. Com efeito, costumeiramente, os Mossi simulam um rapto da esposa (*pog peegré*), organizado pelos vizinhos da linhagem à qual ela foi dada por seu pai em matrimônio, do qual seus amigos e amigas de infância tentarão libertá-la por ocasião de emboscadas mais dissimiladas do que reais. Por mais

27 Como especialmente: Giuseppe Maria Crespi, Pierre-Paulo Prud'hon, Jacopo Zucchi, François-Édouard Picot.

bela que seja e por mais deslumbrantes que sejam os sucessos que ela pôde desencadear junto aos jovens durante o período de uma maior liberdade, entre a puberdade e o matrimônio, (mais frequentemente aos dezessete anos), ela se curvará à lei da troca das esposas, dominada pelos mais velhos, sobretudo homens, mas também por mulheres. Os Mossi repetem que o matrimônio não é uma questão de olhar e, consequentemente, pouco importa a identidade pessoal do parceiro. Com o risco de comprometer as estratégias matrimonias dos mais velhos e, por isso, sua política, as jovens veem-se obrigadas a aceitar o cônjuge que lhe dão como uma oportunidade a ser aproveitada. Mais ainda, a esposa desembarca na concessão de "seus maridos" como uma estranha que ela sempre será (o que difere diametralmente da sociedade grega na qual a mulher representa o lar de seu marido), e que ela muitas vezes ignora, até esse dia, a identidade real deste que, por consequência ela não pôde ver.

Uma última consideração a propósito dessa comparação que esclareço, visa contextualizar melhor meus propósitos e não explicar o conto de Apuleu. Para os Mossi a beleza não é levada em consideração nas negociações da aliança (isso existe em outros povos, como os Haoussa, por exemplo), assim como a concórdia (*wuum taaba* em *mooré*, o idioma dos Mossi), o acordo ou o amor. Tais sentimentos são, sem dúvida, desejáveis, porém não podem, logicamente, existir antes do matrimônio, de tal modo que se trata aqui de edificá-los *a posteriori*, uma vez concluída a aliança. No que concerne esses sentimentos, estamos na presença de matrimônios sem "curso de aproximação" de longa duração como no Ocidente contemporâneo. A estabilidade da aliança repousa, de preferência, sobre a ideia segundo a qual não se deve dar importância ao olhar, para que os jovens aceitem como evidente o cônjuge que os irmãos mais velhos lhes destinaram. Os jovens devem curvar-se à política de seus irmãos mais velhos, e é nesse sentido que aqui falo de regulação da ordem política que remete a uma das duas dimensões assumidas pelas alianças (a outra é a da ordem sensível). De sua parte, Tetis, fiel à Hera, resigna-se e torna-se uma esposa perfeita. Todavia, a comparação deve parar aí, uma vez que a concepção do amor, da vida como casal, da procriação, da família, nada tem em comum entre as duas gerações.

Psique aceita, portanto, finalmente sua sorte inviável a seus olhos: nada lhe falta e ela está feliz no amor. Permanece, no entanto, nostálgica e lamenta sua família, seus parentes, suas irmãs, que ela foi obrigada a deixar. Na época de visitas das irmãs de Psiche no palácio, elas mostram-se invejosas e ciumentas de sua mais jovem irmã que revela tanta alegria e felicidade, tendo aceitado sua condição e vivendo em "uma doce quietude, feliz de (sua) ignorância" (Apuleu, 1992).

Em resumo, Psique, demasiado bela (nesse momento ela confunde-se ainda com a beleza) permanece só e sem marido. Afrodite inquieta-se com a concorrência que ela lhe faz, pois sua grande beleza a leva a permanecer solteira. O destino de uma jovem mulher não é o matrimônio e a procriação? No entanto, como chegar a isso de outro modo senão buscando para a beleza o lugar que lhe convém? Para além da extrema beleza - mas também do amor dela mesma, de seu próprio corpo[28] (presta-se a ela um culto e ela é totalmente insensível?) - que não a leva a nada senão à solidão (os homens a temem como esposa),[29] ela submete-se ao matrimônio como se vai a funerais. Finalmente, passando o tempo, consolidada pela solicitude de um esposo incomum, ela descobre uma forma de felicidade: ela parece feliz por ela mesma, mas cega quanto a conhecer quem é o outro.

Rivalidade entre mulheres por um homem competente

Amarguradas, suas irmãs vão despertar nela o desejo, sugerindo que o esposo anônimo ao lado do qual ela dorme só poderia ser um monstro. As irmãs primogênitas há tempo perderam a doce tranquilidade e a feliz ignorância de sua irmã caçula; consequentemente, elas viram muito bem seus esposos por elas descritos como velhos, calvos, pequenos, avarentos, gostosos, paralíticos, curvos, enquanto que Psique, finalmente, aceitando o destino predito pelo oráculo, vive sem ver, e até sem saber quem é seu esposo. É útil observar que se Psique desconhece a identidade de seu esposo, muito menos o podem suas irmãs; elas não deixam de sentir inveja da opulência na qual vive sua irmã caçula, de tal modo que tramam, sem mais nem menos, destroná-la a fim de, simplesmente tomar seu lugar, mesmo elas sem tê-lo visto.

Invejosas, portanto, as irmãs primogênitas aliam-se para destroná-la, com a firme intenção de tomar-lhe o lugar junto "de um marido competente",[30] cuja

28 Psique, considerando-se de uma beleza comparável àquela das deusas, não resistirá à tentação de abrir a caixa de Perséfone que contém a beleza da sombra, segredo dos imortais.

29 Ousaria eu evocar as duas reflexões que me recordam esse traço de caráter de Psique? A primeira de Monica Bellucci que respondeu a um jornalista que a interrogava sobre sua beleza para não se incomodar com ela, pois ela sabia que "isso passaria". E outra, de Carla Bruni que, bem antes de tornar-se esposa do presidente francês, interrogada em uma emissora de televisão, lembrava-se de suas noites de solidão; à época era manequim e nenhum homem ousava aproximar-se dela, pois inspirava a inveja de outras mulheres.

30 "Um marido capaz", segundo essa expressão das jovens mulheres de Ouagadougou em Burkina Faso. Nesse contexto, hoje, uma vez casadas, as esposas devem ser extremamente vigilantes a fim de conservar seus esposos, com o risco de se fazer expulsar por uma mais

identidade, assim como por Psique, é ignorada por elas. Dito com outras palavras, para as irmãs, a rivalidade, a inveja, o interesse triunfando sobre a escolha do marido. Com efeito, elas inventam ardis com a finalidade de afastar sua própria irmã caçula, e viver como ela ao lado do esposo anônimo. Sua preocupação não é, portanto, conhecer sua identidade, esse desejo elas fazem brotar em Psique para separá-la de seu marido que elas julgam superior aos seus próprios maridos. Isso é interessante: enquanto os homens são atraídos pela beleza das mulheres, as mulheres (no presente caso, as duas irmãs) parecem, ao contrário, buscar o poder.[31] A violência entre mulheres é, aqui, levada ao cúmulo. Se a curiosidade de Psique porá um fim provisório a seu matrimônio com Eros, as irmãs não hesitarão em questionar suas próprias alianças e tentar destruir a família de sua jovem irmã. É nesse sentido que sugeri que o matrimônio poderia, igualmente, participar do apaziguamento de desafios mais especificamente femininos, notadamente, aqueles ligados à beleza natural, efêmera e desigual. Em suma, uma jovem mulher bela e celibatária causa inveja a Afrodite; casada não obstante com um desconhecido, ela conhece, entretanto, a felicidade, devendo, porém, enfrentar a inveja de suas irmãs mais velhas.

Tocada por uma curiosidade despertada pelas suas irmãs invejosas, "admiráveis conselheiras movidas por insinuações funestas" (Apuleu, 1992), Psique enfrenta o interdito, temendo novamente - como no dia de seu rapto - que seu marido seja um monstro. Uma noite, tomando um candeeiro, ela desvenda o rosto de seu esposo que ela, finalmente, vê sob os traços do mais amável dos deuses, Eros (Amor). Psique estava, portanto, sem o saber e com razão amorosa do Amor (esse monstro desconhecido, considerado como o mais feio e desprezível dos homens). Pela realização do desejo ao qual foi impelida ela renova, de certo modo, com a consciência da realidade física à qual havia renunciado por sua aliança. Mas Eros fugiu!

Regulação do olhar para desencantar a beleza

Analisemos agora, o que diz respeito ao amor no masculino, aquele que de certo modo, confunde beleza e amor. A fim de proteger Psique dos tormentos

---

jovem à busca de recursos (cf. parte IV).

31 Mostrarei, na quarta parte, que essa distinção afirma-se muito mais atualmente no Brasil contemporâneo. Os Brasileiros, como os Gregos antigos, devotam também eles um verdadeiro culto à beleza que podem, de fato, dominar, de outro modo, graças às academias e à cirurgia estética.

de um mau casamento, no qual Afrodite queria que ela caísse, impondo-lhe sob a forma de represálias pelo seu excesso de beleza, uma paixão por um marido ignóbil, imprudente, Eros se fere com uma de suas flechas. O deus apaixona-se por Psique, ou seja, da rival em beleza de Afrodite. O amor, a ternura, Eros é apaixonado por uma beleza mortal, pois essa é, naquele momento, sua percepção de Psique. Ela descobre que ama, sem o saber, o amor, e o amor ama a beleza (isto é, uma entidade que Eros nem sequer pode evocar), os caminhos cruzam-se sem realmente encontrarem-se. Com esse retorno à realidade para Psique que, provida de uma candeia, tirou do desconhecimento o belo corpo de Eros, é também a magia que se extingue. Ela instala-se, então, na dor da perda de Eros. A andança começa, para um e para o outro. Assim como Páris não pode resistir ao desejo de Helena que lhe propõe Afrodite, Eros ainda não é um grande deus: atraído pela beleza de Psique, permanece, de certo modo, nas saias de sua mãe, Afrodite (a própria beleza), da qual ele deverá emancipar-se para poder tomar, de pleno direito, seu lugar no panteão e, assim possibilitando a distinção entre Beleza e Amor e que venha a aliança estável. Psique a tão bela, ainda não verdadeiramente distinta, naquele momento, de Afrodite, remete ao não dito do corpo (o sensível) que situa fora do cenário da vida ordinária: a fruição dela mesma e dos sentimentos que ela provoca aos outros. Mas ela remete igualmente à insubmissão à lei. Seu corpo, demasiadamente belo a impede de inscrever-se plenamente na ordem social sacralizada. De certo modo, para além de seu corpo situa-se, pois, a beleza, vale dizer, a verdadeira potência. A partir disso, compreendemos que Psique deverá progressivamente emancipar-se a fim de existir por ela mesma, isto é, para evocar não todo o poder, a beleza, mas antes aquilo a que estava destinada: "aquilo que ultrapassa as categorias do entendimento", ou ainda, "aquilo que não pode ser conhecido, no sentido estrito".

Censurando, pois, Psique por sua desconfiança, Eros desaparece aos olhos daquela que não cessará de encontrar seu esposo. Para tanto, ela não obtém nem a ajuda de Demeter, a deusa nutriente, nem aquela de Hera, pois não pode desagradar Afrodite. Finalmente, desesperada, cheia de dor, Psique, à busca de seu amor, rende-se a Afrodite. A deusa que não se acalma, de início, atribui a culpa à beleza de Psique que ela destrói, "ela corta seu manto em pedaços, arranca os cabelos, e lhe espanca com golpes na cabeça"[32] reduz a nada os

32 Apulée, 1992. Esse episódio me faz evocar o filme no qual Monica Bellucci encarnava uma mulher de Siracusa cujo esposo partiu para a guerra (1940-45). Só, bela, tem prazer em atrair o olhar dos homens. Quando a notícia da morte de seu marido propaga-se é cortejada de modo constante. Acabará em um bordel. Na liberação, as mulheres do vilarejo fazem

atributos dessa força universal que faz dela uma rival e encanta seu filho. Em seguida, ela lhe impõe uma série de provas de iniciação, necessariamente rudes e humilhantes, antes de aceitá-la eventualmente como nora (Beleza e Psique devem existir em uma relação de aliança e não podem, portanto, ser confundias). Psique que não é a Beleza é confrontada a uma série de questões: como desistir do poder que confere a beleza enquanto ela o possui e dele desfruta? A seguir, como sobreviver, depois disso, para esperar viver entre os humanos como se fosse uma recompensa? Se a beleza feminina representa aqui a força universal, deve, contudo, surgir algo além da beleza para que exista a cidade.

A última prova consiste em trazer à Afrodite um pouco da beleza de Perséfone, a rainha das lamas dos mortos, detentora da beleza da sombra, segredo dos imortais, aquela que finalmente lhe entrega a famosa caixa contendo um bem precioso. Psique, novamente, vítima de sua curiosidade, ou mesmo de seu orgulho, ela que possui a beleza das deusas, não pode impedir-se de esperar rivalizar com Afrodite e ela também gozar de uma porção da beleza de Perséfone. A beleza humana é efêmera e a da sombra, imortal... Abrindo a caixa Psique, invadida por seu conteúdo, cai como morta. A beleza de Afrodite é inacessível, uma vez que é imortal. Esse confronto com a beleza secreta parece levar Psique a reconhecer a finitude, o aspecto efêmero de sua beleza, ou ainda, "a morte e os efeitos da morte sobre qualquer beleza que não possua esse conhecimento".[33] É o fim da andança errante. Tal como a iniciação que é uma morte simbólica seguida de renascimento para o mundo dos adultos, Psique livre de Afrodite renascerá com a descoberta de Eros; esquecida de si própria, enfim ela existe como aquela que ama. Mas o que aconteceu com Eros?

Ferido por uma gota de óleo caído da candeia de Psique que o descobriu, Eros sofre com a queimadura cuja cura é incerta. Com efeito, o Amor que se apaixonou pela beleza humana provoca confusão entre duas entidades. Afrodite está no auge da ira quando explica que Psique serviu-se dela (da Beleza como do próprio poder) para atrair Eros, incapaz de livrar-se das garras da Beleza. Se Psique é curada da contemplação de sua beleza (na verdade, ela conhece algumas recaídas nas quais faz a experiência da privação e do sofrimento) por sua submissão ao matrimônio previsto pelo oráculo, ela não tem, no entanto, influência alguma de que Eros tenha sido arrebatado pela beleza de

---

justiça: na praça pública, elas investem contra seu corpo, e mais particularmente contra seu rosto, destruindo assim sua beleza...

33 Ver a respeito disso os argumentos desenvolvidos por Maurice Godelier em *Metamorphoses de la Parente*, capítulo 8, "A domesticação da sexualidade/desejo e a descoberta parcial de Darwin".

seu corpo e não, como deveria, daquilo que ela, doravante, de fato representa (sua interioridade).

Portanto, é a vez do Amor inventar seu próprio destino. Eros, filho protegido e querido desde sua tenra idade - ao mesmo título que a pequena Psique também foi privilegiada pelos que a cercavam, em razão de sua beleza - uma beleza que rivaliza com a de Afrodite, mas cujo Amor deve diferenciar-se para existir na qualidade de digno filho de Afrodite. Em outros termos, tanto para Psique como para Eros, porém em dois caminhos diferentes, trata-se de deixar a juventude a fim de reencontrarem-se, uma segunda vez, já como adultos, vale dizer, curados da beleza que puderam colocar em seu devido lugar, para casar-se oficialmente, com o consentimento dos mais velhos. Porém, é igualmente, sair de uma forma de comodidade, de facilidade, na qual sua beleza corporal as havia colocado de imediato, mais que as outras pessoas. Enfatizemos que a aliança estável não repousa sobre a beleza; embora aí possa ter um papel relevante, deve ser secundário.[34] A aliança estável ocorre quando Psique e Eros encontram-se após terem sido capazes de emancipar-se (distinguir-se) da beleza. Enquanto cada nova provação infligida por Afrodite à Psique excita o desejo de Eros que se entedia no palácio de sua mãe, a letargia repentina na qual mergulha Psique, ao final da última provação, o cura de sua ferida associada à contemplação da beleza da bela humana. Ele compreende que a ama para além de sua beleza corporal. Ele renasce por sua vez e encontra a força, dessa vez por amor, para despertar Psique. Finalmente, com o consentimento de Zeus e Afrodite, eles uniram-se em um matrimônio legítimo, e de seu Amor nascerá Volúpia. Psique - o duplo, a andança errática, o trauma, - deve casar-se com Eros (o amor) para que haja um retorno à ordem sagrada das coisas, isto é, também uma psique "domesticada" na qual o amor não é unicamente aquele da beleza do corpo que toma parte aqui de uma ilusão. Todavia, não nos equivoquemos sobre o procedimento, esse romance transcrito por Apuleu repousa sobre contos, ou mitos, transmitidos oralmente. Visavam, com certeza, a transmissão de um saber sobre os fundamentos, mas também (para os contos) de boas condutas a serem seguidas; não há ordem social senão nas alianças estáveis que carecem da submissão das mulheres aos homens e dos jovens aos mais velhos e, para isso, a atração pela beleza precisou ser colocada em seu devido lugar.

VI | Conclusão

Nessas narrativas, e voltando explicitamente à Grécia antiga, não posso impedir-me de pensar que se trata de um modo geral, como diria Nicole Loraux, de perseguir o empreendimento de supressão do feminino das mulheres para colocá-lo a serviço da construção da virilidade dos homens. Afrodite é uma ilusão e Eros está no masculino. Recordemos que na concepção platônica do amor, a atração pela beleza corporal não tem sentido, pois para existir verdadeiramente em sua perfeição, o amor deve transformar-se na posse, não do que é belo, mas antes do que é bom e, portanto, no amor da interioridade da bela alma. Não resta grande coisa do feminino das mulheres gregas, cuja substância foi engolida (Zeus que devora Metis), e a beleza corporal reputada por conduzir os homens e as mulheres a todo tipo de excesso, deve ser regulada a fim de renascer sob outra forma no matrimônio. A beleza, ao contrário do período que antecede o matrimônio (como é o hábito para a *parthenos* "virgem"), não deve mais ser exposta nem remetida à paixão, mas dominada, ocultada, estritamente privada, mantida secreta, encerrada na intimidade do quarto do chefe da casa e, para durar, transformar-se em um amor do bom.

Entretanto, do mesmo modo que a guerra de Troia ocorreu, de fato, e que Helena jamais foi tão real do que quando foi raptada por Páris, a beleza feminina não chega a satisfazer-se com a condição de fantasma, na qual os homens viris da Grécia antiga desejariam confinar. Mostrei que ela não pode simplesmente ser retirada dos debates.

Por meio desses relatos, tentei compreender os efeitos da beleza na medida em que se revelam com maior acuidade à margem do matrimônio instituído. Se o ideal do homem grego foi, na verdade, o de ter colocado a mulher sobre um pedestal, não é menos certo que ele remete também a uma corporeidade vazia que dominada no matrimônio, permanece ambígua. Quis mostrar que colocado nessa perspectiva, o problema da beleza inscreve-se em um universo tipicamente masculino, vinculado aqui na construção da virilidade dos homens gregos. Essa construção remete à ideia mesma de "mulher-objeto" de seu desejo.

Nesse sistema de representação, próprio da Grécia antiga, que faz da mulher uma estranha para ela mesma, isto é, para o seu próprio corpo, para que os homens possam dominá-la sem temer essa força superior (a da beleza feminina) eu desejaria mostrar que, ao contrário, a mulher e seu corpo não podem fazer senão um. Na sequência de meu raciocínio, enfatizarei o fato de que esse corpo, ao contrário do que desejariam os homens gregos, não pode ser nem bom nem mau, não pode simplesmente, por meio do recurso à filosofia, transformar-se, por analogia e sem outras consequências, de belo em bom. Proponho, de preferência, considerar o corpo como parte integrante da feminilidade. Assim, o corpo e a contemplação pelo olhar de um rosto, por exemplo, conduz para além das palavras, remete ao sensível, ao turvo, à ambivalência.

No decorrer dessas narrativas, desejei indicar elementos que, no fundamento de nossa cultura, interrogam o fato de que a antropologia social e cultural, muito frequentemente subestimou a relevância da ordem sensível e de sua regulação sobre a reprodução da sociedade. Esse capítulo sugere (a demonstração virá em seguida) que as alianças não devem ser analisadas exclusivamente sob uma perspectiva clássica da regulação de uma ordem política, mas também a partir do sensível. Assim, o matrimônio poderia igualmente ser pensado a partir do feminino. A respeito disso, Paul-Augustin Deproost, do departamento de estudos gregos e latinos da Universidade Católica de Louvain, de quem solicitei a leitura deste capítulo, numa troca de mensagens me apresentou o seguinte comentário: "Encontra-se mesmo um vestígio no idioma latino, no qual o verbo *nubere* (desposar) só funciona para as mulheres, pois esse verbo, em sentido próprio, significa 'tomar o véu' construindo-se com um complemento no dativo para significar a pessoa 'para quem se toma o véu'. O homem romano não desposa, não se casa; em todo caso, não há verbo para significar essa atitude e o ritual romano do matrimônio o confirma: trata-se de um 'rapto' da mulher pelo marido. Com esse exemplo não estamos, evidentemente, na Grécia, mas parece-se confirmar o seu ponto de vista". Na mesma linha de pensamento, Alain Testart acrescenta "[...] mesmo que isso fosse verdade, não se pode deduzir que os homens 'davam' as mulheres. O latim conhece bem quando se diz 'conduzir uma mulher' *(uxorem ducit)* para significar que se casa com ela, o mesmo quando dizemos 'dar uma jovem em matrimônio'..." (Testart, 2006, p. 135).

Deste capítulo, reterei essencialmente duas interrogações:

A primeira conduziu-me, de modo especial, a apurar alguns instrumentos, sem dúvida ainda imperfeitos visando, no entanto, poder enunciar de modo mais claro, espero, o papel desempenhado pela beleza (a corporeidade, sobretudo como forma do sensível) na instituição das relações entre os homens e as mulheres. Considerando que a beleza ocupa plenamente um lugar no estabelecimento da feminilidade, não pode ser considerada como uma futilidade. Ademais, parece-me igualmente necessário enfatizar que ela não pode simplesmente ser descartada ou até mesmo negada, em razão, por exemplo, do argumento feminista, aliás, perfeitamente aceitável, contra a objetivação da mulher na qual os homens, de modo geral, caracterizaram as mulheres. Reencontrar sua corporeidade significa também reconciliar com a singularidade e apresentar a proposta segundo a qual não existe *a priori* uma categoria de mulher com interesses convergentes diante da dominação masculina, mas uma categoria a construir e reafirmar sem cessar, aliás, no mesmo título que aquela dos homens. Esse ponto abre o caminho para um longo debate. Sob uma perspectiva bem diferente, para outras sociedades e, certamente, com objetivo outro que o meu, Judith Butler me precedeu sobre esse terreno ao afirmar: "A construção da categoria 'mulher' como um sujeito coerente e estável não é, sem que se saiba, uma regulação e uma ratificação das relações de gênero?" (Buttler, 2005, p. 66). Deste capítulo, para prosseguir a análise, destacarei que numa sociedade mítica a individualização e a singularidade, como identificação originária, estão, sem dúvida, presentes e devem ser tratadas como tal. Ao lado, aquém e além das categorias de homem e de mulher, jovens ou velho(a)s, belos(a)s ou feio(a)s, fecundo(a)s ou estéreis, grandes ou pequeno(a)s, fortes ou frágeis... com as consequências diferentes sobre a segurança e as possibilidades de sobrevivência de cada um, se as categorias não forem reguladas por uma instituição *ad hoc* (as alianças), uma vez que minha análise incide, sobretudo, sobre as sociedades consuetudinárias, vale dizer, sociedades que desconhecem tanto o trabalho feminino remunerado quanto os auxílios públicos.

A segunda interrogação diz respeito ao que não é nesse estágio, senão, a sugestão de uma forma possível de aliança que visa à regulação da ordem sensível, de preferência conduzidas por homens, porém não exclusivamente (a regulação da ordem política). Nesse sentido, as mulheres não deveriam mais ser simplesmente entendidas como meros objetos de troca dos homens, a partir do momento em que elas mesmas pudessem, parcialmente, constituir-se como objetos dessa troca: de passivas elas se tornam, da mesma maneira que os homens, atrizes da instituição do social. Por razões que lhes são específicas, em suas relações com o outro sexo, as mulheres poderiam encontrar algum interesse na "regulação social da beleza", isto é, no matrimônio tal como, de modo geral e oficialmente, é comandado pelos homens.

O matrimônio opõe-se à beleza (a atração física) que explica não a estabilidade das relações entre homens e mulheres, mas um tipo de desigualdade humana. De uma primeira aproximação podemos reter que duas variáveis poderiam nos indicar o caminho dessa proposta de aliança particularmente dedicada à "regulação social da beleza". A primeira, a da beleza, remete à relevância em regular sua repartição desigual e, sobretudo, as consequências quanto à sua distribuição aleatória sobre uma segunda variável vinculada à condição socioeconômica das pessoas. Nesse sentido, a beleza, não sendo regulada, pode ser fatal às hierarquias e às assimetrias que regem as sociedades.

III

Uma sociedade sem aliança: "visita" e beleza

1 | Preâmbulo

Do ponto de vista das relações entre os homens e as mulheres, os *Na* parecem situar-se no oposto, se posso dizer, da Grécia antiga, em outra época e lugar. Essa sociedade himalaica desconhece tanto o matrimônio quanto o papel de pai. Quase único em seu modo de organização, esse povo deveria oferecer-me a oportunidade de colocar à prova minha hipótese inicial da provável existência de uma relação inversa entre beleza e aliança. Se essa situação se comprovar como exata, o impacto da ausência de regulação da ordem sensível (de uma não regulação da beleza) sobre a organização dessa sociedade deveria ser levada ao seu limite máximo, uma vez que a beleza humana não seria aí regulada por alianças. Sem desvendar, nesse estado, os resultados da pesquisa, eles ultrapassarão todas as esperanças. A questão da beleza em uma sociedade sem casamento como entre os *Na*, assim como suas consequências que restaram despercebidas ou consideradas como secundárias, tanto que a atenção foi monopolizada pelo exame de validade da hipótese de Claude Lévi Strauss.[1]

---

1 Essa pesquisa poderia ter sido realizada com outras sociedades matrilineares, conhecidas por certa fragilidade da instituição do matrimônio, tais como os Trobriandeses, estudados por Stanislau Malinowski, mas a sociedade *Na* constitui, de algum modo, um caso limite merecedor, por isso mesmo, de uma apresentação mais ampla. Malinowski abordou, explicitamente, a questão da beleza/feiura em *A vida sexual dos selvagens do Noroeste da Milanésia,* onde ele indica, em relação com minha hipótese da existência de uma relação inversa entre a beleza e o matrimônio, que:"preferência pessoal embora tendo uma função significativa na decisão que conduz ao matrimônio, não constituía senão um fator dentre muitos outros, alguns de ordem social, outros de ordem econômica ou domestica [...]. É somente em vínculos passageiros que o simples charme corporal exerce a principal atração" (Malinowski, 2000 pp. 208-209). Por outro lado, Malinowski indica com clareza que é à margem das alianças que se pode melhor compreender a importância da beleza (de uma ordem sensível) na sociedade. Assim, em diversas ocasiões, ele insiste sobre a função preponderante da beleza, pois a magia da beleza revela-se imprescindível na preparação pessoal para as grandes festas. E enfatizando que o jovem Melanésio "não experimentará nem o sentimento de mistério nem o desejo de abordar à distância (uma garota) [...]. O garoto Trobriandes já teve mais de uma experiência sexual com as jovens de mesmo tipo que seu ideal atual. E ele foi acostumado, desde a infância, a não separar a atração exercida pela beleza e a aproximação erótica direta" (op. cit. p. 224).

Como abordar a doravante clássica e apaixonante monografia de Hua Cai *Uma sociedade sem pai nem marido, os Na da China,* uma vez que essa pesquisa, desde sua publicação, desencadeou múltiplos debates e controvérsias, desde sua publicação em 1997?[2] Sem dúvida, os estudos dedicados ao parentesco conhecem na época uma retomada de interesse, porém esse trabalho de campo iria contribuir a recolocar mais ainda na ordem do dia esse núcleo empírico e teórico da antropologia. Desde sua publicação, o trabalho suscitou grande interesse, pois - assim como o fóssil de Toumaï datado de 6 a 7 milhões de anos, descoberto em julho de 2001 por Michel Brunet e sua equipe no deserto de Djourab no Tchade (Wood, 2002, pp. 42-46), recolocava em questão a teoria da "East side story", de Yves Copens (Brunet, 1998, pp. 73-76) - a obra de Hua Cai questionava a teoria de Lévi-Strauss sobre a proibição do incesto como repressão à troca e, portanto, à instauração da aliança e da sociedade.[3] Sabe-se que os problemas teóricos levantados por "matrimônios com o mais próximo",[4] por exemplo, as controvérsias provocadas pelo matrimônio árabe ou ainda aquele do Egito antigo entre irmã e irmão (Hopkins, 1994), havia já iniciado o debate sobre o parentesco como uma troca (a saber, uma aliança em oposição à transmissão). Entretanto, desta feita não se tratava de discutir o significado de um limiar de proximidade na busca de um cônjuge abaixo do qual não haveria mais troca, e sim, de uma sociedade que não praticava o matrimônio como modo geral de viver em conjunto: sem pai nem marido, haveria ainda troca? Os *Na* recolocam em questão o fato que, ao proibirem irmãos e irmãs de se unirem, obrigam-se as sociedades à troca, uma vez que, pela troca, cada grupo que se impõe a proibição de praticar o incesto pode reproduzir-se? Dito em outros termos, a organização social singular da sociedade *Na* provocou comentários que, de modo geral, centralizavam-se sobre o fato que, se não houver aliança, não pode haver troca e que consequentemente, a teoria de Lévi-Strauss revelar-se-ia falsa, colocando em questão uma articulação chave de uma obra relevante do *corpus* antropológico.

Notemos de pronto uma ambiguidade e recordemos que a antropologia jamais ignorou as sociedades de descendência matrilinear tais como, por exemplo, os Ashanti (Gana) os Trobiandeses (Papua Nova Guiné), os iroqueses

---

2 Publicado em francês em 1997, o livro conhece, desde 2000, uma edição em idioma inglês no MIT Press.

3 Especialmente: Lévi-Strauss, 1983, cap. 3, pp. 65-92 (pela edição francesa reelaborada pelo autor). O texto original é "The family" em Shapiro, H.I. *Man, Culture and Society,* Oxford, 1956, cap. 10.

4 Cf. Bonte, 1994.

e os hopi (U.S.A.) etc. Aliás, os *Na* representam menos uma exceção, como se poderia imaginar à primeira vista, do que uma transformação levada até seu termo, de um sistema de parentesco matrilinear. Assim, os antropólogos especialistas em sociedades matrilineares, reconhecem que elas testemunham certa fragilidade da instituição do matrimônio.[5] De certo modo, os *Na* levaram até o fim a lógica matrilinear, uma vez que não praticam a aliança matrimonial.[6] Os sistemas matrilineares conhecidos e descritos atualmente são os mais diversos e esses três exemplos bastam para se ter uma ideia: se os Tobriandeses conhecem o matrimônio e a troca das mulheres,[7] os Rhades (Índia) valorizam o matrimônio e a troca dos homens na qual os pais da jovem negociam e pagam o dote,[8] enquanto que os Nayas de Kerala, na Índia, praticam um ritual de matrimônio puramente fictício, no qual as mulheres continuam a viver com seus irmãos e aceitam quantos amantes desejam.[9]

O objeto deste capítulo não consistirá em discutir, de minha parte, à luz dos *Na*, a teoria de parentesco de Claude Lévi-Strauss.[10] Restringir-me-ei a esboçar os principais pontos dessa questão bem técnica, movido pelo objetivo de colher os elementos necessários à compreensão do processo de regulação social da beleza entre os *Na*. Graças a essa análise espero poder estabelecer as razões de uma provável regulação da ordem sensível, vale dizer, da regulação social da beleza, antes dominada pelas mulheres (todavia, não exclusivamente) e encaixada em uma ordem política, essa dominada pelos homens. Isso me conduzirá progressivamente a adotar outra perspectiva sobre as alianças que constituirá em articular um mesmo movimento a regulação de ambas as ordens. Essa perspectiva resultará na possibilidade de restituir aos atores de um grupo, considerados como os mais frágeis (duravelmente ou provisoriamente), sua capacidade de iniciativa institucional descrevendo sua contribuição no estabelecimento das alianças, por exemplo. A questão que esse capítulo pretende

5 Verificar acima o argumento de Françoise Héretier referente a não simetria entre a matrilinearidade e a patrilinearidade; ver também Schneider, D.M, Gough, K. (ed.) *Matrilineal Kinship*. Berkele and Los Angeles, Univ. of. California Press, 1961, p. 761.

6 Ver, a respeito disso, Maurice Godelier (2004, p. 392) que fala, para as sociedades matrilineares, de uma progressividade entre as sociedades com matrimônio real (Trobriandeses, Rhades) e com matrimônio fictício (Nayar) e sem matrimônio (*Na*).

7 Cf. Malinowski, 2000.

8 Cf. Hauteclocque-Howe, 1987, p. 343.

9 Cf. Gough, 1961.

10 Claude Lévi-Strauss ele próprio abordou a questão, embora ele não o faça verdadeiramente de modo aprofundado (Lévi-Strauss, 200, pp. 713-720).

responder é a seguinte: por que as mulheres escolhem o casamento na maioria dos casos, se elas não têm uma necessidade absoluta, como os *Na* demonstram? Essa indagação me permitirá abordar outra, formulada por Françoise Héritier que se pergunta, ao contrário, por que não há mais sociedades matrilineares que recusam a aliança? Permanecerei cauteloso quanto à resposta apresentada por ela, pois os *Na* me parecem oferecer uma resposta bem diferente, a qual permaneceu na penumbra do debate que eles provocaram no que diz respeito às validades das *Estruturas elementares do parentesco*. Porém, ao lado disso, pretendo apresentar, como fio condutor do capítulo, a atenção que deve ser dirigida ao papel da beleza humana do feminino ente os *Na* com o intuito de conseguir descentralizar-se das questões de troca e de dominação (pelos homens) a fim de deixar-se impregnar por uma organização social bem diferente das outras.

II | Família matrilinear *Na*

A sociedade agrícola *Na* do Yongning contava por volta dos anos 1990, 12.000 habitantes distribuídos em umas cinco dezenas de aldeias, no fundo de um vale do Himalaia situado a uma altitude média de 2.670m, rodeada por montanhas de aproximadamente 4.000m. Cada aldeia é composta de algumas casas (treze na média) ligadas entre elas por uma viela. As casas feitas de troncos de árvores cobertas por um telhado de ripas com duas águas; são cercadas por um jardim e o todo é fechado por um pequeno muro de terra. Em razão do clima rigoroso, as casas, dotadas de poucas aberturas, são sombrias e sem chaminé. O fogo, aceso permanentemente em uma fossa, escurece os muros que a fumaça protege. Os *Na* dividem-se em três estratos: os "aristocratas", dos quais alguns conhecem o matrimônio - trinta e dois familiares em 1956 - (Cai, 1997, p. 41), os "plebeus", vivendo na modalidade da visita e os "servos" que se compõe das duas primeiras categorias que, seja porque perderam seus meios de subsistência, seja porque são criminosos (Cai, 1997, p. 43). A perda da terra é a principal ameaça que pesa sobre o status de uma sociedade bem independente na qual cada um pode enriquecer-se, mas também corre o risco de empobrecer-se. Desde há vários séculos, os *Na* adotaram, em sua grande maioria, o budismo tibetano como sistema de crenças, sem por isso abandonar as referências aos ancestrais nem as referências vinculadas aos espíritos da montanha, desse modo, em todas as casas com pelo menos dois filhos, o caçula torna-se lama, o que significa que esse título é conferido a aproximadamente dois terços dos homens adultos que também praticam a visita (Cai, 1997. p. 82).

A casa é a unidade de residência comum de um grupo de parentes ligados pelo "sangue" (sangue aqui significa a pertença ao mesmo "osso", dizem os *Na*). Ao nascer, a criança pertence ao grupo de sua mãe. Aqueles oriundos do mesmo ancestral feminino residem sob o mesmo teto e todos têm o mesmo "osso" cujas características são exclusivamente transmitidas pela mãe. Estamos na presença de uma sociedade, ao mesmo tempo, estritamente matrilinear e matrilocal, na qual a unidade de residência é composta pelo grupo das irmãs vivendo com seus filhos e com seus irmãos que são também os tios maternos dos filhos. Em geral, três gerações coexistem no seio de uma mesma casa. "A cada geração, as irmãs e os irmãos trabalham, consomem e educam juntos, os descendentes que aquelas geraram (as irmãs). Eles moram juntos durante toda sua vida; irmãos e irmãs não se separam. Normalmente tal casa pode permanecer assim sem divisão durante várias gerações, às vezes mais de dez gerações" (Cai, 1997, p. 97). O grupo residencial de parentes *Na* forma uma matrilinhagem: ele é composto exclusivamente de consanguíneos. Em outros termos, entre os *Na*, os irmãos e irmãs, aliás, em favor das alianças matrimoniais, não se separam (cf. também os Nayar) como quase por toda parte. Eles encontram-se numa situação de estreita e eterna cooperação - os consanguíneos permanecem juntos para sempre; eles não têm, portanto, nem próximos nem aliados (Cai, 1997, p. 116). Sem matrimônio oficial, a matrilinhagem *Na* forma uma "família" que poderia ser qualificada como adelfa na qual as mulheres concedem sua identidade aos filhos. A autoridade no seio da linhagem é exercida por dois chefes: o chefe feminino (a mais velha das mulheres) que se ocupa dos assuntos internos e que é, antes, gestora e o chefe masculino (tio materno, o irmão da irmã) que assume a representação da linhagem para o exterior, especialmente nas questões fundiárias. A autoridade é, de fato, compartilhada, o homem não detém no seio da linhagem privilégio particular, mesmo que desempenhe o papel de dirigente (Cai, 1997, pp. 100-351).

Os *Na* não conhecem o matrimônio, e sim, como acabamos de sugerir, uma divisão de trabalho entre os sexos, assim como a proibição do incesto. O conjunto de matrilinhagens divide-se em dois grupos, os consanguíneos e os estranhos. Excluindo a categoria dos consanguíneos - não importa onde habitam - para a qual a sexualidade é sempre proibida, as outras linhagens, consideradas como estrangeiras, são sexualmente acessíveis. Para os *Na*, a liberdade sexual representa um princípio sagrado e intocável (Cai, 1997, p. 194). Os *Na* constituem uma sociedade particular, pois vivem bem "em família", a qual não é fundada no matrimônio. Como mencionei no preâmbulo, nesse sentido, a matrilinearidade, aqui levada ao extremo de sua lógica, revela bem que as mulheres podem ter filhos sem que a sociedade necessite do matrimônio para reproduzir-se. A interdição do incesto está bem presente. No lar qualquer evocação sexual é proibida. Do mesmo modo, falar entre os consanguíneos a respeito de sua vida afetiva seria considerado grosseiro e obsceno, a ponto de crivar de vergonha aquele que transgredisse a proibição. Aqui não há, pois, papel nem de pai nem de marido: o homem jamais tem um filho proveniente dele mesmo. De modo geral, os filhos desconhecem seu genitor e, conhecido ou não, o pai não possui influência sobre o parentesco, nem sobre o status da criança (Cai, 1997, p. 174).

III | A VISITA COMO MODALIDADE DA VIDA SEXUAL

No início, as moças que iniciam sua vida sexual por volta dos treze anos, procuram divertir-se. A seguir experimenta o desejo de criança. O papel dos homens consiste em "regar" as mulheres, não importa quem o faça (Cai, 1997, p. 172). O esperma equivale à chuva e o homem a um irrigador. Para o homem a finalidade da cópula é, ao mesmo tempo, divertir-se e praticar um ato de benevolência, colocando em movimento algo que já está contido na mulher. Um mito relata que, inicialmente, o homem levava a criança em seu óvulo, porém, como era muito pesado para ser transportado por um óvulo, hoje cabe à mulher transportá-lo em seu ventre (Cai, 1997, p. 95). O conceito *Na* da procriação esclarece muito bem o seu funcionamento estritamente matrilinear, no qual o homem não passa de um irrigador. Em outras palavras, aqui o homem não se preocupa em ter filhos, é a irmã que deve ter.

Existe para os *Na* quatro tipos de práticas sexuais: visita furtiva, de longe o mais praticado, fazendo figura de regra geral opondo-se totalmente ao matrimônio, a visita ostensiva e a coabitação, seja com cerimônia ritual ou não. As três últimas modalidades dizem respeito a um número reduzido de indivíduos[11] e complementam, de algum modo, a visita furtiva como prática sexual secundária, ao lado daquelas da visita furtiva é a regra geral.

A visita furtiva baseia-se sobre princípios de base da liberdade absoluta dos parceiros, do caráter estritamente privado da visita e do consentimento mútuo. Como se percebe, o ponto de vista da sociedade é de não intervenção,

11 A coabitação intervém para paliar uma crise no seio de uma matrilinhagem, por exemplo, a ausência de uma mulher. Referente aos casais, o autor pode apresentar de memória a existência de cinco pares casados de Na, durante o sec. XX (Cai 1997 p. 242).

pois a visita diz respeito aos dois interessados que devem estar de acordo para que ela ocorra. A visita ocorre geralmente, após contatos feitos durante o dia, nos quais a iniciativa de um encontro, numa total igualdade entre os sexos, é tomada ou pelo homem ou pela mulher. A atitude repousa sobre a simples expressão do desejo de um em relação ao outro e o encontro é decidido por consentimento entre os dois interessados. Essa etapa, no entanto, não é indispensável, a visita pode ocorrer de improviso e, ela depende então, da vontade e do desejo da mulher.

O encontro pode ocorrer em um local decidido em comum acordo entre os parceiros, porém mais comumente a visita ocorre na casa da mulher que dispõe de um quarto separado. Nesse caso a visita deve ocorrer à noite, uma vez que o estranho não pode ser reconhecido pelos consanguíneos da visita, sabendo que a maioria dos visitantes são provenientes da própria aldeia, ou de aldeias vizinhas. Não pode haver na casa nenhuma evocação sexual entre consanguíneos. Sublinhemos, e isso tem sua relevância, que é o homem que visita a mulher para quem esse deslocamento não é autorizado.

O que poderia parecer um detalhe tem, entretanto, consequências determinantes sobre o estabelecimento da desigualdade entre os homens e as mulheres. Não é curioso notar que uma sociedade estritamente matrilinear como os *Na* parece levar ao extremo essa desigualdade, baseada sobre a inércia e a passividade imposta pelo confinamento, do ponto de vista da sexualidade, pois as mulheres ficam à espera de visitas noturnas dos amantes? Assim, é a narrativa de uma mulher *Na* que relata suas primeiras visitas: "Eu acabara de apagar minha vela quando o cachorro começou a latir embaixo da escada. Vesti-me ligeiramente e meu coração disparou. Alguém havia entrado no pátio - alguém bem conhecido pelo cão, pois ele logo parou de latir. Ouvi os passos subindo a escada. Coloquei meu manto em torno do pescoço e franzi os olhos mirando no espelho a forma escura da porta no escuro. Os passos aproximavam-se e meu coração bateu mais forte e mais rápido. O amante, porém passou ao lado de minha porta e se dirigiu ao quarto de minha irmã [...], estava ainda longe de atrair um amante [...]. Antes de encontrar um amante que queira cantar comigo, deverei aprender a fazer brincadeiras e olhar um homem nos olhos..." (Erche Namu/Mathieu, 2005, p. 142). Mais adiante acrescenta: "Uma mulher é obrigada a possuir amantes. Uma mulher devia ter filhos [...]. Às vezes me perguntava se eu não era muito feia. Ou então, se meu corpo tinha algum defeito que explicasse que, ao contrário de outras mulheres, eu não necessitava de amor. E, então essa pergunta não saia de minha cabeça: o que diriam os vizinhos se ninguém viesse bater em minha porta? Será que minha mãe envergonhar-se-ia? Que faria eu de minha vida se não deixasse homem algum entrar em meu quarto?..." (Erche Namu/Mathieu, p. 149).

Um mito merece ser relatado. Ele lembra, especialmente, aquele no qual Tirésias decide sem hesitação declarar quem, Hera ou Zeus, tem razão em saber se é o homem ou a mulher que sente maior prazer na relação sexual.[12] O paralelismo, nesse caso, entre essas duas sociedades, diametralmente opostas sob outros aspectos é particularmente interessante. Pede-se aos *Na* que justifiquem a organização não simétrica da visita entre homens e mulheres. Não importa o que pense Hua Cai, esse mito estabelece muito mais desigualdade entre homens e mulheres do que parece à primeira vista. "Na origem da humanidade não se sabia regulamentar a visita. E Aboadgu (espírito das montanhas), deus cuja ocupação é dispor todas as regras, organizou um teste: ordenou que se fechasse um homem numa casa e que enviasse uma mulher para encontrar-se com ele. Para chegar lá, era necessário passar por nove portas. Na aurora, a mulher conseguiu chegar até a sétima porta. Em seguida, Aboadgu testou o homem, que por sua vez só conseguiu chegar à terceira. E Aboadgu avaliou que as mulheres possuem um temperamento muito ardente e que se deve impedi-las. Imediatamente sua decisão foi tomada: cabe aos homens fazer a visita às mulheres" (Cai, 1997, p. 149). Observe-se que, para os *Na*, segundo a lenda, uma moça que toma a iniciativa de ir à casa de um moço será considerada como uma "porca no cio" (Cai, 1996, p. 169). É uma sociedade estritamente matrilinear, sem dúvida, e também machista, na medida em que coloca as mulheres numa situação de dependência, até mesmo em concorrência entre elas em face da visita dos amantes. Na sequência do raciocínio, note-se que essa forma de dominação da mulher pelo homem, junto aos *Na*, diz respeito aqui, ao menos no registro da justificação, ao problema de sexo (o prazer da mulher é superior ao do homem, como para os antigos gregos) e não ao de filhos.[13]

À noite, o homem passa pelo muro que cerca o jardim e vem bater à porta da mulher que, se desejar, lhe abre a porta.[14] O homem deve, obrigatoriamente, deixar o quarto antes de o dia clarear, pois somente irmãos e irmãs podem coabitar e não dois consanguíneos. A relação que nesse momento ocorre entre dois parceiros é denominada *açia* (que designa igualmente os parceiros) e não se mantém

12 Cf. Capítulo 1.

13 Sobre isso ver cap. 8.

14 A mulher não está fora do desejo uma vez que, em princípio, ela pode abrir ou não abrir a porta aquele que vem lhe fazer uma visita, mas essa eventualidade é secundária, pois não é possível a não ser que um homem se apresente.

senão o tempo que duram essas visitas às escondidas. O fato para um homem e para uma mulher de serem *açia* não significa que não podem ter, ao mesmo tempo, relações com outros parceiros, o que é frequente. Aliás, um homem pode manter relações sexuais com uma mulher, sua irmã ou sua filha, assim como uma mulher com um homem, seu irmão ou seu filho. Uma mulher grávida continua recebendo visitas.[15] A *açia* cessa quando as visitas são interrompidas pela simples vontade de um dos parceiros. Entre *açia*, o afeto é incomum, o mesmo ocorre entre o genitor e o filho. Há, portanto, ausência de deveres e de direitos entre os parceiros da visita. "Eles reconhecem-se, de fato, mas ao cruzarem-se, comportam-se como estranhos" (Cai, 1997, pp. 174-175). Parece, na verdade, que a vida sexual se passa fora do lugar no qual ocorre a vida cotidiana, que os *açia* são amantes e que permanecem estranhos um para o outro. A relação do *açia* é um assunto privado, sentimental, amoroso e sexual. A fidelidade entre parceiros causaria problemas para a sociedade que a entende, aliás, como um sentimento vergonhoso (Cai, 1997, p. 352). Por consequência, a proibição dos conflitos entre homens que cobiçam a mesma mulher é indispensável, da mesma maneira que a inveja deve ser temperada por um comportamento de tolerância. Isso não exclui a existência da dominação entre os *Na*, como o prova a visita ostensiva.

A visita ostensiva existe na medida em que um homem visita ostensivamente uma mulher sem a necessidade de dissimular-se dos membros de sua linhagem. A visita ostensiva tem início pela *açia* e é sancionada por uma refeição ritual estritamente privada e mantida em segredo ao mundo exterior. Nesse caso, a relação na qual o visitante e os consanguíneos evitam-se é interrompida. Essa refeição ritual inaugura relações entre amigos que, todavia, permanecerão estrangeiros aos olhos da sociedade. Os parceiros outorgam mutuamente o privilégio sexual e o respeito desse privilégio. Os parceiros trocam presentes, anualmente e, havendo necessidade, podem auxiliar-se mutuamente em diversos trabalhos (Cai, 1997, p. 185). A relação ostensiva permite ao homem obrigar o visitante secreto a partir em plena noite e aos parceiros a anunciar para a ocasião fora da casa, seu privilégio sexual (Cai, 1997, p. 193). Entretanto, a relação ostensiva não leva ao abandono as relações *açia*. Uma mulher em relação aberta recebe facilmente visitantes secretos, assim como um homem pode ter outras parceiras; é isso que eles denominam "roubar o sexo". De tal sorte que os parceiros não podem impor-se uns aos outros, e a ideia de monopolizar para sempre seu parceiro é considerada uma vergonhosa besteira, sempre suscetível de ser para os outros, foco de

15 Os que, nesse caso preciso, as repreensões das mulheres Cashinahua (cf. cap. 4, pt. 2).

zombaria. Sem formalidade para com a sociedade, não concedendo nem direito e nem cooperação econômica, a relação aberta que se limita à revelação pública de um privilégio sexual, acaba-se desde o momento em que um ou outro parceiro o deseja. Os parceiros permanecem independentes, eles mantêm a liberdade de romper a relação que termina com o menor incidente (Cai, 1997, pp. 187-192).

A visita ostensiva que permanece minoritária, é bom relembrar, é movida pelo cuidado do respeito ao privilégio sexual. Nisso ela opõe-se à independência sexual dos parceiros *açia*. Desse modo, é comum que a relação aberta (a visita ostensiva) conduza os homens a uma situação de rivalidade para com a mesma parceira que não cessa necessariamente de receber visitantes furtivos. Se o homem com relação aberta mostra-se tolerante, o que é o sentimento mais difundido, ele guardará seu privilégio. Se, ao contrário, ele deixa explodir em pleno dia sua raiva expressando inveja, a relação corre o perigo de romper-se, e a opinião pública o desaprovará e zombará dele (Cai, 1997, p. 198). A zombaria é uma sanção social, uma proteção moral contra a tentação de possuir fonte de conflitos. "O ridículo mata" (Cai, 1997, p. 196). Para os *Na* a moral social valoriza a liberdade sexual e a multiplicidade de parceiros, enquanto que a posse monopolista de um parceiro, se às vezes ela permanecer desejável, continua proibida pela sociedade que valoriza a tolerância. Qualquer transgressão dessa regra cobriria de ridículo o protagonista e ele sentiria vergonha causada pela zombaria dos vizinhos.

Indiquemos enfim a existência, em casos bem raros, de formas de coabitação. Permanecem proibidas e reprovadas quando, no seio da matrilinhagem, não faltam membros femininos ou masculinos de uma determinada geração (Cai, 1997, p. 225). A coabitação acontece, portanto, quando é impossível a adoção de um filho para dissimular a carência de membros femininos ou masculinos. A coabitação torna-se uma medida temporária que permite encontrar uma solução quando uma linhagem carece ou de mulheres, exigindo então uma jovem para perpetuar o grupo familiar, ou de homens, como mão de obra para os trabalhos agrícolas, caso em uma dada geração só haja moças. Esse problema ressalta, nesse nível, a fragilidade dessas famílias estritamente consanguíneas e matrilineares. Sem entrar em detalhes, a coabitação provoca a assimetria entre os sexos. Aos olhos da sociedade, os parceiros permanecem estranhos um para o outro. O homem que coabita, não tendo nenhum status na matrilinhagem, uma vez velho, não terá utilidade alguma.[16] Sendo um peso, não é raro

16 É nesse sentido que eu falarei do papel das alianças no estabelecimento da segurança

que por ocasião de alguma desavença, ele seja expulso pelos filhos e pela mulher. Um homem pode aceitar essa situação desvantajosa porque ele é pobre ou isolado. Diferentemente, uma mulher que veio coabitar na família, conserva seus filhos aos quais dá o seu nome e quando idosa não poderá mais ser expulsa (Cai, 1997, pp. 223-224). Essa diferença entre os sexos revela muito bem que entre os *Na*, o que torna a vida miserável não é o celibato, aliás, são todos celibatários, mas o fato de viver só.

IV | A teoria da troca de Claude Lévi-Strauss em questão

Sobre a base desses elementos empíricos, no momento, é plausível apresentar os grandes eixos do debate que é posto pelos *Na* à antropologia do parentesco e, de modo especial, à teoria da troca de Claude Lévi-Strauss. Assim, para Hua Cai, a "teoria da aliança" é ineficaz para explicar o exemplo *Na*. Por consequência, "a teoria geral do sistema de parentesco" parece estar posta em questão (Cai, 2008, p. 30). O exemplo dos *Na*, "sociedade de visita" à diferença da "sociedade de matrimônio", conduz à constituição de matrilinhagens cujos membros são todos consanguíneos: "A linhagem padrão *Na* não pode ser considerada como família" (Cai, 1997, p. 345; Cai, 2008, p. 189). Sem pai, nem aliança, nem marido, nem família, Hua Cai avalia que o erro das teorias de parentesco consiste em não ter compreendido que a consanguinidade biológica é um "pseudo-objeto" científico, visto que os *Na* mostram que existe somente uma teoria cultural da consanguinidade, própria a cada povo, ou ainda, uma teoria da "sanguinidade cultural" (Cai, 2008, p. 178). A demonstração repousa sobre a ideia que "[...] a inexistência do interdito sexual entre uma mulher e o irrigador de sua mãe (para nós o genitor) permitiram distinguir, definitivamente, o princípio de exclusão sexual entre consanguíneos sociais de regra do interdito sexual no seio de uma categoria de indivíduos (interditos do adultério) exigido pela instituição do matrimônio" (Cai, 2008, p. 189). E expôs "o verdadeiro modelo do parentesco": "Com relação ao enigma da escolha do parceiro sexual, vemos essa solução: a crença produz a identidade cultural e rege o comportamento [...]. Os comportamentos humanos não são condicionados por mecanismos biológicos, nem determinados pela psique individual, mas exclusivamente pela instituição da sanguinidade cultural" (Cai, 2008, p. 180). Esta última define a interdito de emparelhamento entre aqueles da mesma identidade, vale dizer, os consanguíneos sociais.

---

social e econômica dos grupos considerados como os mais frágeis por uma sociedade.

Se a monografia de Hua Cai é apaixonante, os desenvolvimentos teóricos que em seguida ele dedica ao parentesco são, de fato, estimulantes, porém às vezes imprecisos e sem matizes (Cai, 2008). Por outro lado, certas objeções são varridas por algumas fórmulas elípticas, ou simplesmente ignoradas quando mereceriam pelo menos algum debate. Por exemplo, o autor discute de modo alusivo à obra de Maurice Godelier, *Metamorfoses de la Parenté* na qual o parentesco *Na* é amplamente comentado.[17] Hua Cai evita o debate, pois considera de pronto, a "sociedade de visita" como radicalmente diferente das outras. De fato, é evidente que os *Na* não praticam a troca (vale dizer, a troca de pessoas consideradas no sentido que Lévi-Strauss dá ao termo troca) e, portanto, não pode haver próximos (parentes por aliança), tampouco, família (conjugal). A esse título, incontestavelmente, os *Na* formam uma sociedade a parte (e não verdadeiramente única) a qual merece toda a atenção. A singularidade constatada não nos dispensa, entretanto, de interrogar sobre a existência possível de outro tipo de troca, nem outra forma de família própria aos *Na*. No entanto, o risco dessa interrogação seria descortinar outras perspectivas, que poderiam eventualmente reduzir a singularidade dos *Na*.

A controvérsia pode ser descrita nos seguintes termos. Para Hua Cai: "De acordo com a teoria da aliança por meio do matrimônio, trata-se de trocar mulheres ou homens como bens, e nada mais do que bens desse gênero. Assim, tomar o emparelhamento, que os *Na* consideram como benéfico na sustentação de generalidade da aplicação do princípio de troca, como alguns demonstram ter acreditado, significa deformar o pensamento de Lévi-Strauss e não de com ele conformar-se" (Cai, 2008, p. 31). Maurice Godelier, que não pode ser considerado suspeito de complacência em relação às teses de Claude Lévi-Strauss, assevera que: "Os *Na* não fazem exceção à hipótese aventada com brilho por Taylor e Lévi-Strauss [...], segundo a qual, proibindo irmãos e irmãs de unirem-se, impele-se a sociedade à troca. Portanto, é pela troca que cada grupo que proíbe o incesto pode reproduzir-se" (Godelier, 2004, p. 401).

Tentemos estabelecer o alcance dá controvérsia. Parece claro que, para Godelier, a proibição do incesto não remete a um simples invariante biológico, ao contrário, designa "uniões sexuais proibidas entre dois indivíduos (do sexo diferente ou do mesmo sexo) na medida em que partilham componentes essenciais de seu ser, seja esse componente material (esperma, sopro, sangue, osso,

---

17 A respeito disso, ver, por exemplo: Cai, 2008, p. 31. Godelier analisa os *Na* em diversas ocasiões de sua obra consagrada ao parentesco, e, mais particularmente, nas páginas 391-403 sob o título: "Deuxième Sortie de l´Occident: Voyage chez les Na de Chine une Société sans père ni Mari" (Godelier, 2004). Claude Lévi-Strauss apresentou sua opinião sobre os *Na* e fala "das sociedades pretensamente sem troca..." (Lévi-Strauss, 2000, pp. 715-716).

carne, leite) ou imaterial (alma, nome etc.). Eles possuem comum esse componente, seja por ter recebido de ancestrais comuns [...], seja por terem adquirido pela aliança com outros [...]. No entanto, isso não permite saber de antemão qual é, numa cultura determinada, o componente que, uma vez compartilhado por dois indivíduos, que se relacionam sexualmente, lhes fará cometer um incesto" (Godelier, 2004, p. 362). Tal definição participa da dimensão sociocultural amplamente imaginária da proibição do incesto e para além da procriação de uma criança.[18]

Demonstrei que os *Na* têm conhecimento do incesto entre todas as pessoas provindas de um mesmo ancestral feminino. Agora, tudo se torna uma questão semântica, pois essa proibição, presente no seio das matrilinhagens, constrange os membros de uma unidade residencial a um tipo peculiar de troca, as famosas visitas, uma vez que, entre eles a sexualidade é vedada. Assim, entre os *Na* "todas as uniões entre um homem e as mulheres das outras matrilinhagens, entre um homem e duas irmãs, ou entre um homem e uma mãe e sua filha (recorde-se que esse é o argumento principal de Hua Cai na defesa de sua teoria dos consanguíneos sociais). O inverso é igualmente verdadeiro para uma mulher que pode ter como amantes dois irmãos. Há, portanto, trocas sem alianças, e uniões sexuais entre consanguíneos pelas mulheres, entre irmãos e irmãs, mãe e filho, tios e sobrinhas, tias e sobrinhos são estritamente proibidas" (Godelier, 2004, p. 504). Para Godelier, essa interdição acarreta uma obrigação que leva a uma forma específica de troca, uma troca, na verdade, restrita, pois limitada àquela de substância (esperma) entre matrilinhagens, isto é, entre uma mulher e seu irrigador, aqui denominado visitante, e que não é nem um pai nem um marido. É impositivo que se distinga, de modo claro, essa troca específica da troca (de pessoas) que leva à aliança na teoria de Lévi-Strauss. Os *Na* mostrariam, portanto, que a troca de substâncias não cria aliança, mas que essa troca, tida como obrigatória em razão de uma interdição é, todavia, suficiente para que a sociedade se reproduza (Godelier, 2004, pp. 401-403). Essa análise conduz Godelier a reconhecer a existência de outro tipo de troca sem aliança, o que mostraria, de modo especial, que a aliança não está no fundamento da sociedade; isso, no entanto, é outra história e a ela retornarei na terceira parte.[19]

---

18 Ver sobre isso os caps., VI e VII, em Godelier, 2004, pp. 251-323.

19 Uma observação para enfatizar que "o incesto no seio de uma 'família' na [...], combina, portanto, como bem observou Brenda Seligman, dois interditos: um que é a união de um parente e de uma criança, outro que é a união entre primos-irmãos de sexo oposto. Ela concluía que a necessidade de encontrar um parceiro fora da família para casar-se poderia explicar a interdição das relações entre irmão e irmã, mas não poderia explicar aquela entre

Uma palavra ainda sobre o argumento de Hua Cai relacionada à ausência de "família" entre os *Na*. A família conjugal na verdade não existe, mas existe outro tipo de família? Godelier afirma que "as famílias" são de dois tipos: aquelas que reúnem adultos dos dois sexos e os filhos ligados entre si por relações de consanguinidade (Nayar, *Na*), ou aquelas que reúnem adultos copresentes por serem aliados... "(Godelier, 2004, p. 491)". E prossegue que o exemplo *Na* permite mostrar que essas duas condições, a saber, o interdito do incesto entre consanguíneos e a divisão sexual do trabalho, não implicam, de modo algum, que os adultos que educam essas crianças unem-se sexualmente para procriá-los, nem aqueles que os procriaram seja "casados". Godelier conclui afirmando:

> *[Não é, portanto] o matrimônio que cria a "família", mas a dupla coação que pesa sobre os indivíduos dos dois sexos de cooperação para produzir suas condições materiais de existência e de educar os filhos que alguns dentre eles (as mulheres) procriaram ao unirem-se com parceiros externos. As unidades de procriação e de educação dos filhos,*[20] *como entre os Na, por exemplo, são compostas por irmãos e irmãs entre os quais as relações sexuais são proibidas [...]. O que é fundamental (e novo) aqui é que os adultos dos dois sexos vieram cooperar na instituição e manutenção de um grupo social no qual as crianças nascem e são educadas, em suma, uma família. Na verdade, na maior parte das sociedades, no seio de uma família, homens e mulheres não cooperam unicamente para a educação dos filhos, mas também em sua procriação* (Godelier, 2004, p. 477).

Portanto, não há família conjugal, mas a existência de uma família, por vezes qualificada como adelfa, isto é, um grupo de pessoas vivas cuja pertença relaciona-se a um mesmo decano (aqui uma primogênita).[21]

De minha parte, prefiro uma posição mais matizada que a de Hua Cai no que se refere à inexistência de troca entre os *Na*. No entanto, concordo que aqui se trata, sobretudo, de uma questão de semântica. Prefiro, todavia, conservar a ideia que a sociedade *Na* reproduz-se na base de uma forma peculiar de troca, a qual está bem fundamentada sobre uma interdição. Consequentemente, nesse sentido estrito atribuído à troca, os *Na* não falsificam a hipótese de Claude Lévi-Strauss, mas obrigam a reformulá-la quando é questão de levar em consideração uma troca de substância (isto é, de uma troca

---

pais e filhos" (Godelier, 2004, pp. 402-403). Ver Seligman, 1950, pp. 306-307.

20 "Criação dos filhos" é a fórmula etnograficamente melhor apropriada, utilizada por Maurice Godelier.

21 Cf. Barry et A.L., 2000, p. 721.

restrita a "uma chuva benéfica") que não conduz à aliança, como na troca de pessoas em Lévi-Strauss.

De qualquer modo, esse debate não diz respeito à razão pela qual eu escolhi estudar os *Na*. Manterei, entretanto, seguindo Godelier, a possibilidade de interpretar o parentesco *Na* como forma específica de troca de "parceiros sexuais masculinos" entre grupos de mulheres sem que isso seja sancionado por aliança. Tratar-se-á, assim, "de uma circulação geral de esperma entre linhagens, cada qual fornecendo esperma às outras e as outras a cada uma, a fim de reproduzirem-se" (Godelier, 2204, p. 395). Todavia, seguindo minha hipótese inicial de uma repartição desigual da beleza entre pessoas de um dado grupo, pretendo evidenciar que, caso exista entre os *Na* certo tipo de troca entre parceiros sexuais masculinos, essa troca não remete a uma "circulação geral", como afirma Maurice Gaudelier, mas ao contrário, a uma "circulação completamente desigual (ou antes, a uma espera) dessa substância entre as mulheres".

V | Desigualdade entre mulheres

Com os *Na*, não há necessidade de me deslocar à margem das alianças matrimoniais, onde a beleza não seria regulada, para realçar os efeitos, uma vez que não praticam o matrimônio. Os *Na* me oferecem, portanto, a possibilidade de examinar, de modo geral, o impacto da ordem sensível e de sua regulação sobre a reprodução da sociedade. De algum modo, a liberdade sexual não sancionada pelo matrimônio que confere aos adultos da sociedade *Na* deveria fornecer-me preciosas indicações no que diz respeito à eventual influência da beleza sobre as relações entre os homens e as mulheres no âmbito das sociedades consuetudinárias. Vê-se, pelo fato de o etnólogo Hua Cai ter consignado esse tipo de informação que diz respeito às pessoas na sua singularidade, os *Na* deveriam, seja confirmar minha hipótese, seja apresentar um desmentido categórico e, de minha parte deveria abandoná-la.

A hipótese pode ser reformulada da seguinte maneira: estamos diante de uma troca generalizada de parceiros sexuais masculinos entre mulheres *Na*, ou antes, de uma troca desigual baseada na espera pelas mulheres da visita de homens? A resposta a essa alternativa depende unicamente do ponto de vista escolhido. Em um nível estrutural, essa interrogação não propõe nenhuma consequência: troca ou espera, essas noções não questionam a teoria geral (da qual os *Na*, aliás, não têm consciência); ao contrário, todavia, colocando-se no plano dos indivíduos, as mulheres em particular, a espera soa diferente para cada uma, na medida em que, nesse tipo de organização pressente-se o alcance da desigualdade. As relações homem/mulher (aqui relações de dominação) e a filiação (aqui matrilinear) são noções que variam independentemente.

A ideia de uma troca de parceiros sexuais masculinos entre as mulheres deve, ao contrário, ser compreendida como uma hipótese formulada por etnólogos desvinculados da análise de parentesco. Para as mulheres *Na*, o sentimento de trocar os homens entre elas é menos significativo do que o de esperar seus visitantes, como já expliquei. O modo de funcionamento do parentesco não necessita, para existir, aparecer aos membros de uma sociedade nem, na verdade, produzir seus efeitos. De fato, com grande liberdade sexual e aparente igualdade entre os sexos, os *Na* estabeleceram profundas desigualdades que outras sociedades tentaram resolver à sua maneira. Tendo isso como base, mostrarei que se houver "uma circulação geral de esperma entre as linhagens", essa circulação é plenamente desigual com consequências notórias sobre determinadas categorias de pessoas. Assim, sugeri acima que entre os *Na*, e isso tem sua relevância, o grupo mais frágil é aquele de homens isolados e, além disso, idosos.

Uma vez que as famílias consanguíneas asseguram a sobrevivência de todos os membros aparentados pelas mulheres, estamos em presença, no que diz respeito à sexualidade, de uma espécie de esboço no qual a desigualdade na grande liberdade concedida pela sociedade aos indivíduos, cristaliza-se de modo preciso na repartição desigual da beleza entre as mulheres e seu poder de atração sobre os homens. Em outros termos, a segurança social e econômica das pessoas, garantida de pronto pela matrilinhagem, da qual são membros por nascimento e que não as deixarão por toda vida (pelo matrimônio), esse dado não interfere na busca de um parceiro sexual. Essa situação particular permitirá apreciar eventuais elementos, complementando outros, que teriam podido justificar para outras sociedades a adoção de alianças.

Nesse sentido, antes de tudo notemos que a vida sexual de um homem estende-se de 13 a 61 anos, enquanto que a da mulher vai de 13 a 50 ou 55 anos; fora desses períodos de idade, a sexualidade é desaprovada. Isso mostra que se os homens podem prosseguir em suas atividades sexuais bem tardiamente, e as mulheres na menopausa supostamente encerram as suas, o que as confina, na verdade, em um papel de procriação, apesar de comprovada a liberdade sexual.[22]

Hua Cai mostra que a atração física de certas mulheres desempenha um papel sobre a frequência das visitas dos homens, sabendo que para esses o critério essencial das mulheres repousa sobre a beleza e o charme. Assim, esse

---

22 Cai, 1997, pp. 167 e 176 onde o autor cita a cifra de 50 anos para a mulher, e não mais 55 anos como anteriormente.

moço "que não conheceu um numero expressivo de *açia*, mas visitou muitas vezes. Pois, ele só passa na casa das belas" (Cai, 1997, p. 162). Quanto mais uma mulher for bela, mais o numero de seus apaixonados aumenta (Cai, 1997, p. 151). Nada mais normal. Entretanto, em vista da grande liberdade sexual concedida aos indivíduos pela sociedade, regulada pelo regime de visitas no qual as mulheres aguardam em suas casas homens que as visitam durante a noite, a sedução da beleza de algumas, delas, vai para os *Na*, poder expressar-se até seu último limite. E não há limites, pois certas mulheres parecem ter conhecido como *açia* todos os homens não consanguíneos de sua aldeia e das aldeias vizinhas, enquanto que outras não tiveram nenhuma vida sexual (Cai, 1997, pp. 150-160). Algumas experiências de mulheres: "Adga, 23 anos de idade, era uma mulher bonita e hospitaleira. Segundo os aldeões ela já havia conhecido 103 *açia,* dos quais um, durante mais de um ano. Sua irmã, 24 anos, bem falante e muito bonita, apesar de uma claudicação, havia conhecido aproximadamente 50 *açia*, dos quais 49 passageiros. Chema, uma bela mulher, particularmente graciosa, viveu em relação de *açia* com mais de 80 moços. Na época de seus 25 anos, aproximadamente, ao pôr do sol, muitos moços da aldeia vagavam a cada noite diante de sua casa, esperando o momento de poder de entrar" (Cai, 1997, pp. 151-152). É interessante notar que "quanto mais os visitantes vêm de longe para visitá-la, mais uma mulher é orgulhosa, pois a sua caminhada comprova a atração de sua beleza" (Cai, 2007, p. 162). Isso permite perceber que o ciúme entre as mulheres em sua relação com os homens deve ser enorme, porém o autor nada diz a mais, o que é surpreendente. Se o autor propõe uma reflexão apaixonante sobre o ciúme entre os homens que opõe à zombaria dirigida para aquele que deseja possuir uma mulher somente para si, ele nada fala sobre o ciúme entre as mulheres enquanto que algumas vêm os homens desfilarem diante de sua porta e outras aguardam visitas.[23]

A visita é um assunto puramente privado, ela não é regulada nem pela sociedade, nem pelos mais velhos em razão da interdição de evocar entre consanguíneos qualquer assunto relativo à sexualidade. Assim, a oposição beleza/feiura tal como é concebida pelos *Na* se expressa aqui em toda sua plenitude, uma vez que nada vem regulá-la. Porém, se com a idade o número de *açia* diminui, não se trata, todavia, de uma estabilização das relações com um só parceiro como escreve Françoise Héritier (2000, p. 118), embora, por volta aproximadamente dos quarenta anos, Hua Cai observa a entrada em um estágio

23 Referente ao temor que a situação inspira entre as mulheres, o extrato da obra de Erche Namu/Mathieu, 2005.

relativamente estável sobre o plano da vida sexual: "Essa mudança caracteriza-se pelos seguintes fatos: no plano da duração e do número, o vínculo com cada *açia* inscreve-se no longo prazo, ordinariamente mais de um ano, e o número de *açia* entretidos ao mesmo tempo por um indivíduo diminui para estabilizar-se em média, por volta de três *açia* até o fim da vida sexual" (Cai, 1997, p. 167).

Estamos, pois em presença do papel da ordem sensível sobre a sociedade e, mais particularmente, dos efeitos induzidos pela beleza da sexualidade humana quando ela não é regulada no âmbito das alianças matrimoniais, e sim no âmbito da "visita". Desse modo, os relatos que seguem colocam em evidência a desigualdade entre as mulheres. "Dhashi (43 anos) é notada, nas aldeias vizinhas, por sua especial beleza. Se forem calculados somente aqueles que os vizinhos podem enumerar, o número de seus amantes aproxima-se da centena [...]". "Geso (38 anos) é considerada como uma beleza perfeita dos pés à cabeça. Os aldeões calculam que ela teve mais de 150 parceiros, e afirmam que quando Geso está em casa, os visitantes não cessam de apresentar-se [...]". "Reputadas por seus ardores, Dgama, mulher de 39 anos e sua irmã, de 37 anos, haviam conhecido respectivamente cem e cinquenta *açia* [...]" (Cai, 1997, p. 160). Por outro lado, a feiura e as deficiências podem ser fatais para a vida sexual. "Nadge, mulher do vilarejo Zhongshi (72 anos) não se sobressaindo em nenhum aspecto, jamais conheceu *açia* durante a vida toda". "Ayi, uma mulher, nascida em 1909, foi vendida durante a sua infância em Poso. Sendo muda, ninguém se interessava por ela. Uma noite, ao buscar água, encontrou um Naxi que não o veria jamais, e com o qual teve um filho" (Cai, 1997, p. 161).

Longe de sugerir que a beleza não tem sentido senão no feminino, embora esta constitua um componente inegável, a beleza desempenha um papel nos homens. Assim, "os critérios de escolha dos homens pelas mulheres apoiam-se, antes de tudo, sobre a beleza física; a seguir, sobre o humor, a vivacidade, o jeito coquete, a coragem e a capacidade para o trabalho e, finalmente, sobre a ternura e a generosidade" (Cai, 1997, p. 151). É interessante notar que certamente existe aqui uma relação entre a hierarquia dos critérios da escolha dos homens pelas mulheres e o fato de que elas escolhem não maridos, mas amantes, sabendo que elas cooperam com os irmãos na reprodução da casa familiar e não com os amantes. É importante enfatizar esses critérios de escolha, pois diferem totalmente daqueles que serão apresentados na quarta parte a propósito das mulheres ougalesas e brasileiras. Os dois exemplos seguintes revelam com clareza que a beleza dos homens condiciona igualmente aqui suas possibilidades de concretizar suas visitas às mulheres. Entretanto, é interessante notar que tais sucessos são igualmente relacionados à condição social e à facilidade material, enquanto que para as mulheres o critério da beleza permanece o mais determinante. "Gelo (homem) conheceu 44 parceiras. Os aldeões explicavam isso pela sua beleza e sua profissão de carpinteiro que lhe rendia bom ganho monetário e cereais. Sola (homem) desfrutava de uma posição elevada e de dinheiro. Por causa dessa função (ligada a um título particular), ele deveria visitar todas as casas uma a uma. Pretendia ter conhecido, durante sua vida, mais de 200 *açia* em todas as aldeias do Yongning." Diferentemente, "Sona, homem de 39 anos, é um moço bonito e bom. Ele ia, com frequência, trabalhar com os outros para auxiliá-los. Porém, em sua infância tornara-se surdo e mudo por causa de graves e prolongadas inflamações nos ouvidos. Jamais teve experiência sexual".[24]

Levando-se em conta a natureza da visita que outorga aos homens o privilégio de dirigir-se à casa das mulheres que, de certo modo, os aguardam, a beleza física, como observa Hua Cai, tem sem dúvida influência sobre os dois sexos, no entanto, é certo que traz mais consequências para as mulheres que para os homens. A mulher pode, de fato, expressar seu desejo por ocasião dos encontros e sugerir a um homem que ela está disposta a recebê-lo. Ela permanece livre de abrir ou não sua porta a um visitante, assim como de interromper a qualquer momento uma relação de *açia* por não ser mais desejada. Mantém-se, então, esse dado de base que elas esperam os homens em suas residências, tendo como vantagem principal o esplendor de sua beleza.

VI | Por que não há mais sociedades matrilineares recusando a aliança?

Como acabo de mostrar, a partir de uma perspectiva estritamente feminina, a ideia mesmo de espera, sancionada pelos princípios da "visita" *Na*, evidencia a situação bem desigual das mulheres entre elas diante dos homens que parecem, antes de tudo, atraídos pelas mais belas uma vez que as relações, nesse caso, são reduzidas ao estrito biológico. Torna-se, no momento, evidente que a espera distinta de uma mulher para outra exacerbada pela modalidade da visita, incita a matizar a proposta teórica da "circulação generalizada de parceiros masculinos entre as mulheres".

24 Cai, 1997. pp. 160-161. A propósito da deficiência, uma nota para assinalar que eu tratarei no cap. 10, a questão de regulação virtual da beleza (RVB) graças ao jogo *Second Life* de Linden Lab.

Ademais, o que ocorre com as mulheres que não dispõem de uma especial beleza, ou que não dispõem mais ou que são desprovidas? A partilha desigual da beleza física das mulheres não se limita exclusivamente ao problema da procriação, pois como mostra claramente o caso de Ayi (apresentado aqui acima), basta uma única visita para assegurar uma descendência. A questão exige ser ampliada para aquela mais vasta do prazer no feminino, ao poder de atrair os homens, ao orgulho de uma mulher em estar consciente de ser desejada como objeto, sujeito de um prazer essencialmente físico, ao ciúme que esse poder desperta entre as mulheres, do mesmo modo que aquelas que não dispõem desses trunfos. A distinção procriação/prazer permite trazer a lume a ordem sensível e seus princípios de regulação.

A partir do momento que as famílias consanguíneas se responsabilizam por todos os membros aparentados pelas mulheres, *ipso facto*, temos presente um esboço relativo à sexualidade. Com efeito, os *Na* praticam a visita durante toda a sua existência, as mulheres procriam seus filhos e educam no seio da matrilinhagem, que sendo eterna (as irmãs vivem com seus irmãos) garante a segurança dos membros (sejam eles jovens, velhos, fortes, frágeis, belos, feios, fecundos, estéreis...). Em outros termos, os *Na* organizam a "multiplicidade livre dos parceiros" sem se preocupar das consequências sobre a sobrevivência dos indivíduos, eventualmente induzida por uma beleza desigual entre as pessoas. A partilha desigual da beleza (das mulheres, sobretudo) exprime-se aqui livremente, sem limites. Longe de nós a sugestão de que a beleza só tem sentido no feminino, embora ela constitua-se em um elemento inegável. Ela desempenha também uma função entre os homens. No entanto, para demonstrar reterei que a "visita furtiva" dos homens às mulheres, como principal modalidade de organização da vida sexual ente os sexos, coloca as mulheres numa situação de inferioridade (reduzidas a esperar) e de concorrência entre elas, por vezes radical, na medida em que algumas recebem a visita de muitos amantes, enquanto que outras não recebem. Mostrarei posteriormente que a questão da segurança social e econômica, mais do que a satisfação psicológica, é muitas vezes crucial nas "sociedades de aliança" que devem garantir de outro modo, isto é, diferentemente dos *Na*, muito além do desejo de uns e outros. Assim, nas "sociedades de casamento", o lugar da esposa mais velha, na menopausa, menos atraente, deficiente, por exemplo, é regulado por normas das alianças matrimoniais que assegura certa estabilidade à união. Todavia, em numerosos casos a posição da mulher menos atraente ou nesse estado por causa da idade, deve ser reafirmada (discussão consagrada à "mulher-chata" nos mitos ameríndios) renegociada, reajustada, como no caso das sociedades políginas, diante da concorrência das mulheres mais jovens, mais belas, em favor de matrimônios secundários (a trajetória matrimonial das mulheres). Tratarei, por exemplo, do levirato entre os Mossi, no qual um jovem terá como herança a esposa velha de um irmão mais velho falecido, a qual manterá assim seu estado de afinidade garantindo-lhe a sobrevivência pela sua alocação em um lugar *ad hoc* no seio da linhagem, nessa sociedade patrilocal e patrilinear que sem isso a consideraria como uma estranha.

Esses últimos desenvolvimentos me remetem à interrogação de Françoise Héritier que se pergunta por que não há mais sociedades matrilineares que recusam a necessidade do matrimônio.

O texto publicado por Françoise Heritier em resposta ao artigo de Chantale Collard, consagrado aos *Na*, conduz à seguinte proposta. Desse modo, se as mulheres produzem os filhos, segundo situe-se numa lógica patrilinear absoluta ou matrilinear absoluta, segue-se, de um lado, a necessidade de manter o vínculo com as mulheres para poder encontrar os filhos, de outro, a não necessidade desse vínculo (a constatação de certa fragilidade do matrimônio nas sociedades matrilineares: deve-se ter um vínculo?). E ela conclui por essa questão: "Admitir-se-á que é mais admirável que não se encontre mais sociedades matrilineares que recusam a necessidade de alianças e do matrimônio" (Héritier, 2000).

Tentemos analisar a argumentação que parece poder ser interpretada da maneira seguinte: não há sociedades matrilineares que rejeitam a necessidade de aliança, pois os homens não as tolerariam. Com efeito, se nas sociedades estritamente patrilineares os homens são obrigados a cooperar com as mulheres para ter acesso aos filhos gerados por elas, numa sociedade matrilinear estrita, ao contrário, as mulheres que procriam os filhos para os dois sexos, poderiam viver e procriar sozinhas os filhos sem a absoluta necessidade de depender dos homens como pareceria demonstrar os *Na*! Observarei que há, todavia, quanto à produção, uma divisão sexual necessária do trabalho geralmente organizado entre o pesado e o leve.

Consideremos de modo mais detalhado o ponto de vista teórico de Françoise Héretier. É útil lembrar que, de acordo com a teoria de Claude Lévi-Strauss, se na grande maioria das sociedades são os homens que trocam as mulheres, nada impede que sejam as mulheres que troquem entre si os homens (os Rhades) ou que haja como entre nós, em razão da escolha livre do cônjuge, uma combinação de dois tipos de troca: no fundo, trata-se sempre de uma escolha vinculada à interdição. Não existe, porém, simetria entre as situações de matrilinearidade e de patrilinearidade, acrescenta Françoise Héretier (Héretier, 1996). Primeiramente, as sociedades de ascendência matrilinear não induzem necessariamente a ausência de qualquer autoridade masculina exercida por um tio materno (o exemplo dos Iroqueses é bem célebre), porém, mais fundamentalmente, a simetria impossível baseia-se sobre o fato de que as mulheres carregam as crianças pelos dois sexos. Essa situação implica que os homens devam cooperar com as mulheres, pois como mostra Françoise Héretier:

> *[...] a apropriação da fecundidade no corpo masculino é fadada ao fracasso; nunca poderá haver simulacro. Ela passará, portanto, pelo controle, apropriação das próprias mulheres ou dos produtos de sua fecundidade, repartição das mulheres entre os homens* (Héretier, 1996, p. 230).

Uma evidência, por assim dizer, biológica, cujas consequências assentam-se na ideia da "valência diferencial dos sexos" (Héretier, 1996, p. 27). Para Françoise Héretier, essa simetria impossível mostra que a teoria da troca de Lévi-Strauss ainda não foi invalidada. Dito de outra forma trata-se para os homens de produzir um vínculo estável e durável, a fim de ter acesso aos filhos engendrados pelas mulheres. Concluindo, a resposta de Françoise Héretier para a sua própria questão seria que os homens, por meio da instrumentalização das alianças matrimoniais, dominaram as mulheres para apropriarem-se do fruto de sua procriação, levando-se em conta que elas têm o privilégio de gerar filhos por ambos os sexos.

O argumento mobilizado é relevante e ele, certamente, faz justiça ao problema. Entretanto, ele deixa na penumbra alguns aspectos da organização *Na*.

Primeiramente, como ficou demonstrado, se a sociedade *Na* é efetivamente uma sociedade estritamente matrilinear, no plano semântico - ela não conhece nem matrimônio nem pai - ela não implica igualdade entre homens e mulheres, isto e, não há relação entre filiação e dominação. Poder-se-ia pensar numa outra organização da visita na qual as mulheres visitariam os homens a cada noite; seria interessante analisar as consequências! Porém, não é essa a questão. As mulheres aguardam os homens e permanecem dependentes dos homens no que diz respeito à sua vida sexual (mesmo que elas tenham a possibilidade de não abrir suas portas aos visitantes) com os elementos que daí procedem, (inveja, força, poder, orgulho, vergonha, honra..., cf. o relato mencionado da primeira "visita" da jovem mulher *Na*). As consequências disso são relevantes: o domínio dos homens sobre as mulheres entre os *Na*, por intermédio de organização da visita, assenta bem sobre o sexo e não sobre o acesso aos filhos das mulheres. Como nos mitos mencionados anteriormente, o que parece problemático aos homens é o prazer das mulheres, a ponto de constrangê-las pela "visita". Em suma, há aqui uma separação a ser levada até seu fim entre filiação (descendência) e dominação: a dominação refere-se ao sexo e não ao acesso aos filhos (das mulheres).

Em seguida, parece que os homens *Na* não necessitam, na verdade, da aliança para aproximar-se dos filhos de suas irmãs, assim como entre os Nayar. Seria possível, por consequência, haver uma razão suplementar a essa quase singularidade dos *Na*, no entanto, com a condição de buscar a parte ausente da explicação do lado feminino e, de modo geral, na necessidade da regulação social da beleza, uma exigência de regulação da ordem sensível de preferência própria dos grupos considerados como os mais frágeis de uma sociedade!

De certa maneira, a imagem de Zeus, esposo infiel de Hera, que se rejubilava com a revelação de Tirésias, da perspectiva dos homens (ao menos aqueles que dominam) a sociedade *Na* parece satisfatória, pois seu problema é, de preferência, o sexo e não os filhos, pois deles estão cheios. Porém, o que será das mulheres e de sua vida sexual e amorosa, se elas estão reduzidas a esperar? É bom lembrar: não foi Hera, símbolo do matrimônio (a Soberania pela aliança) que se enfureceu diante do pouco caso que dela faziam, nessa história de prazer. E os frágeis, isto é, mais explicitamente, os idosos, as idosas, os feios e as feias "essas moças nascidas velhas", tomando a definição da feiura que propus manter? Para sua organização da matrilinhagem, os *Na* nada têm a recear, considerando as consequências que destaquei.

Procurando colocar essa proposta em evidência, enfatizarei primeiramente que, se Claude Lévi-Strauss vê na troca, de modo geral, das mulheres pelos homens um processo de cooperação entre grupos de parentesco que, sem isso, permaneceriam isolados, o argumento de Françoise Héretier permanece igualmente voltado para o lado masculino, uma vez que a aliança assim concebida permanece exclusivamente uma história de homens que, a fim de recuperar os filhos das mulheres (Héretier) ou para instalar a paz pela cooperação (Lévi-Strauss), encontram uma saída à suas demandas na dominação das mulheres pela instituição do matrimônio. As mulheres não teriam nenhum poder sobre as alianças, nem algum interesse na aliança, se não fosse o de ser trocadas pela paz social e/ou dominadas por seus filhos? Nessas duas perspectivas, elas encontram-se, de certo modo, desapossadas de si mesmas (capitulo 1), inteiramente instrumentalizadas pelos homens que as privam de toda capacidade de iniciativa nessa matéria.

Levando-se em conta a desigualdade das mulheres em face do acesso ao corpo do outro sexo, creio que no momento disponho de elementos suficientes a respeito da visa sexual *Na*, para correr o risco de recolocar em questão a categoria, estabelecida *a priori* de mulher (e sem dúvida, na sequência é claro, a de homem). Em outras palavras, o idêntico não pode ser entendido como uma "condição natural do homem",[25] mas como um fato (no sentido de *factum*, de uma fabricação)[26] que cada grupo foi levado a estabelecer para si mesmo. Ademais, outra resposta vem como complemento daquela proposta por Françoise Héretier a propósito da razão pela qual não existem mais sociedades matrilineares que recusam a necessidade da aliança. É plausível supor que seria também por razões mais estritamente ligadas às mulheres entre elas e ao feminino, em particular, e não unicamente por conta das manipulações masculinas. Assim, certas mulheres, confrontadas com problemas específicos, poderiam encontrar sua explicação nas formas de aliança, geralmente dominadas pelos homens. Dito de outra maneira, a dominação por meio da ordem sensível não regulada, permanecendo efetiva mesmo numa sociedade estritamente matrilinear (o modo de organização da visita o revela), as mulheres, por razões que lhe são próprias, poderiam ter-se revelado como partes recebedoras das múltiplas formas tomadas pelas alianças. Desse modo, seria instaurado um tipo de "matrimônio no feminino" (aqui no sentido de adoção de outro ponto de vista sobre as alianças na medida em que diz respeito à regulação da ordem sensível) que me parece poder coexistir sobre modalidades que deverão ser demonstradas progressivamente, seja com ou no seio das alianças totalmente dominadas pelos homens.

Em outras palavras, mesmo que, de modo geral (existe, todavia, exceções) seja nas sociedades consuetudinárias, os homens que trocam entre si as mulheres, não é vedado pensar que as mulheres possam trocar entre si os homens (os Rhades) - para os *Na* a questão é diferente uma vez que se trata de "parceiros sexuais" e de troca de substância - mas também, de certo modo as mulheres, por meio dos homens, definindo assim os contornos daquilo que eu proporei denominar uma forma de "aliança no feminino" (no sentido de uma regulação social da beleza ou da ordem sensível). Do mesmo modo que os informantes de Margaret Mead, tomados por Lévi-Strauss, explicavam que finalmente o objetivo da aliança não era tanto obter uma esposa, mas em ter cunhados,[27] o objetivo da "aliança no feminino" não seria tanto ter um esposo, mas de companheiras feitas equivalentes a si mesmas. Os *Na*, tendo separado totalmente a vida sexual e a segurança socioeconômica das pessoas, seriam, de certo modo, uma sociedade sem categoria de equivalência entre mulheres, uma vez que elas só podem ser observadas pelos homens sob o ângulo de seus atrativos físicos. Isso tem por consequência exatamente a submissão das mulheres aos jogos das alianças que

25 Ver quanto a isso: Lévi-Strauss, 2008a. pp. 544-545; Lévi-Strauss, 2008b 688-690.

26 Cf. Singleton, 1998.

27 Lévi-Strauss, 1949, pp. 555-556.

revela a categoria de mulher (e, inversamente aquela de homem). A dominação pela aliança induz a construção social de equivalência entre os indivíduos, a qual estabelece a categoria de mulher que autoriza a troca entre pessoas tornadas socialmente idênticas. Essa proposta constitui uma etapa suplementar na minha intenção de propor um olhar complementar sobre o parentesco. Nessa perspectiva, tanto os homens quanto as mulheres tornam-se partes cativantes das trocas, mesmo que as mulheres sejam (em grande medida) dominadas pelos homens.

Em conclusão, proponho reter que a sociedade *Na*, paradoxalmente, pela ausência de alianças, poderia insinuar uma das razões de sua presença em outras sociedades. As alianças parecem, especialmente pela capacidade coercitiva de suas regras, limitar fortemente a desigualdade das mulheres entre elas, no que diz respeito às relações com o outro sexo na medida em que, fora de sua regulação pelas alianças, a repartição desigual da beleza entre as mulheres, sobretudo, conduz entre os *Na* ao fato de algumas acumularem visitas, enquanto outras não recebem nenhuma. Posto em outros termos, os *Na* praticam a "multiplicidade livre dos parceiros" sem ter que se preocupar com as consequências da visita sobre a sobrevivência dos indivíduos. De sua parte, o modo de organização da visita, que deixa livre curso ao sensível, exacerba mais ainda as diferenças físicas entre os indivíduos no que tange a seu acesso ao corpo do outro sexo.

Isso nos faz pensar que uma sociedade estritamente matrilinear, tal a dos *Na*, instaura condições de uma disparidade entre as mulheres em seu acesso aos homens (esse processo inverte o da criação de uma equivalência entre mulheres, citado acima), enquanto que os homens - que detêm a iniciativa da visita (nesse sentido, a sociedade *Na* não é uma utopia à imagem do programa de Praxagora, exposto anteriormente, que tem por objetivo promover uma igualdade de acesso ao corpo do outro sexo tanto em favor dos homens quanto em favos das mulheres) - tem acesso bem mais fácil a uma multiplicidade de parceiros sexuais. Infelizmente, Hua Cai diz pouca coisa sobre a inveja no feminino enquanto que ele a analisa com precisão para os homens, para os quais o desejo de posse é limitado pelos falatórios da coletividade e o convite à tolerância em relação à liberdade sexual de cada um.[28] Por essas razões, nessa etapa de meu raciocínio, ousando transpor o limiar de uma prudência epistemológica elementar, não posso levar mais adiante a investigação.

28 Não resisto ao prazer de registrar que o sonho dos homens *Na* é possuir uma mulher somente para eles, o que a sociedade interdiz.

Segunda Parte

A Produção Social da Equivalência

A Regulação Social da Beleza nas Sociedades Consuetudinárias

IV

SOCIEDADES COM DUPLA REGULAÇÃO DA BELEZA

À margem das alianças, é possível constatar o impacto da beleza sobre as instituições sociais. As análises da Grécia antiga como aquela da sociedade *Na* permitiram-me determinar as influências da beleza sobre as relações humanas e, de modo especial, de sua repartição desigual. A montante das categorias de homem e de mulher, há homens e mulheres com destino singular, e com nome próprio. Recordemos das famílias consanguíneas *Na* que, por esse fato, amparavam todos os membros aparentados pelas mulheres (a matrilinhagem é "eterna") e que conhecem uma "multiplicidade livre de parceiros", sem se preocupar com as consequências quanto à sobrevivência dos indivíduos, sejam eles jovens, velhos, fortes, frágeis, belos, feios, fecundos, estéreis... As consequências de distribuição desigual da beleza (das mulheres, sobretudo) exprimem-se aqui livremente, isto é, sem limites sociológicos.

A definição de beleza, como afirmei, é indissociável da dupla beleza/feiura, responsável por uma desigualdade fundamental: é sob o plano ético que se transforma em uma injustiça fundamental. Provido com as duas concepções de beleza, às quais minha definição remete, como ao mesmo tempo, o que estabelece o político por meio de respeito as regras e daquilo que induz ao ressentido e ao sensível, pela transgressão e desrespeito, minha intenção é propor uma antropologia do sensível. Ela atribui-se como objetivo registrar a função do corpo que concretiza o ser sensível no estabelecimento de determinadas instituições humanas, como as alianças. Nesta segunda parte, mostrarei que, ao contrário da beleza que remete a um poder (a força universal para os gregos) adquirido, em diversos graus, para alguns, a feiura equivale a uma fragilidade que todos, bonitos ou belos, experimentamos pela velhice. Nas sociedades consuetudinárias, a vida, em geral, é breve e as gerações aglomeram-se mais do que se misturam, ou acotovelam-se e ladeiam-se como nas sociedades ocidentalizadas. Nas sociedades consuetudinárias sem terceiro Estado apto a garantir a segurança social e econômica para todos os seus membros, a produção de equivalências entre os homens e entre as mulheres efetiva-se notadamente pelo viés de instituições capazes de levar em conta os frágeis de um grupo para inclui-los na sociedade da mesma maneira que os outros, o que significa que é por meio da instituição de equivalência que o outro (o diferente) apega-se à sociedade para sobreviver.

Analisar a beleza permite reencontrar a corporeidade e considerar a singularidade como um problema que cada grupo assumiu por si mesmo para inscrever-se no universo simbólico das trocas de bens ou de pessoas (no caso das alianças); um universo simbólico que implica, na verdade, a existência de uma equivalência. Assinalei que o idêntico, vale dizer, a percepção da espécie humana pelos humanos como una e homogênea, na qual um homem valeria de pronto, outro homem, e uma mulher outra mulher, não é uma condição natural do homem e sim, o resultado de uma equivalência social instituída pela regulação social da beleza.[1] Essa vai de par com o balizamento de fronteiras, isto é, limites daquilo que é analisado por um determinado povo, como de sua humanidade comum: além disso, só há bárbaros e, às vezes, até mesmo comestíveis...[2] Em decorrência, a diversidade, assim como formas de racismo, existe no âmbito de todas as sociedades.[3] Da mesma maneira que o processo fundamental da diferenciação social,[4] da classificação, explicado por Claude Lévi-Strauss, nas sociedades consuetudinárias (cf. "o totemismo") gera a complementaridade[5] e do mesmo modo que o processo de transmissão das relações políticas e religiosas, propostas por Maurice Godelier, e aquele da distinção social, discutido por Pierre Bourdieu (as categorias sociais de percepção. Bourdieu, 1979, p. 550)

---

1 Discutirei detalhadamente essa questão nos capítulos 5 e 6.

2 Basta evocar o exemplo dos Asmat, esses caçadores de cabeça que residem nos grandes pântanos da costa sudoeste da Nova Guiné (cf. Girard, 1972, p. 1092).

3 Para um debate sobre diversidade do racismo: cf. parte III, cap. 8. Quanto a esse ponto ver especialmente Lévi-Strauss, 1983, pp. 13 e 15.

4 O processo fundamental de diferenciação social, tal como utilizado aqui, remete antes ao Homo Hierarchicus, pois, excetuando o Homo Aequalis do Ocidente, na grande maioria das sociedades consuetudinárias, as relações primogênito/caçula e homens/mulheres conduzem a assimetrias sociais fortes, onde, por exemplo, somente o primogênito (quase ancestral) é um "verdadeiro homem", a velha sendo um pouco menos e a criança nada (entre os Mossi, o recém-nascido é um gênio que deve ser humanizado). É nesse sentido que falo de uma articulação entre a regulação da ordem sensível (beleza, fascinação...) e a de ordem política (condição social, atributos...): entre os Mossi, um primogênito coloca-se na chefia de um segmento de linhagem essencialmente por seu domínio da ordem política (relações com os ancestrais, acesso à fundação e domínio das alianças...). enquanto que a mais jovem geração deve prover a sobrevivência da antiga (alimento e proteção). Cf. os trabalhos de Louis Dumont.

5 Para uma discussão dessa teoria fundamental de diferenciação social em relação com as alianças, cf. parte II, capítulo 5 e parte III, cap. 8. Para uma conexão entre distinção social, complementaridade e troca (das mulheres nas alianças) ver, de modo especial, o texto "Totem e casta" (Lévi-Strauss, 200b, pp. 688-692).

estão na origem de assimetrias (hierarquia e submissão), ocorre a produção social de uma equivalência entre grupos de humanos e, no seio desses grupos, entre os homens e entre as mulheres. Mostrarei, no momento, que o desconhecimento da equivalência social e das instituições que a sustentam questionam essas teorias de diferenciação social, na medida em que a ausência de regulação social da beleza pode tornar-se fatal para a ordem social e para as assimetrias aceitas por todos como evidentes a ponto de abalar a ordem política estabelecida. Uma observação para mostrar que minha argumentação assenta sobre o fato que a produção de equivalência social pela regulação da ordem sensível é de fato, um simulacro social de semelhança que deve impor-se como evidente (todavia, não é o mesmo com a cirurgia estética?).[6]

Essa segunda parte descreve a regulação social da beleza nas sociedades consuetudinárias. Para realizar isso a exposição segue uma sequência: o atual capítulo versa sobre as formas adotadas à margem das alianças matrimoniais, e o seguinte analisa a regulação diretamente estabelecida pelas alianças consuetudinárias. Quando eu aventava a possibilidade de evidenciar o impacto da beleza sobre as instituições humanas, dirigindo o foco de análise onde essa beleza não era regulada ou, pelo menos de modo incompleto, vale dizer, à margem das alianças matrimoniais, cumpre-me, no momento, uma vez que isso já está posto, descrever concreta e praticamente essas instituições de regulação social da beleza e como se executa a produção social da equivalência. Essa visa à inclusão no mesmo do diverso, o outro, o diferente, em suma, a alteridade, em favor de categorias de seres considerados, então como socialmente equivalentes, isto é, substituíveis. Ao término do processo, não se trata mais de usar, por exemplo, os termos mulheres jovens ou velhas, belas ou feias, estéreis ou fecundas, mas simplesmente de mulheres, pois valem-se umas as outras, em função da qualidade instituída, enquanto que a categoria constitui uma metáfora que transcende a singularidade. A produção social da equivalência toma formas diversas e será evidenciado que essa função não é atribuída unicamente às alianças, mas também a outras instituições sobre as quais serão dedicadas as considerações seguintes.

Enquanto os *Na* que não conheciam nem o matrimônio nem a regulação social da beleza me permitiram estabelecer, de um modo incontestável, o impacto da beleza sobre as relações entre os homens e as mulheres, outras sociedades, evocadas nesse capítulo, desconhecem, na verdade, as alianças matrimoniais (os Nayar, onde os guerreiros não podiam formar uma família,

6 Cf. cap. 10.

uma vez que o matrimônio era simbólico e às mulheres era permitido ter os amantes que quisessem (Gough, 1961); ou não os valorizam senão parcialmente (os Cashinahua), ou ainda, somente em alguns momentos de sua existência recorrem a ele (os Muria)... Essas sociedades dispõem de uma regulação social parcial, isto é, elas conhecem uma situação na qual a regulação coexiste com a não regulação, seja no tempo, e nesse caso as pessoas vivem em dois regimes distintos, seja por períodos de existência diferentes, e as pessoas conhecem, então, sucessivamente regimes diferentes (esse segundo caso parece o mais frequente). O estudo dessas duas sociedades a "duplo regime" de regulação da beleza será crucial para, em seguida, descrever com a precisão exigida, a produção social da equivalência nas sociedades consuetudinárias com aliança (com "simples regime" de regulação social da beleza).[7]

Para iniciar a viagem pelas sociedades com regulação social parcial da beleza, apelarei novamente a Heródoto. Historiador antes do tempo, esse viajante que viveu no século V antes de Cristo, relata um caso babilônico de aliança. Ele mostra a vantagem de elucidar intensamente uma das funções das alianças (até mesmo de todas as formas adotadas pelas alianças quando o adultério é limitado; isso se opõe a determinados casos de regulação parcial da beleza estudados neste capítulo) o que leva a um equilíbrio entre a beleza e a feiura. Esse caso bem interessante de uma comunidade tomar sob sua responsabilidade o que denominei "desigualdade fundamental", baseia-se sobre um princípio de aliança que articula, a fim de torná-las compatíveis, duas fontes de heterogeneidade, ou seja, ao mesmo tempo a assimetria social provinda da distinção estabelecida entre os ricos e os pobres, e a assimetria baseada sobre o aspecto físico das jovens. A equivalência que leva à troca matrimonial generalizada das garotas entre todos os membros do grupo estabelece-se aqui pela instauração de um equilíbrio entre, de um lado, a riqueza e a beleza e, de outro lado, a feiura e a possibilidade de enriquecer-se, em outros termos, o acesso à beleza tem um preço, enquanto que a feiura traz o dote. Como se verá adiante, o idêntico (no plano físico entre as garotas) não significa aqui, uma condição natural, mas sim uma equivalência a ser instaurada com base em um preço. Esse exemplo apresentado por Heródoto propicia, além disso, enfatizar a diferença com outro tipo de cruzamento dessas duas fontes de heterogeneidade (a distinção social e a repartição desigual da beleza), mais próxima, desta vez, da maneira ocidental de apresentar as coisas: o que ocorreria se a filha do rei fosse feia e a filha do povo seduzisse o rico herdeiro? Nesse sentido em especial, à diferença dos

7 Cf. os capítulos 5 e 6.

Babilônios, mencionados por Heródoto, a beleza revela-se, então, fatal para a distinção e às simetrias sociais na medida em que a beleza transforma-se, e talvez hoje mais ainda que ontem, no Rio de Janeiro como em Ouagadougou, por exemplo, uma das fontes de esperança para a filha do povo.

No exemplo de Heródoto, sem dúvida, não se trata de uma regulação social, embora parcial, da beleza, e sim, da ausência de uma domesticação social dessa, isto é, a beleza aqui tem um valor monetário. Isso nos coloca no epicentro das dificuldades apontadas pela produção da equivalência que, vê-se bem, não é social senão quando se trata de impor uma espécie de simulacro ao qual todo mundo deve sua adesão como se fosse evidente por si. Eis um longo extrato do relato:

> *Eis, agora, suas leis. A mais sábia de todas, penso eu, é esta: sei que ela encontra-se também com os Venetas, povo da Ilíria. Em cada povoado, aqueles que tinham filhas núbeis as conduziam, a cada ano, em um lugar em torno das quais se reunia uma grande quantidade de homens. Um leiloeiro público as fazia levantar-se e as vendia uma após outra. Ele começava pela mais bela e, após ganhar uma boa soma, ele anunciava aquelas que se aproximavam mais; no entanto, ele não as vendia senão com a condição, a saber, que o comprador as desposasse. Todos os ricos babilônicos que estavam em idade núbil, disputando no leilão uns com os outros, compravam as mais belas. Os jovens do povo, tendo menos necessidade de desposar jovens belas preferiam uma mulher que lhe trouxesse um dote, comprava as mais feias com o dinheiro que se lhes dava. Com efeito, o leiloeiro mal havia terminado a venda das belas fazia levantar-se a mais feia, ou aquela que estivesse mais mutilada, se houvesse alguma nesse estado a oferecia no preço mais baixo, indagando quem desejaria desposá-la nessa condição e a vendia aquele que fizesse a promessa. O dinheiro oferecido provinha das belas, desse modo as belas davam o dote às feias e deformadas. Não era permitido a um pai escolher um esposo para sua filha, e aquele que havia comprado uma jovem não podia levá-la para sua casa a não ser que houvesse dado uma caução para comprá-la. Assim que tivesse encontrado fiadores, ele a conduzia para sua casa. Caso os dois esposos não se convinham, a lei obrigava a devolver o dinheiro. Era, assim, permitido indistintamente que a todos de outro povoado pudesse vir a essa venda e cada um, se desejasse, compraria uma dessas jovens...* (Heródoto, 1980, pp. 46-47).

Na falta de outros detalhes e de elementos contextuais mais precisos, é difícil tirar partido nesse caso. Destacarei, entretanto, os seguintes elementos. Os filhos dos ricos compraram as mais belas, que elas provenham do povo ou famílias abastadas, pois o que realmente conta é a beleza da jovem mulher. Os filhos de pobres, por sua vez, recebem dos ricos um dote como compensação, por ter aceitado casar-se com uma feia. O leiloeiro ocupara o papel do terceiro que representa a lei de Babilônia. Ele institui um tipo de justiça redistributiva entre as famílias em favor da troca entre elas, de suas filhas, no qual o dinheiro doado pelas belas, pelas ricas, serve para casar as feias e as pobres. Assim, as belas vão para a casa dos ricos e as feias para a casa dos pobres, e isso sem considerar o destino da filha feia dos ricos, que viverá com um pobre, nem, evidentemente, do prêmio dado à filha bela de pobres, que conhecerá a opulência, sem mencionar as feias do povo que não conhecerão a riqueza. O que pensar, nesse caso, senão que a jovem aqui é considerada, tomando a expressão de Claude Lévi-Strauss, um puro sinal, que a esse título deve ser trocada de acordo com sua função de comunicação. Entretanto, essa troca se dá sem contraproposta social a não ser como passagem por um equivalente monetário garantido pela função mediadora do leiloeiro. Em termos precisos, esse caso fora de norma, sem dúvida, tem a vantagem de revelar que a aliança pode ter como função, dentre outras é claro, de regular a repartição desigual da beleza, aqui das mulheres entre si.

Esse caso babilônico resolve dois problemas de uma só vez: aquele da questão da beleza, nefasta para a teoria da distinção (aqui as belas vão com os ricos que, na multidão livram-se de suas feias e as feias vão com os pobres que vendem suas filhas belas); e, ao mesmo tempo, aquele problema da busca pela segurança social e econômica dos pobres, pois é proibido que os ricos, para ter acesso às belas, em virtude dessas regras de aliança aceita por todos, são forçados a remunerar as pobres que possuem igualmente as belas como riqueza. Seria por essa última razão o fato de não haver mais sociedades desse tipo uma vez que a dominação, bem amplamente difundida, de mulheres por homens, não pode por si só explicar? Enfatizemos que, nesse caso, a condição normal de cada adulto é ser casado. Esse princípio de aliança atribui a cada um, seja belo ou feio, rico ou pobre, um cônjuge. Como no caso dos *Na*, não se encontra aqui categoria de equivalência entre mulheres. A semelhança, porém finda aqui, pois para os babilônicos, uma mulher não vale outra, mas sim o preço atribuído à sua beleza por um grupo de homens. Consequentemente, estamos na presença não de uma regulação social da beleza, mas antes diante de uma regulação econômica da beleza. A beleza aqui tem um valor mercantil que permite o estabelecimento de alianças. Mas fiquemos por aqui, pois analisarei na quarta parte a questão da regulação social da beleza, no momento do argumento monetário que não é, porém, senão um avatar do matrimônio encontrado, por exemplo, em determinadas sociedades polígamas do Sahel.

1 | O DORMITÓRIO MISTO

Os Muria e seu célebre "Ghotul", dormitório misto para jovens, representa um caso de "regulação social parcial da beleza", no qual coexiste, em momentos diferentes da vida, dois regimes de regulação social da beleza: jovens, eles vivem no dormitório sem regulação aparente da beleza e, quando adultos, conhecendo as alianças matrimoniais e a regulação social da beleza. Claude Lévi-Strauss, a propósito dos Muria, fala de um duplo regime sem, no entanto, analisar suas articulações nem tirar todas as conclusões sobre as alianças e, de modo particular, no que diz respeito à função das mulheres (Lévi-Strauss, 1983, pp. 68-79).

Mostrarei que os jovens Muria, que gozam de uma grande liberdade no plano sexual devem, entretanto, para viver em conjunto, dominar o ciúme que tal vida provoca, com o risco de ver desaparecer sua instituição. Malinowski havia já mostrado, para os Trobriandeses (indígenas das Ilhas Trobriand - Nova Guiné Papua N.T.) que não havia relação entre a liberdade sexual e a ausência de ciúme (Malinowski, 2000, pp. 232-233). Os jovens Muria impõem-se a regras coercitivas de regulação da beleza que disciplinam o desejo. Essas regras conduzem a uma verdadeira utopia, semelhante àquela que propunha Aristófanes na *Assembleia de mulheres*. Essas regras oferecem informações preciosas sobre as formas de aliança quando estão se formando e sobre as motivações que levaram certos homens e certas mulheres a adotá-las. A monografia de Verrier Elwin é particularmente interessante para o meu propósito, pois comparada a certas outras relacionadas a casos similares (outras sociedades com "dormitório comum") ela aborda, de maneira bem precisa, as consequências sobre a sociedade da singularidade humana.

Verrier Elwin, o mito da "igualdade absoluta"

Após a publicação da monografia de Verrier Elwin, "teólogo" e pastor em Oxford e que se tornou etnólogo, consagrada à sociedade Muria da Índia, o Ghotul, a casa dos jovens (*youth dormitories*) é hoje uma instituição cujas regras de funcionamento são, doravante, bem conhecidas.[8] Situado nas províncias centrais da Índia, o Estado montanhoso do Bastar abrigava, em 1942, uma população

8 O autor permaneceu mais de três anos no Estado de Bastar.

Muria de aproximadamente cem mil pessoas que praticavam uma agricultura sobre queimadas, sendo sedentários (Herrenschmidt, 1978, p. 127). Nessa sociedade, o Ghotul é uma pequena construção, dotada de varanda e de um espaço livre de medida variável, sendo a casa fechada por uma cerca. Situada na periferia do vilarejo, distante do olhar dos adultos, ela tem uma entrada discreta que, é utilizada pelos jovens solteiros do vilarejo para passar a noite. Eles devem, necessariamente, deixar o dormitório bem cedo pela manhã para dirigirem-se para a casa familiar. Os adultos não devem saber nada dobre o que se passa ali. O Ghotul é um dormitório comum, misto, reservado aos jovens de ambos os sexos. Desde os seis ou sete anos o jovem vai iniciar sua vida no dormitório para terminar por ocasião do casamento, geralmente entre quinze e vinte anos, quando a partir daí, será rigorosamente proibido para as mulheres retornarem, ou até mesmo evocar simplesmente seu antigo nome ou título usado no Ghotul. Ser-lhe-á também proibido divulgar quaisquer informações relacionadas a esse período (Elwin, 1959, pp. 140-141). De sua parte os homens casados deixarão progressivamente o dormitório dos jovens para lá retornar por ocasião de raras visitas, mas jamais serão bem vindos. O dormitório dos Muria é um local de aprendizagem da vida comunitária, ao mesmo tempo da iniciação da vida sexual. Aparentemente os pais tenham favorecido o Ghotul para enviar rapidamente seus jovens filhos para ali dormir com o objetivo de lhes assegurar, desse modo, sua intimidade conjugal (Elwin, 1959, pp. 131-132).

Desde antes da puberdade, os meninos são iniciados para a sexualidade pelos mais velhos e, do mesmo modo, as garotas pelas mais velhas. Bem distante da ideia de uma total liberdade sexual concedida aos jovens de ambos os sexos durante esse período que se estende até o casamento, o Ghotul é regido por normas muito estritas que regulam as relações entre garotas e garotos. Porém, qual o objetivo da adoção por esses jovens dessas regras de vida comunitária? Um mero desprezo da escolha pessoal, sobretudo a da garota em relação ao seu parceiro, um princípio de regulação do acesso ao corpo do outro sexo que levaria em conta a diversidade devida à repartição desigual da beleza entre os garotos e as garotas, ambos ou ainda outra coisa? De qualquer maneira, em favor da monografia bem detalhada de Elwin, a montante das alianças matrimoniais, os Muria e sua casa de jovens oferecem a oportunidade de examinar, detalhadamente, o teor das regras que os jovens tiveram que adotar para tornar duradoura a comunidade do Ghotul.

As regras do Ghotul variam muito de um dormitório a outro, elas não são nem absolutas nem universais (Elwin, 1959, p. 149), mas atendem a problemas práticos, concretos e pontuais aos quais enfrentam as garotas e os garotos, jovens e menos jovens, únicos responsáveis pela boa orientação de seus dormitórios; sabem que é proibido aos adultos intrometerem-se em seus afazeres desde que não perturbem a ordem social do vilarejo, em particular, as eventuais situações de gravidez inoportunas que seriam um risco comprometedor dos projetos de alianças matrimoniais que os pais concluem para seus filhos. É pertinente esclarecer que a casa dos jovens não se refere, propriamente, a uma classe de idade: não há uma iniciação para entrar e o matrimônio que os faz sair.[9] Ela consiste, entretanto, numa comunidade particular dotada de atividades específicas, com sua autoridade própria, suas normas e princípios hierárquicos. É, sobretudo, o local de certa liberdade sexual pré-marital (Herrenschmidt, 1978, p. 129). A casa dos jovens dos Muria está longe de ser um caso único, mesmo sendo estranha à sociedade hindu. É encontrada no extremo Oriente, na América do Norte e na África. Os trabalhos dos etnólogos evidenciaram múltiplas formas de casas coletivas de solteiros, sejam mistas, ou estritamente divididas entre os garotos e garotas, seja, por exemplo, o *bukumatula*, a casa dos solteiros dos Trobriandeses descritos por Malinowski (2000, pp. 64-65), ou ainda a *manyata* dos Masaï, esses pastores guerreiros da África oriental.[10]

Os trabalhos de Elwin não são, na verdade, isentos de crítica, em particular quando credita às sociedades consuetudinárias do continente indiano, entre as quais os Muria, uma imagem idílica de prazer e liberdade, dotada de certo romantismo que ele opunha à sociedade hindu (Deliège, 2000). Entre outras, quando descreveu o Ghotul como uma comunidade que valoriza a "igualdade absoluta":

> *Somente o caráter que caracteriza o chefe: o princípio geral do Ghotul, disseram-me e repetiram, é que todos são iguais. Ricos ou pobres, o filho do padre, do chefe do vilarejo, ou do senhor, todos são um nessa camaradagem que desconhece as diferenças devidas à riqueza ou os privilégios decorrentes de um estrato herdado. E acredito ser verdade. A fé Muria na igualdade é, muitas vezes, alçada a um ponto completamente fantástico* (Elvin, 1959, p. 189).

Ademais, como explica Marie Fourcade, em razão da influência paradoxal (intuições e obstinações) que seus trabalhos exerceram sobre a construção e transformação étnica da causa "tribal" da Índia (Fourcade, 2002). A despeito disso, como enfatiza Olivier Herrenschmidt, deve-se a Verrier Elwin uma extraordinária

---

9 Cf. por exemplo, Paulme, 1971. Ver também Singleton, 1955, pp. 433-461.

10 Cf. por exemplo: Kenyatta, 1967: para os trabalhos recentes, por exemplo: Galatay, 1983, pp. 361-382, Bonte, 1992; ver também, Spencer, 1993, pp. 140-156 e Chieni/Spencer 1993, pp. 157-173.

descrição dos Ghotul da região de Bastar, cujos princípios maiores de organização proponho extrair (Herrenschmidt, 1978, p. 129).

Domínio masculino ou adoção de dupla perspectiva sobre as alianças

Para poder avançar na análise do Ghotul, um ajuste impõe-se. Para esclarecer um ponto de vista antropológico sobre a beleza humana aqui analisada à luz da casa dos Muria, é necessário que seja dissipada uma fonte possível de equívocos. Isso é bem observado por Françoise Couchard, quando em sua obra *Le fantasme de la séduction dans la culture musulmane*, ela objeta a Verrier Elwin (e antes disso a outros antropólogos) "o velamento, sem dúvida inconsciente, das relações de dominação, dentre aqueles que estudam a sexualidade de outros, relações que assinalam a preeminência acordada ao sexo masculino sobre o sexo feminino" (Couchard, 2004, pp. 46-48).

Citando Elwin, Françoise Couchard mostra que, por sua influência o Ghotul obriga as garotas a dormir com todos os homens, até os inferiorizados fisicamente que "disformes, com lábio leporino, infetados pela varíola ou portadores de lesões cutâneas repulsivas de piã, tinham os mesmos privilégios que os mais favorecidos pela natureza..." (Couchard, 2004, p. 48). E conclui que "parece que no presente caso, às adolescentes jamais puderam dizer uma palavra, elas não passavam de um 'joguete' das pulsões e da vontade de homens que as 'repassavam' entre eles" (ibid). Em minha opinião, essa conclusão traduz muito parcialmente a realidade do dormitório. Deve-se creditar-lhe, todavia, o mérito de me alertar contra as dificuldades que me assombram em me aventurar no terreno da beleza humana. Tal constatação sem apelo impede analisar o Ghotul de maneira diferente senão naqueles termos de injustiça em relação às mulheres e, ao menos ela não faz, na verdade, justiça a Verrier Elwin. Com efeito, no início do parágrafo que irei evocar, Elwin toma o cuidado de esclarecer que os garotos são tão coagidos quanto às garotas a coibir seu desejo quando lhes é imposto pelos mais velhos dos jovens, passar suas noites com todas as garotas do dormitório e, portanto, também com as feias. Eis o início do parágrafo, elidido por Françoise Couchard: "O que deve ser enfatizado nesses arranjos é que interferem com o curso normal da seleção sexual.[11] A bela e a feia, ou mesmo a disforme têm

---

11 Não discutirei aqui o argumento da "seleção sexual" utilizada por Verrier Elwin. A seleção sexual faz referência à segunda obra maior de Charles Darwin, A filiação do homem e a

exatamente as mesmas oportunidades no plano sexual, exatamente os mesmo privilégios sexuais. O mesmo se dá com os garotos..." (Elwin, 1959, p. 166). Nesse nível, nada obriga reduzir a questão da diversidade, - ou até da singularidade das pessoas na confrontação com o outro sexo, à qual os jovens Muria parecem cotejar quotidianamente - unicamente ao problema da pulsão de homens que desejariam trocar as garotas entre eles. Nesse sentido, destacarei três argumentos. Primeiro não são, como indicado, homens que frequentam regularmente o dormitório, mas jovens - garotas e garotos - que têm entre oito e dezesseis anos. Em seguida, Elwin insiste sobre o fato de o termo "dormir" não significar necessariamente manter relações sexuais, mas igualmente colocar sua esteira ao lado de um parceiro e isso às vezes durante anos (Elwin, 1959, p. 426). E finalmente, tal como Hera enfurecendo-se - diferente de Zeus que se alegra - diante da revelação de Tirésias segundo a qual se houvesse dez partes de prazer o homem teria uma só e a mulher nove, por que não certificar o fato que o prazer no feminino existe, tanto quanto o prazer no masculino, e que a beleza é um componente, dentre outros, da feminilidade? Desse modo, um argumento dessa natureza foi utilizado para justificar a paternidade múltipla nas regiões baixas da América do Sul onde, para os *Canela*, do Brasil, William H. Croker mostra que hoje critérios amorosos e não materiais (ou sociobiológicos) incitam as mulheres a procurar coesposos (Beckerman/Valentine, 2002).

Certamente, tratar da questão da beleza humana em sua relação com a antropologia fundamental e, especialmente, a beleza como um dos componentes do feminino traz o risco de atrair raios sobre aqueles que veriam uma manobra para dividir as mulheres em face da dominação masculina, ou mais, um retorno banal à instrumentalização do corpo da mulher a fim de satisfazer as pulsões dos homens; tais riscos aumentam, sem dúvida, se o pesquisador que lhes fala é um homem. Esses cuidados são, de fato, fundados, pois se assentam sobre fatos incontestáveis mas, além disso, assumo o risco de propor uma análise antropológica do papel da beleza nas sociedades sem querer desencadear, todavia, espero, muitas paixões. Reitero não desejar, por princípio, levar em conta a corporeidade e a feminilidade em razão unicamente da dominação, impede compreender o papel, ao menos equivalente ao dos homens, mas diferente das mulheres na edificação das instituições sociais, entre as quais, as alianças.

Assim, é claro que Elwin elaborou uma monografia, em certos aspectos, idealizada da sociedade Muria e, portanto, da comunidade do Ghotul (cf. esse

seleção ligada ao sexo, publicada em 1871 (para uma edição recente em francês, Paris Edição Syllepse 2000). Para uma apresentação da teoria da seleção sexual: ver capítulo 7.

mito da "igualdade absoluta, isenta da rivalidade e da competição ou da "imparcialidade na sexualidade"). A sutileza das descrições da vida dos jovens no dormitório apresenta informações raras e preciosas, aliás, interessantes na hipótese da provável existência de uma relação inversa, até antinômica, entre beleza e aliança matrimonial. O Ghotul é uma instituição que regula as relações entre garotas e garotos, entre as quais a sexualidade, fora das regras relativas às alianças matrimoniais. Nesse sentido, quando Françoise Couchard conclui que "a leitura da obra de Verrier Elwin, o que parece é, de fato, a influência da instituição sobre a sexualidade dos jovens, em detrimento de sua escolha pessoal, especialmente quando se trata das garotas", sua análise é bem fundada, porém não somente no sentido que lhe atribui à autora (Couchard, 1994, p. 48). O que é notável no Ghotul, onde os jovens dispõem de uma manifesta liberdade sexual concedida pela sociedade, não está, especialmente, na questão da livre escolha de um parceiro, mas sim, na aceitação de um conjunto coercitivo, por vezes complexo e sempre sutil de regras que normatizam a sexualidade, não somente das garotas, mas das garotas e dos garotos, enquanto que nada lhes impõe, *a priori*, esse tipo de coerção.

Sejamos claros, minha intenção não visa demonstrar a igualdade entre garotas e garotos no dormitório Muria, pois ela não existe. Os dois exemplos que seguem bastam para demonstrar: depois de casada, a mulher nunca mais poderá aproximar-se do Ghotul, enquanto que o homem distancia-se progressivamente podendo retornar em ocasiões bem determinadas. Aliás, no Ghotul, a gravidez é a maior causa de inquietação de ambos os sexos, porém as consequências para a garota são bem mais importantes que para o garoto - mesmo que esse que a engravidou seja obrigado a sustentá-la - seja pelos riscos vinculados ao eventual aborto ou pelo fato de seus pais procurarem oferecê-la em casamento o mais rapidamente possível.

Antes de prosseguir a exposição, desejaria ainda, para facilitar a compreensão, apresentar esquematicamente o raciocínio. A análise de organização da comunidade do Ghotul contribui, *a contrario* para expor as dificuldades inerentes em deixar livre curso à beleza, com risco de comprometer a estabilidade do dormitório como instituição. Numa mesma ordem de ideias, recorde-se que a organização da "visita" na sociedade estritamente matrilinear *Na* (na qual os homens e as mulheres são livres quanto à sua sexualidade) revela que se os homens podem tomar a iniciativa da visita, as mulheres que não o podem aguardam, ao mesmo tempo, arquitetando, certamente, a possibilidade de recusar recebê-los. Contudo, o detalhe organizacional move certas mulheres, com a reputação de belas, a receber a visita de numerosos amantes, enquanto que outras não recebem.

Essa constatação permitiu-me revelar a enorme desigualdade na capacidade das mulheres em seduzir os homens. Essa desigualdade fundamental conduziu-me ao reconhecimento da singularidade. Enquanto que a monografia de Hua Cai diz pouca coisa a respeito da inveja no feminino, a de Verrier Elwin, mais explícita sobre isso, servirá de fio condutor de minha exposição.

Eu havia proposto a provável existência de outra perspectiva sobre o matrimônio, uma hipótese que, no momento, a sociedade Muria me permitirá demonstrar. Essa outra perspectiva é patente aqui, uma vez que se desliga totalmente daquela dominante, veiculada pelas alianças. Essa perspectiva é feminina. Discreta, muitas vezes ardilosa, e por isso secreta (como a arma favorita dos frágeis) contenta-se com o caráter oficial dos argumentos apresentados para relatar as alianças, amplamente dominadas pelos homens, pois seus interesses estão em outro lugar, vale dizer, na regulação do sensível e não mais unicamente do político. Em termos mais precisos, a questão será a de analisar as mesmas alianças a partir de outro olhar. Posto de outra forma, a aliança não será mais descrita do ponto de vista da dominação masculina, mas também sob o ângulo complementar e diferente do feminino. Nas "sociedades de aliança" a dupla função, ao mesmo tempo a de regulação, daquilo que mencionei aqui, brevemente, de ordem política, pela diferença social, e aquela de regulação da ordem sensível, por equivalência social, encontra-se, mais comumente, velada em razão da dominação masculina. Aparece claramente só a perspectiva dominante, em geral masculina, que se refere à diferença social que permite a troca e a complementaridade, omitindo a outra perspectiva, a de regulação do sensível. Diferentemente, nas "sociedades de duplo regime", como a dos Muria, essa dupla perspectiva não pode ser ignorada, uma vez que esses dois tipos de regulação são garantidos por instituições diferentes, ao mesmo tempo, o dormitório que rege o sensível e as alianças que, na idade adulta, dizem respeito tanto ao político quando ao sensível.

Essa exposição esquemática é uma primeira abordagem, com objetivo pedagógico, e por essa razão deverá receber maior precisão e ser matizado. Assim, enfatizei que a ausência de beleza indica uma forma de fragilidade com a qual todo ser humano deverá viver. Consequentemente, posso, no momento, afirmar que essa outra perspectiva, aquela proposta por uma antropologia do sensível, não diz respeito somente às mulheres e ao feminino, mas antes, com relação a minha discussão da relação beleza/feiura, algumas mulheres e mais amplamente as categorias que uma sociedade composta por homens e mulheres considera frágeis. Espero ter exposto de modo claro a estrutura de meu raciocínio. Baseando-me nisso proponho, no momento, avançar passo a passo sua demonstração, para a qual os jovens Muria, na busca de uma regulação de sua sexualidade, me auxiliarão a superar a primeira etapa, aquela da produção de regras institucionais pelos mais frágeis do grupo. Isso representa um modo complementar de responder à questão de Malinoswi que se indagava, referindo-se aos Trobriandeses: "por que as pessoas se casam numa sociedade em que o matrimônio, longe de acrescentar algo para a liberdade sexual, a restringe de modo considerável, no qual dois amantes podem possuir-se um ao outro, tanto tempo quanto desejarem, sem que isso acarrete para eles nenhuma obrigação legal?" (Malinoswi, 2000, p. 70).

Levar em consideração a diversidade humana suscitada pelo Ghotul por meio da adoção de regras *ad hoc*, não ocorre em sentido único, vale dizer, em favor somente de satisfação da sexualidade dos homens, mas em duplo sentido: ela diz respeito também aos garotos e às garotas. Isso significa que não são somente os homens os candidatos aos benefícios. Verrier Elwin mostra "que há períodos de tensão, especialmente, quando chegam ao Ghotul garotos ou garotas com encantos físicos deslumbrantes" (Elwin, 1959, p. 396). O autor apresenta um caso único, mas muito interessante de Ghotul onde havia um grande número de garotas (provavelmente em razão das dificuldades de acesso ao matrimônio), entre as quais diversas com idade de dezessete a vinte anos que disputavam com as mais jovens o acesso aos garotos, menos numerosos.

> *A tensão era muitas vezes muito mais violenta entre as garotas mais velhas, ar sombrio (algumas já haviam abortado mais de uma vez) e as motiari (garotas) mais jovens, suaves, alegres e encantadoras. Essas gostariam, na verdade, de dormir com os garotos mais jovens e mais atraentes, todavia esse era também o desejo das garotas maiores. Uma das mais lindas garotas contou para minha esposa que "as garotas mais velhas eram sempre invejosas das motiari jovens e belas. Às vezes elas as agarravam e tiravam a força os moços mais elegantes e mais alegres dizendo-lhes: Eu sei que você quer dormir com ele [...] mas você não pertence a ele. Vá dormir em outro lugar". E as mais jovens deviam partir, desapontadas, para encontrar outro garoto. Há muito ódio entre as belas motiari e a Belosa (a chefe das jovens). Os chelik (garotos) não podem dizer nada. Um chelik não deve jamais pedir a uma garota para dormir com ele. O Ghotul é governado pelas garotas (Elwin, 1959, p. 396).*

Enfim, o que dizer, além disso, se não for para enfatizar que o papel das garotas mais velhas, as que se tornaram menos atraentes, é evidenciado, de modo muito claro, pela regulação da sexualidade de todos.

Fazendo um paralelo com o *bukumatula* dos Trobriandeses descrito por Malinoswi (2000, pp. 64-68), Elwin insiste sobre a semelhança entre as duas instituições: são as garotas que têm o privilégio de escolher seus parceiros (Elwin, 1959, p. 69), como reiteram em diferentes ocasiões os informantes de Elwin (Elwin 1959, pp. 164, 255, 396, 426). Convém, no entanto, esclarecer, visando uma boa compreensão, que são os responsáveis pelo dormitório (garota e/ou garoto), e em diversos casos um mais velho dos garotos, com o título de Kotwar, que garantem a função relevante da distribuição dos parceiros, mas que a iniciativa de uma eventual relação sexual é sempre da alçada da garota.

No Ghotul, como instituição, a beleza é considerada com seriedade e, mais precisamente, as desigualdades que ela induz entre as pessoas, o que leva, segundo Elwin, a uma forma de igualdade por meio de um equilíbrio entre a beleza e a feiura. Todavia, o que o autor não deixa claro é que essa maior igualdade é, de certo modo, localizada e não generalizada, uma vez que ela não diz respeito senão às garotas entre elas e aos garotos entre eles. Então não existe, como já observei, relação de equivalência entre as garotas e garotos, ao contrário. E nesse sentido, a observação de Françoise Couchard, segundo a qual "é provável que o ponto de vista predominante fosse o do garoto que, como frequentemente, tinha vantagem na situação", revela-se exata (Couchard, 1994, p. 47). Isso vai em direção de minha hipótese, sobre a existência de um ponto de vista alternativo sobre as alianças que qualifiquei, antes de tudo, por um cuidado com a clareza de "matrimônio no feminino", oculto no âmago das alianças matrimoniais oficiais, amplamente dominadas pelos homens e apelando para essa relação desigual a fim de estabelecer-se e produzir seus efeitos, vale dizer, a produção de equivalências.

De um ponto de vista heurístico, portanto, com o risco de ser obrigado a corrigir meus propósitos no decorrer da demonstração, parece-me plausível ver no Ghotul uma instituição, diferente do matrimônio, capaz de regular a sexualidade, e adequada para fornecer informações sobre a necessidade de levar-se em conta a diversidade humana, como a diversidade induzida pela beleza entendida aqui como uma desigualdade fundamental que diferencia os humanos entre si.

Lembremo-nos que a propósito dos *Na* eu evocava a diferença entre a organização da visita e as propostas de Praxagora na *Assembleia das mulheres* de Aristófanes. Retomo novamente essa comparação para, no momento, mostrar o paralelismo entre a utopia de Praxagora e aquela dos jovens do Ghotul. Aristófanes pretende por em evidência, pela zombaria, os impasses de uma situação que conduziria à comunidade dos bens e à liberdade sexual. Recordemos o célebre extrato da comédia no qual Praxagoras desejava transformar a gestão da cidade: "Não, eu instituo um só gênero de vida comum, a mesma por todos [...]. Pois também as mulheres eu as coloco em comum, de modo que elas possam dormir com os homens e fazer filhos com não importa quem" (Aristófanes, 1966, pp. 330-331). Porém, após essa primeira declaração e em resposta à questão dissimulada de Blepyros que deseja mostrar a inépcia de Praxagoras: "Como será isso possível se todos buscam a mais bela entre elas e querem possuí-la?" (Aristófanes, 1966, p. 331). Em seguida é apresentada uma série de regras que se opõem a essa liberdade sexual, pois o que viça bem patente aqui, como no Ghotul é, contrariamente aos *Na* que não intervém, o fato de a escolha pessoal conduzir à desigualdade. O que é proposto por Praxagoras e pelos jovens do Ghotul, é um conjunto de regras - diferentes das regras das alianças oficiais estabelecidas de outro modo - que veem regulamentar o sensível, em outros termos, sua influência sobre a reprodução da sociedade e, portanto, aqui do dormitório. Eu irei sugerir, numa fórmula um tanto tenaz, que esses dois casos esboçam um "matrimônio no feminino" que se refere à regulação de desigualdade fundamental. Forçado, Proxagoras detalha então seu programa: "As feias e com nariz chato ficarão sentadas ao lado das bonitas, e quem as desejar deverá experimentar antes as feias [...]". E Praxagoras prossegue: "Os feios vigiarão os belos quando saírem, após o jantar, os espiarão nos lugares públicos não sendo permitido às mulheres dormir com os bonitos, antes de oferecerem-se aos feios e aos pequenos..." (Aristófanes, 1966, pp. 331- 332). Programa utópico que será sem dúvida, objeto de chacotas, mas que toca um problema mais crucial do que parece. Observei que seria simplista ver nessa total liberdade um tipo de comunismo primitivo no qual, como consequência, os homens velhos e feios poderiam acessar a sexualidade das mulheres jovens e belas. Ao contrário, sem com isso minimizar o desejo dos homens de ter acesso à sexualidade das jovens mulheres, a ambiguidade presente na formulação de Aristófanes, tanto no primeiro como no segundo extrato, manifesta um problema mais profundo, o da desigualdade fundamental que conduz Praxagoras ou os jovens do Ghotul, por tentarem resolvê-lo, a impor a "multiplicidade obrigatória dos parceiros" como princípio da produção social da equivalência.

A "multiplicidade obrigatória dos parceiros" representa uma resposta, dentre outras, às consequências sobre a sociedade de divisão desigual da beleza, uma beleza, aliás, efêmera, uma vez que no Ghotul as garotas mais velhas - têm apenas vinte anos - disputam com as mais jovens o acesso aos garotos. Estamos aqui diante de um esboço de aliança que não levaria em consideração senão a regulação do sensível, descartando o político. É nesse sentido que utilizo o termo utopia para designá-la.

Ademais, o que poderia propor Praxagoras em seu programa de governo, por um meio, sem dúvida complicado (séculos antes da invenção da contracepção, o acesso das mulheres ao trabalho remunerado e à segurança social garantida pelo Estado), é a proteção dos mais frágeis da sociedade, como as menos belas, as mais velhas, as estéreis, as deficientes frente às jovens, belas, fecundas, dinâmicas, assim como os velhos, feios, deficientes face aos jovens fortes e belos. Um grande programa, ou melhor, uma utopia denunciada por Aristófanes. Irei detalhá-la, em favor da organização da casa dos jovens Muria cujos membros, de certo modo, passaram à ação quando recorreram a um tipo de instituição que se assemelha com certas propostas do programa de Praxagoras.

A organização dos dormitórios

Elwin descreve dois grandes tipos de Ghotul. O primeiro, segundo o autor, parece ser mais antigo. Esse me interessa menos devido à sua familiaridade com as formas mais clássicas de aliança. Eu o menciono, todavia, em atenção à precisão etnográfica. Ele implica na formação de "pares de Ghotul" no qual um garoto "casa-se" com uma garota e lhe permanece fiel. Aqui, o "casamento" é dissolvido com o matrimônio real de um dos parceiros (Elwin, 1959, pp. 45 e 150). Ocorre de o garoto adotar a forma feminina do título de Ghotul do parceiro.[12] Seria pertinente analisar detalhadamente as modalidades que presidem a formação desses pares, mas Elwin apresenta poucas informações. Exceto as lembranças da mulher idosa que explica na ocasião de sua entrada no dormitório, ele aguardou seis meses para receber um título de Ghotul, ou seja, um lugar na comunidade e em sua hierarquia. Em razão de sua pobreza, a cerimônia do "casamento" foi organizada de modo bem simples. Ao final de uma bebedeira coletiva, ela teve, pela primeira vez, contato com o Kotwar (garoto encarregado das garotas) que desde o começo dormia a seu lado.[13] No dia seguinte, o Kotwar decidiu que ela se tornaria a parceira Ghotul do Sirdar (termo usado como um título no Ghotul). Ela simplesmente não o amava, não se falavam e dormiam de costas um para o outro virando a cabeça. Passou-se longo tempo antes

12 Título de ghotul: nome atribuído, ao final de uma cerimônia, pelos mais velhos do grupo aos jovens que chegam ao ghotul. Tais nomes podem remeter a títulos que implicam funções particulares.

13 Esclareçamos que, frequentemente, o Kotwar toma Belosa (chefe das garotas) como parceira permanente, contanto que não sejam parentes próximos. Desse modo, Kotwar e Belosa dormem juntos e dirigem o ghotul (Elwin, 1959, p. 168).

que tivessem relações sexuais. Progressivamente sua intimidade desapareceu e encontraram-se intimamente todas as noites. Quando o Sirdar que a amava muito, soube de seu matrimônio, lhe propôs a fuga... (Elwin, 1959, p. 156). E um segundo relato no qual outra mulher conta que ela amava mesmo o Salya, mas o marido proposto no Ghotul fora o Likhe. Um dia, antes da união formalizada do casal do Ghotul, eles encontraram-se secretamente fora do Ghotul e foram denunciados. A punição para a garota foi severa e sem apelo, os garotos do dormitório a constrangeram a dormir com eles. Em nota, Elwin fala a respeito disso, de estupro coletivo. Aos dezesseis anos a garota era noiva, mas fugiu com seu amante. Capturada, imediatamente foi obrigada a casar-se. Separou-se logo em seguida de seu marido para ficar com um "garoto muito bonito" que frequentava o mesmo Ghotul que ela... (Elwin, 1959, p. 157).

Comparativamente, as lembranças dos garotos resumem-se a poucas coisas, exceto o fato que, em grande parte dos casos os garotos dormiam com suas parceiras até seu casamento. Assim, o caso do garoto que tinha como parceira a Malko da qual estava apaixonado. Quando ele tornou-se Kotwar, foi obrigado a deixá-la por outra garota. À noite, quando supostamente todos dormiam, os antigos parceiros encontravam-se. Finalmente seus pais, para sua grande alegria, designaram Malko como sua esposa (Elwin, 1959, p. 155).

Os "esposos" da casa dos jovens têm pais de Ghotul e devem respeitar um conjunto de proibições (regras de resguardo) vinculado às relações de parentesco em vigor para o conjunto da sociedade Muria. Como exemplo, um garoto não pode ter nada a ver com a irmã mais velha da garota que é sua parceira pessoal; um garoto mais velho não deve sentar-se sobre a esteira de dormir de seu jovem irmão, pois seria de se supor que, com isso, poderia seguir-se uma familiaridade inconveniente com sua "cunhada"; os parentes próximos não devem chamar-se por seus títulos do Ghotul, mas devem usar os termos habituais de parentesco... (Elwin, 1959, pp. 152-154). Isso significa que a sociedade Muria não para na porta da casa dos jovens. No Ghotul, malgrado a permissão concedida ao divórcio, à fidelidade, a paixão e a intimidade sexual conduzem, frequentemente, a um vínculo mais durável. Parece que, na época em que Verrier Elwin conduzia suas pesquisas, tenha sido o risco ligado à fuga dos amantes - que não poderão tornar-se parceiros no matrimônio real, negociado para eles pelos seus pais - que teria, quando o momento de aliança aproximava-se, conduzido progressivamente a uma mudança das regras do Ghotul, assim como a crença que para evitar uma gravidade, convém interromper os coitos frequentes com um mesmo parceiro. Na verdade, o autor deixa de discutir a possibilidade dessa representação do processo de procriação dos filhos ter aparecido com um segundo tipo de casa dos jovens, um segundo tipo de organização do Ghotul que essa representação da procriação justifica plenamente.[14] Os estados eventuais de gravidez desencadeiam sempre enormes perturbações no seio da sociedade, embora aqui se conheça a identidade do culpado (responsável, então, por cuidar da garota que deve pagar uma multa importante); elas, igualmente, teriam podido contribuir com a transformação das regras do Ghotul.

Existe, entretanto, um problema inerente a esse tipo de dormitório que Elwin deixa de questionar. Ele não está ligado a uma temporalidade modernizadora qualquer, mas à composição da comunidade desse Ghotul em relação à sua natureza monogâmica. O grupo dos jovens é geralmente reduzido a algumas garotas e garotos em relação ao tamanho do vilarejo.[15] Assim, esse Ghotul no qual havia doze garotos e dez garotas (Elwin, 1959, pp. 154-156). Além do fato de todos os garotos e garotas se conhecer desde a mais tenra idade, no Ghotul vive um conjunto de jovens que, em razão das regras de parentesco, são obrigados a respeitar as interdições em vigor no conjunto da sociedade Muria. Para que esse tipo de dormitório possa funcionar normalmente, o número de garotas acessíveis deve ser idêntico ao dos garotos em um determinado intervalo de tempo. Em consequência, duas condições para que a domesticação de beleza tenha condições de se realizar: primeiramente, que seja viável organizar uma equiparação monogâmica e estável dos jovens e, em seguida, que cada qual aceite sem apresentar demasiada exigência, o parceiro que lhe é designado; combinação de duas exigências que, como mostrei, não é de fácil execução. Desse modo, na medida em que houver um desequilíbrio expressivo entre o número de garotas e de garotos - assim como o dormitório no qual os garotos eram claramente mais numerosos que as garotas (Elwin, 1959, pp. 164-165), ou o outro no qual as garotas eram amplamente majoritárias (Elwin, 1959, p. 320), outras providências devem ser buscadas.

O segundo tipo de Ghotul tomará toda minha atenção. Ele sustenta-se sobre a interdição fundamental de qualquer vínculo entre uma garota e um garoto. De acordo com Elwin, esse Ghotul, que na época parecia majoritário (Elwin, 1959, p. 149), baseia-se sobre a busca de igualdade entre todos os garotos e todas as garotas,[16] priorizando o combate à inveja (Elwin, 1959, p. 339), por

---

14 Exceto na página 161 onde o autor indica que "As regras modernas propõe-se também executar uma medida anticoncepcional".

15 O maior gothul contava sessenta a setenta membros (Elwin, 1959, p. 167).

16 Elwin, 1959, p. 189 (ver a respeito disso a objeção que enderecei a Verrier Elwin por subestimar nessa igualdade a desigualdade entre as garotas e os garotos que, de fato, subsiste).

meio da adoção de regras que supostamente reduzem a rivalidade e a competição entre os jovens membros da comunidade Ghotul (Elwin, 1959, p. 160). Aqui, longe disso, não há mais matrimônio, nada de parceiros, todos pertencem a todos. Apesar de as regras variarem significativamente de um dormitório a outro (segundo o tipo de desequilíbrio entre o número de garotas e de garotos), o mais comum, após alguns dias (geralmente três), garotos e garotas devem trocar seus parceiros. Se não o fizerem receberão uma advertência dos jovens mais velhos (um tipo de conselho dos jovens anciãos) responsáveis pela boa ordem do dormitório e, se persistirem recebem uma punição ou são obrigados a pagar uma multa (ibid). O apego, fato que ocorre muito frequentemente, entre uma garota e um garoto é mal visto. Ele desencadeia o mesmo processo de regulação que o existente entre os homens da sociedade *Na*: críticas e zombarias que produzem um sentimento de vergonha. O ciúme pode às vezes conduzir à violência, no entanto no dormitório ninguém pode afirmar que um indivíduo lhe pertence, pois cada um pertence à comunidade Ghotul.[17] Ninguém escolhe seu parceiro por vontade própria, nem as garotas, nem tão pouco os garotos: "Um garoto, em geral, não está apto para escolher sua parceira segundo sua vontade. É o Kotwar (título dado ao garoto responsável pelas motiari, as garotas), após consultar a Belosa (uma mais velha eleita pelas garotas como sua responsável) que designa o modo de constituição dos pares [...], e quando devem mudar de parceiros" (Elwin, 1959, p. 164). Em outro Ghotul, no qual os papéis desiguais entre Kotwar e Belosa aparecem nitidamente, o Kotwar explica como ele é o chefe das mortiari, e acrescenta: "A cada dois ou três dias faço nova distribuição, e digo à Belosa com quem cada qual deve dormir" (ibid). No dormitório, a autoridade dos chefes é levada a sério pelos membros que são responsáveis por uma ordem estrita. O Ghotul é regido por um grande número de regras de conveniência, dentre elas uma importante segundo a qual um garoto não pode constranger uma garota a manter com ele relações sexuais, pois a iniciativa cabe à garota, podendo o garoto, no entanto, colocar sua esteira ao lado dela.

É evidente que um problema emergente colocado pela casa dos jovens ao conjunto da sociedade Muria é o risco de gravidez. Mesmo que, de fato, o número de gravidez levada até o final seja reduzido, a questão não fica menos crucial. Uma gravidez antes do matrimônio é o principal motivo de preocupação das garotas e de seus pais. Do ponto de vista da sociedade, a gravidez é tida

17 O que revela, aliás, que o psicológico não pode ser reduzido ao "singular sensível" ou ao sociológico, e vice-versa.

como um desastre maior, um assunto que deve ser resolvido pelos mais velhos e uma transação financeira complicada com a família do noivo (Elwin, 1959, pp. 290-291). Parece que os jovens Muria conhecem e realizam certas práticas anticoncepcionais, e mesmo o aborto é bem comum. Enquanto que no dormitório do primeiro tipo, o eventual culpado de uma gravidez era submisso a uma severa multa e deveria sustentar e ajudar a garota, é patente que no segundo, as regras de troca de parceiros limitam consideravelmente a possibilidade de se conhecer o garoto que teria engravidado a garota que, em razão disso, isola-se a fim de assumir as consequências. Para os membros da comunidade Ghotul, sinal da maior traição seria revelar o que se passa no interior, sobremaneira assunto relacionado com a gravidez.

Enquanto os riscos de gravidez são bem reais, as representações de procriação dos filhos são perfeitamente de acordo com as regras de organização do Ghotoul que elas justificam: "Os Muria pensam que existe concepção somente quando o homem e a mulher permanecem juntos durante longo período e entregam-se a uma série ininterrupta de relações sexuais sem que haja divergência de interesse. A gravidez requer uma concentração ao mesmo tempo psicológica e física na fidelidade a um só parceiro" (Elwin, 1959, p. 161). É interessante notar o mesmo princípio justificativo em outras sociedades sem regulação social da beleza, ou com regulação parcial, como os *Na*, para os quais o papel do homem consiste em irrigar as mulheres, pouco importa aquele que o faz, uma vez que o esperma é considerado equivalente à chuva, ou ainda os Cashinahua, para os quais as mulheres, além de seu marido, podem ter vários amantes e julgam que o feto é constituído progressivamente com o acúmulo de esperma provindos das relações com todos os homens que participaram na "fabricação do filho", a saber, o marido e os amantes.

Sem ter que seguir Verrier Elwin no terreno da "igualdade total" assinalemos, de preferência, que as principais convenções sexuais adotadas no Ghotul do segundo tipo, opõem-se a dedicação afetuosa, pois aí os garotos e as garotas que dormem juntos por longo período são punidos. Representa ter péssimo gosto demonstrar um espírito de posse, reivindicar uma garota como sendo sua, ser ciumento. O Ghotul é levado extremamente a sério pelos jovens que se curvam às regras que, em geral, eles se impõem sob a autoridade sem falhas dos garotos e garotas responsáveis. Dissemos que o matrimônio opõe-se ao período de vida no dormitório. É raro, sobretudo, com a organização do dormitório do primeiro tipo, que as relações entre parceiros do dormitório possam conduzir ao matrimônio, exceto se as regras da sociedade são infringidas. Os pais negociam um cônjuge para seus filhos e os jovens curvam-se, de um modo geral, à suas exigências. Qualquer intimidade entre os pares de noivos (reais) é vetada, assim como uma gravidez antes do casamento traz sempre graves problemas. Uma vez casada, uma garota deixa automaticamente o Ghotul, enquanto que o garoto pode retornar antes de deixá-lo, pouco tempo após seu casamento. O matrimônio tem a ver com a gestão do lar e também os cuidados na criação dos filhos, ao trabalho (Eiwin, 1959, p. 375), e a fidelidade conjugal é considerada como um valor relevante (Eiwin, 1959, p. 391).

Enquanto que a beleza ou a atração física de um parceiro não seja levada em conta na negociação conduzida quando da conclusão das alianças matrimoniais pelo pai de uma nora (Elwin, 1959, p. 375), mas de preferência considerações materiais e mais "políticas", a beleza e o respeito das desigualdades por elas provocadas entre os membros do dormitório em suas relações com o corpo do outro sexo surgem como um cuidado permanente dos jovens no Ghotul, e isso tanto mais ainda se sua comunidade conta com um número desigual de garotas e garotos. Como fica patente, a aspiração pela igualdade entre os parceiros visa à regulação da beleza ou a transcendência da diversidade, e não as relações desiguais entre garotos e garotas. Em outros termos, estamos na presença de uma regulação original da beleza. Ela atenua os riscos de tensão induzidos pela focalização de atenção do grupo sobre alguns indivíduos com aparência física deslumbrante. A regulação da beleza passa aqui pela imposição a todos do regime sexual de "multiplicidade obrigatória de parceiros", como modo de produção social de equivalência: "Nós trocamos de parceiros porque desejamos que todos sejam felizes; se um garoto e uma garota estivessem sempre juntos como se fossem marido e mulher, haveria então alguém mais feliz que outros; os melhores garotos e as melhores garotas seriam a propriedade de indivíduos em lugar de serem propriedade do Ghotul, o restante seria miserável" (Elwin, 1959, p. 162).

É nesse sentido, para evitar que "os melhores garotos e as melhores garotas seriam a propriedade de indivíduos em lugar de serem propriedade do Ghotul, o restante seria miserável", retomando as palavras do informante de Elwin, que eu falava de um esboço de "matrimônio no feminino". Na realidade, isso não passa de uma fórmula aproximativa que visa analisar o processo mais vasto de proteção dos mais frágeis da sociedade por uma forma de produção social de equivalência que, compreende-se bem agora, tem por objetivo proteger, "contra a miséria" as menos belas e, por extensão, as garotas que já são alguns anos mais velhas... frente às jovens, belas e dinâmicas, e também a proteger os garotos mais velhos, os feios, os deficientes, em face dos mais jovens fortes e bonitos.[18] No Ghotul um esboço de aliança regulamenta o sensível, sem que se deva organizar o político, nem em pensar na sobrevivência, uma vez que tais aspectos, embora também essenciais, são regidos, aliás, pelo mundo dos adultos. Como não perceber aí certa familiaridade com o programa de Praxagoras?

Assim, nesse sonho de uma garota mais velha, inquieta e infeliz diante das mais jovens que desviavam a atenção dos garotos:

> *Eu sonhei que dormia com um chelik (garoto) que eu amava. Muitas vezes chorei lembrando-me desse sonho. Muitas vezes sonhei que era casada. Em uma saída de dança, tomei emprestado todos os pentes (feitos pelos garotos e presenteados às garotas que lhes agradam) de uma bela motiari (garota). Sonhei que eu dormia com um chelik que eu amava. Ele me penteava os cabelos. Na manhã seguinte ele me dava oito pentes, pois viu que eu não tinha nenhum* (Elwin, 1959, p. 320).

O desejo de possuir pentes é evidente, como a inveja em relação à garota que os possui em quantidade sabendo-se que é o presente precioso de alguém que ama, e possuir muitos pentes é uma prova de atração e de poder sexual (Elwin, 1959, p. 321). Ou, finalmente, esse sonho de um garoto "sem atração alguma", para retomar a expressão de Elwin:

> *Eu sonhava que dormia com Silo (a mais atraente e a mais bela de todas as garotas...). [...] No meio da noite ela me fez levantar e me estender sobre ela. Porém, bem nesse momento, o Salya acordou e disse: "chegou um visitante, dê-lhe sua esteira para dormir". Então, eu fui obrigado a lhe entregar a esteira sobre a qual nós dois dormíamos. Eu fiquei bravo, mas quando ela voltou, ela tirou seu sári e o estendeu para que eu deitasse sobre ele...* (Elwin, 1959, p. 323).

A equivalência social imposta pela multiplicidade de parceiros

A partir do momento em que a ideologia dominante no dormitório defende o valor atribuído à igualdade entre os garotos, de um lado, e entre as garotas de outro, em seu acesso respectivo ao corpo do outro sexo, o Ghotul viu-se impelido

18 Sobre esse processo de rivalidade entre garotas jovens e um pouco menos jovens, mas também entre moças e mulheres casadas à procura "de um marido capaz", cf. capítulo 9, e sobre a tensão entre mulheres casadas e mulheres idosas, cf. capítulo 6, pt. 3.

em dotar-se de regras capazes de transcender o desejo dos indivíduos. Tais princípios podem, então, informar-nos sobre a natureza da aliança, na medida em que dizem respeito exclusivamente à regulação do sensível. O Ghotul permite identificar claramente seus contornos, pois, os Muria ao adotarem, em momentos diferentes de sua existência, dois regimes de regulação social da beleza, dissociam essa dupla regulação, em geral imbricadas nas alianças, ao mesmo tempo do sensível e do político, vale dizer, a equivalência social e a diferenciação social cuja articulação permite as trocas. Na grande maioria das sociedades, a regulação do sensível, por meio da produção de categorias de equivalência, permanece oculta pela regulação política das alianças, na qual a dominação das mulheres pelos homens leva a adotar como evidente a perspectiva masculina de preferência à feminina. Dessa maneira se apaga o sofrimento induzido por uma desigualdade fundamental, na medida em que o idêntico poderia, segundo essa perspectiva masculina, ser considerado como uma condição natural do humano, recusando o sensível (a singularidade de cada ser) e sua regulação, isto é, o que agrada denominar de modo figurado, o "matrimônio no feminino", que remete de preferência a adotar outro ponto de vista sobre as alianças.

A utopia do dormitório consiste na invenção de uma regulação total da beleza, portanto da diversidade humana, pela imposição de um tipo de igualdade que supõe que nenhum indivíduo possa subjugar outro. Esse princípio difere da justificação sociológica de organização nas alianças matrimoniais nas quais, quase sempre, os jovens devem aceitar o parceiro que os mais velhos lhes apresentam, o que constitui outro princípio de regulação social da beleza. No recinto da casa dos jovens, o rancor, o ciúme, a ira são comportamentos proscritos, sancionados e punidos, enquanto que a tolerância, a benevolência e a generosidade são valorizadas. E os garotos de um dormitório esclarecem bem: "A afeição é igual para todos, como na família" (Elwin, 1959, p. 397). A submissão às regras levam garotos e garotas a tecer comentários diferentes. Como exemplo, esse comentário de um garoto a respeito de uma garota que ela amava: "quando ela dormia com outros garotos, sentia-me sempre um pouco com ciúme, mas dizia a mim mesmo: esta vida de Ghotul não dura senão quatro dias, e de qualquer modo, se eu não tenho essa garota hoje, tê-la-ei amanhã" (Elwin, 1959, p. 397). Com relação às garotas os comentários são divididos. Alguns Ghotul são frequentados por garotas um pouco mais velhas. Menos atraentes, dizem temer a ascendência das mais jovens, mais bonitas sobre a comunidade, como se percebe por esse comentário de Elwin: "Elas eram, de fato, soberanas reinando sobre uma corte de jovens" (Elwin, 1959, p. 245). E, com mais detalhe, acrescenta: "Outra garota nos relatou que, quando era forçada a dormir com um garoto que ela desprezava, e quando percebia uma antiga do Ghotul deitada sobre a esteira com o amigo dela, acontecia às vezes de dar gritos de raiva e de permanecer acordada durante toda a noite, ardendo de ciúme" (Elwin, 1959, p. 398). Por outro lado, observarei que o respeito às regras do dormitório nem sempre existe para o conjunto dos membros da comunidade. Por exemplo, o Ghotul onde os três chefes dos garotos atribuíam-se às três responsáveis das garotas que eles trocavam-se entre si, impedindo-as de se aproximar dos outros, enquanto que as regras de alteração eram impostas aos outros membros (Elwin, 1959, p. 167). Ou ainda do garoto que, como cabeça do Ghotul, explica que em razão do medo que inspirava, conseguia dormir com as duas garotas que ele desejava (Elwin, 1959. p. 168).

O sistema de representação que baliza o Ghotul aproxima-se, de certa maneira, daquele valorizado pela sociedade *Na* quando essa organiza, para a visita, a multiplicidade dos parceiros. Dentre os *Na*, assim como no Ghotul, a tolerância opõe-se ao ciúme (desejo de posse) e a zombaria instala-se como sanção social em relação às tentativas monopolistas.[19] Se Hua Cai demonstra esse fato para os homens, não faz referência alguma ao ciúme feminino, uma vez que o número de visitas recebidas pelas mulheres se revela muito desigual. Ao contrário, acabamos de mostrar que Elwin descreve, de modo preciso, o ciúme no feminino, aliás, tanto quanto o ciúme no masculino, tornando explícito, na verdade, mesmo na desigualdade entre os sexos, as vantagens que os garotos e as garotas encontram nesse tipo de organização.

A comparação com os *Na* deve necessariamente parar aqui, pois o restante é o oposto disso. De fato, se a sociedade *Na* e o Ghotul constituem dois modos de regulação oficial de sexualidade fora do matrimônio, os Muria não vivem senão um tempo sob esse regime - grosso modo entre oito e dezesseis anos - antes de casar-se, fundar uma família e criar seus filhos. Em suma, nada de filhos, nem o cuidado de criar seus filhos no Ghotul, enquanto que os *Na* praticam a visita durante toda a sua vida e as mulheres geram seus filhos que elas criam no seio da família matrilinear, garantia da segurança dos membros. E no que tange a regulação social da beleza, a diferença essencial em matéria de relações sexuais entre a visita e o Ghotul revela-se pelo fato que os *Na* organizam a "multiplicidade livre de parceiros", sem que tenham de preocupar-se com as consequências sobre os indivíduos de beleza desigual, enquanto que os jovens Muria, preocupados com a igualdade das garotas entre elas e dos garotos entre eles, no seio de sua micro-comunidade que constitui o dormitório, são

19 Cf. Cai, 1997, p. 196.

confrontados, no que diz respeito à gestão da beleza desigual, com a organização de "multiplicidade obrigatória dos parceiros". Certamente, se os *Na* não regulam socialmente a beleza, a comunidade do Ghotul quer regulá-la totalmente. Os Muria, todavia, não atingem esse objetivo, sob o regime de "multiplicidade obrigatória dos parceiros", a não ser durante o breve intervalo de tempo antes do matrimônio. Deve-se enfatizar que a sociedade *Na* não regulamenta socialmente a beleza e que praticamente ela é a única que desconhece o matrimônio. Os Muria que não proíbem as experiências sexuais dos jovens regulamentam completamente a beleza por meio de dois preceitos: primeiro, da infância ao matrimônio, pela injunção de "multiplicidade obrigatória dos parceiros" com a preocupação de valorizar uma igualdade localizada entre garotas e entre garotos e, além disso, pela adoção de matrimônios impostos pelos mais velhos aos jovens, nos quais predominam a fidelidade e a estabilidade do lar.

Regimes de regulação social da beleza

Idealmente, para justificar as formas tomadas pela regulação social da beleza, em outros termos, pela equivalência social, seria pertinente poder, para cada "sociedade com matrimônio", analisar de modo geral três períodos: da puberdade ao matrimônio, a idade adulta (do matrimônio à menopausa para as mulheres)[20] e o período da velhice. Para cada período poderíamos encontrar uma regulação, total e/ou parcial, e/ou uma ausência de regulação. Se, geralmente, a regulação da beleza for social, isto é, repousar-se sobre uma invenção imaginária de equivalência, ela pode ser também econômica, aludi a isso com Heródoto, e física, como no caso de cirurgia estética que produz a semelhança por meio de um tipo de passagem ao ato.[21] Impõe-se, igualmente, levar em consideração as novas potencialidades de regulação da beleza apresentadas pelo mundo virtual.[22] O que configura, ao se cruzar as duas variáveis, um quadro composto de nove categorias.

---

20 A questão da menopausa é complexa e será debatida no capítulo 6.

21 As domesticações econômica e física da beleza serão discutidas na quarta parte.

22 O antropólogo Tom Boellstorff tem como campo *Second Life*, que é uma simulação virtual de um tipo de sociedade onde se vive uma "segunda vida" sob a forma de um avatar num universo persistente gerado por jogadores. Retomemos os propósitos de um de seus informantes virtuais, que apresente a seguinte observação sobre *Seconf Life*: "Vós podeis conhecer alguém somente pela sua personalidade; trata-se quase de uma conexão espiritual,

		Impacto de domesticação		
		Sem domesticação	Domesticação parcial	Domesticação total
Períodos de vida	Puberdade ao matrimônio			
	Idade adulta (do matrimônio à menopausa)			
	Velhice			

Esse quadro tem somente valor pedagógico. Poderia, aliás, ser modelado de modo diferente, incluindo, por exemplo, variáveis como as sociedades simples ou o duplo regime de regulação da beleza e, no último caso, os regimes podem, seja coexistirem, seja se sucederem. Poder-se-ia, ainda, levar em consideração a natureza da regulação que pode ser social, econômica, física ou virtual. Todavia, munido dessas variáveis não me lançaria num enorme empreendimento de classificação das sociedades segundo seu modo de produção social de equivalência. Mais modestamente, minha intenção ainda visa sugerir um exame complementar de parentesco que contemple o impacto do sensível na construção das instituições humanas.

É patente que, a fim de regulamentar socialmente a beleza, a grande maioria das sociedades consuetudinárias apelam para as alianças matrimoniais e à promoção de um único regime doméstico admitido pelos adultos, o do matrimônio; tais sociedades não perseguem a via de "multiplicidade imposta de parceiros" e nem aquela de "multiplicidade livre de parceiros". Pelo contrário, "as sociedades de matrimônio" gerenciam a beleza segundo os três períodos indicados acima, porém em níveis diversos de coerção, pela posse (uma posse que pode ser por escolha ou por designação, o termo deve ser esclarecido),

sem corpo" (Boellstroff, 2008, p. 159). Sobre *Second Life,* a intimidade em linha (a amizade e as relações amorosas que estão bem presentes) permite "amar sem ver" (todavia, os avatares encontrados têm mais frequentemente uma aparência jovem e bela). E esclarece: "Para alguns, esse significado de fronteira permeável era vivido em termos positivos. Suas vidas em linha poderiam tornar seu eu do "mundo virtual" o mais "real", no sentido de que ele poderia ficar mais próximo daquilo que eles entenderiam ser o seu verdadeiro eu, não saturado por coações sociais ou particularidades de uma incorporação física..." (Boellstorff, 2008, p. 121).

permanente ou temporária, de um ou de diversos cônjuges. Relembro, todavia, que podem coexistir, como entre os Cashinahua, (sobretudo, na idade adulta) e os Nayar, por exemplo, formas de matrimônio que comportam a "multiplicidade livre de parceiros", o que implica na coexistência de dois regimes, como consequência uma domesticação parcial (às vezes, até mesmo muito limitada) da beleza. Com certeza, eu privilégio nesses capítulos a análise de instituições oficialmente reconhecidas pela sociedade, pois em todas as sociedades humanas, com maior ou menor intensidade, a instituição das alianças coexiste com as relações extraconjugais: essa questão será analisada na quarta parte.

A via da aliança, em geral adotada pelas sociedades consuetudinárias, visando controlar os efeitos da beleza sobre as relações entre homens e mulheres, foi claramente enfatizada por Claude Lévi-Strauss nas *Mitológicas* a propósito de sua análise da diversidade das mulheres, extraída da origem das mulheres. Esses mitos ameríndios "revelam um mistério", tomando os termos de Lévi-Strauss e, ao menos uma "forma antecipada de racismo" que "ameaçaria a vida social" na medida em que a estrutura invertida do mito revela "a verdade subjacente de uma desordem física" (Lévi-Strauss, 1968, pp. 60-61). Tal é o mistério que procurarei explicitar, porém, antes de poder dedicar-me detidamente a essa questão, é plausível investigar outro tipo de sociedade com regulação social parcial da beleza, os Cashinahua. Como os Muria, eles conhecem dois regimes de domesticação social da beleza, no entanto, diferentemente dos Muria, esses dois regimes coexistem aqui durante o mesmo período. Essa coexistência articula as alianças com a "multiplicidade livre dos parceiros".

II | Os "pais múltiplos"

Etnólogos confrontados com a descrição das sociedades consuetudinárias que deixa a porta entreaberta, de modo oficial e institucional, às relações sexuais extraconjugais, elaboraram descrições que me estimulam a completar minha hipótese de uma relação invertida entre a beleza humana e as formas de aliança como fonte de regulação da ordem sensível. A equivalência social estabelecida dessa maneira suplanta a desigualdade fundamental vinculada à escala beleza/feiura como força ou fragilidade. A respeito disso já me manifestei, para a antropologia, a beleza humana não se revelou como um sujeito digno de interesse crucial, uma vez que, além de questões patentes de ordem ética, ela não é particularmente relevante para as alianças. Para as sociedades consuetudinárias é, portanto, à margem das alianças que é plausível enfatizar-lhes os impactos.

A sociedade Cashinahua articula a aliança com as relações extraconjugais em favor da concepção dos pais múltiplos. As aberturas deixadas à domesticação social da beleza propiciam nova oportunidade em descrever de outra maneira a equivalência social. Esse estudo conduziu-me a descrever um aspecto da instituição de segurança social e econômica a lançar no crédito de certas alianças.

A paternidade compartilhada

Os grupos Cashinahua, no alto Amazonas peruano, possuem uma articulação entre matrimônio (vale dizer, aqui, certa estabilidade entre cônjuges reconhecida pela sociedade) e liberdade sexual. A pesquisa de Kenneth Kensinger dedicada a eles, embora verse de modo geral sobre outras questões, expõe algumas características relativas à singularidade humana que permite realçar as consequências (pistas que serão aprofundadas a seguir) sobre as relações entre os homens, as mulheres e entre os homens e as mulheres de uma regulação social parcial da beleza, na medida em que as alianças não têm o monopólio das relações sexuais. Enquanto os Muria conceberam dois regimes distintos de regulação social da beleza em períodos diferentes de sua existência, os Cashinahua compõem dois regimes ao mesmo tempo. Em outras palavras, eles foram levados a gerar uma combinação entre a regulação política (a distinção social), de preferência aqui assumida pelas alianças, e uma regulação relativa da ordem sensível (a equivalência social). Uma regulação relativa da ordem sensível, na medida em que agrega dois registros, aquele atuante nas alianças, e os princípios operantes na "multiplicidade livre dos parceiros". Devo observar que, foi movida de certo modo, por uma determinada estratégia de pesquisa que apresentei, ao mesmo tempo, as sociedades *Na*, Muria e, no momento, a sociedade Cashinahua, uma vez que foi à margem das alianças que eu esperava, primeiro evidenciar os princípios de regulação do sensível, antes de poder em seguida os descrever nas "sociedades de aliança". Com efeito, diferentemente das "sociedades de aliança".[23] nas quais as funções de regulação do político pela distinção social e a regulação do sensível pela equivalência social são assumidas pela mesma instituição, os Muria e os Cashinahua, que conhecem duplo regime, gerenciam essas duas funções por instituições diferentes, o que me autoriza em elucidar facilmente a regulação do sensível, isto é, daquilo que denominei "a desigualdade fundamental" pela produção da equivalência social. Separando totalmente a questão da segurança social e econômica daquela

23 Cfr. Os dois capítulos seguintes.

do prazer, os *Na*, de sua parte, permitiram-me demonstrar o impacto de não regulação do sensível sobre a sociedade. Em poucas palavras, entre os Cashinahua, a beleza, e mais fundamentalmente a desigualdade que dela decorre é, portanto, regulamentada por duas instituições cuja junção conduz a uma regulação social parcial da beleza. Compete-me no momento, descrever os seus grandes princípios.

No final do século XX a sociedade Cashinahua era composta por uma dezena de aldeias situadas nas altas bacias dos rios Curanja e Purus, na parte amazônica do Peru. Entre eles, o matrimônio remete a um processo que oficializa progressivamente uma relação durável entre os homens e as mulheres. Não assegura, todavia, o monopólio das relações sexuais entre os cônjuges. Mesmo casados permanecem livres para manter relações sexuais fora do matrimônio. Os Cashinahua ignoram a noção de paternidade com base em um único progenitor, no entanto, conhecem aquela amplamente adotada do começo ao fim das terras baixas sul-americanas, na maior parte dos grupos, que defende que o feto é progressivamente constituído pelo acúmulo do esperma proveniente das relações sexuais com diversos homens. O grupo de homens que participou da "fabricação da criança" é seu progenitor. Esse princípio estabelece o que Stephen Beckerman e Paul Valentine denominaram, especialmente, paternidade múltipla.[24] Essa concepção de paternidade abre a possibilidade de abordar uma situação na qual o matrimônio não vem interromper completamente (pelo menos oficialmente) a busca, seja pelos homens, seja pelas mulheres, por outros parceiros sexuais senão seus cônjuges habituais.

Os Cashinahua pautam, portanto, a sexualidade por meio de regras de aliança, completadas por aquelas que enquadram a liberdade sexual fora do casamento. Não há segredo entre eles: os amantes, se eles prezam a discrição a fim de não provocar ciúme, podem viver sua paixão abertamente. Os homens e as mulheres permanecem parcialmente livres para organizar sua própria sexualidade quando são casados. Porém, o que ocorre com essa liberdade? Como, para além desses princípios gerais de organização, essa liberdade é vivida por cada membro do grupo em função de sua individualidade, de sua condição e de sua idade? Podem-se realçar as restrições que pesam sobre as pessoas no exercício dessa liberdade, ou então as diversidades que se manifestam, como as coerções encontradas na organização da "visita" entre os *Na* ou do dormitório dos Muria?

A sociedade Cashinahua é polígina (um homem pode casar-se com várias mulheres), a filiação é patrilinear e a residência geralmente é matrilocal:

24 Ver igualmente Beckerman/Valentine, 2002. Nessa mesma obra, Philippe Erikson fala de "concepção poliândrica da paternidade" (p. 126).

o homem vai ao lugar de residência de sua primeira mulher, enquanto que a segunda esposa, se houver, irá juntar-se na residência da família já formada. Se os Cashinahua valorizam o matrimônio e a estabilidade da união entre os homens e as mulheres permitindo, contudo, certa liberdade sexual, o celibato é depreciado. O primeiro matrimônio ocorre geralmente entre quatorze e dezessete anos. O pai, ou na falta deste, um tio paterno responsabiliza-se pelas negociações relativas ao pedido apresentado ao pai da garota: que o garoto possa vir pendurar sua rede. Para que possam ser autorizadas, as alianças seguem regras cuja exposição, deveras técnica, escapa desse propósito.

A concepção de paternidade compartilhada autoriza, então, a mulher de modo oficial, unicamente durante a gravidez e a fim de nutrir o feto, a multiplicar as relações sexuais com muitos homens com a condição de respeitar as regras de aliança que prescrevem quais são os cônjuges autorizados, assim como as normas que estipulam quais uniões sexuais possíveis com os amantes. Por ocasião de nascimento do filho, se o marido é reconhecido como o único pai durante uma cerimônia pública, Kenneth Kensinger afirma que os coautores, os pais secundários, são igualmente reconhecidos publicamente.[25]

As estratégias masculinas e femininas escolhidas para o reconhecimento social da copaternidade garantiriam à mãe um complemento de alimento, graça aos produtos de caça e a um ou aos amantes (os pais secundários) em função de sua posição de homem responsável, situação que lhe outorga uma reputação no âmbito da aldeia, o que lhe concede acesso mais fácil à sexualidade das mulheres. Uma explicação suplementar que Kenneth Kensinger, no entanto, não retoma, poderia ser que essa situação simplesmente dá prazer, ou certa valorização graças a um poder de sedução implicitamente reconhecido; no entanto, os sentimentos de ciúme são poderosos e refreiam os excessos. Assim, Willian H. Crocker, a propósito da copaternidade entre os *Canela* no Brasil, afirma que, se no passado pôde ter sido diferente, nos períodos de crise especialmente, hoje são critérios amorosos e não materiais que estimulam as mulheres a buscar coesposos.[26] Há igualmente explicações sociobiológicas que veem nisso uma estratégia de maximização da difusão de genes dos homens dominantes.

Essas análises permanecem divergentes e, de minha parte, não tenho a intenção de arbitrar-lhes qualquer solução, mas antes, indicar as consequências desse tipo de normatização da beleza sobre as pessoas, na qual uma poliginia, instituída pelas regras de aliança articula-se com uma forma de poliandria, vinculada

25 Kensinger, 1996; ver também Kensinger 1995.

26 Cf. Brohan, 2005.

à concepção de procriação. Pierre Clastres estuda o matrimônio poliândrico em um grupo Guayaki do leste do Paraguai onde as mulheres eram numericamente inferiores aos homens, encontrando desse modo uma situação diferente daquela descrita por Kensinger (Clastres, 1972, p. 168). Apesar dessas diferenças que restringem a comparação entre essas sociedades, Clastres apresenta indicações interessantes que consolidam as duas primeiras interpretações: "Se os dois maridos são homens jovens e vigorosos, a situação da esposa comum torna-se melhor favorecida, tanto no plano material, uma vez que os dois maridos emulam-se zelosamente na caça a fim de trazer à sua esposa a maior quantidade possível de animais, quanto no plano erótico, pois ela pode, a cada instante, contar com as disposições favoráveis e renovadas de seus parceiros". E prossegue: "Quanto aos filhos, eles consideram como pais os diversos maridos de sua mãe, distinguindo-os, todavia, segundo a posição que cada um deles usufrui ao lado dela...". Ele esclarece ainda que o marido principal é o verdadeiro pai e o secundário, o "pai misturado", o que nos aproxima ainda mais dos Cashinauha; os Guayaki reconhecem "a um homem que já copulou com a mulher quando já estava grávida, certo grau de paternidade: aquele é [...] o pai que dormiu com uma mulher grávida de outro. Todos esses homens reivindicam com igual vigor sua qualidade de pai dos filhos e ninguém os contesta" (Clastres, 1972, p. 169).

Entre os Cashinahua, o marido e a mulher não possuem nem direito exclusivo de acesso sexual nem controle sobre as atividades sexuais de seus parceiros (Kensinger, 1995, p. 128). Entretanto, os membros da sociedade julgam que as relações fora do matrimônio, relações denominadas *atiwa/atiya* (que Kensinger traduz por "fazer ou ter um amante"), se elas são toleradas devem permanecer discretas. Em teoria, portanto, uma mulher tem o direito de aceitar ou recusar as investidas sexuais de um ou de todos os homens, inclusive de seu marido. Todavia, os Cashinahua reconhecem que as relações econômicas estabelecidas pelo matrimônio determinam limites a essa liberdade, na medida em que o matrimônio confere prioridade aos cônjuges, mas não um controle exclusivo sobre a sexualidade dos parceiros. Destaco ainda que as mulheres tem o controle de sua fertilidade, pois somente a elas cabe a decisão de interromper ou não a gravidez. O homem pode, sem dúvida, recusar-se a aceitar um recém-nascido como sendo seu, porém em ultimo caso, a decisão de manter ou não o recém-nascido depende da mulher que pode, então, recorrer ao infanticídio (Kensinger, 1995, p. 47).

O sentimento de ciúme existe e pode às vezes tomar formas extremadas. No domínio das relações sexuais extraconjugais, tal sentimento é, em princípio, limitado por um conjunto de códigos sociais e os homens envaidecem com seus ardores extramaritais. Insistem, todavia, para que permaneçam discretos, a fim de evitar desconcertar o marido desgostoso ou de excitar o ciúme, ou provocar o divórcio (Kensinger, 1995, p. 288). Há, portanto, balizas claras para essa liberdade e geralmente, os homens arriscam-se em ignorar as escapadas sexuais dos outros homens, assim como das mulheres, a menos que seu comportamento torne-se de tal modo insultuoso que transtorne a ordem pública (Kensinger, 1995, p. 49).

Mulheres jovens e relações extraconjugais (o ciúme)

Procuremos, agora, compreender o impacto de uma primeira forma tomada aqui pela regulação social parcial da beleza sobre os membros do grupo. Ela incide, de preferência, sobre as mulheres jovens, enquanto que a segunda acomete, mais explicitamente, as mulheres mais velhas. Segundo Kenneth Kensinger, esse tipo de regulação parcial da beleza apoiar-se-ia sobre o fato de que os homens adjudicaram-se um direito exclusivo sobre os produtos da caça. Entre os Cashinahua, a caça participa plenamente no estabelecimento da identidade masculina: um verdadeiro homem, aquele que é respeitado, admirado e desejado é, de modo especial, um caçador habilidoso. Segundo os homens, as mulheres, não possuindo flechas (entenda-se pênis) são incapazes de caçar. Tornaram-se, assim, dependentes dos homens para seu abastecimento em carne (Kensinger, 1995, p. 36).

Kenneth Kensinger delineia a relação entre a dominação e raridade da carne - instituída como tal pela sociedade dos grandes caçadores - assim como a percepção pelos homens da raridade da sexualidade feminina. De tal sorte que a instituição dessas raridades, sem que se chegue a uma troca de carne por sexo (os presentes permanecem modestos entre os amantes), estabelece-se, todavia, sobre uma relação entre a carne enquanto produto da caça dos homens e a sexualidade feminina, considerada por esses homens com outro bem altamente desejado (Kensinger, 1995, p. 51). Tais considerações autorizam descobrir, de modo mais adequado, as razões que incitam os homens, tanto quanto as mulheres a realçar artificialmente (culturalmente) seus encantos físicos. Apelam a adereços de penas, ao porte de colares e braceletes, ou ainda, à pintura corporal como se executassem um ato mágico, um encanto, tal como aquele da beleza, indispensável à *kula* dos Trobriandes.[27]

---

27 Malinovski, 1989, p. 488. Tais desenvolvimentos me proporcionam a oportunidade de relembrar que o corpo é ao mesmo tempo um dado e um constructo. Essas duas dimensões estão intimamente articuladas e devem ser consequentemente consideradas de maneira conjunta. Há o corpo objeto que é o corpo próprio, aquele de uma "estética já lá" (ele remete, para mim, a essa ideia da partilha aleatória da beleza, a uma dada singularidade, estabelecida, em suma, a "uma desigualdade fundamental") que cada humano deve apropriar-se.

O uso desses objetos ou práticas de embelezamento do corpo remete, todavia, mais do que a uma dimensão estética, à medicina *dau*. O homem que cobiça a atenção de uma amante potencial pinta todo o seu corpo (Malinowski, 1989, p. 255), a pintura corporal é presumida, nos rituais *dau*, a atrair a atenção dos espíritos da fertilidade.

De qualquer modo, os melhores caçadores possuem ou podem possuir o maior número de parceiras extraconjugais e,[28] inversamente, Kensinger aponta que as mulheres consideradas como as mais atraentes sexualmente não parecem portar mais adereços ou dispor de mais alimento que as outras. A raridade da carne e a percepção pelos homens da sexualidade feminina não são raridades que, nessa conjuntura de predomínio masculino e de monopólio da caça, podem ser geridos sobre um patamar de igualdade pelos homens e pelas mulheres, pois ambas as raridades são díspares. Enquanto que o grande caçador é valorizado, a mulher muito bonita que acumula os amantes não é valorizada. Kensinger desenvolve o argumento segundo o qual a mulher considerada atraente e que ficasse facilmente disponível, além de desencadear sentimentos de ciúme com relação a si, faria reduzir "o valor da sexualidade sobre o mercado do alimento extraconjugal" (Kensinger, 1995, p. 45), segundo a metáfora do mercado e da raridade formulada pelo autor, em razão de reprovação que provocaria diante dos homens, enquanto que o grande caçador seria valorizado na proporção em que provasse suas aptidões de caça. Com essa observação, estamos longe da situação que predomina na sociedade *Na* onde as mulheres, recorde-se, podem aceitar sem preocupação os amantes que ambicionam.

A não equivalência social entre uma mulher atraente e um caçador fica bem estabelecida quando se compreende que a iniciativa do encontro e, portanto, das relações extraconjugais é exclusivamente reservada ao homem.[29] As mulheres Cashinahua, aliás, tanto quanto aquelas da sociedade *Na*, onde só os homens são autorizados a lhes fazer visita, devem também elas contentar-se de aguardar os favores dos homens e não o inverso. As mulheres que tomassem a iniciativa na matéria seriam espancadas pelos seus maridos, pais ou irmãos (Kensinger, 1995, p. 51).

Um corpo construído torna-se, então, um corpo sujeito, apto para expressar uma identidade cultural particular por meio do reconhecimento que lhe concede o meio social.

28 Kensingfer, 1995, p. 45. A respeito disso numa obra de 2002, coordenada por A. Berckerman e P. Valentina, a questão é focalizada da "partible paternity" de uma abordagem sociológica, onde as sociedades de paternidade compartilhada funcionam porque esse tipo de organização oferece uma vantagem adaptadora, que permite às crianças beneficiar múltiplos aportes de proteínas animais (Beckerman e P. Valentine, 2002). Entretanto, como mostra Olivier Allard, a hipótese sociobiológica inicial não resiste diante da diversidade dos materiais apresentados (Allard, 2004).

29 É interessante enfatizar o paralelo com os *Na*, onde lá também a iniciativa da visita noturna recai sobre os homens e não sobre as mulheres. O confisco da caça pelos homens coloca as mulheres, de certo modo, na mesma situação.

Uma questão persiste: como justificar, na busca comum de amantes, os *Na* não regulamentar, de fato a beleza, enquanto que os Cashinahua a regulamentam parcialmente? Além da aliança inexistente entre os *Na*, outra diferença divide essas duas sociedades, a saber, entre os *Na*, a sexualidade é desvinculada da sobrevivência, assegurada totalmente pela matrilinhagem; em tais circunstâncias, como observei, o diferencial beleza/feiura pode expressar-se sem coerção. Assim, como o mostram Clastres e Kensinger, as mulheres que possuem maridos secundários ou amantes conservam para si, além do prazer, um complemento de alimento. Entre os Cashinahua, se a sobrevivência é totalmente assegurada pela aliança e pela família, Kensinger enfatiza - quando descreve a conexão entre a carne e a sexualidade feminina - que ela não é completamente alheia às relações extraconjugais que, consequentemente, não se emancipa, de fato, de uma busca de segurança social e econômica, não podem aqui, diferentemente dos *Na*, ser simplesmente dirigidas para o prazer.

Enquanto que a iniciativa das relações extraconjugais incide, exclusivamente, sobre os homens e que a carne ofertada pelos caçadores interessa às mulheres, a liberdade extraconjugal encontra limites e a expressão da beleza no feminino encontra-se parcialmente normatizada. No momento dos rituais de fecundidade, um homem pode, secretamente, dar à mulher que ele espera que irá recompensar-lhe os favores, seus presentes sob a forma de pequenos pássaros ou animais. Se o homem circula, viaja e caça, e por isso, mais oportunidades se lhe apresentam de encontrar outras mulheres, a mulher é espacialmente limitada ao vilarejo do qual não se ausenta senão acompanhada pelo seu marido. Privada da caça, a liberdade de que dispõe quanto à sua sexualidade supõe um exercício restrito que se confina, de preferência, na expectativa que o homem inicie a relação, e a mulher pode, certamente, aceitar ou rejeitar as investidas. De tudo isso se pode reter que as mulheres devem entrar, parcialmente, no jogo dos caçadores que detêm duplo monopólio, o da iniciativa de aproximação e aquela da produção da carne, cuja distribuição far-se-á em função de uma retribuição *ad hoc* ditada pelos seus interesses e valores. Valores que as mulheres, por sua vez, adotam por conta de um interesse bem compreendido. Não invertamos, porém, as coisas e mantenhamos em mente que se trata aqui de pequenos mimos e não de uma verdadeira troca de carne por sexualidade. Isso afiança, na verdade, à mulher Cashinahua certa liberdade, em geral distinta daquela presente nas "sociedades por aliança" (onde as trajetórias matrimoniais das mulheres, em determinadas sociedades, ao fim de divórcios seguidos de novo casamento não se comparam aos pais múltiplos dos Cashinahua); e autoriza também, a expressão de uma domesticação social parcial da beleza.

Velhice, aliança e relações extraconjugais (a busca de segurança das pessoas)

Ao lado desse primeiro processo de *regulação social parcial da beleza* desenvolve-se um segundo processo. Ele regula, de outro modo ainda, a liberdade sexual extraconjugal, naquilo que a beleza feminina tem de semelhante e, sobretudo aqui, de efêmero. Essa temática é bem demonstrada pela sociedade Cashinahua. Adjudicando reconhecimento público nas relações sexuais fora do casamento, a questão de fascinação física , mais do que em outras sociedades, torna-se crucial na cabeça de certas pessoas e, mais ainda, em momentos particulares de sua existência. Qual é o futuro de articulação entre a aliança e as relações extraconjugais quando a mulher na menopausa ou quando não dispuser mais daquilo que a tornava fascinante, uma vez que oficialmente, o entendimento da paternidade partilhada não autoriza a mulher multiplicar as relações sexuais com diversos homens a não ser durante a gravidez?

As mulheres casadas têm a possibilidade de buscar sua satisfação sexual com outros homens, e muitas o fazem. Todavia, quando elas envelhecem e se sentem menos atraentes aos olhos de outros homens ou quando não desejam (mais) molestar-se com problemas e comprometimentos atrelados aos assuntos extraconjugais, elas ficam mais propensas a empregar o tempo necessário para seduzir seus maridos (Kensinger, 1995, p. 47). O que significa que entre os Cashinahua, durante um período, coabitam oficialmente e sem conflitos, o matrimônio e as relações sexuais extraconjugais, por isso, um duplo regime que acarretou a instauração de uma domesticação parcial da beleza, duplo regime que pende em seguida para um regime único de alianças quando as mulheres desconfiam perder sua atração física ou quando desejam antecipar esse fato que pesa inexoravelmente, cedo ou tarde, sobre cada uma delas. Elas apreciam então, nitidamente, a instituição do matrimônio e seus maridos, ao invés de seus amantes. Isso corrobora claramente um dos papéis das alianças nas sociedades consuetudinárias (sem terceiro Estado nem, portanto, de políticas de saúde e de segurança pública). Por esse jogo, as alianças (muitas vezes alianças secundárias - cf. capítulo seguinte) asseguram a sobrevivência daqueles que se tornaram mais frágeis no seio da sociedade.

Explico-me. As relações sexuais fora do matrimônio, *atiwalatyia* (fazer ou ter um amante) não implicam como o matrimônio a corresidência, nem o fato de se instituir uma fronteira social entre os grupos (em função de regras de alianças). Ademais, os pequenos afagos e presentes dados pelo homem à sua parceira, em permuta por relações sexuais na *atiwalatyia* não estabelece, como mostrei, uma verdadeira relação econômica que caracteriza as relações de matrimônio. É essencial notar-se que as trocas recíprocas de bens e de serviços que definem o matrimônio Cashinahua são supostas a continuar, haja ou não uma atividade sexual entre os cônjuges. Em outros termos, a interrupção das relações sexuais não denota o fim do matrimônio. Em contrapartida, o término da cooperação econômica significa o fim do matrimônio. Inversamente, a cessação da atividade econômica marca o término da relação *atiwa/atyia* (Kensinger, 1995, p. 127).

Essa diferença que distingue a relação *atiwa/atyia* daquela do matrimônio merece ser examinada. De certa maneira, no entendimento da mulher Cashinahua, o matrimônio vem substituir e até mesmo equilibrar as desigualdades contidas na *atiwa/atyia*.

Enquanto o matrimônio é obrigatório para todos e muitas vezes duradouro, mesmo que o divórcio exista, a *atiwa/atyia* diz respeito à iniciativa das pessoas e é temporário. Em outros termos, entre os Cashinahua, graças a esse duplo regime que diferencia a aliança das relações extraconjugais, pode-se enfatizar com nitidez que o fascínio sexual, em especial atuante na formulação das relações extraconjugais, não pode explicar, nem sobretudo garantir, na prática, a sobrevivência das mulheres. Isso denota que elas teriam podido, em virtude de sua sexualidade, atrair, de modo duradouro, os favores de um ou de vários homens, em vista de uma cooperação econômica e, portanto aumentar suas oportunidades de sobrevivência. A aliança situa-se numa relação invertida da beleza, a qual é regulada por um processo que encaminha à equivalência social. Ao contrário, o que os Cashinahua dizem é que a atração sexual decresce com a idade, ou que ela é desigualmente distribuída entre as mulheres que valorizam, então, inversamente as formas tomadas pelas alianças. As alianças, regulando a beleza, colocam as mulheres (as mais idosas, no caso em tela), de modo mais duradouro e mais garantido, ao abrigo dos perigos ligados à escassez alimentar, mas igualmente, e da rivalidade e do ciúme.

Nesse sentido, Kensinger ressalta que os Cashinahua desconsideram a mulher estéril, aquela que, mais velha atingiu a idade da menopausa, ou ainda aquela que não tem mais nenhum fascínio como parceira sexual. Elas devem, então, executar serviços que elas próprias não deveriam fazê-lo quando podiam almejar entrar na famosa barganha de alimento com os homens. Do mesmo modo, a partir dessa perspectiva, essas mulheres recusadas se viam relegadas a lugares menos influentes, nas estratégias complicadas atinentes aos lugares mais ambicionados para pender sua rede durante a noite no seio das unidades de residência familiar.[30] Não obstante, essas alianças atribuem a essas mulheres uma condição: a de mulher casada. O instituto do matrimônio assume, assim, uma dimensão inegável. Consiste em outorgar

30 *Op. cit.*, p. 51. Ver também, a respeito da importância do lugar onde dependurar seu *hamac* em função de sua idade e sua condição social, p. 288.

uma condição estável a uma pessoa, para além de sua aparência física, e mais precisamente, quando essa compleição altera-se na velhice, com o surgimento da esterilidade e da fraqueza física. Por conseguinte, a aliança, dando origem a uma equivalência social, intervém igualmente, na sobrevivência dos indivíduos mais vulneráveis, homens ou mulheres.[31] Esse efeito das alianças diz respeito, para os Cashinahua, a um sustento material entre marido e mulher(es), mesmo fora do período de cuidados com os filhos; uma cooperação que não cessa quando diminui a atividade sexual, enquanto que as relações extraconjugais, é evidente, cessam com o término das relações sexuais, assim como os pequenos presentes e regalias materiais. Evidências, sem dúvida. Entretanto, mereceriam ser realçadas ou simplesmente rememoradas.

O estudo das sociedades Muria e Cashinahua, sociedades de "duplo regime" e de regulações parciais da beleza, como os *Na* que, propriamente não regulam a beleza, impeliu-me a, primeiramente descrever, e em seguida adotar outra perspectiva sobre as alianças. Eu ressaltei que tal ponto de vista é distinto e complementar daquele predominante, amplamente masculino, mas que, para além do feminino que pareceria evocar segundo um princípio de oposição, é de preferência, sustentado por categorias consideradas como as mais frágeis de uma sociedade.

Essa outra perspectiva versa sobre a regulação da ordem sensível e deve ser diferenciada da regulação de ordem política. Esse ponto de vista alternativo revela que a regulação social da ordem sensível (da beleza) pela produção social de equivalência diz respeito a duas dimensões complementares: a de rivalidade/ciúme e, em seguida, aquela de segurança dos grupos considerados como os mais frágeis de uma sociedade.

Os dois capítulos seguintes abordarão, com detalhes, essas duas dimensões por meio do estudo de regulação da ordem sensível (a regulação social da beleza) nas "sociedades consuetudinárias por aliança", tendo como fundamento empírico as sociedades Mossi e Haoussa da África e as sociedades ameríndias. Mostrarei no capítulo 5 que as alianças, por sua contribuição à produção de equivalência social, intentam regular o binômio rivalidade/ciúme (dizendo de maneira metafórica, pela produção de "coirmãs" e não mais unicamente de "cunhados", retomando a expressão de Claude Lévi-Strauss). No capítulo 6, discutirei o fato que as alianças podem igualmente garantir a segurança dos grupos mais frágeis de uma sociedade (por uma equivalência social estabelecida entre pessoas de um mesmo grupo, mas de idades diferentes). Os capítulos seguintes versarão sobre as "sociedades de aliança" que não conhecem senão um só regime de regulação social da beleza, isto é, de longe as mais numerosas.

31 Para maiores esclarecimentos, cf. capítulos 5 e 6.

V

Rivalidade e Ciúme: Aliança e Instituição de Categorias de Equivalência

Parece-me que devo, no momento, explicar a razão dessa longa inflexão para finalmente chegar, após quatro capítulos, a tratar da regulação social da beleza nas "sociedades de aliança".

Recordemos, como mostrei, que para a antropologia, a beleza humana não é digna de interesse por duas razões principais:

A primeira é que evidentes questões éticas poderiam pôr em risco o pesquisador que se aventurasse sem o devido cuidado, pois poderia até ser tratado como racista em virtude de vertente sombria da singularidade. Portanto, uma dúvida sobre meu empreendimento que espero, entretanto, ter totalmente solucionado quando, em minha opinião, aquilo que defini como uma "desigualdade fundamental"[1] poderia ser um objeto científico tanto quanto uma "injustiça fundamental", uma vez que a partilha desigual da beleza e suas consequências remetem a um tormento e a uma descriminação que justificam plenamente o racismo nesse nível de injustiça.[2]

Recordo ter utilizado os termos "desigualdade fundamental", não somente no sentido restrito de uma injustiça (uma forma de racismo), mas como objeto científico digno de interesse. Trata-se então de uma "singularidade dada", primordial, tendo por entendido que o corpo é ao mesmo tempo um dado e um constructo. Já indiquei que o corpo próprio evoca uma "estética já lá", vale dizer, uma singularidade, que esta se baseia sobre critérios universais e/ou que ela deriva de convenções culturais evolutivas e negociáveis. Todavia, esse "corpo-objeto" para tornar-se sujeito deve ser conquistado; ele expressa, então, uma identidade cultural particular do reconhecimento que lhe outorga o meio social.[3] Seja como for, essa "desigualdade fundamental" procede de percepção humana

1 Claude Lévi-Strauss fala, sobre isso, de "fundamento biológico" ou de uma "desordem física" (Lévi-Strauss, 1968, p. 60).

2 Voltarei ainda em detalhe quando, na terceira parte desse livro, examinarei a teoria da "seleção sexual" desenvolvida poro Charles Darwin, e também as questões éticas que ela apresenta a Claude Lévi-Strauss.

3 Cf. capítulo I, ponto 1: "A beleza e a exceção humana".

da singularidade de cada membro de um dado grupo. Demonstrei que a percepção dessa singularidade era inconciliável com a reprodução da sociedade, percepção que deve ser regulada para que promova uma equivalência (similitude, permutabilidade) entre as pessoas, condição *sine qua non* das trocas. O que contesto, pois, neste livro é a possibilidade de declarar o idêntico entre os homens como uma condição, de pronto concretizada no que seria uma condição natural do homem. Ao contrário, demonstrei que o sensível existe, com consequências manifestas sobre a sociedade se ele não for regulado. A regulação da ordem sensível constitui-se pela transposição da singularidade por meio dos pactos que constituem as categorias de equivalência (de homem e de mulher, por exemplo) e das fronteiras definindo o que pertence à humanidade e o que dela é excluído.

A segunda razão é que, para os antropólogos, a beleza humana não é levada em consideração nas alianças consuetudinárias. Tais alianças diriam respeito exclusivamente a considerações de ordem política, ou social e econômica, isto é, estruturalmente a um processo de diferenciação social que autoriza a troca.[4] É a principal razão que me levou a corroborar esse outro ponto de vista sobre as alianças, vale dizer, o princípio de regulação social da beleza. De início o abordei à margem das alianças, pois essas, já me expliquei sobre isso, visam especialmente ocultar a beleza como desigualdade fundamental, tornando-a socialmente ofuscada ao olhar. Na melhor das hipóteses esse princípio é de pronto resolvido em razão do postulado ético, do idêntico como condição natural do homem, mas na pior, o mais das vezes, ele é totalmente ignorado pela antropologia. A questão da beleza humana encontra-se de certa maneira, reprimida, o que expliquei amplamente ao examinar essa questão para a Grécia antiga. A existência da instituição de equivalência social como processo de regulação da ordem sensível, à qual remete a regulação social da beleza, foi estabelecida em favor de sociedades a "duplo regime", isto é, de sociedades que conhecem, concomitantemente, o regime das alianças e o regime instaurado por outras instituições, tais como a do dormitório misto dos jovens Muria ou dos "pais múltiplos" para os Cashinahua. Elas me possibilitaram delinear os contornos desse processo de regulação do sensível. Pude, além disso, ressaltar que esse processo refere-se a uma dupla regulação: regula primeiro a rivalidade/ciúme pela produção de categorias de equivalência entre os homens e

4 Para uma apresentação dos princípios de "diferenciação social" em Claude Lévi-Strauss, verificar o último ponto deste capítulo, "O sistema de diversidade híbrida das mulheres ou a "teoria alternativa de troca". Ver igualmente parte III, capítulo 8, o ponto dedicado à discussão da teoria de troca de Claude Lévi-Strauss.

as mulheres, e em seguida, regula sua participação na instituição de segurança social e econômica para os grupos concebidos como os mais frágeis por uma sociedade. Agora estou provido de um aparato conceitual que autoriza sair das margens e dedicar-me à descrição de função da beleza e à sua regulação nas "sociedades de aliança".

Por ora indicarei que, nas "sociedades por aliança", o "idêntico" é uma percepção instaurada socialmente. Essa é assumida pela produção de equivalências sociais. Esse mecanismo é um parceiro de troca, ao mesmo título que a invenção social de complementaridade entre os grupos sociais, processo complexo, composto por diversas facetas que coloco neste capítulo sob o lema geral das teorias de diferenciação social.[5] A complementaridade social instituída entre os grupos, por meio do jogo de diferenciação social, impele à troca (por meio das alianças). Todavia, desejaria apontar que essa troca, para existir, implica que esses diversos grupos entrem em acordo sobre uma humanidade comum. Quando me refiro à produção "do idêntico", "de equivalência", não remeto à identidade, ao único (é mais próprio do Ocidente), mas antes a uma identidade que articula uma similitude, uma permutabilidade, isto é, uma equivalência que autoriza a troca.

A articulação entre a equivalência social e a diferenciação social é exequível porque estabelece-se sobre planos distintos, aquele de regulação do sensível e aquele do político: é sob essa condição que essa articulação encaminha à troca. Em outros termos, para que a troca se efetive pela aliança, é conveniente que um mesmo grupo, por exemplo, o das mulheres, seja concebido de dois modos distintos: as mulheres que compõem esse grupo devem ser consideradas entre elas como idênticas, do ponto de vista de regulação do sensível (e postula que uma mulher vale uma mulher, seja ela bela ou feia, jovem ou velha...; tal processo tem como resultado a instituição de uma categoria de equivalência), ao mesmo tempo em que elas são diferenciadas segundo o princípio de ordem política, isto é, de diferenciação social (uma mulher pertencente a tal linhagem ou a tal grupo totêmico, por exemplo, não é equivalente a uma provinda de

---

5 Na sequência a exposição, analisaremos de modo mais detalhado as consequências variáveis das teorias de "diferenciação social" sobre a regulação da ordem sensível. Assim, nós falaremos de Pierre Bourdieu com *A distinção* (cf. capítulo 10), de Maurice Godelier com a transmissão das relações políticas e religiosas, isto é, das hierarquias e da submissão (cf. capítulo 8 para uma discussão detalhada das implicações da teoria de "domesticação da sexualidade/desejo" de Maurice Godelier sobre a regulação da ordem sensível), e de Claude Lévi-Strauss com sua leitura renovada do totemismo (para uma discussão das implicações da teoria de "diferenciação social" sobre a regulação da ordem sensível, cf. o capítulo 5) "Categorias de equivalência e alianças nos mitos ameríndios"; o capítulo 6, "A velha mulher que se apega à vida" e o capítulo 8.

outra linhagem ou de outro grupo totêmico, e por consequência, elas podem ser trocadas). As balizas de uma equivalência social, ou ainda, a abrangência das categorias de equivalência discriminam socialmente aqueles que uma sociedade qualifica como idênticos e que são seus membros, em relação àqueles que não o são, isto é, os outros, os estranhos, provendo com isso, certa coerência interna a um determinado grupo. No que diz respeito ao processo de diferenciação social é pertinente dizer que ele engendra no seio desse mesmo grupo - segmentação social[6] e/ou uma relação de ordem fundamentada sobre as hierarquias e a submissão.[7] Essas duas últimas noções serão discernidas e debatidas na terceira parte.

Para prosseguir passo a passo esse raciocínio, eu os convido, portanto, a assumir não mais um ponto de vista, mas sim dois sobre as mesmas alianças. No capítulo precedente tais pontos de vista eram mais facilmente identificáveis, uma vez que eram amparados por instituições distintas ou parcialmente distintas, em razão da existência daquilo que eu denominei um duplo regime. Qualifiquei o primeiro ponto de vista de "matrimônio no feminino", para que a diferença fosse enfatizada, mas também a complementaridade em face de um segundo ponto de vista, dominante, de preferência masculino (porém, não exclusivamente) e que se sustenta sobre um princípio de ordem política. Já apontei que esse "matrimônio no feminino" é, de preferência, assumido por categorias consideradas mais frágeis de uma sociedade. Essa outra perspectiva versa sobre a regulação do sensível enquanto que "o ponto de vista masculino" trata daquilo que concordei denominar o político (aqui no sentido de organização de um princípio de ordem - de classificação - de natureza política apta a promover uma assimetria); ambos são assumidos pela mesma aliança.

1 | À margem da sociedade consuetudinária Mossi

Quando, em julho de 1985, em plena revolução sankarista, desembarco a Ouadadougou com a intenção de encontrar um campo etnográfico dos Mossi de Burkina Faso, já faz muito tempo que essa sociedade, embora situada no ponto mais fundo de savana, mantém contados com o mundo exterior, incluindo

6 Cf. Lévi-Strauss, 2008a, p. 507. É interessante ressaltar que o termo "segmentação social", se ele evidencia uma ordem social em Lévi-Strauss, não possui, por dizer claramente, dimensão política.

7 Cf. os trabalhos de Maurice Godelier (para um estudo detalhado, verificar capítulo 8).

o Ocidente. Não havia tomado todas as providências e precauções, e esperava ainda poder trabalhar sobre temas clássicos da antropologia, aspirando assim prosseguir as investigações de meus ilustres predecessores. Finalmente em julho de 1988, minha mulher e eu nos acomodamos em uma aldeia de Kulkinka situado na Oubritenga, nas margens do rio Nakabé. Nós permaneceríamos ali até setembro de 1992.[8] Mantivemos amizade com um chefe de família (segmento de linhagem) que se revelaria como um dos meus excelentes informadores.

Kulkinka é uma aldeia especial.[9] Durante o período colonial, a família do *tengnaabe* (chefe Mossi) mudou o nome e adotou o de um *tengbiiga* (gente da terra, autóctone). Por esse ardil, o chefe Mossi, que tentava afastar-se e não mais responder às injunções da administração colonial, havia avaliado oportuno sublocar o poder a uma linhagem de um lugarejo vizinho (antigo bairro dos escravos). Quando foi proclamada a independência os nomes modificados permaneceram. Os "falsos reis" estavam amoldados nesse poder e na ocasião de uma nova redivisão do território, a administração revolucionária ferozmente oposta a essa situação de território sob a autoridade de chefe tribal, sancionou a mudança, outorgando ao vilarejo vizinho a sede da administração local. De sua parte, o chefe de terra (*tengsoaba*) havia abandonado suas funções junto ao altar da terra (*tenkugri*) assim como as referências aos ancestrais; ela acabara de converter-se ao islamismo assim como a maioria dos habitantes do vilarejo.

Diante da falência dos antigos poderes políticos do vilarejo, uma dezena de jovens chefes de família arriscava impor-se no cenário público da aldeia, aquela das associações camponesas nascentes. Eles haviam retornado ao país após alguns anos de migração na Costa do Marfin, Gana ou em outra parte. Quando de seu retorno, os campos de iniciação consuetudinária (*bango*)[10] não existiam mais e, partindo à busca de dinheiro, de garotas ou de Deus, os chefes de família haviam retornado com um "alhures na cabeça", vale dizer, algo com o que podiam integrar-se no vilarejo de outro modo. Nessa época, a dúvida ainda não era permitida e a simples evocação do termo "desenvolvimento" agia como um criador de energia humana. As tradições Mossi pareciam arcaicas, como que desclassificadas pela própria ideia de produzir o "desenvolvimento", aquele que os migrantes haviam

8 Durante uma dezena de anos, de 1993 a 2003, graças a aproximadamente 30 missões, tive o raro privilégio de participar das pesquisas e de elaborar diversos trabalhos em Burkina Faso. Atualmente, dei início a outro campo de pesquisa no Cabo Verde.

9 A aldeia contava aproximadamente 250 pessoas.

10 O bango era ao mesmo tempo uma iniciação social e um ritual de puberdade. Esse ritual que incluía circuncisão e a excisão conduzia ao evento do neda, ou seja, de homens e mulheres adultos. Cf. Badini, 1994.

vislumbrado em suas viagens e que eles contavam colocar em ação em seu meio. Assim, em nome do desenvolvimento, todas as transgressões pareciam permitidas: os muçulmanos criavam porcos, os mais ousados dos jovens adultos haviam desafiado o matrimônio consuetudinário para conquistar uma ou várias esposas de sua escolha e as garotas refugiavam-se na residência dos pastores a fim de evitar um matrimônio que elas reputavam desde então compulsório.

Eu não iria tardar em aprender às minhas custas que Kulkinka era um "vilarejo sem mestre",[11] onde cada qual deveria assumir suas próprias responsabilidades tanto para sua família quanto com relação aos outros. Arautos do desenvolvimento, sobretudo os jovens, haviam tomado suas distâncias em relação às tradições Mossi, principalmente aquelas dos ancestrais cuja coerção eles não toleravam e, de modo especial, aquelas dos detentores dos poderes consuetudinários.[12] Eu vivia o momento no qual a maioria dos camponeses de Kulkinka não pensava mais realmente que era a reencarnação de um ancestral. Como um conjunto de implicações que se concatenavam umas as outras, sua sociedade iria, então, transformar-se rapidamente e profundamente.

Os confrontos eram frequentes e muitas vezes violentos. Esquece-se habitualmente, que a promoção do desenvolvimento é, antes de tudo, uma transgressão dos antigos modos de vida. Ela carecia da busca de novas salvaguardas contra os riscos de ataques de magia. Os jovens de Kukinka encontrarão junto das "novas religiões" um deus de poder, mais forte do que o mais forte fetiche. A adesão ao desenvolvimento torna-se então, também uma adesão a outro modo de vida, sinônimo de uma conversão a outro sistema de pensamento. Eles ambicionarão a mudança e a liberdade, encontrarão apoio no islamismo e no pentecostalismo. Jogo arriscado, pois muitos deixarão suas vidas nas desavenças pintadas de rancores, de vergonha e de honra. O principal desafio consistia "em produzir o desenvolvimento", o que remetia também, à afirmação de

---

11 Um tanto no sentido de "homem sem Mestre", ou seja, sem baliza, desenvolvido por Karl Polanyi em *A grande transformação.* Nessa obra trata da revolução industrial na Inglaterra, ele indica que o aprimoramento econômico é seguido, para uma maioria da população de um flagelo social que, antes de tudo, é um fenômeno cultural e que os auxílios iriam completar a degradação e a dependência dessa população. É a degradação do ambiente cultural a causa da miséria, "O resultado é que ele não respeita mais a si mesmo, e deteriora seus critérios morais, quer se trate de um povo ou de uma classe, que o processo brote do que se denomina "conflito de cultura" ou de uma mudança de posição de classe no interior dos limites de uma sociedade" (Polanyi, 1983, pp. 211-213).

12 Os ancestrais no sentido daqueles que não agem mais como se fossem uma "reencarnação" de um ancestral, o que não era outra coisa senão uma forma de regulação política pela "simbolização da preeminência dos anciãos", para tomar a bela expressão de Mike Singleton.

si, dos poderes que lhes possibilitavam infringir, sem morrer, as regras instituídas pelos antigos poderes locais. Tudo era desafio entre os detentores de poderes diversos que rivalizavam na tentativa de impô-los na cena do povoado como novas fontes de normatividade. Os promotores do desenvolvimento confiavam em um deus protetor, suposto proteger - na imagem de uma imensa pedra atrás da qual alguém se mantém contra - as manipulações tramadas de feitiçaria, segundo eles, pelos poderes consuetudinários, contestados e amargos. Mais tarde, um chefe de família me fez o seguinte comentário: "Pensávamos rejeitar os costumes para viver melhor, isto é, para viver sem dificuldade. Desejávamos viver 'sem leis' (as da sociedade tradicional) a fim de realizar o que desejássemos".

Durante certo tempo, tentei ignorar as transformações. Tal como um fotógrafo focalizando cuidadosamente seus ângulos de visão, esperava ainda poder abordar exclusivamente a sociedade consuetudinária, no entanto, ela já não existia, senão, no sonho de um etnólogo em embrião. Restringi-me, então, aos estudos históricos, antes de ser tomado por dúvidas quanto à confiabilidade da memória dos mais velhos. Graças à experiência progressivamente adquirida, compreendi que essa memória dobrava-se, com filigranas, em elementos inextricavelmente ligados a desafios contemporâneos. Cedi, progressivamente, diante da evidência que a globalização havia, há tempo, conquistado o planalto central Mossi e perdi a esperança de um "verdadeiro" campo numa sociedade consuetudinária. Com receio - pelo futuro acadêmico em etnologia - resolvi finalmente descrever o presente. Para tanto, aceitei simplesmente "a observação participativa" como evidência metodológica, a fim de descrever a sociedade Mossi tal como a encontrava. Como por contágio, eu também assumi o desenvolvimento uma vez que examinei os processos de transformação das grandes instituições da sociedade Mossi (fontes de poder, sistema de parentesco, acesso a terra, sistema de pensamento: representações do nascimento, da morte e da doença...). Isso não me isentou de aprender o *moore* (idioma dos Mossi), nem de me familiarizar com certos aspectos, deixados parcialmente intactos, da sociedade tradicional.[13]

Nesse momento de agitações, a capacidade coercitiva dos poderes políticos locais estava consideravelmente fragilizada. E o Estado não tendo, de fato,

13 Para mais informações, analisei em detalhe esse período e os princípios de transformação da sociedade consuetudinária Mossi em: *Les Pouvoirs Politiques Locaux e a Décentralisation em Burkina Faso, Louvain-la-Neuve.* Paris, Academia-Bruylant/L´Harmattan, coleção Cahiers, Du CIDEP, n. 26, 1995; *Une Association de Développement em Pays Mossi. Le Don Comme Ruse,* Paris, Kasthala, 1998; *Les Pentecôtistes Du Burkina Faso. Mariage, Pouvoir et Guérison,* Paris, Karthala/IRD, 2003.

sido apto para valer-se dos espaços parcialmente liberados pelos antigos poderes (no domínio fundiário, da saúde, da educação e, especialmente, da família), a situação presente suscitava, na verdade, incertezas, mas também um espaço de liberdade jamais igualada no meio rural Mossi. Essa situação levou os indivíduos do vilarejo a dizer que doravante "hoje se procura dinheiro, é tudo".

Porém, em Kulkinka o estado de graça do desenvolvimento não durou muito, no máximo uma quinzena de anos.[14] Paulatinamente, os problemas suscitados pela liberdade tornaram-se, a cada dia, mais insuperáveis. Essa situação excedia, de longe, esse povoado, e utilizei a ideia de "modernidade-fragilizada"[15] para caracterizar esse momento de incerteza que está no âmago, ou ao menos na borda da maioria das situações contemporâneas dessa região da África. Esse contexto de ansiedade conjuga a extenuação de incumbência consuetudinária pela vida comum com as deficiências do Estado incompetente em organizar solidariedades institucionais. Defrontadas com a severidade da sobrevivência cotidiana, certas formas de "vida em comum" da sociedade Mossi sobreviverão "ao desenvolvimento" transformando-se, a tal ponto que a situação ficou deveras inédita, e até mesmo promissora para com as inovações sociais. Todavia, ainda durante um tempo, tudo acontece como se vivêssemos um momento particular: a acumulação intimida, pois desejada, ela acompanha a promoção do desenvolvimento, o qual surge sem uma verdadeira ação reguladora de um terceiro Estado. De um lado, a acumulação intimida aquele que se aventura, em razão do ciúme que ela provoca e das incertezas que pesam, em longo prazo, sobre a duração dos recursos. De outro lado, ela intimida aquele que se julga descartado injustamente dos princípios de busca da segurança social e econômica própria da sociedade consuetudinária, e isso, segundo ele, por egoísmo daquele que acumula em excesso. Dessa situação ambivalente resultarão, todavia, formas originais de vida coletiva. Em suma, não é objeto deste livro, hoje em Kulkinka, o imã da mesquita que, nesse meio tempo, pode fazer a peregrinação em todos os lugares sagrados do Islã, e um pastor pentecostal, empreendedor bem conhecido na região, impuseram-se como *big men* do vilarejo.

Convém precaver-se contra as implicações concretas desse contexto de "modernidade fragilizada" na maneira de expressar as coisas, própria aos aldeões. Suas considerações sobre sua própria sociedade são esclarecedoras, pois se eles lançam um olhar distante sobre certos aspectos da sociedade

14 Desenvolvi de modo particular esse período na obra: *Une Association de Développement em Pays Mossi. Le Don Comme Ruse*, 1998.

15 Para a noção de «modernidade sem segurança», cf. Laurent, 2003, pp. 255-303.

consuetudinária, se preferiram dela se livrar, sem pesar, diante do altar do desenvolvimento, inversamente, eles já se queixam de determinados aspectos. Eis alguns elementos do modo pelo qual eles me relataram os abalos ocorridos, em uma geração, no seio da família Mossi. Esses dados são extraídos de cadernos de campo datando de 2000.

Segundo esses informantes, a degradação do meio ambiente e o empobrecimento das terras precipitou a cisão da grande família (composta comumente pelos irmãos, por suas esposas, pelos filhos, e os avós paternos, totalizando às vezes mais de 50 pessoas) Hoje, afirmam eles, cada um busca individualmente a garantir sua própria sobrevivência: "Antes, a aldeia possuía suas regras e cada corte (segmento da linhagem) tinha igualmente suas regras. Os mais velhos monopolizavam o poder e velavam sobre os regulamentos para que fossem obedecidos. Mas hoje o que os costumes geram? Os costumes foram reduzidos a fetiches, isto é, proteção contra o medo que os outros provocam! É o medo e o ciúme que compelem cada um a buscar sempre mais proteção (mágica) para si e para seus parentes". Em cada família, os membros emigram à busca de melhores condições de vida. E, segundo eles, a ideia de carência (dinheiro) encontra-se na base de cisão da família ampliada assim como das desavenças familiares: "Antes, o chefe de família e sua primeira esposa gerenciavam a corte: quando uma coesposa chegava, a primeira lhe indicava as regras a serem respeitadas. Não havia, como hoje, divisão no seio das grandes famílias". "As grandes famílias tornaram-se raras. Cada um deseja que lhe seja reconhecida, pelos outros, a parte dos terrenos familiares que acredita, de ora em diante, lhe pertencer", contrariando assim o princípio fundiário da indivisibilidade da linhagem.[16] "Antes", me explica ainda um informante, "um indivíduo mais velho podia ceder um terreno gratuitamente a um amigo, mas hoje é impossível, pois os jovens controlam as atividades dos mais velhos para impedi-los disso".

Uma forma de individualismo assim como a forma de procura de bens de consumo ocupa cada vez mais a cena do vilarejo. O dinheiro parece ter tido razão sobre a família ampliada: cada um de seus membros tenta encontrar, antes de tudo para si mesmo, uma atividade remunerada; segundo a fórmula consagrada: "O pai procura, a mãe procura", em suma, todo mundo procura por dinheiro. Como se referisse a um princípio superior, o fato de receber um salário, de possuir uma motocicleta, ou ainda, de ter acesso a gastos de prestígio, (como vestimenta, casa construída com material durável, rádio e televisão com bateria...) liberta aqueles que possuem relações de dependência para com as autoridades consuetudinárias.

16 Relatei essas transformações em Laurent, 2007, pp. 315-332.

Esses momentos de instabilidade são igualmente aqueles de todos os possíveis para o pensamento que se torna abertamente reflexivo. Tais momentos de intensa lucidez permitem bifurcações. Elas podem, por vezes, conduzir a inovações institucionais francas com consequências relevantes para a sociedade.

Desse modo, como cenário de transformação radical da sociedade Mossi encontram-se a conscientização progressiva de penúria da condição campesina, assim como a emergência de um sentimento de pobreza induzida pela "geração do desenvolvimento" que é aquela, sobretudo, que descobrira os efeitos da carência e do desejo de tudo consumir. A postura reflexiva consiste, em primeiro lugar, em descobrir-se pobre e de recusar essa situação. O pobre é aquele que não possui nada, quando esse "nada", devido ao fato de estar com boa saúde, casado, com filhos, de dispor de sua força de trabalho para cultivar as terras da linhagem, de poder apelar aos vizinhos em caso de adversidades, ou ainda de considerar-se como a reencarnação de um ancestral, simbolizava, de certo modo, a situação normal valorizada do camponês Mossi. Doravante, os adversários do desenvolvimento interpretam esse nada como a consequência de um empobrecimento devido às obrigações para com os poderes consuetudinários e o meio social inibindo sua ganância de acumulação. Essas múltiplas prestações ou contraprestações que se experimentavam como evidentes, significam uma carga ou um cálculo. Antes, aqueles dos quais se lamentava na sociedade tradicional Mossi não eram os pobres - essa noção não tinha sentido - mas sim a viúva, o enfermo, o demente em razão das dificuldades em prover suas indigências; eles eram, então, protegidos integralmente. E mais, com o princípio da refletividade, é a relevância a ser imputada ao valor coercivo da "justiça dos ancestrais" que está em jogo. Assim, qual similitude entre o fato de recorrer às facetas do costume, de modo ardiloso, oportunista, por falta de melhores meios para atingir seus objetivos e a prática que consistia em curvar-se como um "evidente por si"? Exteriormente, para um novato, nada parecia ter alterado - uma aldeia Mossi continua sendo, de longe, inteiramente uma aldeia Mossi - todavia, na cabeça dos habitantes as transformações são relevantes. Normas provindas de diferentes extratos de poder (poderes consuetudinários, religiosos, comunais, estatais) coexistem atualmente e a insegurança[17] que daí decorre descobre-se em filigrana dessas transformações.[18]

---

17 A insegurança não é unicamente material, ela pode ser também, psíquica quando a indecisão torna-se fonte de sofrimento diante da incompatibilidade experimentada por alguns em face da necessidade de fazer coexistir sistemas de valores tão distanciados que aqueles que sustentam os princípios consuetudinários do viver em conjunto e da acumulação para si da modernidade transnacionalizada; é nesse sentido que falei de sociedade híbrida para tratar do momento particular (a respeito disso, ver Laurent, 2008, pp. 33-40).

18 Conferir a propósito disso as teses apadianas, as de Olivier de Sardan, 1995; Bierschenk/

É, portanto, em vão que para permanecer fiel ao método adotado até o presente, no momento em que as alianças consuetudinárias desagregam-se e, logo, de certo modo, novamente à margem dessas alianças, que eu coletei junto a esses grupos Mossi, informações sobre a regulação do sensível, isto é, a regulação social da beleza. Além disso é, por conseguinte, um momento especial em que duas perspectivas, que propusera denominar duplo ponto de vista sobre as mesmas alianças, acham-se desalinhadas. Eles são mais frequentemente confundidos nas "sociedades de aliança", onde o ponto de vista dominante - aquele de regulação da ordem política - camufla a expressão de regulação do sensível. Essa distância ocorre não mais em razão de um duplo regime, como nas sociedades examinadas anteriormente, mas graças à generalização de um ponto de vista reflexivo, crítico, desenvolvido pelos indivíduos do vilarejo sobre sua própria sociedade. Determinadas evidências sociais de ontem, até então incontestáveis, tornar-se-iam sujeito de debate, liberando-me das informações sobre a regulação da ordem sensível. Tal foi, notadamente, o caso da função, doravante adotada pela beleza na conclusão de novas alianças, concernente ao fato que certas pessoas, ao contrário da época precedente, não chegavam a casar-se: situação impensável, até pouco, nessas aldeias.

II | O MATRIMÔNIO POR CONSENTIMENTO MÚTUO ENTRE IMPOSIÇÕES E LIBERAÇÃO DO "OLHAR"

Do que precede retenhamos que as tensões ocorridas nas alianças surgem num momento particular de profunda transformação da sociedade Mossi. Doravante, os princípios consuetudinários do "viver em conjunto", dentre os quais aqueles que constituem a segurança social e econômica da sociedade, foram lesados, enquanto que o Estado empenha-se em elaborar outros princípios de solidariedade entre as pessoas, lá onde as formas de segurança social e econômica continuam limitadas, às vezes, até mesmo inexistentes e, de qualquer modo, ao alcance somente de uma minoria de assalariados. Esse período deteve toda minha atenção, pois ela revela certas facetas de regulação do sensível (da beleza) nas sociedades de aliança, enquanto que as alianças consuetudinárias decompõem-se e que o impulso de livre escolha do cônjuge desenvolve-se em um ambiente de tensões exacerbadas por disputas pela sobrevivência, ou ao

---

Chauveau/Olivier de Sardan, J. P. *Courtiers em Développement. Les Villages Africains em Quête de Projets.* Paris, Karthala, 2000.

menos, pelo acesso ao consumo e pela busca generalizada dos caminhos mais rápidos de ascensão social.

As alianças por consentimento mútuo existiam há muito tempo. Meus predecessores no terreno já realçavam, com toda razão, a retração das alianças consuetudinárias Mossi diante da livre escolha dos cônjuges.[19] Porém, observando melhor, o matrimônio por consentimento mútuo não é o apanágio dos "novos movimentos religiosos" que o promovem combatendo, às vezes violentamente, as alianças consuetudinárias. Parece-me que, de certo modo, admito que essas alianças sempre existiram parcialmente, de modo especial, em certas alianças secundárias. Elas sucediam, às vezes, de modo bem rápido, à aliança principal oficial, como um compromisso necessário, que poderia tornar-se provisório na medida em que fosse mais aceitável. Para descrever o processo de regulação do sensível atuante nas "sociedades de aliança" é imprescindível dirigir a análise ao conjunto das alianças acordadas durante a vida de uma pessoa e, portanto, além da aliança principal, direcionando em geral a estratégias políticas implantadas pelos atores dominantes de um grupo.

Há mais de trinta anos, segundo as informações que coletei, os jovens em geral e as garotas em particular, revelavam-se mais conformadas em submeter-se a uma aliança consuetudinária na falta de aliança melhor, a fim de não causar "vergonha" (*yande*) para seus velhos, e por astúcia (*silim*), não romper com o meio social e com os princípios de segurança que daí derivam (em face da insegurança de uma sociedade moderna pretendida, porém insegura). Mostrarei que isso não impedia certas mulheres de persistir, por sequestro ou por fuga, em uma carreira matrimonial com um cônjuge de sua escolha, e nem aos homens, que tinham possibilidade de tomar uma segunda esposa então desejada. De certo modo, já naquela época, o matrimônio principal (geralmente o primeiro) parecia restringir-se a uma aliança oficial, por certo marcada pela seriedade, mas conduzida a um tipo de compromisso entre as partes presentes: homem/mulher, primogênitos/caçulas, linhagens/indivíduo etc., e a garota, considerada como simples objeto de barganha, fazendo, muitas vezes, os encargos da política dos grupos dominantes. Esse compromisso parecia imprescindível, uma vez que revelava a face oficial das alianças e solidariedades convencionadas entre as linhagens. As aparências de regulação oficial da ordem política pelas alianças estavam assim preservadas. E essa face oficial poderia ser tanto mais bem destacada na medida em que cada um soubesse submeter-se a ela, deveria, eventualmente, denunciá-la com menos

19 Para essas questões conferir, por exemplo, Bonnet, 1988; Imbs, 1987; Kholer, 1977; Lallemand, 1977 e 1978.

risco. Assim, a aliança principal era, bem frequentemente e às vezes rapidamente, contestada (separação/divórcio) ou retificada (o homem que tomava uma segunda esposa) por alianças secundárias que repercutiam mais amplamente em escolhas pessoais, desejos e fascinação. Para os homens, a questão colocada era a da poliginia, e para as mulheres táticas matrimoniais baseadas sobre uma possível sucessão de alianças nas quais os protagonistas intentavam um compromisso entre seus desejos e a preservação do entendimento entre os parentes e a geração de próximos. Detalharei essas questões que desvendam a função das mulheres nas alianças, a propósito de análise da trajetória matrimonial de uma mulher idosa Haoussa, Baba, relatada por Mary Smith.[20]

Contudo, as alianças por consentimento mútuo iriam tomar outra forma: por exemplo, do rapto, sempre arriscado, de uma mulher (de sua *rollé:* sua amante), a livre escolha do cônjuge iria progressivamente expandir-se, mesmo que ainda permanecesse muitas vezes puramente formal. É nessa *terra de ninguém*, entre as diversas alianças consuetudinárias parcialmente contestadas e os matrimônios valorizados em Igrejas instituídas que realizei numerosas entrevistas. Descrevi os atalhos adotados pelas alianças por consentimento mútuo sabendo que a reivindicação da livre escolha do cônjuge, considerada como o cavalo de batalha de uma juventude fascinada por liberdade, deveria combinar com os imperativos de sobrevivência econômica, compelindo os jovens a negociar as regras de aliança controladas pelos mais velhos como fonte de seu poder.

A aliança por consentimento mútuo é, às vezes, pura forma, como demonstra o seguinte caso. São relatadas as etapas de uma aliança cujas modalidades transformam-se, de fato, mas permanece um compromisso que satisfaz os mais velhos em razão do respeito da endogamia religiosa e das principais regras (exogâmicas) da sociedade consuetudinária que permanecem um horizonte intransponível. Essa forma de aliança apresenta, todavia, profundas alterações em relação às alianças consuetudinárias no sentido de evocar diretamente o lugar, embora tênue, a ser cedido à "livre" escolha do cônjuge, assim como o quadro institucional que dá ao "olhar" o poder de libertar-se. O mesmo relato é antes exposto por um chefe de família muçulmano tidjane, irmandade exigente, detalhista sobre o mínimo de relações a serem concedidas às garotas e aos garotos antes do matrimônio, e em seguida a um garoto.

> *Para aumentar as oportunidades de sucesso do matrimônio, é necessário um pequeno conhecimento entre os jovens a fim de que o amor exista entre eles.*

20 Ver capítulo 6.

> *Um matrimônio pode estar pronto quando por ocasião de um encontro, eles puderem se ver antes, para que eles mesmos aceitem casar-se. Para organizar tal encontro, os pais devem estar de acordo. O jovem, acompanhado pelo seu pai, dirige-se ao domicílio da garota. O garoto é acomodado sob um alpendre. Em seguida entra a garota para que possam olhar-se. Ao garoto nós diremos: "Compreendemos seu pedido e o objeto de sua presença aqui", e à garota nós diremos que "não é um problema que nos trouxe aqui, mas um morador de tal localidade que veio para pedir a seu pai autorização de lhe falar". Os jovens que desde o início do encontro permaneceram de cabeça baixa, endireitam-se, e levantam a cabeça para que possam trocar olhares. Algumas garotas preferem não responder diretamente para não constranger os garotos. Nesse caso, nós solicitamos a ele que se retire para conhecer a resposta [...]. Hoje, é mais fácil que antigamente, pois na maioria das vezes os jovens já se conhecem [...]! Para o jovem, não há necessidade que a garota se ausente para ter sua resposta (uma vez que é ele quem fez o pedido...).*

Comparemos esse relato àquele de um jovem de dezenove anos. Ele pertence à mesma confraria tidjane e expõe de modo bem diferente a intervenção de seu pai e sua função na busca por uma esposa.

> *O matrimônio é uma prova que todo homem deve encontrar um dia. Depois de ter cumprido os limites do celibato, desejei me casar. Como não poderia escolher por mim mesmo e não falar aos meus pais, pois eu era ainda estudante (não tinha salário), mas eu lhes havia feito notar meu anseio. Foi deles a iniciativa em me auxiliar. Eles me deram permissão para que pudesse solicitar aos pais dessa garota a autorização de encontrá-la a fim de obter seu acordo. Para a primeira visita, um amigo me acompanhou. Parti para explicar aos seus irmãos mais velhos (aos mais velhos do segmento de linhagem da garota). Naquele momento ela não tinha conhecimento de minha intenção. Entretanto, dado que estive regularmente em visita, ela compreendeu. Durante os quatro meses que precederam o matrimônio eu ia regularmente conversar com ela na casa de seus pais. Pode-se sempre encontrar um canto na casa para conversar sem que ninguém escute. Quando ela percebeu a ideia de casamento, solicitou que expusesse minhas intenções. Eu lhe contei e ela não achou inconveniente. Portanto, eu me encontrei diversas vezes com a garota com quem desejaria me casar e nós concordamos sobre a ideia do matrimônio. É normal hoje proceder dessa maneira [...].*

É nesse contexto que se inscrevem as alianças por "livre escolha do cônjuge". O tema é vasto e complexo. Tentei, em outro trabalho, elaborar uma análise detalhada de seus princípios de transformação; não retomarei o tema aqui.[21]

Para encerrar esse debate apenas aberto ressaltarei, no entanto, que os matrimônios valorizados pelos "novos movimentos religiosos", tais como as Igrejas Pentecostais, no momento, e há certo tempo àqueles pregados pela Igreja Católica, vêm, a partir de sua perspectiva, impor regras para a anarquia das alianças por consentimento mútuo fora da religião.[22] Onde a formalização das alianças consuetudinárias abdica em favor da livre escolha, essas Igrejas, na verdade pretendem regulamentar a independência matrimonial adquirida. De certo modo, lá onde havia uma forma de liberdade que se anunciava em uma carreira matrimonial, sobretudo para as mulheres, e na poliginia para certos homens, essas Igrejas querem comandar o matrimônio por consentimento mútuo valorizando a estabilidade do casal e a monogamia. Todavia, é imperativo, de fato, constatar que longe de desaparecer, as antigas formas de aliança transformam-se e coexistem e até mesmo concordam-se sobre as alianças por consentimento mútuo. Tal é o contexto para as alianças pentecostais que pude descrever em meio rural Mossi. É notável constatar que os pentecostais, veementemente adversos à sociedade consuetudinária, a fim de estabilizar e exaltar a aliança por escolha livre do cônjuge, - em favor da qual os pastores interferem frequentemente - irão apelar às longas e intrincadas etapas do matrimônio consuetudinário pelo *belongo,* bem entendido, depois as ter expurgado de qualquer referência aos ancestrais. Falei a respeito disso, de bricolagem de uma instituição social que instrumentaliza as alianças consuetudinárias após "tê-las depurado de qualquer elemento consuetudinário". O objetivo pretendido

21 Sobre essa questão conferir Laurent, 2003.

22 O problema é outro para o matrimônio muçulmano em país Mossi. Com efeito, se todas as religiões reveladas foram confrontadas com a questão do matrimônio, os objetivos que elas se colocam são bem diferentes. Com as Assembleias de Deus (a principal Igreja Pentecostal) que conhecerão um verdadeiro entusiasmo por volta dos anos 1990, a objeção contra o matrimônio consuetudinário refere-se, prontamente, à vontade ostensiva de impor uma forma de matrimônio por consentimento mútuo. De modo geral, ocorreu a mesma coisa quando o catolicismo pelos Padres Brancos (*Pères Blancs*) com, por exemplo, a criação de colégios para moças, a fim de recolher aquelas mal-humoradas diante de um matrimônio consuetudinário. Em contrapartida, a confraria tidjana, por exemplo, (obediência hamalista, cuja sede é a cidade de Ramatoulaye) enfrenta historicamente os princípios das alianças consuetudinárias em razão da dificuldade para os primeiros convertidos de encontrar esposas (elas próprias convertidas). A confraria mantém um ponto de vista, de certo modo, tradicional no que tange as alianças que procede, em termos breves, da troca das mulheres pelos homens. Agora a questão desloca-se para um tipo de instituição de outra forma de matrimônio consuetudinário (em Dassetto/Laurent/Ouydraogo, extrato).

consiste em agregar com aliados (o que se faz necessário uma vez que, nesse contexto, casar-se implica sempre, sobretudo aliar-se com uma linhagem ou até mesmo com toda a aldeia), ao mesmo tempo em que preserva a ideia de ruptura (de uma liberdade) com os antigos sistemas de pensamento para melhor afirmar "sua modernidade". Nesse sentido, cada aliança deve ser especial no sentido de carecer de uma invenção *ad hoc*, a fim de tornar plausível o encontro de pessoas estimuladas por sistemas de pensamentos, concorrentes.[23]

Não voltarei sobre essas questões; enunciá-las, no entanto, permitiu-me elucidar o contexto de expressão das propostas que seguem. Tendo isso em mãos, posso agora elucidar dois domínios que os aldeões entendem hoje como tendo sido da competência das alianças consuetudinárias. São, de um lado, a solidariedade intergeracional e a segurança social e econômica dos idosos e, de outro lado, a emergência de um discurso sobre a beleza e, notadamente, sobre a beleza da mulher que opõe à riqueza dos homens, uma temática que anteriormente, por existir de modo evidente, não deveria ser discutida abertamente, pois as alianças impediam que a beleza pudesse desempenhar uma função nas decisões.

III | A regulação social da beleza nas "sociedades de aliança"

Para melhor fixar os desafios e, sobretudo as anomalias com relação às alianças por "consentimento mútuo" que acabam de ser expostos, eu lembrarei alguns princípios que regeram e regem ainda parcialmente as alianças consuetudinárias. Em matéria de parentesco os Mossi seguem a terminologia omaha. O sistema de aliança é semicomplexo, quer dizer, ele repousa sobre um conjunto de regras que determinam os grupos de pessoas vetadas para o matrimônio.[24] A poliginia é autorizada. A sociedade é exclusivamente exogâmica e, em princípio, buscada a uma penetração de três gerações entre as pessoas que tenham algum vínculo de parentesco; não importam quais sejam os intermediários que as unem, oito linhagens são, portanto, proibidas. Não obstante tais constrangimentos, na escolha do cônjuge, pesquisadores evidenciaram certa "endogamia espacial",[25] esclarecendo, todavia, que o mais comum é o homem encontrar sua

23 Para uma descrição detalhada dessas questões conferir: Laurent, 2003.

24 Para os Mossi, ver, por exemplo, Héritier, 1981; ver também Vinel, 2000.

25 A respeito disso Kholer, 1977; Imbs, 1987; Bonnet, 1988.

esposa ou suas esposas fora de sua própria aldeia. A descendência é patrilinear (no nascimento a criança pertence aos homens, aqui na linhagem do marido) e a residência é patrilocal (o par casado instala-se no local de residência do esposo).

Mostrei igualmente que existem diferentes tipos de matrimônio entre os Mossi: matrimônios principais e matrimônios secundários. Cada tipo de aliança remete a uma solução *ad hoc* que vem resolver um problema singular, vinculado a circunstâncias da vida, tanto das mulheres quanto dos homens.[26] Nesse sentido não é a primeira, mas o conjunto das alianças que uma pessoa conheceu em sua existência que deve ser analisado, a saber, a aliança principal e suas regras oficiais não esgota a questão uma vez que se sabe que as outras alianças, denominadas secundárias, não são exatamente secundárias para as pessoas que as contratam ou que devem submeter-se a elas. Ressaltemos, voltarei ainda longamente sobre isso, que as mulheres, se elas se submetem frequentemente a um matrimônio consuetudinário, oficial, em geral apreciado pelos mais velhos e às vezes pelas mais velhas, conhecerão também verdadeiras trajetórias matrimonias em função dos imprevistos da vida, sem dúvida, mas também de seus desejos. As separações, as fugas, os raptos, e outros casamentos são frequentes. Retenhamos ainda que, entre os Mossi, as formas tomadas pelas alianças consuetudinárias autorizavam a todo adulto conseguir, cedo ou tarde, um cônjuge (vários no caso de homens poliginos) e de permanecer casado durante toda sua vida, mesmo que a maior parte das mulheres conhecesse uma verdadeira carreira matrimonial (diversos casamentos sucessivos) e mesmo se os homens, quando eram polígamos, poderiam estar casados com um grupo de mulheres, cujos membros pudessem alterar consideravelmente com o tempo (em razão da carreira matrimonial das mulheres). Por esse fato, cada membro do grupo tem garantido um lugar na sociedade, mesmo quando não for mais produtivo e que ele deva ser amparado pela nova geração.

"Toma o que lhe dão"

Segundo as regras que regem as alianças consuetudinárias (o *belongo*, por exemplo), a beleza não tem sentido: os mais velhos, confrontados com diversos desafios, prometem entre si permutar suas filhas, às vezes desde sua mais tenra idade, que serão casadas, geralmente aos dezessete anos. Os jovens rapazes devem contar com a competência de negociação de seus mais velhos para

26 Para descrições detalhadas: Laurent, 2003.

poder esperar casar-se algum dia; nesse sentido, é um truísmo dizer que, sem o apoio da família, é impossível para um jovem celebrar uma aliança.

Partamos do fato que na sociedade Mossi o *belongo* (literalmente, procurar os favores de), assinalando o matrimônio consuetudinário por excelência, consiste, para um pai ou um avô (no sentido de *buudu kasma*: chefe de segmento de linhagem) procurar os favores de um homem a fim de conseguir uma esposa para ele ou para seus descendentes. Dispondo de autoridade em matéria de aliança, os mais velhos, o mais das vezes, homens (mas não exclusivamente) determinam a autorização das núpcias, segundo as regras de aliança, mas também em função de seus próprios interesses (políticos). Definida a escolha, seguem-se longas etapas. A aliança *pog belongo* é arriscada, ela pode ser concluída, após anos de negociação, com fracasso. Ela é exigida quando a produção de novos aliados manifesta-se necessária. Esse tipo de aliança abre, em certa medida, novos horizontes ao parentesco na medida em que as linhagens tradicionalmente doadoras de esposas foram reduzidas por causa de desavenças ou tornaram-se escassas para possibilitar aos moços obter uma esposa (geralmente o mesmo ocorre com a aliança, mais frequente, por *pog kuuni* - dom de uma mulher - mesmo se ela difere enormemente na negociação). É plausível então negociar um acordo com uma linhagem desconhecida que poderia vir a ser uma doadora potencial de esposas. Tendo sido ratificado diante de testemunhas, o acordo equivale a um pacto que é normalmente transmitido de geração em geração. Essa negociação, longa e difícil, depende essencialmente da vontade dos pais (dos mais velhos) que vivem, amiúde, uma relação conflituosa com seu primeiro filho. Somando todos esses elementos, os Mossi provam um sentimento que as mulheres são raras e que são um bem muito precioso; na verdade, os homens têm acesso ao matrimônio tardiamente (por vezes bem depois dos vinte anos) enquanto que as mulheres casam-se, de modo geral, aos dezessete anos.

Ao lado desse primeiro grupo de alianças que constituem o *belongo* e o *pog kuuni*, encontra-se um segundo que lhe está diretamente vinculado. Essas alianças consistem essencialmente na substituição de uma esposa idosa por uma jovem, o mais habitualmente negociada por essa esposa idosa junto com seus parentes. As alianças desse segundo grupo são muito mais fáceis a serem concluídas que as do primeiro. Elas não carecem mais da organização do *sakre teedo*, do *poog puusem* e do *gampeogo*, isto é, das longas etapas do *belong*, entre outras a "saudação" da futura linhagem aliada, uma vez que elas foram efetivadas, de uma vez por todas, quando de alianças anteriores ou, mais precisamente, na ocasião de um primeiro *belongo* (os Mossi dizem que essas etapas são inúteis uma vez que a amizade já existe). Essas alianças não exigem, igualmente, a mobilização de um chefe de segmento da linhagem, mas sim, mais modestamente, a intervenção de uma mãe e de um filho[27] e elas são, de longe, muito mais numerosas. As alianças desse tipo, enquanto não são obstruídas por desavenças, permitem prosseguir as relações de parentesco, iniciadas pelos mais velhos (os pais) após um *belongo*, ou um *pog kuuni*. É nesse sentido que pode ser inscrita a proposta de Virginie Vinel que fala de "reajuntamento das alianças" (Vinel, 2005, p. 61).

As alianças desse segundo grupo são conhecidas pelo nome de *yir paga* ("a mulher da corte da mulher": é afirmado dessa garota que ela é "chamada por uma esposa idosa para vir auxiliá-la") e de *ma bila* ("pequena mamãe": onde a filha de um tio materno toma o lugar da mãe falecida junto ao filho). Os efeitos da terminologia omaha são expressos claramente nessas alianças. Por exemplo, nesse último caso (aliança denominada "*ma bila*", um sobrinho negocia junto ao seu tio materno uma de suas filhas - ou uma filha de uma de suas filhas - para substituir sua falecida mãe - ele justifica essa possibilidade ao mesmo tempo pela consternação que lhe acarreta a perda de sua mãe, pelo fato de que ninguém mais viria ao vilarejo dela se o parentesco interrompesse, e pela crença que, por meio da transubstanciação parcial - reencarnação parcial de um ancestral, - ele poderá, desse modo, encontrar sua mãe na face dessa garota). O garoto não pode desposá-la, pois no sistema omaha, essa garota equivale à sua mãe: ele a chama de mãe, e ela o chama de filho, quando ambos têm a mesma idade (e às vezes, não uma, mas duas gerações os separam). Ele poderá, todavia, dá-la em matrimônio, seja a um meio--irmão nascido de uma coesposa de sua mãe, ou comumente a um primo paralelo patrilinear, o qual, no sistema omaha, o chama papai e ele filho, quando ambos podem ter a mesma idade (ou que duas gerações aqui também os separam). Constata-se, a terminologia omaha é mais explícita na medida em que se analisa não abstratamente, porém mais praticamente, e não exclusivamente sob o ângulo das alianças do primeiro grupo, as quais abrem - na sequência dos pactos celebrados pelos pais (vivos ou mortos) - os caminhos das linhagens aliadas, porém à luz complementar das alianças do segundo grupo que se registram no vestígio das primeiras que elas reproduzem geração após geração. Em suma, na sequência de "seus pais" que ratificaram um primeiro pacto de aliança com uma linhagem terceira, um filho pode vir a ser, por sua mãe (seja quando viva com a *yir paga*, seja após seu falecimento com a *ma bila*), ao mesmo tempo solicitante de esposa junto aos tios maternos, e doador de esposas junto aos primos paternos patrilineares: o tio materno

27 Para mais detalhes: Laurent, 2003.

cede uma filha a seu sobrinho que a doa, por sua vez, em matrimônio a um primo paralelo patrilinear.[28]

Em síntese, as alianças do segundo grupo são, comumente, as mais numerosas e articulam-se, menos frequentemente, com as alianças do primeiro grupo (o *belongo* e o *pog kuuni*) que elas, de certo modo, reproduzem. Entre os Mossi as alianças só devem ser descritas em sua globalidade. Assim, do ponto de vista do segmento de linhagem, as alianças do primeiro grupo abrem perspectivas de aliança enquanto aquelas do segundo grupo (*yir para* e *ma bila*) as reproduzirão enquanto não houver desavenças, aliás, bem frequentes entre linhagens aliadas. Por conseguinte, as alianças não se referem a um indivíduo, mas um segmento de linhagem, e não uma, mas a diversas gerações. As alianças no seio de um segmento de linhagem são funções, ao mesmo tempo, da inserção social dos mais velhos (homens e mulheres), sobretudo, mas também das mães e de seus filhos, de suas capacidades de negociação, assim como do capital potencial de alianças herdadas de gerações que os precederam e que devem ser negociadas e/ou reativadas a cada geração.

Se, nesse momento, me colocar não mais do lado dos segmentos de linhagem, mas sim das pessoas, as alianças do primeiro e do segundo grupos devem ser consideradas como alianças principais. Os mais velhos recorrem a elas de acordo com suas estratégias, as oportunidades e as possibilidades, para casar os jovens que devem submeter a isso. Em seguida, se as pessoas agenciam outras alianças, essas serão resultado de vontade mais acentuada da própria pessoa (em razão de sentimentos amorosos e/ou estratégias de sobrevivência, por exemplo), e não mais das linhagens. Dessa perspectiva, o da singularidade, esclarecer as alianças exige, na verdade, emancipar-se da aliança principal a fim de evitar aquelas que podem surgir quando a primeira é, seja finalizada por outras alianças principais ou secundárias, na cabeça dos homens, seja seguida de alianças secundárias, para as mulheres, as quais, em geral, e diferentemente dos homens, não conhecem senão uma aliança principal, mais comumente, imposta pelos mais velhos. As alianças secundárias tomam, de preferência, a forma

28 Nos sistemas omaha (na maioria patrilineares), "os primos cruzados matrilineares são classificados na geração superior a Ego, e os patrilineares na geração inferior [...]. A diferença de geração presente nos outros sistemas de parentesco é, portanto aqui, parcialmente abolida no que concerne aos primos cruzados [...]. A partir disso, toda uma série de indivíduos pertencentes às gerações biológica e cronologicamente diferentes são subsumido sob um mesmo termo. Eles tornam-se "filhos" ou "mães" ou "tios maternos", etc. O sistema obedece a um princípio designado pro "fusão oblíqua", que estabelece equivalência formal de dois tipos de parentes pertencentes a gerações diferentes e, portanto, neutraliza a diferença entre gerações sobre certo número de posições de parentesco" (Godelier, 2004, pp. 216-217).

de *zukri* (rapto de mulheres) e especialmente de instituições importantes que constituem o dom, a herança, e o levirato (*pokokore*). Para tornar as coisas ainda mais complexas, enfatizarei que, segundo as circunstâncias, as alianças principais podem ser rotuladas como alianças secundárias: um homem pode receber em *pog kuuni* uma terceira esposa, para a qual poderá ser a primeira aliança; uma mulher pode "fugir" de um primeiro marido e propor a tal homem de tomá-la como coesposa. É o contexto e a trajetória matrimonial de cada pessoa que classificam as alianças como principais ou como secundárias, a principal sendo a primeira, a oficial, e as outras, decorrentes de múltiplas acomodações, seja com os sentimentos, seja com a questão muito delicada da sobrevivência. As alianças secundárias clarificam muito bem aquilo que designei a outro ponto de vista sobre as alianças, aquele atinente à desregulação da ordem sensível.

Afinal, ao lado dessas alianças, existem outras, igualmente muito relevantes por resolver problemas precisos, seja vinculados a linhagens particulares, *pog-siuure* (dom adiado de esposa, realizado de preferência entre linhagens de ascendência real), seja em relação com circunstâncias particulares, *teke* (dom recíproco de mulheres, em situação de suspeição, por exemplo). As alianças dessa natureza assemelham-se, de preferência, a alianças do primeiro grupo e a alianças principais para as pessoas que elas se sujeitam.

De qualquer modo, para um homem obter uma mulher consistia em longas etapas, muitas vezes disseminadas de intrigas filandrosas, de difícil solução, e o jovem solteiro, garota ou garoto, "tomava o que lhe davam", para retomar seus termos. Fica patente que não podiam expressar a beleza e suas diversas implicações senão em outros cenários (no imaginário, com certeza, porém mais concretamente pelo *rollendo*, o rapto de uma mulher casada, ou na trajetória matrimonial para uma mulher, ou ainda na poliginia para os homens).

Não há abandonado

Retomando minhas categorias de análise, as considerações que precedem me possibilitaram enunciar o ponto de vista predominante sobre as alianças, aquele que denominei político e que se assenta estruturalmente sobre a diferenciação social: sobre o plano político, um segmento de linhagem não vale outro. Todavia, ressaltei que o contexto de questionamento da sociedade Mossi possibilitou aos aldeões tratar de regulação social das alianças consuetudinárias. No momento em que acabo de indicar que essas alianças regulam bem amplamente o que denominei a ordem política, a manifestação de um pensamento declaradamente reflexivo sobre tais questões motiva alguns camponeses a emitir um ponto de vista crítico sobre essas alianças que mostra que, além de regulação da ordem política, elas regulam outro ponto de vista, a saber, a ordem do sensível. No momento irei focar a sequência de minha demonstração sobre essas facetas a fim de evidenciar o conteúdo de regulação do sensível, vale dizer, de equivalência social e, portanto, de regulação social da beleza na sociedade Mossi tomada aqui como um representante das "sociedades de aliança".

Meus informantes apresentam um primeiro argumento segundo o qual o matrimônio consuetudinário admite que ninguém seja excluído, em princípio, da aliança. Os jovens, os velhos, os feios, os deficientes, as mulheres estéreis, finalmente todos os adultos recebem um esposo ou uma esposa, diferentemente da situação atual na qual eles observam que certas mulheres idosas quando do falecimento de seu(s) cônjuge(s) se encontram solitárias, ou ainda que alguns solteiros apareçam, enquanto que outros homens podem monopolizar muitas mulheres devido a sua fortuna (graças ao seu dinheiro esses homens acabam introduzindo uma forma de regulação econômica da beleza).

Nesse sentido, os aldeões me relatavam que os adultos, impelidos pela vontade de alcançar os produtos manufaturados, não teriam, na verdade, tempo para educar os filhos: abandonados à própria sorte vagavam fora da aldeia, nos mercados. Para uma informante:

> *Nas famílias não há mais a figura do pai nem a da mãe, é o cinema que educa as crianças. E se o irmão caçula possui mais dinheiro do que o mais velho, esse último será desprezado pelas crianças da corte; o filho não respeita senão o parente garantido, isto é, por aquele que possa auxiliá-lo. Ele deixará a família pra tentar sua chance em outro lugar, na cidade. Ele não dará notícias para não ser impelido a enviar dinheiro aos seus velhos, sobretudo, se ele encontrou trabalho. Na aldeia, os velhos estão sós, muitas vezes abandonados pelos seus filhos na própria residência. Então, em contrapartida, os avós, reclamam por cuidar dos netos.*

Em outros termos, é a transmissão de uma geração a outra, assim como a segurança social e econômica dos idosos cuja incumbência pertence à geração jovem, que se encontra transtornada, enquanto que o Estado, em contrapartida, não foi capaz de instaurar políticas públicas de apoio aos grupos mais frágeis da sociedade. Qual a sorte de uma idosa cujo marido está morto e o jovem irmão, recusando o levirato, não deseja mais desposá-la, e seus filhos residem na cidade e suas filhas, já casadas, vivem com seus maridos em outro lugar?

No que respeita a relação entre as garotas e os garotos, um homem de aproximadamente cinquenta anos, polígamo e fiel aos ancestrais, me esclarecia que os jovens são livres hoje, mesmo na residência de seus pais: "Eles podem ausentar-se durante vários dias sem informar a família". Segundo ele, "as garotas e os garotos mantêm relações sexuais. Casam-se e "divorciam na estrada". Atualmente, acrescenta ele," as garotas bonitas sabem que podem tentar casarem-se sozinhas, pois para isso não carecem mais dos velhos ou de seu pai. Elas podem rejeitar seus maridos consuetudinários, conscientes de que encontrarão outro marido.

De posse dessas informações eu cheguei à conclusão que, para a sociedade consuetudinária Mossi, não havia lugar plausível, em longo prazo, para o solteiro. Para os Mossi, todo adulto devia casar-se, seja ele jovem ou velho, bonito ou feio, forte ou frágil, fecundo ou estéril..., essa era a única situação aceitável e a única possibilidade que cada qual poderia esperar, em momentos particulares de sua vida, de garantir sua sobrevivência.[29] De acordo com outro ponto de vista a respeito das alianças, aquele referente à regulação do sensível, já é admissível perceber nessas considerações os desafios de equivalência social, vale dizer, uma mulher nesse plano vale outra mulher e um homem outro homem, tornam-se permutáveis para o parentesco.

Inútil beleza

Em 2003, dirigi mais sistematicamente minhas entrevistas para a função da beleza nas relações entre os homens e as mulheres e para a relevância atribuída ao aspecto físico das pessoas nas alianças. Um informante me relatou que as regras consuetudinárias coibiam as mulheres de serem sedutoras: "O matrimônio oprimia a beleza de uma mulher", "uma vez casada, a mulher era obrigada a se vestir em decorrência e assumir uma atitude em conformidade com sua situação". E mais, outro aldeão, me esclareceu que "a beleza não era de nenhuma

29 Na mesma linha de pensamento, em sua crítica do discurso folclorista a respeito da família da sociedade camponesa francesa do século XIV, Martine Segale anota que: "Na sociedade tradicional, a mulher não possui a condição fora do matrimônio. A única instituição que lhe permite realizar-se enquanto ser social; a mulher velha é tratada como uma serviçal, ou então, exclui-se a si mesma em reclusão em alguma ordem religiosa ou mergulhando no anonimato da cidade" (Segalen, 1989, p. 136). Ademais, na etnografia histórica de Montaillou, Emmanuel Le Roy Ladurie explica que: "Não obstante as falhas do sistema, o matrimônio (ameaçado pela concubinagem como satélite minoritário), permanece, em conformidade com o uso, a peça central e a finalidade do edifício demográfico Motillou; não se encontra nessa paróquia, uma única mulher definitivamente celibatária" (Le Roy Ladurie, 1975, p. 255).

serventia para as mulheres uma vez que lhe era proibido cativar os olhares". Assim, à imagem das mulheres do Moogho naaba, chefe do reino de Ouagadougou, elas eram depiladas e usavam braceletes pesados para impedi-las de balançar-se atraindo assim os olhares. "Diferentemente hoje, continuava ele, a liberdade conduz a uma condição na qual cada um procura fazer o que quiser. Desse modo, as rivalidades e o ciúme aumentaram. O indivíduo viaja, se descola para a cidade, e toma o tempo para conhecer outras coisas. Podem-se encontrar pessoas estranhas, enquanto que não se tinha a oportunidade, fora dos momentos previstos pelo costume [...]. Esses deslocamentos ofereciam a oportunidade de admirar a beleza de uma mulher. As mulheres, igualmente, transformaram-se. A beleza chegou porque veio a riqueza, as mulheres podem vestir-se e algumas têm a pele lisa. Possuir a pele lisa significa que elas não são coagidas ao trabalho". Acrescente-se que, hoje mais do que ontem, são aqueles que detêm o poder e o dinheiro, "os chefes", ou "os funcionários" que possuem mais mulheres.

Alguns me relataram que o ciúme entre os homens em relação àqueles indivíduos que haviam desposado uma mulher considerada bonita, não era frequente (segundo eles), diferentemente da condição atual que era considerada uma atitude condenável e, de qualquer modo, mantida em segredo. O adultério por sua vez era severamente castigado. A penalidade para o homem era a morte social pela celebração de seus funerais. Sem identidade social, como um demente, - desprovido das instâncias que compõem a pessoa humana para os Mossi - o culpado era banido da aldeia, perambulando sem destino. A mulher podia ser enlaçada e espancada, e na melhor das situações, remetida de volta para sua família de origem. Desavenças podiam, às vezes, ocorrer no seio de uma família por causa de herança, do levirato, de uma esposa especialmente bela. Porém, esse tipo de disputa cobria de infâmia os protagonistas, caso ocorresse em praça pública. Pude, no entanto constatar, fui testemunha, que a chegada à aldeia de uma esposa considerada como bonita poderia acarretar sérios problemas para seu marido. Os homens de sua corte, (isto é, seus maridos, como ela os designa, são aqui os irmãos de seu marido, mas também os filhos dos irmãos do pai de seu marido) podem, nessa ocasião, mostrar-se ciumentos daquele ao qual ela foi atribuída. São capazes de tentar atacá-lo com bruxarias e de torná-lo cego, para que ele não possa mais "ver" o pretexto de suas rivalidades. Seria até plausível que os beligerantes chegassem até o assassinato para herdar a esposa cobiçada. Aliás, foi dessa maneira que um de meus vizinhos a Kulkinka, chefe do quarteirão de Bisiga apoderou-se de sua quarta esposa.

Segundo a geração dos quarenta a cinquenta anos, atualmente, a sociedade confere à beleza e à aparência física, uma importância especial. As garotas tornam-se belas, e para isso, apelam a produtos de beleza. Obrigam-se a se tornar elegantes uma vez que, atualmente, elas pretendem decidir sobre a escolha de seu cônjuge. Para elas, os garotos empenham-se em poupar dinheiro, pois as garotas têm aversão a casar-se com um camponês ou com um pobre, incapaz de suprir suas necessidades. Se eles possuem dinheiro, selecionarão prioritariamente as garotas por sua beleza. Sem o auxílio dos pais, os jovens casam-se cada vez mais tarde e, por vezes, não conseguem. As garotas que têm a possibilidade recusam subjugar-se às alianças consuetudinárias que são apontadas, então, como "casamentos forçados". Elas pretendem encontrar, elas mesmas, um marido, e nessa jogada, as rivalidades entre mulheres jovens tornam-se ríspidas. Elas almejam encontrar um bom marido, vale dizer, um marido que seja financeiramente capaz. Por seu lado, os jovens aldeões enfrentam uma concorrência desigual com os homens providos, mais velhos, ou os assalariados ou homens provindos da cidade. Eles descobrem então a "desigualdade fundamental" onde os abandonados são as mulheres menos belas, mas também os homens menos bonitos, frágeis, inválidos, e aqui, em outro plano, os menos ricos, enquanto que essas considerações, anteriormente, não tinham conteúdo. Assim, alguns, na falta, regressam para as alianças consuetudinárias e para os mais velhos para encontrar um cônjuge!

O relato de Sarah esclarece sem rodeio essas considerações dos mais velhos. Ela tem dezoito anos e é a caçula de uma família monogâmica de sete filhos. Ela vive com a família numa pequena cidade do planalto central Mossi. Seu pai, proveniente de Kulkinka, instalou-se ali em 1989. Ela é muito bela e considerada como tal por seus colegas. Ela me explica que a beleza equivale a uma força, a um poder (*pog neere panga*: o poder da mulher bela).

> *A beleza abre as portas: ela ajuda a encontrar um marido e obter um trabalho. Para uma jovem ser bela é algo muito relevante. Ser bela é uma força, pois a beleza chama a atenção [...]. A beleza tem importância tanto para as garotas quanto para os garotos, mas de modo diferente. O garoto deseja que a garota com quem ele sai seja apresentável, isto é, bela. Os garotos escolhem as garotas mais bonitas. De sua parte, as garotas procuram ser belas, pois percebem que assim terão mais chances de conquistar os garotos. Antes a beleza existia, mas não tinha importância, uma vez que os garotos não escolhiam.*

Sarah retoma a explicação segundo a qual as alianças consuetudinárias Mossi normatizavam integralmente para todos a questão do celibato. Para os Mossi, caso não houvesse liberdade em matéria de aliança, geralmente, não haveria abandono nem alianças, nem, por conseguinte, de segurança social e econômica motivada por essas alianças, e isso, em razão de integração constante na sociedade de pessoas que obtinham o estado de casado, e isso, bem além dos desejos individuais (que não significa que não havia desigualdade: alguns se casavam mais cedo que outros, ou também possuíam mais mulheres). Segundo a jovem mulher, tal situação modificou-se, pois atualmente, encontram-se homens sem mulher e mulheres sem homem. Assim, segundo ela: "Que garotas desejariam, de hoje em diante, casar-se com um pobre? E que homem, mormente se possuir meios financeiros, desejaria viver com uma mulher feia? Hoje, o mais valioso para uma garota é a riqueza material do homem, sua beleza, na verdade, não prevalece, enquanto que para os garotos, o mais relevante é casar-se com uma mulher bela".

Sarah evoca, a seguir, a existência de uma tensão que progressivamente expande-se entre as garotas, em razão de uma hierarquia instalada segundo critérios de beleza. Para ser claro, é provável que as garotas, por sua própria conta, atribuam à beleza uma importância relativa, porém essa mesma beleza torna-se decisiva na disputa para encontrar e conservar aquilo que elas denominam um "marido capaz" (Mazzocchetti, 2007), isto é, apto para lhe garantir o nível de vida almejado.

O ciúme entre as garotas é exacerbado, pois todas buscam um marido afortunado, pondera Sarah. "Na sociedade consuetudinária, o ciúme existia igualmente, pois numa família polígina, o homem preferia sempre a mulher mais bonita e as coesposas consideravam-se rivais. Hoje, no entanto, para uma moça, o que é indispensável é, antes de tudo, sua habilidade de sedução (*roobo*). A vida não é mais aquela da aldeia, onde uma vez casada, tua existência estava garantida, mesmo que teu marido tivesse amantes e que te associasse a uma coesposa, ele não poderia abandonar-te sem razão. Hoje a garota quer um homem rico, e o quer para ela mesma. É por essa razão que as jovens, como, aliás, as mulheres casadas, são compelidas sem cessar a seduzir seu marido, para que não seja tentado por outras mulheres". De acordo com a informante, entre as mulheres, ocorre atualmente uma verdadeira guerra: "Tu não estás jamais em paz, pois outra pode sempre tentar raptar teu marido. É por isso que hoje se tu vês uma garota mais bonita, tu te sentes mal. Tu vais fazer de tudo para te tornares bela como ela. Mesmo que sua beleza seja uma beleza natural, tu vais fazer tudo para ultrapassá-la por meio da beleza artificial (vestes, cosméticos...)".[30]

30 A propósito: "Essa coação de seduzir imposta às mulheres cria tanto ciúme como cumplicidade. E os homens não entrevem facilmente esses sentimentos femininos [...]. Esse rosto nu que não se mostra a não ser no segredo do instituto de beleza, é equivalente ao crânio tosado de Sartre. Ele diz a verdade de um ser" (Saint-Jacques, 2006, p. 136).

Oumarou tem uns vinte anos. Ele passou sua infância na aldeia e reside atualmente, como Sarah, numa pequena cidade do planalto central Mossi. Solteiro, interrompeu sua escolaridade ao término do primeiro ciclo do secundário. Sem trabalho, ele torna-se útil em uma Igreja da Assembleia de Deus (Igreja Pentecostal). Confrontado com minhas indagações relativas à importância da beleza entre os jovens Mossi, hoje, ele retoma por conta própria, a distinção entre beleza natural e artificial. A beleza artificial, diz ele, é importante, pois uma garota deve estar sempre apresentável, vale dizer, vestida, maquiada, seguindo a moda, observando em seguida que beleza natural é especialmente relevante para os garotos. Ele me pondera que há mulheres que todos consideram bonita, e que cada qual sente mais atração por um tipo de mulher do que por outro. De qualquer maneira, para ele, a beleza da mulher é uma qualidade essencial (de acordo com uma retórica, aliás, bem conhecida e analisada há muito tempo por movimentos feministas). Para fazer-se entendido adequadamente, ele esclarece que muitas garotas agora lhe haviam evidenciado suas intenções e, sem hesitação ele havia escolhido a mais bela para dela fazer sua pequena amiga (sua "go")! Para um homem, assegura ele, é primordial viver com uma mulher que ele qualifica como bela. Sem isso, ele permanecerá contrariado e o desentendimento não demorará a instalar-se entre os cônjuges. Oumarou emite então o argumento segundo o qual contrair matrimônio com uma jovem bela valoriza o garoto na sociedade. A melhor saudação, conclui ele, que um homem possa alcançar hoje, é de ouvir que sua mulher é bela, o que teria desencadeado problemas críticos na sociedade consuetudinária Mossi onde esses propósitos teriam sido considerados como desonra e infâmia.

Essas ponderações explícitas versam em outra perspectiva sobre as mesmas alianças Mossi, cujos desafios apresentei anteriormente, com detalhes, em acordo a regulação do político. Mais ainda, essa perspectiva sobre a transformação das alianças, revelada à luz da regulação social da beleza, ratifica que a reivindicação da livre escolha do cônjuge, atuante nesse momento de generalização das alianças por consentimento mútuo, toma corpo, sobretudo, na retórica Mossi, em torno do olhar (*nin-nenem*). Então, ao contrário, essas considerações confirmam que nas alianças consuetudinárias, o olhar não deveria ser levado em consideração, nem na regulação política das alianças cujos desafios excediam amplamente as pessoas, nem na regulação do sensível, com o risco de enfrentar "desigualdade fundamental" cujas consequências são bem nitidamente expressas aqui. Esses desafios podem ser sintetizados em uma proposição fundamental segundo a qual a posição social normal de todo adulto era o de ser casado. Com a consequência que "não se podia observar", que "não era o olhar que interessava", que não era obrigatório "aceitar ou recusar uma mulher em razão de sua beleza". Se a beleza estava, portanto, presente não lhe era dada uma função; ela deveria ser qualificada como "inútil", a fim de evitar conhecer o ciúme e os múltiplos problemas de sobrevivência para determinadas categorias de pessoas.

Os argumentos aventados por esses informantes confirmam as duas dimensões de regulação social da beleza, esboçados anteriormente no capítulo dedicado às sociedades "a duplo regime". Elas dizem respeito respectivamente à produção de equivalência social no âmago de um grupo social determinado e a segurança. Recordo que a primeira dimensão aborda a produção de categorias de equivalência entre os homens e entre as mulheres que tornam efetivas o fato que, pelas alianças matrimoniais, todo adulto deve ser casado, remetendo ao único estado plausível na sociedade Mossi. A segunda dimensão refere-se à segurança social e econômica das categorias de pessoas consideradas por um grupo como as mais frágeis; ela baseia-se sobre a imposição de solidariedade transgeracional, sobre as alianças secundárias (a herança, pelos caçulas das esposas mais idosas de um pai ou de um irmão mais velho falecido) e, portanto, também sobre determinados aspectos das trajetórias matrimoniais: tratarei dessa segunda dimensão no capítulo seguinte. Iremos delinear, no momento, a primeira dimensão, isto é, a produção de categorias de equivalência. Porém, antes disso, pretendo apontar por meio de alguns exemplos etnográficos que a beleza, vastamente regulada aqui, deveria consequentemente abrigar-se em cenas alternativas.

IV | A beleza reprimida nos interstícios das instituições

A beleza é dispensável nas alianças matrimoniais, alegam meus informantes Mossi. O que não significa, entretanto, que sejam por isso isentos delas. As "sociedades de aliança" regulam a beleza pela produção de equivalência social e é plausível adiantar a hipótese que ela pode, desse modo, esconder-se nos locais onde sua expressão é tolerada ou mantida secreta. Lá onde a "beleza" recolheu-se, pode-se ouvir falar do desejo com mais liberdade.

Entre a puberdade e o matrimônio: o rollendo entre os Mossi

Nas alianças consuetudinárias, a busca de um cônjuge diz respeito, primeiramente, aos mais velhos. Indagado sobre a questão de evolução das alianças e das relações entre os homens e as mulheres, um chefe de família de Kulkinka explicava que a sociedade tradicional impedia as mulheres de serem sedutoras; casadas, não lhes era mais permitido vestir-se como as garotas, sair da residência de seus maridos sem autorização, nem dirigir-se aos homens sem gesto de respeito, exceto os homens com quem elas estejam mantendo relações de divertimento. Ele acrescenta que até recentemente, ninguém reparava na beleza porque ela era inútil, pois a beleza de uma mulher não lhe convinha para nada. E para elucidar melhor, que para a conquista de uma esposa, os mais velhos haviam ensinado que não era indispensável apreciar a beleza da garota uma vez que o mais relevante não é o olhar. Em suma, do ponto de vista das alianças matrimoniais, a beleza e a fascinação não têm sentido. Na sociedade consuetudinária Mossi, esclareciam ainda meus informantes, todo mundo deveria ser casado. O celibato era menosprezado, e insistiam, por meio de uma batelada de exemplos, em me persuadir que os inválidos, os feios e as feias, os cegos, como as idosas, todos conseguiam um cônjuge. Disso pude deduzir que o surgimento de abandonados das alianças era uma evolução recente.

Para o homem, o matrimônio, condição de acesso ao estado de adulto com o nascimento do primeiro filho, era extremamente difícil. Indiquei que para conseguir uma mulher, o homem deveria sujeitar-se a infindas e complicadas etapas. As mulheres lhes davam a impressão de serem raras (no sentido de uma raridade instituída pelos mais velhos) e consideradas como o bem mais valioso que um homem poderia receber. Em tais condições, as caçulas aceitavam com reconhecimento a esposa que seus pais lhes ofertavam. É pertinente que essa perspectiva masculina seja harmonizada com a da garota. O esposo não tendo sido escolhido, nada incita a garota, que muitas vezes não conhece aquela quem será "dada" no dia de seu matrimônio, a provar sentimentos por esse desconhecido (uma jovem é dada em matrimônio a um segmento de linhagem, e no dia de seu casamento, ela encontra a residência de seus maridos). Segundo Suzanne Lallemand, em oposição às relações mais marcadas pela emoção que a garota ainda solteira poderia fruir com os garotos, o esposo, pelo matrimônio "confina sua companheira nos monótonos afazeres domésticos: de onde certa valorização das experiências iniciais em detrimento das subsequentes, consideradas desagradáveis e brutais" (Lallemand, 1977, p. 143).

A beleza, a sedução, a fascinação e a livre escolha do cônjuge revelam-se, portanto aqui, em oposição à instituição do matrimônio e, sem dúvida em um passado não ainda tão distante, impor-se aos jovens como uma evidência inquestionável. Portanto, sem objeto a beleza (a atração) e o anseio pessoal veem-se relegados às masmorras em face da extensão dos desafios das alianças subjugadas pelos chefes de família. Todavia, assim formulada, mesmo numa sociedade consuetudinária, onde geralmente os homens trocam entre si as mulheres, essa proposição continua caricatural. Posso, quando muito, sugerir que ela não é nem verdadeira nem falsa e restringir-me-ei a indicar o que está em cena, com certeza, geralmente à margem da sociedade, na tensão entre matrimônio e desejo.

Com exceção do momento em que, entre os Mossi, os adultos vivem sob o regime de aliança, a sociedade consuetudinária confere certa liberdade na expressão do sensível, por exemplo, durante o período que se estende da puberdade até o fim do celibato. Argumentarei que o sensível pode da mesma forma, expressar-se na poligamia para os homens e na trajetória matrimonial para as mulheres, ou ainda, em favor da preparação de um imaginário especialmente abundante. Entendida a relação invertida entre as alianças matrimoniais e a beleza, analisarei, à margem das alianças matrimoniais, como a beleza e o fascínio são apreciados pelos Mossi. O estudo de Suzanne Lallemand, dedicado às relações amorosas fora do matrimônio em *Une famille* Mossi, me auxiliará.

Na sociedade consuetudinária Mossi, aliás, como em outras sociedades africanas, o objetivo não é abandonar para os jovens a total iniciativa no que tange as relações entre garotos e garotas. Dito em outros termos, estamos longe do período permissivo anterior ao matrimônio, liberado aos jovens na sociedade dos Mossi da Índia ou dos Trobriandeses, por exemplo. Nem pensar, igualmente, que os mais velhos e, particularmente, os pais tolerem (ao menos oficialmente) relações sexuais antes do matrimônio, com o risco de danificar suas estratégias matrimoniais. No entanto, à imagem dos muçulmanos da confraria tidjane, que será analisada em seguida, a sociedade Mossi poderia ter escolhido rebaixar a idade do matrimônio ao período da puberdade, reduzindo, por conseguinte, os riscos de encontros amorosos fora do matrimônio. Ao contrário, assinalei que a idade do matrimônio é elevada para os Mossi, entre 17 e 19 anos entre as garotas, e de 25 a 30 para os garotos. Estamos, na verdade, em presença de uma sociedade na qual coerção em matéria de aliança combina-se com um longo período de celibato. Não estará em pauta o debate sobre o acesso tardio e complicado do matrimônio, especialmente para os homens eu apresentei algumas razões, mas de preferência, a influência da beleza sobre os encontros entre as garotas e os garotos, retendo na memória que eles devem continuar compatíveis com a instituição do matrimônio à qual deverão, em última análise, submeter-se. Durante esse período no qual as relações entre as garotas e os garotos são definidas fora das regras de aliança, buscarei seguindo nisso, minha hipótese, demonstrar as relações desiguais entre garotos e garotas, sem dúvida, mas igualmente entre as garotas.

O *rollendo* é um laço sentimental entre adolescentes (adolescente no sentido aqui de *rasandlem* - juventude. Esse termo designa o estado de celibatário entre a puberdade e o matrimônio) que se escolheram livremente. Se esse momento de liberdade sentimental for generalizado, ele só será tolerado com a condição que tais relações ocorram discretamente e que os jovens aceitem, de antemão, a ruptura diante dos imperativos da aliança (Lallemand, 1977, p. 151). O rollendo opõe-se ao yoobo, a relação sexual fora do matrimônio (o adultério).

Para o *rasanga* (garoto) a vida em grupo (grupo de idade) desempenha uma função determinante uma vez que ela é a menção permanente referente aos gestos e as manifestações do amor e dos sentimentos. O garoto rivaliza em destreza, coragem, habilidade para seduzir as garotas e conquistar boa reputação. A garota (*pugsada)* viverá intensamente esse período durante o qual ela poderá, de verdade, "brincar" com os sentimentos, com o amor e isso num âmbito bem restrito, que permite, todavia, certa permissividade. É o momento no qual ela poderá "ter prazer brincando", pois em seguida, ela será considerada uma mãe (Badini, 1994, pp. 58-59). O período *Rasandlem* é mais breve com as garotas do que com os garotos. As garotas viverão esse período intensamente pela dança, os cantos, galanteios e a provocação dos garotos.

O período pré-sexual, com intensa atividade amorosa antes do casamento, envolve-se com barreiras e limites. O vínculo sentimental (*rollendo*) não é uma relação sexual, mesmo que, à vezes ela possa ocorrer. Os prazeres que os jovens desfrutam de sua intimidade noturna são, em geral, limitados à carícia (*salendo*) do busto (Lallemand, 1977, p. 134). É obrigatório que o garoto na escolha da *rolle* (de sua amiga), respeite as regras que definem quais são os cônjuges proibidos nas alianças consuetudinárias. Uma vez ainda, é o garoto que toma a iniciativa da relação e não a garota. O garoto pode possuir várias *rolle* simultaneamente enquanto que a garota não pode, o que prefigura a poliginia da família Mossi. Se o *rollento* exibe qualquer caráter ilícito deve ser guardado em segredo a fim de não contestar os projetos de aliança encaminhados pelos pais, nem comprometer as relações entre linhagens, há necessidade de cúmplices. Desse modo, o garoto, atraído por uma relação com uma garota, poderá de modo discreto propor à esposa de seu irmão mais velho de lhe servir de intermediária para poder visitar a (*pugsada*) garota. Essa esposa do irmão poderá informar à garota pretendida as intenções de seu cunhado e, às vezes, após diversas visitas, tentará conseguir a anuência da garota. Caso ela aceite um primeiro encontro será marcado. À noite, discretamente, a *pugsada* irá à casa daquele que a convidou (jamais o inverso, à diferença dos *Na*, por exemplo, mas aqui a sociedade é patrilocal). Concretamente, o garoto possui uma casa própria, enquanto que a garota divide uma casa com uma mulher mais velha. Evidentemente, para que os homens adultos não fiquem informados, ou melhor, possam fazer de conta que eles de nada sabem, os jovens devem dispor de várias cumplicidades que facilitem as visitas noturnas.

As relações *rollendo* requerem que o garoto faça doações à sua namorada, sem que sejam formalizadas. O desejo de agradar ao outro sexo impele especialmente os jovens a partir em migração, de onde regressam após alguns anos com uma quantia suficiente para comprar vestuário, uma bicicleta, um rádio, em suma, algo com que possa rivalizar entre eles na escala de prestígio e atrair a atenção das garotas que buscam, por sua vez, tanto quanto possível, corresponder aos padrões conhecidos na cidade.[31]

Se o *rollendo* teoricamente pode conduzir ao matrimônio, é muito difícil conseguir êxito pelo modo consuetudinário, pois indiquei que as regras de aliança são muito coercitivas. Quanto a isso, o exemplo do casamento de Fátima, apresentado por Suzanne Lallemand, é exemplar. Ela coloca em evidência cruamente os interesses antagonistas entre o *rollendo* e o matrimônio. Fátima tem dezesseis anos e é notavelmente bela; ela sabe disso e tem o maior prazer em valorizar-se. Suas mães a escolhem, não exigindo dela, senão, trabalhos intermitentes, fechando os olhos para suas ausências (Lallemand, 1977, p. 31). Fátima tem uma função com a qual, às vezes, se anuncia no mercado. Certo dia, diante da iminência de seu casamento, enquanto seu marido consuetudinário a reivindica, Fátima foge para longe com seu amante, para um país "costeiro". É de notar-se que seu tutor a havia prometido a uma linhagem terceira para uma aliança pouco frequente por *pog siuuré* que equivale a um dom diferenciado de esposa no qual a primeira filha da mulher doada é reservada ao doador de esposa, que terá a obrigação, no momento oportuno de desposá-la.[32]

Nessa época, um tipo de modernidade já bate à porta da aldeia, e Fátima a percebe. A sociedade transforma-se progressivamente e ela almeja, doravante, por mais liberdade. Para tanto, ela pretende viver segundo seu coração. Sua diferença e, nessa situação, sua força em relação às outras garotas, é sua beleza que, de certo modo, age junto às mães e de outros como uma palavra mágica. Sem dúvida, mais que as outras, aquela que está consciente de ser cobiçada, que é colocada nesse lugar por aqueles ao seu redor, pensa poder prevalecer-se desse espaço de liberdade para rejeitar submeter-se às regras das alianças consuetudinárias. Ela enfrenta então o grande risco de assumir sozinha essa transgressão quando decide fugir com seu amante. Permito-me abrir, aqui, um pequeno parêntese para enfatizar que quando eu pesquisava sobre as alianças

31 Cf. Laurent, 1998.

32 Sobre esse tipo de aliança: Gruenais, 1979; ver também: Laurent, 2003.

pentecostais em meio rural Mossi, descrevi a maneira pela qual as garotas, alentadas pelo mesmo desejo, poderiam fugir à noite de sua família para esconder-se na casa de um pastor, durante um projeto de matrimônio consuetudinário. Elas convertiam-se, às vezes imediatamente, significando com isso que preferiam um matrimônio por consentimento mútuo, valorizado pelos religiosos. Alguns pastores, às vezes, pagaram pesadamente pelo fato de havê-las protegido e defendido. Os pastores, entretanto, tiravam daí proveito, pois a fugitiva tornava-se uma esposa potencial para um jovem crente de seu Templo. Recebida na nova família na qual o pastor era como seu pai e sua esposa era como sua mãe, no seio daquilo que denominei a "família em prece", a garota se indispunha por muito tempo com seu pai, com o chefe de linhagem a quem ele a havia prometido e com o seu marido consuetudinário.[33] Nota-se bem, o caso de Fátima é de tal modo interessante que ela não tem nem pastor, nem instituição religiosa para proteger sua insubmissão e reconfortá-la e consolá-la acolhendo-a no seio da "família em prece".

Como isso é muito frequente em país Mossi, o marido rejeitado pela fuga de uma mulher pode partir à sua procura durante meses, até mesmo anos. Para tanto, ele irá informando-se, de passagem, junto aos aldeões. Uma vez descoberta sua pista, ele a levará, pela força, de volta à sua casa. Fui testemunha de um caso semelhante no qual um homem que acabara de desposar sua quarta mulher, partiu durante longos meses à sua procura, não sem aturar as piadas dos vizinhos. Havia abandonado sua residência, suas mulheres e filhos que permaneceram, por isso, sob a responsabilidade de seu irmão mais velho. Certo dia o vi retornar de bicicleta, emagrecido, com sua jovem esposa, literalmente amarrada em seu corpo. Nas semanas seguintes ele lhe comprou muitos presentes.

Com Fátima, ninguém encontrou os amantes e eles não deram notícia alguma durante dois anos. Um dia, ela reaparece na aldeia, só e em prantos, seu amante havia falecido, assim como o filho que havia tido com ele. O casal havia esperado amainar paulatinamente a cólera do tutor (mas no caso de um *pog siuuré* contratado junto a um chefe de cantão, como é o presente caso, era tempo perdido) e do marido consuetudinário enviando-lhes presentes (frequentemente dinheiro). Fátima podia esperar colocar seu pai diante do fato consumado, sobretudo, com o nascimento de um filho. Bem entendido, com esse retorno e a dupla morte, não foi necessário muito para que circulasse o boato de eficiência dos *tiim* (os medicamentos, os fetiches) do marido

33 Para uma explanação detalhada dessas estratégias, conferir Laurent, 2003 (sobretudo, a segunda parte: "Família em prece").

consuetudinário. Fátima reconciliou-se finalmente com seu pai e o chefe de cantão. Perdoada, ela foi conduzida em seguida junto ao seu esposo legítimo (Lallemand, 1977, pp. 145-146).

O paraíso dos camponeses muçulmanos Mossi

Por ocasião de uma longa pesquisa, realizada junto a camponeses Mossi convertidos ao Islamismo numa confraria tidjane,[34] a questão da beleza retomou meu interesse de modo bem inesperado, pois aqui completamente relegada a uma cena imaginária, aquela de sua concepção bem livremente interpretada do paraíso muçulmano. Os relatos que esses aldeões dele me apresentaram são especialmente relevantes, uma vez que se referem às consequências de regulação deveras coercitiva da ordem sensível. No seio dessa confraria, as questões relativas ao feminino e, de modo especial, à beleza das mulheres eram particularmente elididas, elas retornam aqui a uma cena imaginária.

Em comparação com a sociedade Mossi consuetudinária, esse grupo de crentes muçulmanos, adotando um sistema de interdições bem estrito, enquadrou ainda mais as relações entre os homens e as mulheres, recalcando, portanto, a expressão de desejos sexuais sobre a cena imaginária. Assim, diferentemente de outros grupos Mossi, as mulheres são geralmente confinadas em casa, votadas à sua família e aos afazeres domésticos. Elas não frequentam a mesquita e, em princípio não podem, em público, dirigir a palavra aos homens. Nesse grupo as estratégias matrimoniais são fortemente dominadas pelos chefes religiosos que negociam as esposas para seus jovens fiéis. Segundo os relatos dos mais velhos, quando eram moços, as garotas casavam-se bem jovens, na puberdade, até mesmo antes (entre dez e doze anos). Eles evocam razões de honra; o futuro marido não consentia deixar sua prometida, apesar de ser ainda criança, na residência de seus pais. Tratava-se, sobretudo, de reduzir o período de espera que concede, como já expliquei, certa liberdade aos jovens entre a puberdade e o fim do celibato na sociedade consuetudinária Mossi.[35] Em suma, tudo acontecia como se a rigidez das regras terrestres, ou ao menos, a redução do espaço para proclamá-las, fosse compensada pela exaltação sexual no paraíso para os eleitos e, de modo especial, para os homens.

34 Da qual um ramo desenvolveu-se a partir do esplendor da cidade santa de Ramatoulaye no Yatenga.

35 Para uma descrição precisa dessa situação: Dassetto/Laurent/Ouedraogo, no prelo.

Não assumirei aqui um ponto de vista teológico nem exegético sobre a visão muçulmana do paraíso, apesar de os relatos que seguem se assentarem sobre uma interpretação, de fato bem livre, do Corão, como a interpretação do capítulo 38, versículos 49-53 extraído da tradução de André Chouraqui:

> *"49) Tal é a memória dos palpitantes, o excelente Lugar-do-Retorno; 50) Jardins do Éden, portas abertas para eles; 51) Apoiados ali nos cotovelos usufruirão de muitos frutos e de bebidas abundantes; 52) Virgens ao seu lado, com enormes olhos castos, de igual juventude; 53) Eis o que vos é prometido, no Dia das Contas."*

Meu questionamento consistirá, de preferência, em destacar certos traços das relações entre os homens e as mulheres a partir de informações que oferecem esses camponeses Mossi.

Antes de expor uma síntese desses relatos, lembro que a concepção de um paraíso do qual não se retorna, transtorna profundamente o sistema de pensamento tradicional. Entre os Mossi, um componente da pessoa, a instância denominada *siiga* (força vital), na saída de diversas transformações (*siiga, tuulé, kiima*), representa comumente um ancestral (*kiima*, plural *kiimse*). Em outros termos, o *siiga*, verdadeiro duplo da pessoa humana é não somente a essência mesma da vida, mas também a presença do *nem-lebende*, o olhar transtornado (o mundo invisível). O nascimento como a morte corresponde a ritos de passagem onde, de modo geral, são seres que mudam de estado, voltam entre os vivos ou partem em direção à casa dos mortos (*kiim-kulugo*). Tudo ocorre como se não houvesse, na verdade, seres novos, mas sim seres que, ao final de uma estadia na casa dos ancestrais, voltassem a ocupar um lugar entre os vivos: o que caracteriza a "transubstanciação parcial", pois se trata aqui de uma parcela do ancestral, o *segre*.[36]

Em oposição a essa concepção da pessoa humana assentada sobre a crença segundo a qual a pessoa é uma forma de "reencarnação" de um ancestral, e o paraíso concebido como uma solução definitiva, sobre o que os aldeões muçulmanos estão, no presente, seguros, é o fato de estarem desobrigados da vida sobre a terra e, portanto, do risco de dever reviver a aflitiva condição do camponês Mossi. Para esses camponeses, a conversão ao islamismo e a esperança de chegar ao paraíso procedem da certeza de libertar-se do que eles consideram, doravante, como o inferno terrestre. Esses abalos são tão radicais quanto os motivadores de energia humana; mostrei que esse movimento não é exclusivamente induzido pelo islamismo, porém no conjunto, pelas religiões

36 Cf. Bonnet, 1988; verificar também Lallemand, 1978.

reveladas na medida em que abordam o sistema de pensamento das sociedades tradicionais (Laurent, 2003).

Para esse grupo de informadores, dos quais alguns habitam em Kulkinka, ir ao paraíso (*arzouma*) conforme uma retórica bem clássica resulta das qualidades positivas da pessoa, enquanto o celerado é destinado ao inferno. Segundo eles, o paraíso é acessível àquele que não deseja a mulher que não lhe pertence, àquele que não mente que é direito e transparente em seus comportamentos e que ora a Deus. Em seu entendimento o inferno e o paraíso, de onde não se sai mais, correspondem a dois poços interligados. Eles veem igualmente como duas janelas sob as quais os vivos podem informar-se sobre o destino dos parentes mortos. E eles podem passar do inferno ao paraíso com a condição de os descendentes do falecido resolver os problemas repreensíveis que eles teriam deixado em suspenso durante a vida. Para esses aldeões, significativamente influenciados pelas transformações que atravessam sua sociedade, o paraíso lhes parece, sempre como o jardim do Éden, mas de modo mais prosaico como uma casa climatizada onde se dorme bem e onde se tem acesso aos menores desejos. O paraíso é o luxo, aquele, antes de tudo (e eu os compreendo) de poder comer à vontade e de nada faltar. O inferno reflete de certo modo a condição do camponês do Sahel obrigado a cultivar, sob um sol escaldante, os campos com erosão e estéreis sem a certeza de que irão saciar a fome. A situação infernal corresponde então a uma existência sem saída, vale dizer, à sua vida de agricultores tal como eles doravante a representam. Porém, ao contrário, no paraíso as relações entre as pessoas serão hierarquizadas proporcionalmente às gratificações recebidas ou das sanções infligidas por Deus a seus fiéis. Então no paraíso, a fim de evitar os ciúmes, as pessoas deverão encontrar-se a caminho, fora de sua casa, para guardar em segredo os bens aos quais cada um tem o direito, seja em termos da casa ou de mulheres.

Com base nas informações recebidas, proponho apresentar detalhadamente os relatos que foram fornecidos pelos meus informantes. Regulemos, primeiramente, os problemas materiais como o do alimento essencial para os Mossi, porque está presente em todos os lugares. No paraíso ele será abundante, pois Deus provê aos merecedores as coisas que desejam. Basta pensar sem mesmo pronunciar as palavras, e os alimentos mais saborosos estarão prontos, ao simples olhar os pratos já estão lá. Por outro lado, próximo do local onde um bem aventurado repousa, fluem por três canais diferentes, mel, leite e água fresca. Casualmente, tem-se conhecimento que, no paraíso, vive-se deitado, e os fiéis dispõem de colchões sobre os quais são confortavelmente instalados. Antes de tudo, portanto, o paraíso reflete o desejo de emancipar-se da severidade de sua sobrevivência sobre a terra e das preocupações relacionadas ao sustento dos filhos e das esposas.

Liberados dessas pressões, os desejos dos fiéis podem então expressar-se livremente. O paraíso é composto por oito grandes cômodos, colocados cada um sob a responsabilidade de um chefe. Cada cômodo organiza-se em numerosas subdivisões cujo valor altera-se em função da escala de retribuição. Ao contrário da condição terrestre, no paraíso não se trabalha mais; finalmente ociosos aqueles que aí residem podem viver na plenitude de um cômodo, deitados. Em função da severidade com a qual o fiel seguiu os princípios divinos sobre a terra, cada pessoa vê indicada a extensão de suas posses. Assim, no cômodo cuja extensão é atribuída ao crente segundo seus méritos, encontram-se leitos com mulheres disponíveis. Mulheres mais belas do que as mais belas encontradas na terra[37]. Em razão de sua incomparável beleza e da fragilidade que esta lhes confere, Deus não pode fazê-las existir sobre a terra. Os que merecem mais entre os homens recebem até setenta dessas mulheres. Após o acesso aos bens materiais, entre os quais o acesso ao alimento abundante, o segundo desejo terrestre realizado no paraíso é, na verdade, aquele do prazer sem limites com mulheres belas numa situação em que o homem permanece poligino e na qual as mulheres são colocadas ao serviço sexual dos eleitos.[38] Nem é preciso dizer que as condições de vida sobre o planalto Mossi consomem rapidamente os corpos extenuados pela execração dos trabalhos agrícolas, o calor a fome e as doenças, duplicadas para as mulheres, maternidades, e tarefas domésticas. A beleza, sem dúvida, existe, porém ela é efêmera, rara, até mesmo inútil, como enfatizava aqui um informante, mas no paraíso os corpos podem finalmente ser belos.

No paraíso, segundo esses crentes Mossi, as mulheres poderiam satisfazer um desejo essencial. De fato, após terem podido, elas também, aceitar uma abundante alimentação, que precede tudo, seu paraíso tornar-se-ia o acesso a uma beleza inigualável sobre a terra. Terão acesso a ela somente as mulheres que seguiram, na terra, cuidadosamente as recomendações do Corão, isto é, as regras coercitivas atribuídas às mulheres pela sociedade, no sofrimento e sem se compadecer. Para esses homens que me informam a respeito disso, o paraíso feminino consiste no embelezamento. Se o paraíso para os homens é poder ter acesso à sexualidade das mulheres belas e desejáveis, aquele das mulheres consistiria em tirar plenamente prazer de sua beleza, para os homens é claro, mas também, segundo eles, para elas mesmas e, de modo igual, umas em relação às outras. Essa visão do paraíso, e de modo particular, do lugar reservado às mulheres por esse grupo

37 Sem que meus informantes mencionem o nome, eles evocam aqui a figura das *houris*, mulheres descritas como eternamente belas e jovens do paraíso muçulmano.

38 Cf. Couchard, 2004, p. 65.

de crentes Mossi, tem suas raízes mais particularmente no entendimento mais genérico que os Mossi têm das mulheres do que aquela prometida pelo mundo árabe muçulmano. Portanto, para os crentes Mossi são, na verdade, as mulheres terrestres que se embelezam e tornam-se as virgens prometidas, essas mulheres eternamente jovens e belas. As mulheres terrestres não se encontram, portanto, numa situação de rivalidade intransponível com as mulheres do paraíso, mas elas vivem, mais precisamente, na esperança de uma ascensão na escala da beleza.[39]

Eles me explicarão detalhadamente que quando uma mulher chega ao paraíso, proporcionalmente ao fervor religioso do qual ela soube dar provas sobre a terra, ela modifica-se completamente para tornar-se muito bela (a feiura leva ao inferno; um inferno correspondente às suas condições terrestres) a um ponto tal que sua beleza e encanto superarão aquele das mulheres terrestres mais cobiçadas. No paraíso todas as mulheres são belas, vale dizer, elas são de idêntica beleza e de uma beleza superior a mais bela mulher humana. Isso denota que o paraíso feminino - tal como é descrito aqui por esses homens - consiste em vencer a "desigualdade fundamental" que, na terra, estabelece uma hierarquia entre elas segundo uma escala beleza/feiura. Segundo esse entendimento, tem-se a impressão que o inferno para as mulheres, além das aflitivas condições de vida que partilham com os homens, ou seja, conhecer a feiura na terra, isto é uma disparidade entre elas estabelecida pelo olhar masculino. Quanto a isso, o imã de Kulkinka, El Hadj Noufou, me esclarece por essa metáfora sua percepção das mulheres: o ouro é ouro e esse metal sempre serve para embelezar. Todavia, acrescenta ele, assim que o ouro é extraído da mina necessita ser levado ao ourives para com ele criar uma joia. As mulheres se assemelham todas ao ouro, mas sua beleza distingue-se em função da destreza do ourives. Então, no paraíso, as mulheres embelezadas vivem deitadas, como os homens em seus quartos. Estão à vontade, relaxadas, como se estivessem satisfeitas unicamente pelo prazer da plenitude da beleza. Não carecem mais de preocupações materiais, a tal ponto, afirmam os informantes, que não pretendem ter um marido. Outros informantes relatam detalhadamente as mulheres: fascinantes e numa situação de espera pelo homem (a serviço sexual dos homens).

A última etapa dessa concepção molda um paraíso que teria transcendido as regras da aliança. Um lugar que estaria fora de regulação da ordem sensível adotada pelas alianças matrimoniais. Em outras palavras, as relações de parentesco e as regras das alianças estão para a vida terrena assim como a liberdade está

39 Com a diferença, segundo Françoise Couchard, que "as mulheres que chegarem ao paraíso [...] não poderão beneficiar-se dos prazeres prometidos aos homens. Elas riscariam, ao contrário, de se verem suplantadas pelas virgens do paraíso, suas rivais desiguais, às quais o Corão irá até conceder, explicitamente a condição de esposa" (Couchard, 1994, p. 66).

para o paraíso. Essa liberdade do paraíso, apresentada aqui pelos homens, concerne, antes de tudo, à emancipação das coerções materiais e, em seguida, à superaração daquilo que denominei "desigualdade fundamental". Todavia, para que se estabeleça a livre fruição dos homens, convém superar as relações de parentesco, desvelando assim um aspecto de regulação da beleza, no qual as alianças, em seu traço referente à regulação do sensível, poderiam ter sido claramente instituídas pelas mulheres (cf. os debates precedentes nos quais eu falava de "alianças no feminino" com o intuito de enfatizar esses aspectos).

Essa ideia está bem delineada nas elucidações seguintes. As mulheres do paraíso, sempre belas por sua condição, estariam aptas para evitar que as mulheres terrenas não se desentendessem com os homens por questões referentes a maridos, pois comparativamente menos belas que aquelas do paraíso, deveriam lembrar que se encontram em situação de concorrência desigual em comparação com os homens. Desse modo, é requerido às mulheres humanas que aceitem sua condição de mulheres casadas, sabendo também que sem isso, as mais belas poderiam raptar o marido das outras. Aos homens é exigido, para superar suas disputas com as mulheres, oração e uma vida santa. Devem aceitar as mulheres que receberam, uma vez que eles conhecem a recompensa do paraíso, onde as mulheres embelezadas, entre as quais sua própria esposa, livres da severidade aflitiva da vida terrena e das imposições ligadas às alianças, os aguardam.

No paraíso, os homens e as mulheres embelezadas parecem como livres, libertos das alianças matrimoniais. Só o Profeta estará com suas esposas no paraíso. Para os crentes sem esposos ou esposas, as consequências são patentes, um informante esclarece: "Deus transformará o parentesco feminino próximo de um homem para que as mulheres que lhes eram proibidas sejam autorizadas. O mesmo ocorrerá com as mulheres muito idosas que, se tornaram belas, viverão com um homem jovem e belo", o que permite, na sequência, subsumir a sucessão das gerações. Essa concepção masculina do paraíso, esboçada por esse grupo de muçulmanos Mossi, funda-se sobre a recompensa desigual atribuída de acordo com os méritos religiosos. Desobrigados dos interditos matrimoniais como o adultério e o incesto, emancipados de diferença etária, homens e mulheres, igualados em juventude e beleza, sem carências materiais, conquistam, finalmente, os prazeres de uma sexualidade livre de coerções da condição humana.

Os relatos desses aldeões muçulmanos Mossi manifestam as consequências de uma regulação social deveras coercitiva da ordem sensível. No seio dessa confraria as questões relacionadas com o feminino e, em particular com a beleza das mulheres são, de certo modo, escamoteadas, no entanto, longe de estarem ausentes, elas retornam aqui em uma cena imaginária.

Para concluir essa primeira série de informações relativas à regulação social da beleza nas "sociedades de aliança" e extraída da sociedade Mossi, proponho reter essa ideia eficaz segundo a qual a sociedade saheliana consuetudinária não há, a longo termo, lugar plausível para o estado de celibatário. Para os Mossi, todo adulto, seja jovem ou velho, bonito ou feio, forte ou fraco, fecundo ou estéril, deveria casar-se, pois consistiria no único estado aceitável e sua exclusiva possibilidade, dada em momentos especiais da vida de cada um, de garantir sua sobrevivência. Em conformidade com outro ponto de vista sobre as alianças, aquele referente à regulação do sensível, já fica patente nessas considerações o desafio de equivalência social na qual uma mulher nesse plano vale outra mulher e um homem, outro homem, fazendo-os intercambiáveis para o parentesco.

Os argumentos apresentados por meus informantes Mossi confirmam, para as "sociedades de aliança", as duas dimensões, evidenciadas anteriormente, de regulação social da beleza: a produção de equivalência social no interior de um determinado grupo e a segurança. A segunda dimensão - aquela da procura de segurança social e econômica das categorias de pessoas consideradas por um grupo como as mais fragilizadas, pela injunção da solidariedade além-gerações, a organização de alianças secundárias (a herança por um filho caçula das esposas mais idosas de um pai ou de um irmão mais velho falecido, por exemplo) e certos aspectos das trajetórias matrimoniais - será tratado no capítulo seguinte.

No momento devemos delinear em detalhe a primeira dimensão de regulação social da ordem sensível, isto é, expor uma descrição concreta do mecanismo de instituição de categorias de equivalência.

V | Categorias de equivalência e alianças nos mitos ameríndios

Preâmbulo

Por meio dos mitos de origem das mulheres analisados por Claude Lévi-Strauss nas *Mitológicas*, abordaremos, no momento, a equivalência social construindo categorias de equivalência entre as mulheres, sobretudo aqui, e os homens sendo obrigados a acolher como certa a mulher que receberão.

Como esclarecimento prévio, note-se que o mito, não importa sua origem, é entendido de imediato por aquilo que é sem o risco de ser confundido com outra forma de relato. Claude Lévi-Strauss demonstrou que o poder dos relatos míticos, e por sua importância científica, é que não dizem respeito nem à invenção individual, nem à imaginação criadora, mas à história de um povo. Os mitos constituem o inesquecível de um grupo de pessoas que, nas sucessivas gerações pela memória coletiva, os transmitem umas as outras como a experiência herdada de seu patrimônio organizacional. Os mitos falam de tempos primordiais, de fundamentos, isto é, de um período no qual os eventos fizeram dos humanos o que atualmente são, e conhecê-los é um saber as razões. Os relatos míticos revelam, a seu modo, as causas que presidiram os grandes princípios do modo de existir, assim como as relações com os outros, a origem das coisas, o Cosmos, os Espíritos, a natureza, os humanos, as relações que humanos mantém entre si e com os não humanos.

Se os mitos gregos chegaram até na forma de versões escritas, definidas, canônicas, aqueles dos povos de cultura exclusivamente oral são hoje conhecidos porque puderam ser recolhidos junto a informantes por viajantes e missionários, mas especialmente por etnólogos. Esses informantes participam da memória, da história e da tradição.[40] Esses mitos, felizmente, foram coletados, antes de seu desaparecimento, vencidos hoje, por uma adesão do interior a uma forma de modernidade transnacional, enquanto que nem a colonização nem os missionários, que combatiam os sistemas de pensamentos tradicionais não conseguiram fazê-los desaparecer. Por conseguinte, numerosos mitos das duas Américas são hoje conhecidos unicamente graças às transcrições elaboradas por etnólogos. Antes de tornarem-se relatos que algum dia, provavelmente próximo, os etnólogos cederão aos historiados (antropólogos historiadores), que os estudarão como tais, esses relatos apresentam, em relação às versões escritas muito mais antigas, a grande vantagem de poder ser mais amiúde, recolocados em seu contexto, graças às numerosas monografias dedicadas aos povos que os produziram.

---

40 Sobre esse sujeito, os trabalhos de Jack Goody desempenham um papel de primeiro plano. Assim, se os primeiros traços de escritura são assinalados na Grécia no ano de 750 a.C. e que representam uma das contribuições mais significativas para o sucesso grego, isso não quer dizer, opina Jack Goody, que "o autor da Ilíada dominava necessariamente a escritura. No entanto, o poema tal como o conhecemos, parece ter sido consideravelmente influenciado em sua forma e conteúdo pela existência da escritura, mesmo que não fosse, senão, pelo fato de ser inevitavelmente transformado quando foi transcrito pelo autor [...] para tornar-se um texto escrito [...]. Exemplos africanos de longas recitações provenientes de cultura puramente orais diferem de modo significativo dos poemas homéricos. E enquanto que a ideia de uma "composição em comum" deva ser evidentemente rejeitada, toda noção de uma composição monumental, única - ou de um só autor - vai de encontro daquilo que sabemos sobre a única via oral para a comunicação linguística" (Goody, 1994, pp. 118-119).

Desde 1964, data em que foi publicado o primeiro tomo das *Mitológicas*,[41] *O cru e o cozido*, Claude Lévi-Strauss dedicou-se à extraordinária tarefa de reunir, de início, as publicações dispersas, traduzi-las, e em seguida elaborar uma interpretação sábia e metódica dos numerosos mitos das Américas.[42] Para tanto, o autor parte do postulado, audacioso na época, segundo o qual as versões dos mitos de um mesmo ciclo, criados pelos povos das Américas dos quais se sabe que tiveram contato ou que eles logicamente, puderam ter contatos, beneficiam-se quando comparadas entre elas visando elucidar-lhes o sentido. Philippe Descola, com prudência, esclarece que "dessa história pré-colombiana [...], sabemos muito pouca coisa. De tal modo que a etnografia moderna não pode nos oferecer, senão, crônicas desconjuntadas, dessa "Idade Média à qual estaria faltando sua Roma", para valer-se da fórmula de Lévi-Strauss, simples sinais de um antigo fundo partilhado cujos elementos foram compostos aqui e acolá de modos bem diversos. Seria plausível que certo jeito de representar-se as relações entre humanos e não humanos tivesse resultado desse sincretismo bem antigo, surgindo até os dias atuais de maneira muito distinta?"[43] De qualquer forma, esse procedimento comparativo está na base do extraordinário trabalho constituído nas *Mitológicas*. De uma perspectiva teórica, para Lévi-Strauss, um significativo número de atividades sociais, tais como a troca e todas as formas de comunicação, entre as quais os mitos, podem ser compreendidos pelo "caráter relacional do pensamento simbólico". Uma vez que determinadas manifestações sociais dos grupos humanos assemelham-se a uma linguagem, o autor impõe-se como meta esclarecer as estruturas subjacentes (o significante) de numerosos mitos ameríndios.[44]

Levando-se em conta a riqueza e a unicidade das *Mitológicas*, combinadas às competências do autor em matéria de aliança das *Estruturas elementares do parentesco* e pelo fato de os quatro índices gerais das obras comportarem, nos três primeiros volumes, um acesso "beleza feminina" e para o último um acesso "beleza", minha

---

41 A propósito de uma conversação "do interior" de uma sociedade tradicional a uma forma de modernidade. Ver Laurent, 2003.

42 Mitológicas em quatro tomos – *O cru e o cozido, Do mel às cinzas, A origem dos modos à mesa, O homem nu,* (de 1964 a 1971). Essa obra será seguida de *A caminho das máscaras* (1979), *A Oleira Ciumenta* (1985); *História de Lince* (1991).

43 Descola, 2005, p. 38. É interessante notar que os trabalhos dos biologistas que comparam o ADN mitocondrial dos grupos populares (Cavali Sforca, por exemplo) assim como os trabalhos dos linguistas (dos quais a classificação dos idiomas de Joseph H. Greenberg) vão ao mesmo sentido que o de um povoamento bem recente e homogêneo das Américas; ver igualmente Ruhlen, 1997.

44 Conferir, por exemplo, Lévi-Strauss, 1950 pp. 41-43.

curiosidade multiplicada foi ferida em seu amor próprio. Impus-me o trabalho de reaver os relatos que poderiam ter tratado das consequências da beleza feminina sobre as relações entre os homens e as mulheres. Para isso, fiel ao meu procedimento, fui levado a prosseguir as pesquisas à margem das alianças para contornar a regulação social da beleza que elas ativam. A releitura sempre apaixonante desse trabalho titânico de Lévi-Strauss, dirigido pela minha hipótese relativa à beleza e as alianças, foi uma verdadeira revelação. Fui compensado para além de minhas esperanças tanto que o tema da beleza feminina e das alianças ocupa um lugar inegável nos mitos ameríndios e nas considerações do autor.

A continuação da análise será aplicada especificamente na construção da categoria "mulher". Darei prosseguimento à demonstração segundo a qual, a fim de penetrar num processo geral de troca pelas alianças matrimoniais, cada sociedade foi induzida a produzir as mesmas categorias de equivalência para subsumir a singularidade humana e, portanto, "a desigualdade fundamental". As categorias de equivalência não se assentam sobre o postulado da identidade como condição natural do homem, mas sobre uma ficção social. Consequentemente, a equivalência social da mesma maneira que a diferenciação social são duas condições de base da troca por alianças. Indiquei que esses processos não são antagônicos, pois regulam domínios distintos - o sensível e o político - eles se articulam para viabilizar a troca. Para identificá-los nas "sociedades de aliança", minha sugestão foi a de assumir não um, mas dois pontos de vista sobre as mesmas alianças; um desses pontos de vista versa sobre a regulação social da beleza que estará em pauta nos mitos seguintes.

Origem das mulheres e das alianças

Alguns dos mitos relacionados com a origem das mulheres têm por objeto "relatar uma descontinuidade ao mesmo tempo social e natural, a saber, aquela das mulheres, assinaladas como belas ou feias ou por extensão metonímica, "cabanas familiares" (Lévi-Strauss, 1964, p. 63 nota 1). Colocarei de lado, no momento, a questão das cabanas, para me concentrar sobre os designativos de bela e feia. Retomo assim minha problemática uma vez que esses mitos ameríndios da origem das mulheres evocam, de pronto, o tema da heterogeneidade e, portanto, da singularidade das pessoas humanas. Essa análise irá expor que a singularidade, mais do que um mistério, deverá ser suplantada para que as alianças matrimoniais possam ser instaladas; os três mitos que seguem referem-se à "origem das mulheres" e podem nos auxiliar. Eles são expostos de modo esquemático.

O primeiro mito *kraho* relata que uma garotinha abandonada chega a uma aldeia onde vivem diversas espécies de pássaros. Abrigada perto de uma fonte, ela parte as cabaças que servem para tirar água. Os pássaros, por vingança, agrupam-se e lhe fazem sofrer um estupro coletivo. Finalmente, a garota morre e os animais a esquartejam. "Cada um arrebata um pedaço de vulva e o pendura numa vara pronunciando palavras mágicas. Logo a seguir cada pedaço aumenta e cobre a armação do telhado da cabana. O gavião, primeiro a servir-se, ganhou uma bela morada, todavia o pedaço do urubu ficou pequeno e endurecido" (Lévi-Strauss, 1964, p. 258). Esse primeiro extrato, sem outros acertos contextuais fica pouco explícito, no entanto, pode-se compreender progressivamente que ele estabelece uma relação entre cabanas de qualidades diferentes e mulheres. No intuito de facilitar a interpretação, impõem-se dois esclarecimentos. Nos mitos ameríndios que falam dos fundamentos, não há distinção entre os humanos e os não humanos, os quais mantêm e seguem mantendo estreitas relações, assim que a separação entre os dois grupos terminar.[45] Por outro lado, nesses relatos, os animais se repartirão progressivamente em espécies a fim de adquirir suas características distintivas.

Um segundo mito *sherenté*, semanticamente próximo do primeiro, traz precisões suplementares uma vez que explica que outrora as mulheres não existiam e que os homens praticavam a homossexualidade. Um dos dois engravidou e, incapaz de parir, morreu. Na segunda parte do relato, um homem descobre uma mulher, "mas como todos os homens a cobiçavam, eles a cortaram em pedaços e repartiram ente eles" e depositaram em suas cabanas. De volta da caça "todos os pedaços haviam se transformado em mulheres. Ao puma [...] que havia recebido um pedaço de peito, coube uma mulher bonita; uma magra à seriema (*cariama cristata*) que havia retalhado seu pedaço. Mas cada homem obteve uma mulher [...]" (Lévi-Strauss, 1964, pp. 119-120). A primeira parte estuda o fato que os homens e as mulheres compõem dois grupos que viviam separados. Os homens não tinham filhos e morriam se tentavam ter. A segunda parte é dedicada à instituição de uma divisão entre os homens, seguida da evocação das razões que presidem uma partilha heterogênea das mulheres entre os homens de acordo com considerações físicas (beleza, magreza), e garantir que todos os homens tenham recebido uma mulher.

O terceiro relato, um mito *toba-pilago* sobre a origem das mulheres, narra mais sobre o grupo das mulheres no momento de seu encontro com o grupo dos homens. Numa primeira parte, o mito explica que as mulheres descem do céu para furtar a carne dos homens. Para entender a razão pela qual sua carne some, os homens colocam Coelho como sentinela, mas ele adormece. Papagaio

45 Verificar para isso, *Descola*, 2005.

que o rende nota as mulheres "que possuíam uma vagina dentada". Ele é descoberto e elas "o disputam como marido, trocam projéteis, dos quais um extravia-se e atinge o Papagaio cortando-lhe a língua" (Lévi-Strauss, 1964, p. 121). Consequentemente, ele não pode explicar aos homens o que ocorreu. É de se notar que os homens caçadores produzem a carne que as mulheres cobiçam. Há uma primeira aproximação baseada na alimentação. Aliás, as mulheres se mostram ameaçadoras por sua própria natureza, elas possuem uma "vagina dentada". E mais, elas tornam-se agressivas entre elas quando se defrontam pela conquista desse marido que, atingido por um projétil, se torna mudo. O mito relata duas tensões, a das mulheres entre elas e aquela das mulheres para apoderar-se individualmente desse marido.

O tema da "vagina dentada" apresenta um vasto campo que pode facilmente ser compreendido simplesmente seguindo a suposição de Claude Lévi-Strauss que percebe aí o "equivalente anatômico das simplégades" (Lévi-Strauss, 1971, p. 391), o qual remete em certos mitos ameríndios à temática das portas que batem (Lévi-Strauss, 1968, p. 48) e, além disso, a um antigo tema mítico que, para os Gregos antigos, por exemplo, indica duas rochas das quais se tinha a impressão que elas aproximavam-se a fim de aprisionar entre elas os navegadores que ali se arriscavam. E mais, certos relatos ameríndios comparam a arraia venenosa a uma jovem mulher, até mesmo ao aparelho genital feminino (o corpo figura o útero e cauda a vagina). A cauda da arraia representa um pênis sedutor invertido onde, como em um mito (*shipaia*), um homem morre durante o coito com uma garota arraia, trespassado por seus ferrões. Em outros relatos, a arraia é associada à piranha e ao golfinho, e esses associados respectivamente à "vagina dentada" e ao pênis sedutor. A arraia faz figura de sedutora irresistível (Lévi-Strauss, 1966, p. 264, nota 1). Em outros relatos toma-se conhecimento ainda que o demiurgo Lua "triunfa sobre certa criatura com a 'vagina dentada' e decreta que, doravante, o órgão feminino não será mais armado com facas de pedra, mas somente de carne" (Lévi-Strauss, 1971, p. 391).

Esse terceiro mito expõe um grupo de mulheres ativas na busca de um marido, uma vez que nesse assunto, elas tomam a iniciativa. Longe de serem passivas, as mulheres mostram-se perigosas para os homens, em suas rivalidades para o acesso a um marido. Perigosas a ponto de suas "vaginas dentadas" amedrontarem os homens e de correr o risco de perdê-los. Nesse momento, elas não fazem figura de mulheres que, dominadas pelos homens, entrariam em um processo de aliança desejado por eles. Ao contrário, nesse mito, a iniciativa de uma forma prototípica de aliança baseia-se, de preferência, nas mulheres e essa procura provoca tensões entre elas. Nesse relato do tempo das origens, as rivalidades entre as mulheres em seu acesso ao outro sexo estão bem presentes, pelo menos tanto quanto entre os homens. No segundo relato, lembremo-nos, os homens cobiçam e partilham entre si os pedaços de uma mulher, enquanto que no terceiro, as mulheres enfrentam-se e lutam por um marido que é por elas mutilado. Esse movimento de aproximação entre os sexos gera tensões tanto nas mulheres quanto nos homens e, nesse ponto, as mulheres desempenham uma função bem notória.

Continuemos o terceiro relato. A segunda parte do mito inverte a situação precedente, pois não são as mulheres que procuram um marido, mas sim os homens que com o apoio de certos animais, irão dividir as mulheres entre eles. Agora, o Gavião monta guarda. Ele também é descoberto pelas mulheres que lutam entre si para tê-lo como marido, antes de arriscar matá-lo. Com um bastão, o Gavião consegue, entretanto, romper uma das duas cordas que as mulheres utilizam para descer do céu e voltar para ele, (uma corda para as mulheres belas e a outra para as feias). Várias mulheres caem e cravam-se na terra, mas antes o Gavião captura duas para seu uso. Mais adiante, o mito relata que Tatu arranca as mulheres da terra e as distribui aos seus companheiros (Lévi-Strauss, 1971, p. 391). Em algumas linhas, a segunda parte dessa narrativa expõe um conjunto de temas fundamentais: disputas entre mulheres pela obtenção de um marido, heterogeneidade física das mulheres distinguidas entre belas e feias (segundo sua aparência física elas empregam caminhos diferentes para locomoverem-se de um mundo a outro), poliginia e instauração de uma partilha das mulheres entre os homens.

Esses três mitos da "origem das mulheres" tratam também do encontro das mulheres pelos homens e pela sua divisão desigual entre os homens que são obrigados a aceitar esse fato como indiscutivelmente evidente. Em contrapartida, nos primeiros projetos de aliança, isto é, aqueles que não terão sucesso, as mulheres revelam-se ativas, elas assumem amplamente sua parte na implantação desses projetos, e no terceiro relato, elas tomam claramente a iniciativa. Porém, além dessas considerações, esses relatos enfatizam outra característica. Uma vez que as mulheres são vistas como fisicamente desiguais, os homens que as recebem devem aceitar a partilha desigual daí decorrente como se fosse uma evidência inquestionável. E mais, na medida em que as mulheres tomam a iniciativa em matéria de aliança, tensões surgem entre elas e sua agressividade pode, na verdade, voltar-se contra o outro sexo. Dessa maneira os mitos dizem que os homens foram levados a envolver-se na aliança. Esse envolvimento conduz à dominação das mulheres e ao estabelecimento de uma partilha das mulheres entre eles, o que exige que seja superada sua percepção de uma "desigualdade fundamental", enquanto a Puma cabe a mais bonita, no que ao Gavião capture duas e a Seriema consiga uma magra... Esse grandes princípios de aliança assim instituídos, (as mulheres não podendo mais batalhar por um marido) poder-se-á, por essa razão, afirmar que as questões suscitadas pelos primeiros projetos de aliança, aqueles iniciados de algum modo, pelas mulheres e que certamente não logram êxito, sejam definitivamente solucionados quando os homens retomarem a iniciativa? Com essa questão pretendia enfatizar que, de imediato, esses mitos articulam o reconhecimento de um duplo problema abordado pelas alianças, aquele das "desigualdades fundamentais", vale dizer, de regulação da ordem sensível e aquele de uma diferença social que se assenta sobre a regulação de uma ordem política quando se trata, para os homens, de admitir como sendo inegável a divisão, entre eles, das mulheres que eles identificam, apesar disso, como cobiçadas de modo desigual. Em outras palavras, convém que em alguma parte para além da percepção da diferença física, as mulheres sejam apreciadas, pelos homens, como semelhantes para que a aliança possa ser instituída segundo o princípio de reciprocidade e de complementaridade. É a função que conferi à regulação social da beleza que determina a equivalência pela regulação da ordem sensível.

Esses mitos assinalam igualmente que o idêntico não é a condição natural do homem, mas antes "a desigualdade fundamental", vale dizer, a percepção humana da singularidade de cada um de seus membros. E ainda, esses relatos da "origem das mulheres" insistem na relação entre "a desigualdade fundamental" e a instauração de alianças que a transcendem. Sem poder conduzir a demonstração a essa etapa, ela voltará oportunamente, esses mitos fortalecem, porém, a hipótese de uma relação invertida entre a beleza e as alianças. Essa relação, como assinalei, baseia-se sobre a hipótese de um ponto de vista complementar sobre as alianças que deveriam levar à identificação da equivalência como processo fundamental de regulação da ordem sensível. Eu já ponderava a propósito dos Muria sobre um "matrimônio no feminino" que, para além do feminino, diz respeito à produção de equivalência social. Esse processo é nitidamente distinto da perspectiva dominante que regula a ordem política, geralmente dominada, de preferência pelos homens e que leva ao estabelecimento de uma "assimetria aceitável" embasada pela diferenciação social.

O sistema de diversidade híbrida das mulheres ou a "teoria alternativa" de troca de Claude Lévi-Strauss

A singularidade, vale dizer, "a desigualdade fundamental" manifesta-se aqui na diversidade física das mulheres: seu tratamento reporta-se diretamente às alianças.

Do ponto de vista da regulação do sensível, isto é, de regulação social da beleza, esses mitos sugerem que os homens devem, de certo modo, superar seu "olhar", como os Mossi, os Muria ou os Gregos. Esse olhar de homem, observando a diversidade feminina, deve ser vencido para que apareça, de modo indiscutivelmente evidente, uma divisão de mulheres assumida coletivamente, lá onde, por uma evidência análoga a uma relação entre espécies, se expressa uma segmentação social (a exposição relativa ao totemismo em Lévi-Strauss que conduz à segmentação social): à fera (Puma) pertence a mais bela e à grande ave, um tanto disforme (Seriema), a mais magra.[46] Esse olhar subsumido é igualmente aquele do desejo dos homens que mantêm uma relação ambígua com a beleza feminina, beleza que deve ser regulada para que a ordem política possa ser instituída. Isso implica a articulação de dois processos, a equivalência e a segmentação que incide sobre a regulação de duas ordens distintas, o sensível e o político. A respeito desse último ponto em particular, Claude Lévi-Strauss descarta essa análise para propor outra que agora irei explicar.[47]

Em outros momentos das *Mitológicas*, o autor aborda o tema da diversidade física das mulheres. Essa questão, na aparência simples, abre a porta àquela mais ampla e fundamental da semelhança no seio da espécie humana, o que denominei a equivalência social, ou ainda, a permutabilidade. A questão é espinhosa. Ela ocupou, positiva ou negativamente, um lugar relevante nos trabalhos de grandes teóricos, dentre os quais, os de Lévi-Strauss com certeza, mas igualmente o de Jean Jacques Rousseau e de Charles Darwin, por exemplo. Darwin, diferentemente dos dois primeiros, que rejeitavam de pronto a hipótese da percepção de uma diversidade primordial dos homens entre si, analisou a grande heterogeneidade da espécie humana apesar de sua unicidade.

Um primeiro aspecto dessa vasta interrogação tende a compreender como Claude Lévi-Strauss não se mostra interessado pela produção social de equivalência quando é confrontado ao que denominei "a desigualdade fundamental", vale dizer, a partilha desigual e aleatória da beleza. Argumentarei que, se ele reconhece a necessidade de uma semelhança para que a troca possa existir, a ideia mesma de um processo que estabeleceria essa semelhança não tem objeto uma vez que o humano sente-se, de pronto, idêntico a todos os seus semelhantes, isto é, naturalmente para retomar os termos de Lévi-Strauss.

---

46 Observar quanto a isso a definição do totemismo proposta por Claude Lévi-Strauss (2008a, p. 478).

47 Examinarei ainda esse ponto a partir da oposição de Claude Lévi-Strauss a Charles Darwin no capítulo 8.

Essa posição, de ordem filosófica, é o postulado sobre o qual se sustenta sua teoria das trocas matrimoniais como síntese imediata, dada pelo caráter de imediato relacional do pensamento simbólico.[48]

Uma segunda faceta é ética e epistemológica; trata da razão pela qual Claude Lévi-Strauss não mostrou interesse por um eventual processo de produção social de equivalência. Para realizar isso examinarei a questão da "desigualdade fundamental", primeiro em relação com a noção de raça na qual ele a circunscreveu, retirando-lhe, assim o estatuto científico, uma vez que se trata de um problema ético e político, a ponto de pesquisadores ainda recearem de examinar a questão, sobretudo, em ciências humanas e sociais.[49] Quanto a essa questão eu examinarei o uso que fazem os antropólogos da teoria da "seleção sexual" de Charles Darwin. Finalmente, passando da ética à epistemologia, considerarei "a desigualdade fundamental" em face do entendimento de Lévi-Strauss sobre a proteção da autonomia das ciências humanas e sociais diante da sociobiologia. Em outras palavras, indicarei que as teorias de Claude Lévi-Strauss (a principal e a alternativa) não autorizam apresentar a implicação das alianças matrimoniais na regulação de uma escolha que venha impor um fim à "desigualdade fundamental" por meio da regulação do sensível. Na saída disso, terei explorado a parte essencial do caminho que me possibilita firmar minha intenção sobre a normatização da ordem sensível como ponto de vista complementar a perspectiva da exogamia e do interdito do incesto que regula, para Lévi-Strauss, a "ordem política" (Lévi-Strauss, 1949, p. 565) a fim de pensar as alianças. Em face da relevância dessas interrogações para minha tese, esse segundo aspecto será pesquisado numa terceira parte.

Retomo, no momento, o primeiro enfoque relativo à maneira pela qual Claude Lévi-Strauss analisa as diferenças físicas entre os humanos,[50] questões que preferi caracterizar como "desigualdade fundamental" com o intuito de distingui-la nitidamente de um registro moral. Destacarei que certamente não é por ignorância que ele não aborda o problema da instituição de equivalência; por diversas vezes seguidas ele insiste sobre a relevância da "semelhança" como condição fundamental nas trocas matrimoniais.[51] Em decorrência disso vou

48 Lévi-Strauss, C. "Introduction à l´Oeuvre de Marcel Mauss". Mauss, 195, pp. 41-43.

49 Cf. Stoczkowski, 2006, p. 47.

50 "Diferença física entre as mulheres", "paradigma anatômico": Lévi-Strauss, 1968, p. 60.

51 Por exemplo Lévi-Strauss, 2008a, p. 544; Lévi-Strauss, 2008b p. 689; Lévi-Strauss, 1964, p. 121; 1968, p. 60; 1971, p. 380. Conferir também Lévi-Strauss, 1950, pp. 41-42, ou ainda Lévi--Strauss, 1983, pp. 21-48.

analisar essa questão denominada por ele, ao mesmo tempo de "fundamento biológico" e de "forma antecipada de racismo que ameaçaria a vida social" (Lévi-Strauss, 1968, p. 60), ou até refere-se a um problema que "não é desprovido de sabor nem de significação" (Lévi-Strauss, 1964, p. 121).

Antes de tudo, recordarei a relevância do conceito de espécie no pensamento de Lévi-Strauss, pois ele confere a verdadeira unidade do método de sua obra (Keck, 2008, p. 1806). "As espécies naturais, animais e vegetais constituem para os humanos além dos indivíduos que as compõe, as categorias que se oferecem diretamente ao pensar: o lobo, o urso, a raposa..." (Lévi-Strauss, 2008a, p. 537). As espécies naturais são "boas para pensar", pois elas compõem o sistema fundamental que possibilita aos humanos conceber a diversidade, uma diversidade que já se encontra ali completa, ao alcance das mãos, e com as quais os humanos podem amoldar-se. As espécies referem-se à classificação. Esse entendimento possibilitará a Lévi-Strauss resolver a questão do "totemismo" apontando que as espécies animais aludem às noções e relações que formam a segmentação, e à distinção dos grupos sociais entre eles: "O totemismo introduz uma conexão entre dois clãs como análoga àquela dentre duas espécies" (Lévi-Strauss, 2008a, p. 478). As espécies não constituem o único modelo de diversidade que se apresenta às sociedades humanas para pensar a diversidade. Trata-se, de fato, do único sistema de diversidade a ser "natural", mas existem outros, desta vez "culturais" - aí reside todo o problema, uma vez que ali se abriga a intrincada questão da "desigualdade fundamental" - tal o sistema de fabricação dos objetos (por castas especializadas, por exemplo), ou ainda, o sistema de aliança matrimonial, no qual as diferenças derivam, então, de uma intenção social, e não possuem nada de natural. Os sistemas de diversidade quer sejam naturais ou culturais, possibilitam elucidar o processo de "diferenciação social"; um processo fundamental "que atribui seu verdadeiro objeto à investigação científica" na qual, não importa qual seja o modelo de diversidade, "a exigência comum é aquela de uma separação diferencial entre os termos, e de uma identificação inequívoca de cada um" (Lévi-Strauss, 2008b, p. 695). Dito de outro modo, a diferenciação social, à qual conduzem esses sistemas de diversidade, autoriza a emergência de funções especializadas entre os grupos que compõem uma sociedade. Esses grupos reconhecem-se como reciprocamente indispensáveis e complementares uns dos outros. Concretamente, tais grupos permutam entre si duas grandes categorias de "coisas": alimento e mulheres (segundo a visão canônica de Lévi-Strauss) na medida em que a troca constitui o meio de garantir o encaixe recíproco dos grupos sociais (Lévi-Strauss, 2008b, p. 672). Revisitados esses princípios do pensamento de Lévi-Strauss, posso retornar à minha questão da diversidade.

Claude Lévi-Strauss aborda em diversas ocasiões o tema "de diversidade física das mulheres" e especialmente quando de sua ampla discussão sobre os mitos relacionados à "mulher-gancho". Esses mitos colocam, afirma ele, o problema da aliança matrimonial. Em análises apaixonantes, o autor demonstra que a "mulher-gancho" (também chamada invólucro, colchete) que, nos mitos sul-americanos, prende-se (no sentido próprio) nas costas de um marido, assemelha-se à "mulher-rã" (sapo) que se encontra nos mitos norte-americanos, os quais evocam (no sentido figurado) uma "mãe-viscosa" (Lévi-Strauss, 1968, p. 57); o antropólogo argumenta desse modo que os mitos sul-americanos elucidam os mitos norte-americanos (Lévi-Strauss, 1968, p. 59).

No mito sul-americano analisado, a questão da "separação dos homens e dos animais, e a divisão destes em espécies zoológicas distintas" é recordada no início, enquanto que as versões norte-americanas terminam com a separação dos humanos e dos animais (Lévi-Strauss, 1968, p. 59), o que revela que" a ordem atual do mundo impõe que os humanos casem-se entre si, sem se mostrarem demasiadamente exigentes nesses limites (caso contrário a aliança seria impossível), uma vez que os animais são igualmente constituídos em espécies cujos membros acasalam-se entre si, não de uma espécie com outra ou com humanos" (Lévi-Strauss, 1968, pp. 60-61). Em conclusão, fiel ao rigor de seu raciocínio estrutural, Lévi-Strauss indica que, para esse tema da diversidade física das mulheres, os mitos norte-americanos invertem o mito sul-americano analisado, e acrescenta que, logicamente, as formas invertidas dos mitos norte-americanos deveriam poder reconduzir ao sul-americano. Evitando entrar na tecnicidade da análise estrutural, ao final dessas duas transformações (consideradas como operadores estruturais), o autor esclarece que a "mulher-gancho", feia e velha (mitos sul-americanos) pode encontrar-se agarrada nas costas de um jovem e belo homem e que a "mulher-sapo" (do mito norte-americano), feia e repugnante, pode ter um belo homem como marido. Essa articulação no seio de uma aliança matrimonial entre mulher/velhice/feiura e homem/juventude/beleza era amplamente satisfatória para aguçar minha curiosidade e me instigar a compreender como Lévi-Strauss encontraria uma solução para essa questão "de desigualdade fundamental", nitidamente identificada nos relatos. Ele classificará a correspondência estabelecida entre esses tipos de mulheres sob o paradigma um tanto enigmático de "mulheres aderentes", e torna claro que ele enfatiza um "fundamento biológico" que direciona ao "paradigma anatômico".

O problema complica-se na medida em que esse paradigma, observa Lévi-Strauss, não diz uma coisa, mas duas. E ali se abriga a complexidade do problema assim desvelado. Se nos colocarmos em um ponto de vista exterior à espécie humana, de início, então as esposas humanas em conjunto, contrapostas às fêmeas animais, valem-se; entretanto, se presentemente nos situarmos de um ponto de vista interno à espécie humana, essa "ilusão da ordem moral", empregando os termos do autor, desvanece-se para fazer surgir a verdade de uma "desordem física", isto é, que as mulheres entre elas têm o mesmo valor, que elas são desigualmente cobiçadas por maridos (Lévi-Strauss, 1968, p. 60).

Claude Lévi-Strauss conclui rapidamente sua análise por essa resposta em forma de questão:

> *O que os mitos, de fato, proclamam? Que há culpa e perigo em confundir as diferenças físicas entre as mulheres com as diferenças específicas que separam os animais dos humanos ou os animais entre eles. Essa forma antecipada de racismo ameaçaria a vida social, que deseja, ao contrário, que como humanas, as mulheres belas ou feias, façam jus em obter um cônjuge. Opostas em geral, às esposas animais, as humanas valem-se; todavia, se o arcabouço mítico inverte-se, ele não pode, senão, revelar esse mistério, mesmo que a sociedade queira ignorar que todas as humanas não tenham valor, uma vez que nada pode revelar esse mistério, a saber, embora a sociedade queira ignorar que todas as mulheres não se valham, pois nada pode impedir que elas se diferenciassem em sua essência animal, que as torna desigualmente cobiçadas pelos maridos* (Lévi-Strauss, 1968, p. 61).

O autor permanecerá aí, isto é, diante daquilo que ele entende, a justo título, como uma oposição, mas que não poderá transformar-se, por meio de articulação dos dois termos opostos, em um problema fundamental de desigualdade que as alianças tiveram igualmente de analisar visando permitir a troca matrimonial. Em outros termos, se a constatação de uma partilha desigual da beleza for instalada, é inconcebível que essa partilha desigual apresente um autêntico problema. E a hipótese da existência de um processo que aborde a partilha desigual da beleza nas sociedades humanas (com regulação da beleza), engendrando a semelhança (categorias de equivalência), é inútil se o único operador de classificação plausível é aquele da diferenciação social. Todavia, no que concerne o humano, parece-me que para classificar (aqui no sentido de reproduzir a sociedade), convém enfatizar as diferenças assim como as semelhanças. Então, a consequência desse "mistério", tão lucidamente identificado por Lévi-Strauss, não é unicamente "uma forma antecipada de racismo", sem consequência sobre as alianças. No meu entender, tal mistério remete de preferência a um problema teórico fundamental que não é unicamente ético[52]. Ele torna manifesta, aqui ainda, a existência desse processo de produção de equivalência social, com certas implicações sobre a maneira de compreender as trocas matrimoniais.

Alhures, confrontado com a mesma questão, Claude Lévi-Strauss expõe um comentário similar: "Os mitos desse grupo não pretendem somente relatar a origem das mulheres, mas igualmente de sua diversidade, isto é, porque elas são jovens ou velhas, gordas ou magras, belas ou feias, e até mesmo porque algumas são caolhas. O isomorfismo assim declarado entre a diversidade (externa) das espécies animais, e a diversidade (interna) da parte feminina de uma espécie particular, não é desprovida de sabor, nem de significação" (Lévi-Strauss, 1964, p. 121). Por ter circunscrito, creio eu, a troca matrimonial exclusivamente à diferenciação social, isto é, à organização de uma ordem política (e esse ponto de vista remete, integralmente, ao ponto de vista dominante dos homens) sem levar em consideração a regulação da ordem sensível como um processo basicamente diferente do processo de regulação da ordem política, Claude Lévi-Strauss separa, diversas vezes, a questão da heterogeneidade humana no seio de um mesmo grupo social e, em consequência, a necessidade da instituição social de uma equivalência entre pessoas de um mesmo grupo. Esse problema, no entanto, voltará para ele como um bumerangue, em diversas etapas de sua obra. Em meu conhecimento, a prioridade reconhecida à espécie como um conceito adquirido de imediato contribui, com certeza, enquanto que os mitos evocados acima, para a espécie humana considerada do interior, relatam o contrário, isto é, que os indivíduos não se valem - uma mulher não vale outra mulher - remetendo assim, à questão da "desigualdade fundamental". Da mesma maneira, poder-se-ia imaginar que, se estivéssemos em condição de observar os tigres com olhos de um tigre, todos os tigres também não se fariam valer; descobriríamos jovens, velhos, experimentados, iniciantes, estéreis, férteis, fortes e fracos... É uma questão de perspectiva, isto é, de olhar aguçado apto para detalhar as particularidades: a espécie, do interior, é submersa pelas diferenças. Em outros termos, a espécie não é imediatamente identificável por meio dos indivíduos senão quando se coloca numa posição de exterioridade em relação a ela. Portanto, a fim de solucionar a questão da "desigualdade fundamental", interna à espécie humana, não será o mecanismo de "diferenciação social" detalhada por Lévi-Strauss, que pode atingir o objetivo, mas sim outro processo.

52 Relatarei no capítulo sete que esse problema fundamental da singularidade humana é aquele ao qual se defrontou Charles Darwin na *A filiação do homem* e que ele resolveu pela teoria da seleção sexual.

A "diferenciação social" baseia-se, pois, em um ponto de vista do exterior das espécies que conduz a uma identificação inequívoca, isto é, à segmentação da sociedade em diversos grupos que autoriza, pela complementaridade, a troca. Inversamente, para fazer surgir a espécie, a partir de um ponto de vista interno à espécie, é mister desenvolver um processo que produza o mesmo, lá onde os olhos só percebem a diferença. Trata-se então de criar a equivalência social por meio de regulação social da beleza. Para que seja possível a troca, é indispensável poder apoiar-se em categorias de equivalência que tornam as coisas permutáveis.

Para avançar em minha demonstração, reitero que Claude Lévi-Strauss, opondo-se ao existencialismo de Sartre, considera como aceita "a filosofia da identificação original com todos os outros" (Lévi-Strauss, 2008a, p. 544), em que, nisso aproxima-se de Jean-Jacques Rousseau, ele estabelece o idêntico entre os humanos como uma condição realizada de imediato, uma vez que ela é uma condição natural do homem, e acrescenta, comentando o extrato de Rousseau, que é com essa primeira condição que será viável "tomar a diversidade das espécies como suporte conceitual da diferenciação social" (Lévi Strauss, 2008a, p. 544). São compreensíveis, nessa concepção minhas questões relativas à "desigualdade fundamental" carecem de objeto, assim como "a diversidade das mulheres" pode representar um "mistério" ou um sujeito que não é "desprovido de sabor, nem de significação". A aridez dos escritos de Lévi-Strauss quando ele analisa a semelhança e a segmentação resulta, creio eu, do fato que ele soluciona, de maneira lógica, dois problemas de natureza bem diversa, por meio de um único utensílio de "diferenciação social". O exemplo mais eloquente é aquele proposto no capítulo "Totem e casta" de *O pensamento selvagem* onde afirma que desposar e comer forma um todo.

Esse texto é relevante. Ele conduz ao que proponho denominar a "teoria alternativa" de troca das mulheres pelos homens que aqui se fundamenta sobre o sistema de diversidade híbrida das mulheres. A "teoria alternativa" complementa a "teoria principal" exposta em 1949 na obra *Estruturas elementares do parentesco*, na qual Claude Lévi-Strauss postula o interdito do incesto como lei fundamental que induz as famílias humanas à troca e, consequentemente, à exogamia. Visto que a troca é essencialmente - mas não exclusivamente - a troca de mulheres, organizada pelos homens entre eles, com as quais não podem casar-se por força da interdição do incesto, eles são compelidos a procurar uma parceira fora desse grupo de esposas impedidas segundo as regras da exogamia e, mais comumente, portanto, fora da família nuclear.[53] Com a "teoria alternativa" do sistema de diversidade híbrida das

53 Para uma exposição detalhada da "teoria principal", assim como de sua articulação com a "teoria alternativa", cf. capítulo 8.

mulheres, a explanação de reciprocidade das trocas matrimoniais torna-se outra, na medida em que ela não mobiliza mais de modo explícito a interdição do incesto.

Retomo alguns elementos de um texto ao mesmo tempo brilhante, essencial pelas questões que soluciona, e árduo. O autor estabelece um paralelismo entre duas séries de coisas que podem ser permutadas, o alimento e as mulheres, enfatizando, porém, que o alimento é uma produção social, enquanto que as mulheres são indivíduos biológicos. Essas duas séries, como defende a teoria de Claude Lévi-Strauss, representam o meio mais seguro de garantir a juntura recíproca dos grupos sociais (compreender para gerar a sociedade). Para tanto, foi requerida a instauração de uma especialização entre os grupos sociais para que se tornassem mutuamente imprescindíveis e complementares uns dos outros. Pela aplicação da teoria fundamental da "diferenciação social" (formulada desde o *Totemismo hoje* (1962) e explicitada no *Pensamento selvagem* (1962) servindo de alicerce conceitual para as análises dos mitos ameríndios), os humanos tinham diante dos olhos um imenso modelo de diversidade ao qual lhes era plausível identificar-se para se considerarem diferentes: aqueles das espécies naturais. Lévi-Strauss irá elucidar que não existe um sistema de diversidade, mas três: aquele das espécies naturais, o da produção de objetos que é uma produção de diversidade inteiramente cultural e não mais natural, e, finalmente, aquele denominado híbrido, que atribui ao homem seu valor de universalidade, situada entre a natureza e a cultura, aquele do sistema das mulheres, isto é, da reciprocidade das trocas matrimoniais (Lévi-Strauss, 2008b, p. 694).

Nesse texto que não recorre mais explicitamente ao argumento da interdição do incesto, Lévi-Strauss soluciona, unicamente pela teoria da "diferenciação social", a oposição estrutural enunciada acima, isto é, o fato de as mulheres deverem ser consideradas como semelhantes entre si para serem trocadas (elas devem ter um valor equivalente aos olhos daqueles que as trocam), mas que ao mesmo tempo, para que possam ser trocadas, elas devem ser consideradas como diferentes, vale dizer, complementares, a fim de os grupos poderem sentir a necessidade de trocá-las entre eles. Como essas mesmas mulheres podem ser simultaneamente idênticas e diferentes? Lévi-Strauss eliminará essa contradição unicamente por meio da teoria da segmentação social. Uma teoria de reciprocidade das trocas matrimoniais, de certo modo híbrida, adotando os próprios termos do autor, uma vez que as mulheres tomam emprestada sua semelhança da natureza (elas são consideradas como naturalmente semelhantes) enquanto que sua heterogeneidade, conferida somente pela cultura, é uma encenação, uma ficção: em suma, uma heterogeneidade que em hipótese alguma pode ser natural, com o risco de ser confrontada com "uma forma antecipada de racismo" de acordo com o primado atribuído à espécie. Claude Lévi-Strauss chega a essa conclusão por meio de comparação das sociedades de castas, endógamas, com os clãs totêmicos, exógamos: um recuo comparativo visando confinar a semelhança em dois domínios distintos e executar *um grande salto para frente* por sobre a diversidade fundamental.[54]

O antropólogo revela como os objetos (cultura) e as mulheres (natureza) que se trocam são percebidos diversamente segundo as sociedades de castas e os grupos totêmicos, para finalmente explanar que, se os objetos manufaturados são verdadeiramente complementares, as mulheres não podem ser diferentes, senão, socialmente falando. Para isso, ele deve elucidar o que compele os clãs totêmicos à exogamia, e as sociedades de castas à endogania. A demonstração assemelha-se àquela apresentada acima pelos mitos ameríndios nos quais as mulheres são consideradas, no conjunto, todas identicamente diferentes dos animais, mas em contrapartida, são qualificadas como diferentes entre elas a partir de um ponto de vista interno à espécie humana.

Para solucionar o problema endogamia-exogamia para as sociedades de casta e os clãs totêmicos, o autor afirma de imediato que as mulheres são semelhantes entre elas sendo que as similaridades entre mulheres referem-se a planos semânticos diferentes. De um lado, nos clãs totêmicos, exógamos as mulheres são consideradas como semelhantes (biologicamente/naturalmente) entre elas para que possam ser trocadas; é nisso que "essa troca supõe que se as considere, no fundo, como semelhantes" (Lévi-Strauss, 2008b, p. 689) e, simultaneamente, as mulheres devem ser trocadas uma vez que os grupos totêmicos as decretam diferentes (socialmente/culturalmente) com referência ao sistema de diversidade das espécies naturais: o totemismo estabelece, portanto, "mulheres de espécies sociais diferentes" (Lévi-Strauss, 2008b, p. 691); trata-se, assim, de uma imitação, uma ilusão. Para as sociedades de castas, endógamas, as mulheres não podem ser trocadas, uma vez que as castas exploram, na verdade aqui de modo concreto, praticamente e não mais culturalmente como no totemismo, o sistema da diversidade dos objetos que, diferentemente das mulheres consideradas como biologicamente idênticas, são verdadeiramente diferentes. Porém, em seguida, ao preço de uma "simetria entre a cultura e a natureza" (que remete ao processo de identificação descrito, aliás, pelo autor), essas diferenças entre castas tornam-se diferenças tão radicais como entre espécies naturais impedidas de reproduzirem-se entre elas, esclarecendo assim a endogamia das castas (Lévi-Strauss, 2008b, p. 689). As sociedades de castas terão que tirar partido de uma especialização funcional verdadeira (a dos objetos produzidos por indivíduos profissionais especializados no seio das castas) que conduz à endogamia, pois

54 Para uma apresentação semelhante, sem, no entanto, ser idêntica havia sido formulada anteriormente por Lévi-Strauss, 1949, p. 569.

a sociedade pode passar-se da troca de mulheres entre as castas, uma vez que essas últimas já permutam entre si produtos que são verdadeiramente complementares.

O raciocínio repousa, portanto, sobre o fato que as mulheres são declaradas semelhantes entre elas, entretanto, com uma extensão variável dessa semelhança de acordo com a situação: a semelhança estende-se ao conjunto da sociedade no caso do totemismo, enquanto que é confinada no interior de uma casta em outro caso. Claude Lévi-Strauss pode então declarar: "Finalmente, as mulheres são culturalmente intercambiáveis (do ponto de vista de sua estrutura anatômica e de suas funções fisiológicas) e a cultura encontra, no que lhes diz respeito, o campo livre para jogar o grande jogo da diferenciação" (Lévi-Strauss, 2008b, p. 691), e mostrar que não é, "portanto, a mesma coisa introduzir uma diversidade (socialmente) constituinte no seio de uma só espécie natural: a espécie humana, ou projetar sobre o plano social a diversidade (naturalmente) constituída por espécies vegetais e animais" (Lévi-Strauss, 2008b, pp. 691-692). A demonstração é brilhante e lógica na medida em que ela explica que é extraindo ao mesmo tempo no sistema natural da diversidade (o das espécies) e no sistema cultural dos objetos manufaturados, que é viável conceber a reciprocidade das trocas matrimoniais. Lévi-Strauss pode então realizar o *grande salto para frente* por cima da diversidade e não é, portanto, necessário formular a hipótese de um processo de produção da equivalência social para ultrapassá-la. De minha parte, lá onde Lévi-Strauss limita-se a um só processo para que se estabeleça a troca, parece-me que se podem distinguir três etapas: 1) os mitos relativos à "origem das mulheres" mostram que existe uma segmentação, porém que essa segmentação, baseada sobre considerações de ordem física, não é plausível para a reprodução da sociedade; 2) para que as trocas matrimoniais possam efetivar-se, é necessário construir categorias de equivalência entre os homens e as mulheres; 3) então outra segmentação pode impor-se, social desta vez (e não mais física), que conduz à troca e ainda mais à reprodução da sociedade. E para expressar essa trilogia em termos levistraussianos, diria que as mulheres não podem ser simplesmente, naturalmente consideradas como idênticas para serem culturalmente trocadas: para que as mulheres possam também sair da natureza, devem ser consideradas como culturalmente idênticas para serem culturalmente trocadas. Já assinalei alhures que esse processo de equivalência social não concerne unicamente às mulheres, e sim mais amplamente as mulheres e os homens; não reiterarei mais aqui.

A demonstração de Claude Lévi-Strauss é construída sobre o único plano da diferenciação social, isto é, da perspectiva de regulação da ordem política. A questão da "desigualdade fundamental" pode ser liquidada, pois as mulheres são entendidas como "naturalmente permutáveis". Tentando resolver dois problemas distintos (a percepção da diversidade humana por esse olhar que distingue as mulheres em bonitas e feias e a diversidade, desta vez, construída somente entre os grupos), implique nas trocas matrimoniais, pelo mesmo processo, Claude Lévi-Strauss não toma em consideração o processo de regulação da ordem sensível, uma vez que ele não considera, senão, uma ordem, a política.[55]

No que me concerne, nos capítulos precedentes, mostrei a necessidade de adotar um ponto de vista complementar sobre as alianças, pois elas permitem articular não só um tipo, mas dois tipos de regulação. Esses dois tipos não podem ser reduzidos a um só, como Lévi-Strauss propõe em sua "simetria entre natureza e cultura" que lhe possibilita estabelecer, sem outra forma de processo, a segmentação social pela identificação (Lévi-Strauss, 2008b, pp. 689-691) sem necessitar passar pela etapa complementar da produção de equivalência social. Esse entendimento o leva a conceber estruturalmente que, de um lado, as esposas devem ser fundamentalmente equivalentes a fim de poder ser socialmente diferenciadas para poderem ser trocadas e, de outro lado, que essa mesma sociedade perceba essas mesmas esposas como fisicamente diferentes. No entanto, sem um processo que possibilite transcender as diferenças físicas articulando os dois polos, Lévi-Strauss não pode observar aí senão uma "forma antecipada de racismo que viria ameaçar a vida social".

Já afirmei que minha proposta consiste em adotar não mais um só ponto de vista, mas dois e articulá-los de maneira complementar. Eles favorecem a realçar diferentemente essa tensão. Já mencionei que a troca articula de modo complementar dois processos diferentes: aquele da produção de equivalência social que concerne à regulação da ordem sensível e aquele da diferenciação social que concerne à regulação da ordem política. Esses dois sistemas são complementares, pois não são isomorfos. Tratam de questões diferentes. A regulação do sensível, reafirmo, vem pôr ordem, por meio de regulação da beleza, na "desigualdade fundamental" que para além das polaridades beleza/feiura diz respeito a uma questão mais importante que aquela de uma simples mulher "viscosa", para tomar os termos do paradigma de Lévi-Strauss que reúne a "mulher-gancho" e a "mulher-rã".[56] Uma mulher "viscosa" que pode "colocar o problema da aliança matrimonial" questionando pouca coisa, pois ela é "viscosa". Fica patente que essa maneira de formular as coisas permite apresentar a questão da diversidade física das mulheres à margem da teoria das alianças enunciadas pelo autor em outra obra.

---

55 Convém estar atento ao fato que essa demonstração, de certo modo, constitui hoje a formulação alternativa da célebre teoria da troca de Lévi-Strauss, uma vez que a primeira formulação que se assentava sobre a interdito do incesto como passagem da natureza à cultura foi obrigada a ser revisada progressivamente (até mesmo abandonada em sua visão original) a fim de ponderar sobre as teorias da evolução (esses aspectos serão desenvolvidos na terceira parte).

56 Cf. capítulo, "A velha mulher que se prende à vida".

Para concluir recordo que a regulação social da ordem sensível (da beleza) nas "sociedades de aliança" apresenta duas dimensões: a produção de equivalência social no âmbito de um determinado grupo e a segurança. Essa primeira dimensão, por meio de descrição da instituição das categorias de equivalência, acaba de ser descrita neste capítulo; cabe-me então expor à segunda, a busca de segurança social e econômica das categorias de pessoas consideradas como as mais frágeis em um grupo, pela imposição da solidariedade transgeracional, a organização das alianças secundárias (herança que obtida pelos caçulas de esposas mais idosas de um pai ou de um irmão mais velho falecidos, por exemplo) e determinados aspectos das trajetórias matrimoniais.

No capítulo seguinte, dedicar-me-ei em mostrar que essa "mulher-viscosa", velha e feia, das *Mitológicas* discute mais do que parece à primeira vista a teoria de aliança formulada por Claude Lévi-Strauss. De fato, já pela sua presença, a "mulher-viscosa" recorda que a identificação de todos os humanos no âmago de um dado grupo é problemática e deve ser reafirmada sem cessar uma vez que essa figura de uma mulher velha e feia traz à memória a pungente questão da semelhança e da permutabilidade.

Para demonstrá-lo, iniciarei pela analogia das "jovens nascidas velhas" que são as gregas da antiga Grécia. Ela me permitiu definir a feiura como um estado de fragilidade, isto é, de dependência no qual podem encontrar-se certos grupos de pessoas. Assim, se a feiura atinge uma categoria específica de pessoas, ela reflete igualmente, cedo ou tarde, a condição que cada indivíduo será um dia levado a conhecer, tenha ele ou não uma condição física deslumbrante. A feiura, além da "injustiça fundamental" que constitui a repartição desigual da beleza e à diferença, portanto, da beleza, é uma condição que todo humano será levado, algum dia, a vivenciar, pela experiência da finitude, do envelhecimento e da fragilidade. E, nesse sentido, a feiura poderia ser entendida como uma própria expressão da ordem sensível. Portanto, a figura da "mulher-viscosa" versa sobre questões sobre o sofrimento, a sobrevivência, levadas em conta pela regulação social da beleza e, mais amplamente, a equivalência social que gera a semelhança entre os humanos por meio da instituição de categorias de equivalência. Tais categorias de equivalência determinam a fronteira com a alteridade, a qual aparta, para um dado grupo, aqueles que esse mesmo grupo considera como equivalentes e aqueles que ele qualifica de outros, isto é, os estranhos, os inimigos, os bárbaros... É nesse sentido estrito que proponho retomar a difícil questão do racismo como um problema inerente a todos os grupos.[57]

57 Para uma discussão aprofundada sobre esse argumento ver capitulo 7, ponto 2.

VI

Segurança das Pessoas e Alianças Secundárias

Do que precede, retenhamos que nas "sociedades de aliança", a identidade a idêntico não é uma condição natural do humano, mas sim, uma percepção instaurada socialmente. Essa função adotada pela equivalência social é um processo parceiro da troca, da mesma maneira que a complementaridade entre grupos sociais, isso é a "diferenciação social" na teoria de Claude Lévi-Strauss. A equivalência social articula-se com a diferenciação social porque essas duas relações de ordem concernem dois planos distintos, o da regulação do sensível e o do político.[1] Estamos diante de dois processos cuja articulação é a condição que conduz à troca; é, portanto, pelo reconhecimento da "desigualdade fundamental" que é plausível remover o caráter híbrido da reciprocidade das trocas matrimoniais (em razão do meio termo concedido ao "sistema de diversidade das mulheres") por Claude Lévi-Strauss, onde as mulheres seriam ao mesmo tempo sinais e objetos da "teoria principal"[2] e/ou semelhantes e diferentes na "teoria alternativa" (Lévi-Strauss, 2008b, pp. 692-992). Ademais, enfatizei o fato que as fronteiras de uma equivalência social, ou ainda, a abrangência semântica das categorias de equivalência discriminam socialmente aqueles que uma sociedade qualifica como idênticos e que dela são membros e aqueles que não o são, vale dizer, os outros, os estranhos, provendo com isso uma das fontes da coerência interna a um determinado grupo. E sua parte, o processo de diferenciação social leva à segmentação social no interior desse mesmo grupo.

Esse raciocínio repousa sobre a proposta de adotar-se não uma, mas duas perspectivas sobre as mesmas alianças. Essa outra perspectiva que eu qualifiquei "matrimônio no feminino" concerne a regulação do sensível. Diz respeito a uma maneira de realçar a diferença, mas também a complementaridade em face de um segundo ponto de vista dominante, mais precisamente masculino, (mas não exclusivamente) que versa sobre o que denominei o político (no sentido aqui de organização de um princípio de ordem - de classificação - de natureza

1 O político no sentido que atribuirei no capítulo 8, isto é, de uma ordem social fundada sobre uma assimetria instituída e aceita por todos os membros de um grupo.

2 Um caráter híbrido já revelado em Lévi-Strauss, 1949, p. 569.

política que pode promover uma assimetria); ambos são assumidos pelas mesmas alianças. A descrição desse "matrimônio no feminino" será analisado, de modo particular, no presente capítulo. Indicarei que, além do feminino, esse "matrimônio" é, preferencialmente, adotado por categorias consideradas como as mais fragilizadas de uma sociedade.

Relembro ainda que essa perspectiva alternativa induziu-me a identificar dois grandes princípios na regulação social da ordem sensível (da beleza). Dividi a exposição em dois capítulos. O primeiro princípio, cuja exposição foi objeto do capítulo precedente, alude à produção de categorias de equivalência (ciúme/rivalidade) e o segundo faz referência, mais particularmente, à segurança dos grupos considerados como os mais frágeis de uma sociedade. Nas "sociedades de aliança", a regulação social da beleza engendra ao mesmo tempo a equivalência social para tomar parte nas trocas por aliança, e a segurança, por uma participação ativa nas questões de transmissão entre gerações e, portanto, de filiação. Se essas duas dimensões (a regulação do ciúme/rivalidade e organização da segurança) dizem respeito indistintamente da regulação do olhar - um olhar que, sem isso, parece como estupefato pela singularidade humana, a contemplação do belo e do feio (da força e da fragilidade) - a primeira requer a afirmação de categorias de equivalência entre os homens e entre as mulheres (processo sobre o qual discorri atrás), enquanto que a segunda concerne ainda mais exatamente a capacidade de iniciativa das mulheres na orientação de instituições sociais que formam as alianças. Trataremos, então, das trajetórias matrimoniais das mulheres, das alianças secundárias e da solidariedade transgeracional. Proponho, no momento, analisar, para as "sociedades consuetudinárias de aliança" a segurança econômica e social dos grupos mais frágeis por meio da instauração de uma equivalência social estabelecida entre as pessoas apesar dos anos, onde, por exemplo, descobrir-se-á que uma mulher idosa é uma mulher casada.

1 | Alianças secundárias entre desejo e segurança

Este capítulo insiste sobre a importância de superar, tendo em vista a descrição das trocas matrimoniais, unicamente a descrição da aliança principal como sendo a versão canônica das alianças para uma determinada sociedade. Elucidarei que as alianças secundárias revelam com acuidade a segunda dimensão da regulação fornecida pela ordem sensível, aquela da instituição da segurança para os grupos de pessoas consideradas como as mais frágeis de uma sociedade. Essa questão coloca um problema fundamental que cada sociedade foi instada a solucionar a fim de assegurar sua reprodução.

Sugeri, a propósito da sociedade Mossi, que existem, além de uma aliança principal, comumente imposta pelos detentores dos poderes locais, diversas outras alianças. Às vezes controladas por outros autores, as alianças secundárias intervêm em momentos particulares da vida das pessoas visando à solução de seus problemas de vida. Essas alianças concernem a assuntos humanos, isto é, o amor, o desejo, a segurança, a compensação por um serviço prestado, o agradecimento, a ambição pessoal de um parente, um projeto político... Para descrevê-los, é conveniente levar em consideração o conjunto de alianças matrimoniais celebradas por uma pessoa durante sua vida. A apreciação das trajetórias matrimoniais das mulheres e dos homens lança mais intensamente luz sobre a regulação da ordem sensível para a produção de equivalência social quando a questão é a sensualidade, o desejo, os amores mantidos secretos, e também a procura da segurança quando às vezes trata-se, por exemplo, para uma viúva, de simplesmente encontrar um abrigo e alimento.

As "alianças denominadas secundárias", dependendo do ponto de vista adotado, me permitem - aqui igualmente, de certo modo à margem do "matrimônio principal" - analisar de modo mais preciso o "matrimônio no feminino". Com efeito, essas alianças secundárias, geralmente consideradas como estando à margem de regulação da ordem política, comprovam, todavia, a função relevante desempenhada pelas mulheres na celebração das alianças. A propósito da "aliança principal", nem é preciso dizer que comumente as mulheres preferem não afrontar diretamente os poderes dos mais velhos, uma vez que as sanções, a que se expõe sofrer, são severas. Por isso, elas aceitam seus maridos consuetudinários, com o risco de romper, em seguida, a aliança e organizar sua fuga com o homem de sua escolha. Esse problema nada tem de anedótico. Na família onde residia Suzanne Lallemand, em uma aldeia Mossi, sobre onze mulheres presentes na residência, duas haviam vivido uma união, as outras nove totalizaram vinte e cinco, o que significa uma média de 2,4 alianças por mulher. O etnólogo qualifica essa prática bastante difundida de "carreira matrimonial" (Lallemand, 1977, p. 166). Como indiquei, esse problema expandiu-se e, na verdade, com a intenção de fixar um limite à instabilidade das "uniões consuetudinárias por consentimento mútuo" que os pentecostais, por exemplo, tentam impor aos seus fiéis um caráter definitivo ao casamento. Os rompimentos, a partida da esposa, o rapto de uma mulher representam práticas antigas entre os Mossi que não aguardaram a modernidade para manifestar-se. Elas resultam de diferentes situações: os ciúmes entre mulheres, rivalidades entre coesposas, o desejo de viver com o ou a *rolle* de sua juventude (*zukri:* raptar sua *rolle*), a demasiadamente longa espera de um marido em migração, ou ainda a impotência do homem. O divórcio e a devolução de uma esposa, se existir, são muito raros entre os Mossi em razão da dificuldade, para um homem, de conseguir um matrimônio. O adultério é viável como forma de resistência ao matrimônio imposto, mas continua sendo de preferência o fato dos homens com garotas, uma vez que as mulheres casadas são muito vigiadas, em especial no início do casamento, e as sanções em casos de adultério são sempre severas. Fala-se, comumente, de rompimento matrimonial, o mais frequente devido à partida da esposa do que de divórcio propriamente dito.

Com o objetivo de esclarecer a abrangência da instabilidade matrimonial, proponho analisar o exemplo relatado por Suzanne Lalleman. Hado, viúva de um primeiro marido decidiu casar-se novamente com Umaru. Em razão da patrilinearidade, ela deixou seus filhos na residência de seus primeiros maridos. De seu segundo matrimônio ela não terá filhos. Hado é descrita como excelente esposa, mas grande e magra; aos trinta e sete anos, ela assemelha-se a uma idosa e ressente os primeiros sinais da menopausa (Lallemand, 1977, pp. 27-28). Seu segundo marido vai então associar-lhe Maore, uma jovem coesposa, também casada em segunda núpcia, que se torna sua rival. Bela e agradável - Maore adora admirar-se no espelho, nota a etnóloga - ela é admirada por seu marido por suas qualidades (Lallemand, 1977, pp. 33, 257, 264-267). Hado tem com ela conflitos frequentes e violentos. Há mesmo rumores segundo os quais várias mulheres suspeitam que Hado seja uma feiticeira... O caso é, em suma, clássico: de modo geral as mulheres acusam a recém-chegada, a mais jovem, de ter "enlaçado" o marido de Hado; Maore encarna, por assim dizer, uma ameaça que paira sobre todas as outras (vê-se aqui surgir a noção de *pog taare,* disputa no grupo das mulheres). Mais velha, menos bela, Hado sente-se abandonada, pressente-se ser tomada por uma *pok beoogo* (uma mulher de amanhã) diante da jovem esposa (*pok rumde*: mulher de hoje). Ela queixa-se constantemente ao seu marido que ameaça devolver as duas. Habituadas à poliginia, tais mulheres não se mostram, na verdade, ciumentas uma da outra e marcam seu apego à posse exclusiva de seu marido. Nesse exemplo, novamente, a beleza feminina está no centro do problema, enquanto que a aliança vem, de certo modo, enquadrá-la, isto é, restringir-lhe os efeitos, e às vezes, opor-se aos maus usos, do ponto de vista, note-se bem, da reprodução da sociedade.

Como mostra Suzanne Lallemand, apesar de as relações entre esposos serem afetadas da maior reserva, elas encobrem muitas vezes afeição. De outro lado, as relações entre as mulheres e entre coesposas encobrem inimizades, rivalidades (*pog sukiri:* mulher ciumenta) e, às vezes, raiva (Lallemand, 1977, p. 268). Salientemos desde já, antes de examinar com maior profundidade essa tensão entre as mulheres e mais particularmente entre coesposas. A desigualdade entre as mulheres não ocorre somente aqui sobre um diferencial de beleza (Maore é, de fato, considerada bonita pelos vizinhos), a rivalidade incide igualmente sobre a diferença de idade, ou até de geração na medida em que a mais jovem tenta superar a mais velha junto aos homens. No que se refere aos Mossi, o desafio é intimamente vinculado à questão determinante, para toda a sociedade, de sobrevivência, e de busca pela segurança para as mulheres idosas, menos sedutoras, ou aquelas que saem da fertilidade. Múltiplas formas de aliança - aquelas que sugeri na falta de um melhor termo, denominar secundárias - têm por finalidade paliar essa situação problemática.

Ainda duas observações. A primeira para enfatizar que as alianças secundárias, em relação às alianças principais, podem ser celebradas em conflito com os detentores de poderes locais (os mais velhos nos segmentos de linhagem). Nesse caso, os sentimentos pessoais estão em jogo mais frequentemente; é plausível então que um casal reconstitua-se na base de uma antiga relação *rollendo.*

A segunda observação refere-se ao destino reservado a uma mulher mais velha entre os Mossi. A mulher idosa, aquela que "não gera mais" *(rogo soyâ me:* mulher na menopausa), mas também viúva (*poko kôre*) e a separada (*welgre,* "divorciada"), em geral, não vivem sós e não são devolvidas para sua família de origem. Entre os Mossi, existem numerosas soluções modeladas em função da situação da mulher e das possibilidades da família de "seus maridos" paras protegê-las e auxiliá-las a cumprir os compromissos consuetudinários atribuídos às esposas. Assim, uma mulher mais velha poderá recorrer a uma garota, provinda de sua própria linhagem para vir auxiliá-la (*yir paga* ou *paga yir paga*): literalmente, a mulher da residência da mulher.[3] Em certos casos a *yir paga* poderá vir a ser uma segunda mulher de seu marido ou este pode concedê-la a um filho; ou então o marido, como no caso de Hado, poderá tomá-la como coesposa. É importante compreender bem que, nas sociedades consuetudinárias, não é pertinente reduzir-se tudo a uma questão de sexualidade: um homem, às vezes pode tomar, sob a coação de sua esposa, outra para secundá-la nos afazeres domésticos. Há, igualmente, a herança (levirato) das esposas de um homem falecido quando comumente o irmão caçula herda as mulheres do mais velho. Nesse caso, nessa sociedade polígama, os homens às vezes estão casados com mulheres de idades diferentes, mesmo que muitas vezes as mulheres mais velhas estejam separadas

3 Ver a respeito disso no cap. 5, minha descrição das alianças entre os Mossi.

de corpo (cerimônia do *welgre*), seus maridos devem suprir suas necessidades. Lembremos que em um grupo de ascendência patrilinear, a mulher permanece formalmente uma estranha lá mesmo onde se casou, e seus filhos pertencem a seus agnados. Nesse sentido, o novo casamento, após o óbito de seu marido, a reintegra, de certo modo, na linhagem na qual ela casou-se: o levirato lhe confere novamente sua condição de mulher casada nessa linhagem e lhe assegura, por assim dizer, uma moradia, um abrigo. Um homem pode então ter como coesposas mulheres de diferentes idades, até mesmo de gerações diferentes. Do mesmo modo, um garoto pode saber que lhe é atribuído, ao menos nominalmente, uma mulher idosa como esposa. Nesse caso, é possível que haja cinquenta anos de diferença entre os cônjuges e duas gerações que os separem (Lallemand, 1977, p. 179). Além da responsabilidade para com essas mulheres nesses momentos particularmente angustiantes de sua história, desejaria observar que, mais frequentemente, a herança das esposas vai dos mais velhos ao caçula, e dos homens casados dos poliginos aos homens solteiros ou aqueles que só têm uma esposa, o que tende a diminuir as desigualdades matrimoniais entre os homens de um mesmo segmento de linhagem. Mais uma observação para elucidar que entre os Mossi uma viúva, e mais amplamente uma mulher idosa, está sob a custódia e os cuidados de várias categorias de parentes. Como já explicitei, ela poderá casar-se novamente com o irmão caçula de seu defunto marido e, a vista disso, conservar sua condição de mulher casada, assim como um lugar na residência de seus agnados; em virtude da regra da patrilocalidade, ela poderá igualmente receber assistência de seus filhos (eles estão efetivamente presentes na residência) uma vez que suas filhas casadas que se mudaram para o local de residência de seus maridos não podem ajudá-la; e, enfim, ela poderá ser amparada em seus afazeres domésticos por uma neta (*yir paga*) que lhe foi confiada, a seu pedido, ou ao de seu filho, ou por seus consanguíneos (por exemplo, uma filha de seu irmão ou ainda a filha da filha de um irmão...). Por causa da poligamia, da patrilinearidade, da patrilocalidade, sem mencionar o domínio das relações com os ancestrais, a questão da segurança social e econômica coloca-se, de fato, para os homens idosos, no entanto, de modo bem menos crucial que para as mulheres que permanecerão sempre estranhas lá onde se casaram.

Na sociedade Mossi, a trajetória matrimonial tende a solucionar dois problemas distintos: satisfazer seus desejos e garantir sua segurança. O primeiro visa, após submissão do jovem à aliança principal, dominada pelos desafios vinculados bem diretamente à política dos anciãos das linhagens, possibilitar a, finalmente, correr o risco de tender em direção da "escolha de seu cônjuge" para o qual o amor, o encanto e a beleza podem ser levados em consideração.

O segundo aborda a responsabilidade da segurança das mulheres (igualmente dos homens), bem além da atração física que as mulheres exercem sobre os homens, como no caso de Hado. As alianças secundárias das mulheres geralmente são relacionadas com a poliginia que, de uma determinada perspectiva que explicarei logo a seguir, pode cumprir um papel na efetivação da segurança, pela possibilidade de associar a um homem das mulheres de idades diferentes. Do mesmo modo, a poliginia toma parte na segurança de certos grupos de homens, na medida em que os mais velhos permanecem plenamente ativos no grupo dos adultos e onde os mais novos podem esperar, afinal, pela herança de uma esposa, sair do estado de solteiro e juntar-se ao grupo dos adultos.

É bem frequente que os rapazes herdem, de seus idosos falecidos, esposas com mais idade e que os homens idosos procurem uma coesposa mais jovem quando suas primeiras mulheres envelhecem. Sobre outro plano é mister não se perder de vista que a expectativa de vida em meio rural no planalto Mossi e, em 2006, de quarenta e seis anos para os homens e de quarenta e sete para as mulheres, o que torna na realidade possível que os idosos, pouco numerosos, possam valer-se dos cuidados da jovem geração.[4] De maneira que os "divórcios", a herança das mulheres e a poliginia conduzem, à coexistência das gerações no interior dos casais, seja entre o homem e suas esposas, mas igualmente entre as coesposas, contribuindo com isso com a segurança de uns e de outros, e notoriamente dos idosos e das idosas, e isso, bem além do desejo que uma garota pode provocar com sua beleza junto aos homens, por exemplo, monopolizando desse modo a atenção sobre ela mesma. No ambiente particularmente penoso do planalto Mossi, onde os corpos são submetidos a uma provação agressiva, a beleza permanece efêmera e o papel que exerce na busca da estabilidade e da segurança entre os homens e as mulheres é marginal. Não é a beleza que explica a estabilidade das alianças. Ao contrário, recordemos o caso da bela Fátima que acreditando estar acima das regras, retoma finalmente o lugar das alianças após ter fugido com seu amante; e o caso de Hado que, mais velha, percebe a imposição de uma coesposa que, considerada bela, é suspeita de bruxaria, arriscando desse modo, caso ela não regule sua beleza, o aumento do grupo de mulheres expulsas da aldeia pela vingança das outras mulheres que se sentiriam potencialmente ameaçadas.

---

4 Suportável sem o apoio de uma seguridade social generalizada afiançada pelo Estado por exemplo. Em outros termos, é oportuno sempre repor essas instituições em seu devido contexto antes de analisá-las.

O que vem de ser dito hoje altera bem velozmente, no sentido já expresso de uma decomposição dessas práticas. Esses momentos de transformações rápidas da sociedade Mossi patenteiam então que geralmente são as mais frágeis, de preferência as idosas que fazem a despesa, que são deixadas à margem de uma forma de solidariedade transgeracional igualmente inclusa, como mostrarei no caso de Baba, nas alianças secundárias as quais, são cada vez mais contestadas pela juventude.

Já expus o fato que, doravante, nos vilarejos mais isolados do planalto central Mossi, uma forma de economia de mercado generaliza-se num contexto de queda da produtividade agrícola provocada pela escassez pluviométrica, a erosão, o aumento da densidade populacional e a transformação dos arrendamentos. A maioria da população almeja essas mudanças, no entanto, considera cada vez mais como um fardo dever ainda subsidiar as carências dos pais, dos avós, e de modo geral, os improdutivos, e isso em uma situação na qual o Estado burkinabês não conseguiu efetivar as políticas públicas realmente em condições de prover esses grupos de pessoas.[5] Nesses últimos anos encontrei velhos isolados e viúvas abandonadas, vivendo reclusos numa autêntica miséria espiritual e material, como perdidos em outro tempo, aquele no qual os aldeões submetiam-se às regras, supostamente evidentes, emanadas dos ancestrais, enquanto que seus filhos e seus aliados desejavam esquecê-las para melhor poderem acumular para eles mesmos. Assim, essa família do quarteirão de Bisiga a Kulkinka na qual o novo casamento de uma viúva (levirato), provocou forte perturbação quando os herdeiros suspeitaram que seu marido houvesse falecido vítima de aids.[6] Duplamente vítima, nessas dramáticas circunstâncias, ninguém a aceitará como esposa; ela foi finalmente expulsa da aldeia. Sem alternativa, envergonhada, ela voltou à casa de seu pai (seus consanguíneos) onde ela foi coagida de negociar um lugar delicado entre as esposas e tentar obter um pequeno pedaço de terra para sobreviver. A jovem viúva morrerá miserável, abandonada à sua própria sorte, enquanto que seus três filhos, pertencendo aos ágnatos, serão separados: um irá com um irmão, e os outros com duas irmãs de seu marido, em razão da patrilocalidade.

Isso elucida a posição por vezes paradoxal de certas políticas públicas, mais comumente impostas por meio de projetos de cooperação para o desenvolvimento. Tais projetos interessando-se, com justa razão, pela condição das mulheres Mossi, são induzidos por um desejo patente de emancipação

5 Sobre esses princípios de mudança da sociedade Mossi: Laurent, 1998.

6 Conferir a respeito disso Desclaux/Taverne, 2000.

das mulheres subjugadas pelos homens. Lançam então injúrias, sem discernimento, sobre as alianças secundárias, entre as quais o levirato. Indubitavelmente, hoje mais do que ontem, a rápida transformação da sociedade Mossi conduziu a inúmeros excessos que não devem, entretanto, encobrir os papéis, às vezes sutis e ambivalentes que essas alianças secundárias desempenham na segurança econômica e social, sobretudo dos idosos, e em seguida dos grupos frágeis. Enquanto que a sociedade consuetudinária desagrega-se cada vez mais, a sociedade burkinabesa não dispõe de uma seguridade social que inclua extensiva ao conjunto da população cuja maioria, camponesa, não é assalariada. O Estado não tendo implantado nada para garantir a segurança desses grupos de pessoas, anteriormente protegidas pelas regras da sociedade consuetudinária Mossi, elas não encontraram outra escolha senão a de se tornarem assistidas cuja dignidade e futuro estão, desde então, na dependência da qualidade e da perenidade dos projetos de cooperação para o desenvolvimento sobre aos quais elas não têm influência.

II | Trajetórias matrimoniais

Para apoiar o que precede, apresentarei algumas características da vida cotidiana da Baba de Karo, muçulmana Haoussa do norte da Nigéria que viveu no início do século XX (Smith, 1969). Esse relato foi apresentado pela etnóloga americana Mary Smith, no fim dos anos 1950. Ele representa, no meu entender, um excelente exemplo daquilo que entendo por "aliança no feminino". Levei em consideração essa monografia, dentre outras, pois além de sua qualidade etnográfica, trata de duas mulheres, a etnóloga e sua informante que discorrem sobre aliança; o que me permite adotar, mais facilmente, um olhar feminino sobre as alianças, seguindo nisso o projeto dessa obra. Essas narrativas apresentam as alianças adotando, todavia, o ângulo de visão da trajetória matrimonial como fio condutor da vida de Baba. Dito em outras palavras, eles concernem a alianças sem que por isso devam estender sobre as estratégias masculinas em matéria de troca matrimonial. Existe, na verdade, outro modo de se compreender as mesmas alianças, para retomar meus próprios termos, quando a questão é a instabilidade matrimonial, já relevantes naquela época, e de carreira matrimonial das mulheres. Desvela-se assim uma extraordinária capacidade de iniciativa das mulheres, como o evidencia essa monografia que concede um lugar eminente à regulação da ordem sensível pela produção de equivalência, (assim quando uma mulher leva ao matrimônio com um homem uma de suas filhas dizendo: "Entrego-lhe essa garota, pois ninguém a admira"). Em suma, nós abordaremos ainda aqui a regulação social da beleza pelas alianças secundárias. Entretanto, escolhi esse relato por uma segunda razão. Ele me possibilitará, num outro momento, estabelecer uma comparação com a reflexão que desenvolve Claude Lévi-Strauss a respeito desse mesmo tema, o destino das mulheres de idade, feias e velhas, por meio das alianças matrimoniais nos mitos ameríndios. Compararei o paradigma da "mulher-viscosa" que ele estabelece a partir da relação da "mulher gancho" e a "mulher-sapo". Com minha proposta de também ver aí, à imagem de Baba, uma "mulher idosa" à busca de segurança numa sucessão de alianças secundárias. Finalizarei esse capítulo retornando, pelo viés dessa comparação, sobre minha proposta de adotar um duplo ponto de vista sobre as alianças para aferir toda a amplidão. Esse duplo ponto de vista sobre as alianças articula o que denominei o ponto de vista dominante (precisamente masculino), o qual conduz em direção à regulação da ordem política pela diferenciação social, como o outro ponto de vista (feminino) que atrai a regulação da ordem sensível pela produção de equivalência social.

Poliginia e mobilidade matrimonial

As mulheres Haoussa conhecem, em média, de dois a três matrimônios durante sua existência.[7] Principalmente em razão da virilocalidade e da poliginia, as condições dos homens e das mulheres em face do divórcio e do novo matrimônio são diferentes. O homem casado permanece vivendo na residência de seu pai onde construirá sua própria casa. É, portanto, a primeira esposa, e ulteriormente as coesposas que irão instalar-se em sua casa. Por ocasião de um divórcio ou uma rejeição, a mulher deixa a concessão do homem. De certo modo, a residência do marido poligino parece *a priori* estável, não obstante os frequentes movimentos das mulheres que aí residem: algumas se instalam enquanto que outras partem sem, assim com isso, desestruturar fundamentalmente a organização da concessão, como as mulheres podem às vezes rejeitar a família de seu marido deixando, em razão da filiação bilateral, alguns de seus filhos a uma coesposa que os adotará (Smith, 1969, pp. 274 e 304). Enquanto que o homem poligino conta, durante sua existência, certo número de casamentos sucessivos e diversas esposas, no máximo quatro se ele seguir os preceitos do islamismo, sua morada, sobretudo, se ele reside numa família ampliada

7 Smith, 1969, p. 307. Essa média assemelha-se aquela da observada na sociedade Mossi por Suzanne Lallemand (1977, p. 380).

(composta, por exemplo, pelo pai, pelos tios e irmãos), parece estável. Quanto à mulher, a cada rompimento matrimonial, ela abandona o lugar onde vive para reintegrar-se à concessão de outro homem. Nesse sentido, diferentemente do homem, é pertinente empregar para a mulher o termo de mobilidade matrimonial, ou até de carreira matrimonial para especificar essa situação de rupturas que marca muito intensamente a história da mulher Haoussa.

É pertinente notar que, na grande maioria dos casos, um homem tomará como primeira esposa uma garota mais jovem que ele, em geral, com a idade de treze a catorze anos, mais comumente virgem. Em seguida, se ele se tornar polígamo, desposará outras mulheres mais jovens ou mais velhas que, na grande maioria, já foram casadas. Mais velho, ele poderá tentar tomar uma esposa muito mais jovem, às vezes uma geração separa a primeira esposa da mais jovem, todavia ele será forçado, mesmo que às vezes seja bem jovem, de cuidar e proteger as esposas, às vezes idosas, de um irmão, ou de um parente próximo falecido. Num lar polígamo Haoussa podem então conviver coesposas de idades bem diferentes, sabendo que como em muitas outras sociedades, o único regime doméstico aceitável para um adulto é o do matrimônio. Assim como um homem não poderá viver sem esposa, também uma mulher, mesmo idosa, vale dizer, na menopausa, procurará sempre conseguir a condição de mulher casada quando poderá voltar a viver junto de um parente consanguíneo ao qual ela permanece ligada, seja um irmão menor ou, por exemplo, um de seus filhos (Smith, 1969, p. 276). Assim, essa expressão utilizada pelos parentes de Baba que, com a idade próxima de cinquenta e um anos, hesita em regressar à residência de seu quarto marido em razão de uma acolhida mais do que contida: "Diziam-me: 'Case-se com ele, vale mais do que viver sozinha'" (ibid), o pronome impessoal remete aqui à interiorização da regra social.

A adesão à fé muçulmana, a pertença a vastos Estados centralizados, o valor atribuído às trocas e aos mercados instalam-se na cercania da sociedade Haoussa. A informante da Mary Smith nos abre as portas do mundo íntimo pouco conhecido dessas mulheres muçulmanas da África do Oeste. Com sensibilidade, ela detalha as preocupações femininas presentes na sociedade na aurora do século XX: as alianças matrimoniais, o parto, o cuidado em educar os filhos, as amigas (amizades ritualizadas) e os amantes, a partilha de um mesmo marido entre coesposas, a velhice, a escravidão, a prostituição, a violência dos homens e por vezes das mulheres. Ela conhecerá quatro matrimônios, mas não terá filhos. Sua esterilidade lhe proporcionará uma condição particular: em sua sociedade, a posição hierárquica de uma mulher resulta essencialmente de seu matrimônio, do parto e de sua idade. Por sua coragem, seu talento humano e social ela superará sua deficiência, sobretudo, porque a adoção, amplamente praticada pelos Haoussa, de crianças doadas por uma amiga, uma coesposa ou um parente preservarão as aparências: ela não educará menos que seis.

Este estudo me permite abordar as emoções de uma mulher camponesa muçulmana Haoussa que atribui atenção especial a seu corpo e às emoções que a invadem, quando se vê confrontada com as mais complexas situações de sua existência. Sobretudo, por essas razões, a obra de Mary Smith abriga em si informações relevantes quanto à maneira pela qual as mulheres Haoussa organizavam, viviam e suportavam as diferentes alianças matrimoniais às quais eram confrontadas, e assim, como os valores que lhes atribuíam. Assim, o exemplo da maneira bem peculiar dessa mulher dizer as coisas, constantemente, como uma evidência partilhada sociologicamente sem que, por isso, encobrir sutilmente a complexidade, a ambivalência, o desacordo, ou até a violência da situação. Aos trinta e dois anos, depois de passar quinze anos com seu segundo marido, escolhido por ela mesmo e que o amava, o irmão de seu marido, constatando que ela não tinha ainda tido um filho, conseguiu convencê-la de separar-se dele para celebrar outra aliança (desta vez ao gosto da tia), e Baba expressando o seguinte comentário ao final do divórcio autorizado pelo chefe da aldeia: "Mallem Maigari (seu segundo marido) enviou uma mensagem para me dizer que se eu deixasse de estar embravecida, ele me pediria para voltar, e que nós retomaríamos o casamento [...]. Tia Rabi alegrava-se em me ter, ela estava feliz; então disse que não voltaria [...]. Hoje ainda (ou seja, 1949-1950, por ocasião da pesquisa de Mary Smith, agora que Baba tem aproximadamente sessenta anos e que ela conheceu seu quarto casamento), eu o amo e ele me ama. Quando vou ver minha família (situada em sua vizinhança), passo três meses em sua casa. Ele e suas esposas me solicitam sempre para voltar [...]. Na casa de Mallem Maigari, elas (as coesposas) diziam que desejavam que eu voltasse e que elas fariam todo o trabalho [...]. Mais tarde, talvez, eu voltarei a viver com Mallem Maigari" (Smith, 1969, p. 175). Os relatos de Baba, sem escamotear as violências da sociedade nem as violências entre os homens e as mulheres, especificam os motivos que levam à mobilidade matrimonial, revelando a subtileza, a ambivalência e a plasticidade dos acordos: eles tratam da regulação do sensível e de certos aspectos da produção social de equivalência. Revelam igualmente a capacidade de iniciativa das mulheres nesse assunto.

Ainda uma palavra... Com a sociedade Haoussa, a beleza feminina como "desigualdade fundamental" desempenha sem dúvida uma função, porém secundária, pelo menos oficialmente, uma vez que ela é amplamente regulada. As alianças matrimoniais ocupam a frente da cena, vindo de certo modo, legitimar a relação invertida entre a beleza e as alianças. A expressão do sensível, a sedução, o fascínio de uma mulher por um homem, projeção da beleza, retrocedem então por entre as fissuras das instituições oficiais da sociedade, tais como as relações extraconjugais, onipresentes, perigosas e secretas. Durante o período no qual elas são fecundas, as mulheres travam uma luta desenfreada contra o tempo para agradar, seduzir, conquistar um lugar, ter filhos (cf. também a brevidade da vida vinculada às condições de existência). Mas a beleza, a fascinação, o desejo seduzem também as mulheres para a mobilidade matrimonial quando, na procura de um ajuste entre seus próprios desejos, a vontade de seu pai, e mais amplamente, de seus consanguíneos e, com certeza, de um marido, elas diligenciam resolver uma equação com diversas incógnitas que as deixam sempre parcialmente insatisfeitas.

Essa questão coloca-se de modo diferente para os homens polígamos. Os maridos pretendem casar-se, pelo menos uma vez em sua vida, com uma garota virgem, à qual eles pretendam ficar ligados mais do que com qualquer outra mulher, mostram-se também como o recetáculo dos pleitos das mulheres que já foram casadas e que, divorciadas, desejam casar-se novamente e alojar-se, após negociações, como coesposas em sua concessão. Os homens consentem geralmente ao solicitado dessas esposas, cujo prestígio, beleza, mas igualmente o fato de vir aumentar a concessão, constrói sua reputação junto aos outros homens. Essas mulheres recasadas, mais idosas, não vacilarão em deixar o marido em caso de problema. Ressaltarei ainda que nessas relações complexas, entre as mulheres e os homens, marcadas por dádivas, dívidas e dependência mútua, um homem, por exemplo, será compelido a aceitar a "jovem casada oferenda" que uma mãe lhe ofertará depois de ter tentado em vão casar sua filha que ficou muito tempo sem pretendente.

O tema da beleza e especialmente o de sua regulamentação social manifestam-se, de modo mais evidente ainda, em região Haoussa enquanto que a beleza, efêmera, desvanece na velhice. Afirmei que a beleza e seu oposto, a feiura, formam as duas faces de um mesmo problema. A feiura equivale, em geral, a uma forma de fragilidade e remete aos destinos dos grupos mais frágeis de uma sociedade, vale dizer, um vasto problema que toda sociedade foi coagida, por ela mesma, a resolver para se reproduzir. Poderia ser enunciado nos seguintes termos: o que será da mulher idosa, na menopausa, menos sedutora, a quem o ardor das jovens coesposas lembra, de modo dramático, a brevidade da vida e o indispensável reconhecimento de sucessão das gerações pelas próprias famílias? A resposta apresentada pela sociedade Haoussa ao espinhoso problema do destino dos idosos é simples; a idosa é uma mulher e, além disso, casada. Com essa afirmação, a sociedade Haoussa provê a segurança desses grupos de pessoas mais frágeis, por meio da produção de uma equivalência social, uma equivalência imposta a todos como uma evidência que implica a regulação social da beleza, e na ausência da qual a sociedade seria privada de estabilidade. Como relatarei, com a sociedade Haoussa, pelo menos oficialmente, estamos na presença de uma relevante regulação social da beleza em todas as etapas da vida.

Esse estudo dedicado à sociedade Haoussa almeja dois objetivos principais. O primeiro conduz à conscientização de que para examinar as trocas matrimoniais com uma visão complementar, como recomendo, não é somente a "aliança principal" que convém que seja levada em consideração, mas simultaneamente a aliança principal e as alianças secundárias, isto é, a trajetória matrimonial. A descrição da trajetória matrimonial das pessoas comprova que as alianças articulam a regulação de uma ordem política e de uma ordem sensível sempre presente, todavia, menos aparente na medida em que se restringe à aliança principal como forma canônica das trocas matrimoniais. Por outro lado, reitero que a regulação da ordem sensível diz respeito a duas dimensões: a produção de categorias de equivalência e a segurança dos grupos mais frágeis de uma sociedade. No capítulo precedente, argumentei que a aliança principal, do ponto de vista da regulação da ordem sensível, refere-se basicamente sobre a primeira dimensão de regulação social da beleza, uma vez que ela estabelece categorias de equivalência visando conduzir a troca.

O próximo objetivo é descrever a segunda dimensão de regulação do sensível quando a regulação da beleza visa à prioridade de busca da segurança dos grupos considerados por uma sociedade como os mais frágeis. Essa segunda dimensão de segurança é, de preferência, assumida pelas alianças secundárias. Daí decorre que unicamente a análise da aliança principal lança essa dimensão na penumbra ou a ignora completamente. Se as alianças secundárias podem, por vezes, revelar-se mais em consonância com os desejos e as aspirações de uns e de outros, essas alianças desempenham, portanto, uma função decisiva na regulação da beleza pela produção de equivalência social, na medida em que uma mulher mais idosa (a questão é análoga para os homens, porém em razão de sua dominação ela coloca-se diversamente) se verá confrontada, às vezes de maneira dramática, com as mulheres mais jovens pela sobrevivência e pela rivalidade. De modo breve e, portanto necessariamente tosco, poderia insinuar que a aliança principal trata, de modo mais incisivo, da troca matrimonial como articulação entre a regulação da ordem política e da ordem sensível, com uma dominante da razão política, enquanto que as alianças secundárias, em especial as últimas alianças, aquelas de uma mulher idosa, diz respeito mais diretamente a regulação da ordem sensível. Entre as duas existem, às vezes, alianças que tendem, por sua natureza, emancipar-se da regulação imposta por essas duas ordens. Para indicá-lo, proponho seguir a carreira matrimonial de Baba, cujo nome já foi mencionado.

Aliança principal: a política matrimonial dos pais

Os estados nigerianos de Kano e de Zaria foram conquistados pelos Foulbé durante e após a *jihad* de 1804 e foram integrados, por meio de diversas relações de vassalagem, ao império governado pelo sultão de Sokoto, cujo título provinha do inspirador da *jihad* Shedu Dan Fodio. Baba nasceu em 1890. Ela compraz-se em relembrar que, mesmo sendo Habé, pertence ao extenso conjunto das populações que falam o idioma Haoussa e não ao grupo de conquistadores, dos povos Peul. Nessa época, os Estados haoussa estavam concentrados numa cidade fortificada na qual residia o chefe; no interior do recinto está o mercado; ali se encontra também a mesquita e o imã. O Estado é, por vezes, muito vasto e comporta lugarejos na selva, ou seja, aldeias dependentes politicamente da cidade. Nesses lugarejos reside a grande maioria da população que explora a agricultura para sua sobrevivência. O clima é quente e seco. A agricultura só é viável na estação de chuvas que se estende de maio até outubro. Além da colheita, os camponeses Haoussa cultivam sorgo, milho miúdo, arroz e feijões. Não criam animais de grande porte, tarefa assumida pelos Peul, com os quais eles trocam carne, leite, manteiga e também a garantia de esterco para suas lavouras.

Durante sua infância, Baba relata que no meio das aldeias, como na cidade, havia bairros de escravos provenientes de diversas tribos e também de estados vizinhos. Certas famílias viviam com seus escravos, juntos ou em bairros distintos. Seu avô era rico, tinha quatro esposas, vinte e quatro filhos e aproximadamente cem escravos. Quando os escravos tinham filhos, o mestre os casava com algum de seus próprios escravos. A fim de garantir um espaço no paraíso, ocorria de o mestre libertar os escravos. Mestres e escravos participavam das cerimônias de uns e de outros. Os vínculos entre os dois grupos eram estreitos e repletos, não obstante a desigualdade, de mútua dependência. Nessa época, quando um homem comprava uma escrava em um mercado, ele dava dois homens em troca; ela tornava-se sua concubina, mas jamais sua esposa. O filho que nascesse era então livre. Os escravos trabalhavam nos campos. As guerras eram incessantes, a insegurança acentuada e os raptos perpetrados pelos angariadores de escravos eram frequentes. Não era raro que o mestre ou sua esposa, quando de um traslado ou no trabalho nos campos, fossem capturados, deportados e vendidos no mercado de um Estado vizinho inimigo, e o mestre de ontem tornando-se por sua vez o escravo de outro chefe ou de sua esposa. Do lado externo das concessões, onde vivem as famílias agrupadas em cortes, a insegurança de pequenos grupos é grande. Os camponeses cultivam em grupos, e as mulheres são protegidas pelos homens que as acompanham, no entanto, os frequentes conflitos coagem as populações rurais a refugiar-se na cidade fortificada, até mesmo aí estabelecer-se de modo permanente e voltar ao campo para o cultivo. A vida econômica Haoussa organiza-se em torno do mercado, cuja importância é capital para o funcionamento da sociedade. O artesanato e a transformação dos produtos agrícolas (frituras, biscoitos...) vendidos no mercado ocupam um lugar primordial na vida das mulheres.

No meio Haoussa, se o matrimônio da garota ocorre entre os treze e quatorze anos, há para o período que precede, como em múltiplas outras sociedades, associações de jovens à qual eles aderem na idade de nove ou dez anos. Ele agrupa garotas e garotos que assinalam em seus bustos seus chefes que são introduzidos por ocasião de uma festa. Para fazer sua publicidade, eles vão de corte em corte. As garotas preparam comida e bebidas. Em seguida elas dirigem-se ao campo para incentivar os garotos com cantos e danças. Às vezes, em razão da distância, os garotos devem passar uma noite na corte. Os aldeões lhes indicam, então, próximo da cabana o local onde dormir; as garotas recebem outros. Nessas ocasiões: "Cada um tomava para *tsarance* a garota de sua preferência. Eles acariciavam-se, conversavam e contavam histórias, em seguida dormiam. Não faziam nada mais, até seu matrimônio" (Smith, 1969, pp. 44-45 e 291).

A garota deve estar virgem para seu primeiro matrimônio sem, no entanto, fazer disso um ato irrestrito como em outras sociedades de cultura muçulmana. Esses matizes são relevantes e informam sobre as diferenças notórias entre sociedades de religião muçulmana. Assim, essa história: "Uma garota [...] deu à luz uma criança antes do casamento; ela dizia: 'Ela pertence a fulano e ele dizia que não era seu'. Quando a criança cresceu, uma garota muito bonita, o homem disse que a criança era dele: ele casou-se com a mãe e aceitou a criança. Denominamos isso 'uma criança nascida antes do começo' ". Ou ainda: "Se a garota não é mais virgem, seu marido enfurece quando ele a desposa: há aquele que a expulsará, outros que farão justiça. Quando ela está grávida antes de casar-se, se seu marido é um garoto honesto, ele dirá que quer desposá-la. Há uma festa e todo mundo regozija-se" (Smith, 1969, pp. 199-200). Se existe aqui familiaridades evidentes com outras culturas muçulmanas, as diferenças são igualmente bem claras. Assim, quando Françoise Couchard analisa o *Umma*, a comunidade de crentes que, unida na mesma fé, preserva-se da entrada de estranhos, sempre tidos como inimigos, e na qual a mulher encarna o valor (invólucro) da comunidade, o mais íntimo a ser preservado e protegido. Esse invólucro, "ele era essencialmente corporal, uma vez que a tradição creditava à beleza, à sedução e ao fascínio físico feminino, uma superioridade total sobre as capacidades intelectuais e as virtudes psíquicas. Valorizada em sua aparência, a mulher encerra em si um órgão sacralizado, o hímen, sobre o qual se erigia a honra do clã [...]. Sobre a marca do véu do hímen, ele (o homem) fundará sua honra social; esse é centrífugo, marcado por qualidades de demonstração de virilidade, de honorabilidade e de competição entre os homens" (Couchard, 2004, pp 302-404). E acrescenta que esse enquadramento estrito do desejo e do prazer sexual teve consequências sobre os interesses da mulher. Se, nesse aspecto, a distância é evidente com os Haoussa muçulmanos, ela restringe-se quando se toma conhecimento que as mulheres dessa sociedade estavam enclausuradas pelos homens por ciúme, impedidas de sair, senão quando acompanhadas e para atividades bem precisas. O que não impedia que algumas dentre elas tivesse amantes, às vezes de dez a vinte (Smith, 1969, p. 50): quando o marido saia, outro homem tomando conhecimento disso, podia marcar um encontro numa terceira concessão, com a cumplicidade das coesposas, muito felizes de valer-se da ocasião para guardar segredo para um homem do qual elas sentiam-se mais distantes do que os membros de suas famílias. Assinalarei ainda que a organização da corte (concessão, espaço onde resida a família ampliada) impõe nítida segregação espacial dos homens e das mulheres, das garotas e dos garotos.

O "primeiro" matrimônio de uma jovem mulher é mais comumente organizado pelos mais velhos dos seus consanguíneos: seu pai, um tio paterno, ou mesmo uma irmã do pai. "Quando eu fiz quatorze anos [...] eles organizaram meu matrimônio com alguém da família" (Smith, 1969, p. 100). O garoto que lhe é designado como marido deve então cortejar sua futura parceira. Ele a visita, conversam e na ocasião das festas, sobretudo, nos dias de mercado semanal, espera-se que ele envie presentes, cauris (moedas de concha usada na África e China, N.T.) ou vestidos (Smith, 1969, p. 77). O consentimento da garota, contudo, é puramente formal. Para seu pai a questão era, na verdade, "oferecer uma filha" a um parente, e para a garota era curvar-se à vontade de seu pai ou, como ela esclarece, de "seus pais", ou seja, o pai e seus irmãos. Desse modo, tal fórmula que evoca o matrimônio em geral: "Quando seus seios ficavam arredondados é que ela tinha a idade de casar-se, o mestre dizia às famílias interessadas: 'Venham, iremos escolher o dia' " (Smith, 1969, p. 79). O dia do matrimônio é muitas vezes um dia triste para a futura esposa: durante o ritual, a casada será levada em cortejo até a residência de seu marido, é então cercada pelas amigas que tentam reconfortá-la. A violência, camuflada na troca matrimonial organizada pelos pais das garotas, fica bem expressa nesse canto: "O felizardo a conseguiu"! Resigne-se, garota paciente! O matrimônio é um mal do qual você não consegue se vingar. Somente a morte poderá libertá-la! (Smith, 1969, p. 86).

Baba casou-se com o primogênito do irmão de seu pai, ou seja, seu primo paralelo patrilinear.[8] Ela esclarece que os dois irmãos entraram em acordo, o irmão mais velho disse ao pai de Baba: "Nós vamos casá-la, e o caçula (o pai de Baba) respondeu 'muito bem'. Eram organizados frequentemente matrimônios entre parentes em nossa família; todos os homens casavam-se com uma parente e a levavam em sua concessão" (Smith, 1969, p. 100). A garota esclarece que não amava seu primo, mas ela o aceitou porque seu pai o exigiu. E acrescentou: "Eu não amo Duma, todavia, meus pais disseram-me que me espancariam [...], então não protestei mais" (Smith, 1969, p. 114). O primo já tinha dois filhos da primeira esposa.

A garota explica que, na mesma época, outro garoto desejava também casar-se com ela. Ela pretendia viver com ele e lhe havia prometido que iria com ele mais tarde. Ela decide aceitar então sob coação, o marido imposto por seu pai, mas ao mesmo tempo ela propõe-se a abandoná-lo após alguns anos (Smith, 1969, pp. 181-192). Foi o que ela fez. A mãe de Baba faleceu, atingida por um raio, quando ela ainda era criança. Seu pai casa-se novamente com a escrava que sua irmã lhe dera em troca de dois homens. Essa mulher, descrita como bela, e a quem seu pai era muito ligado, irá educar Baba, mas ela morreu em um rapto. A irmã do pai de Baba (Rabi, chamada "mãe de Baba". Smith, 1969, p. 108) assume então o papel de mãe da garota adotada pela segunda vez. Entretanto, Rabi não está presente na ocasião das tratativas sobre o matrimônio de sua filha adotiva, pois por sua vez ela foi capturada e vendida como escrava. Alguns anos mais tarde ela foi solta. Contra a vontade de seu irmão (o pai de Baba), Rabi auxiliará então sua filha adotiva a deixar seu primeiro marido: "Eu lhe disse que meu casamento não me agradava e ela me encorajou a rompê-lo: 'Tu não queres, eles a coagiram. Muito bem, vá tratar de teu divórcio: agora estou aqui' " (Smith, 1969, p. 109). A jovem esposa utiliza o pretexto da exacerbação dos tumultos na região e a urgência em refugiar-se na cidade fortificada para fugir da concessão de seu marido. Mais tarde, ela revelará que ficou amiga de seu primeiro marido, pois, disse ela, o parentesco não se revoga.[9] O fato de Baba não ter filhos desse primeiro matrimônio beneficia a instabilidade matrimonial. Evitando a generalização, o relato apresentado por Mary Smith tende a manifestar que uma mulher que tem filhos busca uma "vida mais ordenada", mas

8 Fórmula do matrimônio "árabe".

9 O que revela bem a natureza endógama desse tipo de aliança. Embora haja troca de uma mulher entre dois homens, faz-se a um grau próximo, no seio de um mesmo segmento de linhagem.

esse relato insiste paralelamente sobre o fato que existe também mulheres que abandonam seus filhos e que rompem um matrimônio que não lhes convêm (Smith, 1969, pp. 106-107). Salientarei aqui, no entanto, ao mesmo tempo, a sagacidade e a capacidade de iniciativa das mulheres em matéria de aliança, ao lado da evidente dominação masculina.

É claro que na negociação dessa aliança a questão da beleza não tem objeto, completamente subjugada pelos imperativos das trocas matrimoniais dominadas pelos anciãos da linhagem da garota. A regulação social da beleza realiza-se por meio de regras de aliança que não têm preocupação pela beleza para impor-se à sociedade como algo evidente; "a beleza é inútil a uma garota", para retomar a expressão desse camponês Mossi. Com certeza, mas Baba antecipa o fim dessa "aliança principal", na medida em que ela declara, de pronto, ao garoto que a pretendia como esposa e que não lhe oculta sua preferência, que ela abandonará esse marido para ir ao seu encontro mais tarde. De certo modo, a aparência está salva, a jovem esposa regressa para a corte do marido imposto por "seus pais", porém o deixará em seguida para encontrar-se com o homem melhor amoldado à sua própria escolha, sem a necessidade de, por isso, confrontar-se muito pesadamente com a execração da sociedade. Pressente-se já na esteira desse matrimônio - Baba refere-se a ele como um "primeiro matrimônio" - abertamente imposto à garota por seus consanguíneos, e ao qual ela se subjuga, na falta de ter outra escolha, suceder-se-ão outras alianças. As aparências são salvas. A garota submete-se à vontade de seu pai e providencia, dessa maneira, para si certa liberdade no futuro: não será mais seu pai que terá recusado sua filha àquele que veio pedi-la, mas um marido que não se mostrou capaz de manter sua mulher. Com essa estratégia, desponta um novo horizonte matrimonial, aquele de uma maior liberdade na escolha do parceiro, resguardando, porém, as relações com o pai. Essa escolha que desponta permanece de fato relativa, mas será bem real. E é por meio de uma autêntica trajetória matrimonial que certas mulheres conseguem tomar alguma distância da tutela dos pais (pai, tios maternos e irmãos) e sua política matrimonial, que não cessa por essa razão de existir, para unir-se a um marido de sua preferência.

A conquista de um espaço de liberdade pelas mulheres muçulmanas Haoussa, por intermédio de uma instabilidade matrimonial, beneficia sua conquista da palavra e sua capacidade de ação, diante da troca entre os homens da qual são objeto. Essa liberdade pode, às vezes, ter um preço muito elevado e permanece de qualquer modo relativa e precária, uma vez que está circunscrita ao domínio masculino repartido entre os membros da sociedade Haoussa. Dominação, violência, sedução e submissão, e simultaneamente, recusa, fuga, liberdade, mas também traição e astúcia constituem o quadro das relações entre os homens e as mulheres no âmago dessas alianças e das famílias. Nesse contexto Haoussa, não percamos de vista, porém, que essas relações ambivalentes e esses compromissos provisórios inscrevem-se no âmbito de uma cooperação indispensável, em face da insegurança e dos riscos da sobrevivência econômica. As alianças parecem vividas como um mal necessário, no entanto, em sua instabilidade e sua sucessão, elas conseguem coligar grupos de pessoas na medida em que chegam a um acordo complexo, provisório e frágil entre os interesses antagônicos, veiculados pelas políticas matrimoniais. Essas políticas matrimoniais são conduzidas pelos homens e pelas mulheres. Elas podem ser produzidas pelos desejos pessoais, ou pelo interesse coletivo atribuído à linhagem e, portanto, para a mulher, aos consanguíneos, de preferência aos aliados (a família de seu marido).

Desse modo, essa narrativa na qual o pai de Baba que já tinha uma esposa, fomenta o projeto de outro matrimônio com uma jovem virgem, Ramatu. A primeira esposa que não se opôs deixou, no entanto, a concessão sete dias após a chegada da jovem coesposa. Ramatu teve um filho pouco tempo depois e durante sete anos ela foi a única esposa de seu marido. Porém, certo dia ele trouxe consigo uma coesposa, atitude que a desgostou. Ela o deixou e ausentou-se sozinha por oito anos. Ela retornou à concessão do chefe das prostitutas da cidade de Kano. Baba esclarece que "Ramatu partiu em busca de prazeres, pois ela foi obrigada a casar-se e não era feliz". Ela era independente e amava essa liberdade, acrescenta ela. O pai e o marido de Ramatu uniram suas forças. Recorreram aos serviços de um feiticeiro para trazê-la de volta. Foi utilizado um feitiço, supostamente para induzir nela a nostalgia da terra natal. Quando de sua volta, tendo sido entregue ao seu marido, ele a encarcerou na concessão de onde ela não pôde mais sair. Ela lamentava: ouviam-na dizer que ela tinha sido coagida a casar-se com um velho e que ela não desejava. No entanto, mais tarde prossegue a informante de Mary Smith, "ela se habituou e depois o amou. Ele a amava muito - ele a cobiçava antes mesmo de tê-la visto!" Ela viveu durante quinze anos com seu marido até seu falecimento (Smith, 1069, pp. 148-149).

Divórcio, novo matrimônio de amor e adoção de filhos

Baba tinha dezessete anos quando rompeu com seu primeiro marido. Ela refugiou-se na corte de sua tia Rabi que a auxiliara em seu divórcio. A tia retorna de um período de escravidão que ela conheceu após uma expedição muito arriscada organizada por sua família. Um comerciante informou que a tia Rabi foi surpreendida, no caminho, por ladrões. Ela foi vendida à mulher do rei de Abuja, um Estado vizinho (Smith, 1969, pp. 73-74). As relações de escravidão e os sentimentos que daí derivam merecem análise mais longa. Eles conduzem ao âmago da sociedade Haoussa, quando Baba faz o comentário, que retomamos abaixo, sutil e enigmático sobre o encarceramento de sua tia, não sem antes elucidar que alguns anos antes essa mesma tia havia dado ao pai de Baba (seu irmão), após o falecimento de sua esposa, uma escrava que ela havia tomado como concubina, a qual havia sido coagida a deixar seu marido, ele mesmo um escravo, na concessão de Rabi: "Ela (a tia de Rabi) havia permanecido três anos inteiros em Abuja, moendo e tecendo para eles, davam-lhe o alimento, comia à vontade, estava satisfeita" (Smith, 1969, p. 178). Tudo é relatado em algumas palavras, e é com esse olhar que revela toda a complexidade das relações de dominação, entrecruzando-se (mestre/escravo, homens/mulheres, primogênito/caçulas...) que devem ser compreendidas essas narrativas.

Baba deseja então viver com um homem jovem de sua escolha. Todavia, sua tia que a protegeu em seu divórcio deseja-lhe outro marido. Baba deixará sua tia, alimentando dessa maneira quatro anos de desavenças. Finalmente, com o acordo de seus pais, por ocasião de uma cerimônia oficial de matrimônio, ela é conduzida até a entrada da concessão de seu segundo marido, aquele de sua escolha. É acolhida pela primeira esposa que a introduz progressivamente no espaço interior da corte, e finalmente, junto a seu novo esposo. Baba se torna então a segunda e jovem esposa desse marido desejado, mas igualmente uma rival para uma esposa comparativamente mais velha e que consegue, nessa ocasião, a condição de primeira esposa. Por comportamentos ritualizados, o diálogo introduz-se progressivamente entre as duas mulheres que devem dividir o mesmo homem:

> *Então, o casado oferece à primeira esposa dez nozes de kola para ela e dez para a casada [...]. (Na sequência, com os presentes trocados), a primeira esposa vem "comprar a palavra da casada", diz ela: "Eis aí. Comprei sua boca!". A casada diz: "Obrigada" e elas cumprimentam-se. Mais tarde [...] a casada cobre sua cabeça e vai saudar a esposa em sua casa [...], nós comemos juntas. Nós falamos bastante; depois, [...] a mãe de nosso esposo veio trazer-me dez nozes de kola e seiscentos cauris [...]. Ela viu que a casa era bem limpa e ficou contente [...]. Quando a jovem esposa já estava casada, a esposa principal preparou refeições (para todo mundo) durante quatro dias; durante as quatro noites, o marido permanece na cabana da casada. Em seguida a primeira esposa prepara sua própria refeição durante dois dias, e ele veio dormir com ela. O que completa seis noites. Em seguida, é a casada que começa a preparar a refeição; ela prepara coisas deliciosas que são enviadas a todos na cidade [...]. Após seis dias [...], eu tirei meu véu. Eu já me acostumara com a*

> *casa; me tornara uma garota da casa [...]. Naquela noite* meu marido *trouxe-me mil cauris, vinte nozes de kola e perfume quando veio até minha cabana. As crianças arreliaram. Quando todo mundo foi dormir, apaguei a lamparina e me deitei, ele entrou. Ele me disse: "Acenda a lamparina para que eu veja teus olhos". Cobri meus olhos; estava envergonhada. Ele reacendeu a lamparina e me disse: "Eu te agradeço, eu te agradeço. Tu cumpriste tua promessa. Eu te agradeço. Estou feliz". Nós conservamos esse matrimônio durante quinze anos [...], eu o amava muito* (Smith, 1969, pp. 121-122).

Seriam esses os sentimentos evocados por Pierre Bourdieu, Christine Détrez e Anne Simon, ou até Alain Touraine quando falam de paradoxo da *doxa*, ou seja, do "poder hipnótico da dominação",[10] de ambivalência da expressão política do corpo (Détrez/Simon, 2006, pp. 121-122) ou ainda de ambivalência das condutas das mulheres? (Touraine, 2006, p. 82). Recordemos da observação de Baba comentando a permanência da tia no cativeiro, quando menciona que ela recebia o alimento, comia bem e estava satisfeita. Então almejava ela, de verdade, que fosse libertada, estaria eu quase tentado em pensar. Pela leitura da biografia, não há dúvida alguma a propósito disso, mas como fica sua condição de mulher na sociedade Haoussa, uma vez retomada a liberdade? Essa condição é, por essa razão, tão diferente, parece sugerir Baba. Simples "síndrome de Stockholm", efeito do pleno exercício da dominação masculina e/ou estratégia e astúcia das mulheres em relação aos homens que as subjugam? A tia sobreviveu à escravidão, o que é excepcional!

Em trabalhos anteriores que dediquei à astúcia em meio Mossi, mostrei que esse princípio de ação deve permanecer secreto pela definição mesma de astúcia. Um informante Mossi me explicava que a astúcia (*silim*) não é nem boa nem má, mas simplesmente digna, pois uma boa astúcia atinge sua finalidade sem que a sociedade possa lha censurar.[11] Argumentei que ela é o principal modo de ação dos mais frágeis de um grupo, mesmo que permaneçam dominados. Assim, esses criadores nômades Peul do planalto central Mossi que conseguem, muitas vezes por astúcia, com um imenso "saber-ser" (*pulaku*) e uma admirável habilidade, apascentar seus rebanhos nos campos cultivados pelos camponeses das realezas Mossi, e a viver nas pequenas faixas de um território que não lhes pertence exclusivamente. Insuficiente para degenerar, portanto, a astúcia.

10 Pierre Bourdieu citando Virginia Woolf (Bourdieu, 1998, p. 12).

11 A esse propósito, em um estudo precedente, falava do "dom como astúcia" para caracterizar certas práticas populares operantes entre os Mossi (Laurent, 1998; ver igualmente Latouche/Laurent/Singleton/Servais, 2004).

Mesmo que a astúcia seja insuficiente para arruinar, ela ainda pode desenvolver uma consciência dela mesma, aquela da traição, se não aquela do dominante enquanto tal, aquela do espírito de suas regras, perturbado que pode estar na evidência de sua ordem:[12] Baba não aceita, na verdade, seu primeiro matrimônio porque já pensa no segundo? Dito com outros termos, a dominação, a submissão às regras das alianças impostas pelos mais velhos não significam, por essa razão, que não existe espaço de liberdade, nem capacidades de iniciativas por parte dessas mulheres Haoussa.

A monografia de Mary Smith aponta que essa ambivalência da conduta feminina enfatizada pelos autores citados acima se reduz quando examinada a partir da perspectiva das mulheres confrontadas com a busca da segurança num meio onde a violência, a fome e a doença constituem seu cotidiano. Elas são então coagidas, cada uma por si mesma, na singularidade de seu ser (fecunda/estéril, belo/feia, forte/frágil), a cada período de sua existência (livre/escrava, jovem/velha), a responder ao imperativo da sobrevivência, lá onde a sociedade consuetudinária não conhece nem trabalho assalariado nem sistema de seguridade social estatal. Porém, gostaria de insistir sobre o fato que a confrontação cotidiana às exigências de sobrevivência, atreladas à brevidade da vida, não esgota a expressão dos desejos nem dos sentimentos. Ao contrário, os exemplos de aliança extraídos da sociedade Haoussa testemunham a coexistência de questões pragmáticas, políticas, com os sentimentos, cuja articulação entre os homens e as mulheres que requer perspicácia e sutileza para, em última análise persistir sempre parcialmente insuficiente. Nesse sentido as trajetórias matrimoniais agrupam desafios contraditórios, no seio dos quais fica difícil especificar aqueles que, homens ou mulheres, encontram-se na origem da manipulação, uma vez que estão à procura de uma maior segurança e satisfação de seus desejos, ao passo que a regra geral de dominação das mulheres pelos homens é a única que está em curso.

Quando Baba se instala na casa de seu segundo marido, a primeira esposa já é mãe de dois filhos, ela terá oito quando da partida de Baba. Passam-se sete anos e, numa noite, uma mãe acompanhada de um filho, se apresenta na porta da concessão. O delegado explica que ela traz uma "casada-oferenda" a seu marido; ela havia organizado na manhã mesmo, relativamente em segredo, e sem informar o pai da casada, uma cerimônia de matrimônio com representantes da mesquita. Precedentemente, essa jovem foi casada por seu pai, contra sua

12 Michel de Certeau falava: "de um alhures no interior" (Certezu, 1994; ver também Caillé, 1994).

vontade, com o filho de seu irmão. Ela fugiu e obteve afinal, oficialmente, o divórcio junto ao chefe da cidade. Ela dizia que desejava viver com o marido de Baba, e que esse também a desejava; seus aliados chegaram a um acordo para lhe oferecer em matrimônio. Desse modo, ela se torna a terceira esposa do marido de Baba, e com a partida desta ela terá cinco filhos. O marido de três mulheres anima uma pequena escola corânica com aproximadamente vinte alunos. Durante a estação das chuvas, todos cultivam e na estação seca, Baba que não tem filho acompanha seu marido em longas (*tournées*) viagens de ensino do Islã. Nessa época, a escravidão havia sido abolida pela administração colonial inglesa, o que resultava em deslocamentos mais seguros. Baba não tendo filho, seu marido lhe oferece um de sete anos que havia comprado em um mercado de escravos antes que a escravidão tivesse sido abolida (Smith, 1969, p. 138). Em seguida, Baba adota uma filha de sua irmã, e quando a jovem coesposa dá à luz um filho, Baba o adota após o desmame (*ibid*).

A tia Rabi, que nunca havia apreciado esse segundo matrimônio, tomou como pretexto a esterilidade de Baba para convencê-la desfazer seu matrimônio. Enquanto Baba declarou estar muito ligada ao seu segundo marido, a energia que a prende a seus consanguíneos é ainda mais intensa. É fácil aqui avaliar o papel das mulheres na escolha das alianças, em especial, as alianças secundárias, assim como da subordinação dos caçulas aos mais velhos, do mesmo modo que o interesse superior reconhecido aos consanguíneos para com os aliados. Assim, na ocasião desse divórcio, seu segundo marido lhe pedirá para ficar; ela responderá que é sua mãe (ou seja, sua tia Rabi que faz às vezes de mãe) que deseja que ela parta (Smith, 1969, p. 175). Mais tarde, seu marido visivelmente afetado com sua partida, envia uma mensagem para lhe expressar que se ela deixasse de se encolerizar, lhe pediria para retornar e eles renovariam o matrimônio (*ibid*).

O papel das mulheres nas alianças secundárias: poder, desejo e ciúme

Aos trinta e cindo anos, portanto, Baba retorna finalmente à casa de seu velho pai. Seria porque é mais velha, que ela submete-se mais facilmente aos desejos de seu pai e de sua tia Rabi? "Eis-me aqui. Bem-vinda, bem-vinda, seja abençoada! Desejo que você se case aqui; há um rapaz (era, no entanto, um homem maduro) que veio aprender o Corão". Meu pai o amava pela sua honestidade; quanto a mim, aceitei casar-me com ele porque era bom" (Smith, 1969, p. 180). O terceiro marido é guarda de prisão. Com a chegada de Baba, o homem possuía duas outras esposas que iriam abandonar rapidamente a concessão. O mesmo ocorreu com uma terceira esposa e de uma quarta com quem Baba não se entendia. Elas partiram, mas outras vieram. E Baba narra esses relatos, especialmente esclarecedores a respeito da função, por vezes enigmáticos das mulheres na escolha das alianças secundárias. A questão para Baba, que é estéril, é a de poder adotar filhos e resolver, desse modo, esse problema. Sete anos após sua chegada à corte de seu terceiro marido, o esposo de uma de suas amigas, grávidas, morre. Baba então lhe solicita: "Porque não se casa com meu marido? Poderíamos ter um filho e todos viveriam felizes" (Smith, 1969, p. 194). Baba e seu marido empreendem negociações com a família de sua amiga e finalmente o matrimônio efetiva-se. Baba introduz sua amiga (sua *kawya*) como coesposa de seu marido. Ela adota assim a filha de sua amiga (o filho pretendido acabou sendo uma filha...). Eis suas próprias palavras: "Eu tomei Audie, filho de Adama (sua amiga havia se tornado coesposa); eu quem o levava nas costas. Enquanto ela amamentava, vivia sempre conosco; nós éramos seu tutor. Em seguida, assim que ela terminou o aleitamento, teve sua primeira filha (de meu marido): eles a doaram para mim e era eu quem a levava nas costas. Ela chamava-se Hawwa [...]" (Smith, 1969, p. 196). Baba adota, posteriormente, um filho de sua coesposa. Nessa ocasião, Baba havia adotado cinco filhos. E ela os educa como uma mãe biológica educa os seus. Eles o chamam de mamãe e ela responsabilizar-se-á pelo casamento deles ou, mais simplesmente, facilitará as negociações relativas ao matrimônio. Nessa lógica da busca de segurança contida nas alianças secundárias, é oportuno compreender que, mais velha, Baba poderá vir sempre habitar com eles encontrando aí proteção e apoio. Com o falecimento desse terceiro marido, aos cinquenta e três anos, Baba vai morar com seu irmão caçula.

Antes de prosseguir a sequência da carreira matrimonial de Baba, gostaria de chamar a atenção sobre as seguintes relações. Por diversas vezes seguidas, a informante de Mary Smith refere-se ao ciúme dos homens entre si pela posse de uma mulher, das coesposas entre elas, mas igualmente de rivalidades entre amigas.

A história de Gude a propósito disso é emblemática. Ela é a esposa preferida de um rico chefe nobre que tem a reputação de conquistar tudo o que deseja. Por ocasião da chegada à cidade do novo instrutor, a mensageira do chefe foi saudá-lo. Ela volta e lhe explica que vira a esposa do instrutor "é muito bonita, a pele clara, e pintada de rosa como a de Gude [...]". E dirigindo-se a Gude esclarece: "Eu vi a esposa do recém-chegado; ela é bela como você; você poderia ser sua *kawa* (sua amiga ritual)" (Smith, 1969, pp. 233-234). Com presentes e visitas rituais, normatizadas por um ritual bem rígido, as duas mulheres tornam-se amigas. Por ocasião de festas, ou em momentos relevantes em suas vidas, as amigas se amparam e se visitam mutuamente. Certo dia o marido de Gude parte para uma volta e à noite, como lhe era proibido sair de sua concessão, ela visita sua amiga. Em sua chegada o instrutor se encontrava na cabana de entrada. Embora não pudesse vê-la em razão da escuridão, seu perfume o transtornou. "Ele a agarrou e a conduziu para a cabana de entrada, deitaram-se ali e fizeram sexo." Naquela noite, ela não conseguiu chegar ao local das mulheres para saudar sua amiga. Então, voltou calmamente à sua cabana. Eles encontraram-se em diversas ocasiões. O chefe soube então que ela deixava a concessão à noite e ficou com muito ciúme. Ele a espancou, coagindo-a a dizer o que fazia. Ela nada disse e fugiu para junto de seus pais. Gude procurou feitiçaria para conseguir o divórcio. Após três meses, seu marido que "a havia desposado virgem e que a desejava" enviou uma delegação para trazê-la de volta. Apesar desse episódio, o chefe não tinha a intenção de se divorciar. Ele pretendia mantê-la, mas Gude não estava feliz. Finalmente, foi o rei que lhe ordenou o divórcio para "que ela pudesse casar-se com quem desejasse"; o chefe então ordenou a transferência do instrutor para outra cidade. E Baba conclui: "O instrutor enganava o chefe, Gude enganava sua amiga". "Gude, esclarece ela, desejaria que a esposa (do instrutor) fosse sua amiga antes de tê-la encontrado, pois a mensageira do chefe lhe havia informado que ela era uma bela garota; por essa razão ela a desejava como amiga (em parte à imagem de Eris que lança a maçã da discórdia por ocasião do banquete do rei Péleu). O instrutor também nunca mais viu Gude, mas havia ouvido falar; todo mundo a amava em casa, ela teve muito sucesso" (Smith. 1969, pp. 236-237).

Desejaria ainda enfatizar a questão da atitude ambivalente das mulheres para com os homens e das alianças que lhes são impostas. Essa ambivalência, como eu argumentei, transforma-se também em força, na medida em que alude à astúcia que se encontra no âmago do que denominei "aliança no feminino". Na sociedade Haoussa, o domínio geral dos homens sobre as mulheres é evidente. Não tardará que, a favor dessas relações desiguais, as mulheres arranjem para si espaços de liberdade, construídos sobre infidelidades, jogos duplos, sagacidades que requerem uma análise mais específica. As mulheres dominadas não deixam de dispor de certa capacidade de iniciativa quanto à aliança e a escolha de seus cônjuges. Consequentemente, as condutas das mulheres muçulmanas Haoussa não podem identificar-se simplesmente como uma cegueira diante do domínio dos homens, para cuja situação suas astúcias e perspicácias não conduziriam, senão, a estratégias urdidas pelos mais frágeis de uma sociedade, de qualquer modo sempre condenadas a uma exímia ineficácia em face da superioridade dos homens, vale dizer, para retomar as palavras de Pierre Bourdieu, diante "do pleno exercício da dominação masculina" impossibilitado de desenvolver-se a não ser em um modelo do "inconsciente androcêntrico"[13]... As mulheres são todas completamente inconscientes e/ou (parcialmente) conscientes de sua situação quando arriscam ser ardilosas para viver, amar, dar a vida e sobreviver?

A tese é conhecida: Ulisses não venceu as intransponíveis muralhas de Troia por meio da astúcia? O que pensar das estratégias dos hoplitas diante dos efebos nas análises de Detienne e de Vernant? (1974) Ou ainda da "arte de fazer", descrita como um "alhures no interior" por Michel de Certeau (1990)? A consciência reflexiva não caracteriza especificamente a modernidade ocidental, ela é às vezes explicitamente enunciada por essas mulheres Haoussa em suas estratégias matrimoniais programadas com anos de antecedência, o que dilata as perspectivas de análise, cujo objeto seria que a ambiguidade não é, senão, uma aparência facilmente superada em relação à necessidade permanente de busca da segurança e da sobrevivência, em um contexto que não elimina os sentimentos, o desejo e o prazer. As trajetórias matrimoniais das mulheres e as múltiplas alianças celebradas pelos homens confirmam a plasticidade de uma sociedade capaz de adaptar-se, ao fluxo dos acontecimentos que já se fazem notar na abundância das formas adotadas pelas alianças, os divórcios, a prostituição, o culto de posse (*bori*), as relações clientelistas e as relações constituídas entre mestre e escravos.

As análises precedentes conduziram-me à defesa da seguinte proposta: a ambivalência das mulheres em relação a uma determinada forma de dominação masculina funda raízes em um inconfessável, que denominei como "a desigualdade fundamental", cuja transcendência, por meio de regulação social da beleza e pela produção de equivalência social, situa-se no coração desse livro. A regulação da ordem sensível pelo que nomeei (com prudência) "o matrimônio no feminino" ocupa lugar notório na tratativa das alianças secundárias, aqui analisadas. Impõe-se recorrer ao processo de regulação do sensível a fim de reduzir as implicações da "desigualdade fundamental", para buscar emancipar-se deles, e viver plenamente seus desejos e seus sentimentos.

Levar em conta a "desigualdade fundamental", isto é, o reconhecimento da desigualdade das mulheres entre elas nas relações com os homens autoriza, paradoxalmente, convenho, conferir às mulheres uma capacidade de ação diante da dominação masculina: elas não permanecem passivas diante da política matrimonial

13 Pierre Bourdieu utiliza esses termos para qualificar a dominação masculina na sociedade Kabila (Bourdieu, 1998, pp. 53 e 79).

conduzida pelos homens. O exemplo da Baba o atesta: Baba, ao tornar-se uma velha mulher, intervirá com firmeza crescente nas alianças, ao mesmo tempo por ela mesma, mas igualmente pelos seus filhos e seus consanguíneos.

Se adotarmos não mais um só, mas dois pontos de vista a respeito das alianças, ao lado da regulação da ordem política encontra-se a regulação da ordem sensível. E essa ordem sensível, para consolidar-se poderia firmar apoio, por meio da astúcia, sobre as características da ordem política dominante. Já expus que, de certo ponto de vista, de preferência feminino (mas não exclusivamente, insisto), as alianças dominadas pelos homens poderiam de algum modo levar a atribuir residência a mulheres que, por sua beleza, monopolizariam os olhares e atiçariam o ciúme; o mesmo lugar é, então, reservado a cada uma nas trocas matrimoniais. A regulação da ordem sensível, por meio da regulação da beleza e da instauração de categorias de equivalência, faz com que não haja abandono nas alianças, cada um tendo assegurado seu cônjuge. A concorrência entre as mulheres jovens, suavizada por certa sujeição é descrita por Françoise Couchard onde explica que a dominação de uma irmã pelo seu irmão, na cultura muçulmana estudada, duplica-se com a relutância desse irmão em aceitar o matrimônio de sua irmã: "Para o irmão, a irmã não passava de uma 'mercadoria' ser vendida, oferecida, barganhada; as mulheres condenavam ideologicamente essa concepção de uma mulher-objeto, ao mesmo tempo em que elas próprias confessavam também atuar, às vezes, nessa venalidade, pelo menos pela pulsão que sentiam em sustentar a concorrência com suas irmãs, para ser totalmente 'competitivas'!" (Couchard, 2004, p. 211). Essa ambivalência surge igualmente no comentário constituído para um poema mauritaniano, no qual o autor está apaixonado por uma mulher considerada feia em razão de um dente quebrado:

Tu não és bela, que Deus nos poupe!
Diz-se que teu dente está quebrado,
Mas eu,
Ó minha amada,
Meu coração é forçado para ti,
Mesmo que tu não sejas bela
E que seu dente esteja quebrado

Aline Tauzin, ao relatar esse poema, propõe o comentário seguinte: "Esse defeito, o 'diz-se' do segundo verso, o indica, os falatórios não fracassaram em divulgá-lo. Comenta-se que essa é a conduta habitual entre as mulheres rivais com relação aos homens. Cada uma delas, por maledicência, diante da imperfeição descoberta nas outras, procura manter sua situação real e despertar o interesse masculino somente para si. Aqui, é pena perdida: o pedaço de dente que falta é precisamente o traço, tomado como sinal de perfeição, sobre o qual vai sustentar-se o amor do homem" (Tauzin, 2001, p. 147).

Menopausa, velhice e matrimônio de razão

> *Hoje, sinto-me velha e não desejo amantes.*
> *Estou esgotada. Hoje me sinto feia...*
> *Quando eu era jovem, era verdadeiramente bela.*
> *Agora estou cansada e magra, e não sou mais atraente.*
> *É em nome de tudo isso que não busco mais o sexo*
>
> (Marjorie Shostak, *Nisa. Uma vida de mulher.* 2010, p. 417)

Retomemos agora a história de Baba. Após o falecimento de seu terceiro marido, o segundo sempre unido a ela, e para o qual ela havia igualmente manifestado simpatia, lhe solicita que volte a viver em sua concessão para refazer o matrimônio. Ela recusa o convite, preferindo a proximidade física do local de residência de seus filhos adotivos e, especialmente, de seu irmão menor (Smith, 1969, p. 278). A quarta aliança de Baba permitirá que abordemos, de modo mais específico, a questão de segurança dos grupos considerados como os mais frágeis como segunda dimensão do processo de produção social de equivalência.[14] Proponho, nesse último relato, apontar a capacidade de iniciativa dessas mulheres Haoussa na orientação das alianças tendo em vista garantir uma segurança econômica. De modo mais amplo, versarei sobre a procura de segurança dos grupos considerados como os mais frágeis: por meio do jogo de alianças e, portanto, pela instauração de uma equivalência social estabelecida entre pessoas, não obstante os anos compreenderão que uma mulher idosa é sempre, antes de tudo, uma mulher casada.

Com cinquenta anos, Baba não pretende mais, na verdade, casar-se em lugar distante estando no meio "de estranhos" (aqui no sentido de próximos), ou seja, distante dos consanguíneos que a sustentam e subvencionam suas necessidades: ela desejaria aliar as prerrogativas estatutárias do matrimônio

---

14 Lembremo-nos que, nas "sociedades de aliança", a regulação social da beleza produz simultaneamente a equivalência social que torna viáveis as trocas por aliança, e da segurança, por meio de uma participação ativa nas questões de transmissão entre gerações e, portanto, de filiação.

com o esteio de sua família consanguínea. Recorde-se que, não importa o que possa ocorrer, uma mulher será sempre "uma estranha" lá onde contraiu matrimônio, e Baba se qualifica como tal. Seu apego à sua família consanguínea supera aquele que ela acalenta em prol de um marido e de seus aliados. Desse modo, uma esposa, para além de sua situação social, de sua reputação, de seu carisma pessoal, conquista importância na corte de seu marido de acordo com sua idade e o número de filhos, e não em função da antiguidade do casamento, levando-se em consideração a instabilidade matrimonial. De modo que, os filhos de uma mulher tornam-se seus melhores aliados na corte de seu marido, diante dele e das coesposas.

Com a idade, o rompimento do matrimônio de uma mulher, causado pelo falecimento de seu marido ou por divórcio, acaba sendo mais prejudicial no plano da sobrevivência. A idosa que se casa novamente (não me refiro mais aqui ao levirato já discutido na análise da sociedade Mossi) deve defrontar-se com as coesposas, muitas vezes bem mais jovens, fecundas e em idade de trabalhar na lavoura. Ela percebe-se então menos cobiçada, abandonada e às vezes suspeita de feitiçaria. Ela encontra enormes entraves ao reconstruir seu espaço no seio de uma concessão na qual não conta com aliados, uma vez que quase sempre ela deixa seus filhos na concessão de seus maridos precedentes, (todavia, a regra aqui é variável em razão da bilinearidade). Corinne Fortier, investigando a sociedade moura, mostra que a menopausa, como alguns sugeriram, não aproxima, particularmente, a condição das mulheres àquela dos homens (no sentido em que a mulher, ao não poder gerar mais, aproximar-se-ia da condição dos homens). E insiste sobre o fato que é:

> *O olhar do homem e, correlativamente, seu desejo que faz a feminilidade de uma mulher ou que a desfaz. Desse modo, ela não perde sua feminilidade no momento da menopausa, quando não pode mais dar à luz, porém, sobretudo, quando sua beleza esvanece-se, vale dizer, quando o tempo lhe arrebata o poder de sedução. Se a fecundidade funda a distinção entre o masculino e o feminino, na medida em que o poder de gerar é próprio das mulheres, pode-se acrescentar que a presença de encantos específicos susceptíveis de seduzir os homens é igualmente característica dessas últimas* (Fortier, 2004, pp. 238-239).

As etapas da vida de uma mulher não são diretamente determinadas pelas alterações biológicas relacionadas à fecundidade. Enfatizei diversas vezes que a temática do olhar intervém com frequência nessa pesquisa, primeiro no olhar do homem para a mulher que a institui em sua feminilidade, mas, em segundo lugar é o olhar que deve ser regulado ou, talvez, completamente obstruído quando os mais velhos impõem, tanto ao jovem garoto quanto à garota, que aceitem o cônjuge que negociaram para eles. O mesmo ocorrerá com a idosa que procurará prover-se de um lugar de esposa numa nova corte: é novamente esse olhar do homem que deverá ser regulado a fim de que possa estabelecer-se a categoria de mulher.

Uma vez com mais idade, o objetivo de uma mulher Haoussa define-se, mais diretamente, como busca de segurança, a garantia de saciar sua fome, ter um teto, e contar com a assistência de seus filhos para os trabalhos mais pesados ou ser amparada em caso de doença. Na verdade não se trata mais de reconhecer prioridade a seus próprios anseios e/ou aos anseios de seus pais ou de um parente que quer cumprir suas obrigações, ou ainda, de providenciar um matrimônio de sua conveniência. As funções foram invertidas e as formas de aliança chocam-se agora com a questão da sucessão das gerações e a responsabilidade de cuidar dos mais velhos: a geração adulta assegura, doravante, a sobrevivência da geração que a precede e, para isso, às vezes são necessárias trocas matrimoniais entre essas gerações. Por esses motivos, a mulher idosa, na menopausa, procurará aproximar-se de seus consanguíneos, especialmente, como o caso de Baba, porque a esterilidade - apesar de poder esperar o auxílio de muitos filhos adotivos - representa maior dificuldade para ela do que para outras apoiar-se sobre uma descendência que possa tomá-la sob seus cuidados quando seu marido falecer. Ciente disso, depois da viuvez ou de um desentendimento, uma idosa esforçar-se-á em se casar novamente, de preferência na vizinhança da concessão de um irmão, ou então de um filho que poderá lhe providenciar uma garota para auxiliá-la nos afazeres domésticos, uma vez que suas filhas, já casadas, partiram para juntar-se à corte de seus maridos. Como em muitas sociedades que só conhecem um regime doméstico, o do matrimônio, uma idosa que perde seu esposo deve casar-se novamente, mesmo que o matrimônio seja puramente formal, a fim de que ela possa conservar sua condição de aliada na concessão onde reside.[15]

Assim, por ocasião da discussão sobre as formas de alianças entre os Mossi, assinalei que, em caso de viuvez não é excepcional encontrar

---

15 Evans-Pritchard vai no mesmo sentido quando observa que "um dos fatos que impressiona de pronto o estrangeiro em um povo primitivo, é a ausência se uma mulher adulta solteira. Todas as moças encontram um marido e casam-se, em nossa opinião, bem jovens [...]. Nas sociedades primitivas, a possibilidade não se oferece a todas as mulheres encontrar um marido, senão, em razão da autorização quase geral da prática, em diversos graus, da poligamia. Consequentemente, todas as mulheres podem casar-se, e o costume facilita também às viúvas de casar-se novamente sem dificuldade..." (Evans Pritchard, 1971, p. 38).

uma idosa formalmente casada com um jovem, para o qual, igualmente, não se solicitou opinião (levirado), mas que tem obrigação de lhe dar arrimo. Nesse nível, é interessante notar que se a garota é mais comumente casada com um homem de mais idade do que ela, é frequente que a mulher, por sua parte, seja casada com um homem mais jovem que ela. Entre os Mossi não há, todavia, igualdade de trato entre os homens e as mulheres uma vez que os idosos podem ter acesso à sexualidade das jovens mulheres, enquanto que as idosas, casadas com homens jovens não têm, geralmente, relações sexuais com eles. A propósito da cultura muçulmana, Françoise Couchard afirma que um homem "desposa sempre uma mulher muito mais jovem que ele, às vezes da idade de suas filhas mais velhas, especialmente quando ele pratica a poligamia..."[16] Tal é frequentemente o caso, porém em certas sociedades sahelianas, hoje parcialmente adeptas do islamismo, como os Mossi, note-se também que os homens mais jovens são compelidos, às vezes, a casar-se com mulheres mais velhas, igualmente em função da poligamia combinada no levirato.

Essa discussão sobre o destino das mulheres idosas na sociedade consuetudinária Haoussa não deixa de aludir ao paradigma da "mulher-viscosa", estabelecido por Claude Lévi-Strauss, em favor de uma aproximação entre a "mulher-gancho" e a "mulher-sapo" nos mitos ameríndios. No ponto seguinte proporei uma comparação, sob a base do conceito de trajetória matrimonial, entre o destino da mulher idosa Haoussa e aquele da "mulher-viscosa" de Lévi-Strauss, para argumentar que ambas são igualmente mulheres idosas que se prendem a um marido como à vida. A regulação social da beleza vem aplainar tanto os excessos da beleza quanto sua carência pelo mesmo processo de produção social de equivalência, por meio do jogo de alianças: beleza e feiura são duas faces do mesmo problema. Portanto, a injunção de aquiescer à condição conferida pelo matrimônio impede a rejeição de certos membros da sociedade, e em particular as mulheres, pelo fato de serem idosas, estéreis ou feias. A regulação social da beleza funciona em duplo sentido na medida em que ela regula, igualmente, a dupla beleza/feiura pela coação exercida sobre personagens de exceção - homens ou mulheres - que, sem isso, correriam o risco de ameaçar a ordem social. Recordemos essa mulher *Na*, Geso, que possuía nada menos que cento e cinquenta amantes, enquanto outra mulher não havia tido nenhum. A reprodução da sociedade não foi ameaçada, contudo, em razão da organização da matrilinhagem.

16 Couchard, 2004, p. 152. Verificar também p. 263, na qual o autor fala de regra do levirato e da "obrigação para um home de desposar a viúva de seu irmão, não importa qual seja sua idade, visando não deixá-la só e para lhe garantir proteção aos seus filhos".

Para as mulheres idosas muçulmanas Haoussa, a mobilidade matrimonial tem igualmente como função mantê-las ativas no seio da sociedade, ao contrário, por exemplo, da situação regularmente descrita na literatura feminina ocidental atual que, rejeitando a mulher idosa na menopausa, às margens da sociedade, conduz ao fato de que as idosas não sejam mais mulheres, opondo-se desse modo ao feminismo (Detrez/Simon, 2006, pp. 122-143). Todavia, diferentemente dos Haoussa, as sociedades ocidentais atuais podem, em geral, contar com o sistema anônimo das pensões, assim como sobre aquele do cuidado das pessoas idosas (cuidados com a saúde, casas de repouso...), os quais influenciam para que os mais velhos não representem diretamente um encargo para as jovens gerações. Tal situação, muito sucintamente tratada aqui para o Ocidente, permite enfatizar que , ao contrário, com a idade, na sociedade Haoussa os mais velhos por acumularem a experiência e o saber, ocupam lugar cada vez mais relevante na sociedade, especialmente por sua capacidade de administrar evitando conflitos.[17]

Ao contrário, mas à imagem dos *Na* que, sem matrimônio, nos informa cruamente sobre o impacto que pode provocar sobre as sociedades, a dupla beleza/feiura no sentido de veicular a desigualdade (se não for regulada pelas alianças), a sociedade dos *ik*, que conheceu a dissolução do matrimônio, confrontada que é à confiscação de seu quadro institucional de vida, apresenta informações sobre o destino dramático reservado à velhice e, mais amplamente aos mais frágeis quando os quadros de segurança social e econômica da sociedade consuetudinária desagregam-se.

A sociedade de caçadores *ik*, descrita por Colin Thurnbull, passa por um momento dramático de sua história, uma vez que sofre a extirpação de seu quadro de vida em razão da criação de um parque natural nos confins de Ouganda e o Kenya. Desalojados de seu território de caça, proibidos de passar pela mata ou abater animais, em função dos imperativos de salvaguarda da fauna e de interesses turísticos, os *ik* são incapazes de tornarem-se novamente camponeses agricultores. Em um contexto diametralmente oposto àquele dos *Na*, com toda evidência, também eles não conhecem, ou mais exatamente, não conhecem mais o matrimônio: "Durante toda minha estadia, não houve senão um matrimônio, e ainda foi rompido oito dias após o rapto. Tratava-se menos de um matrimônio [...] do que um pretexto [...]" (Turnbull, 1973, p. 161). Com efeito, confrontados pela urgência da sobrevivência, eles abandonam

17 Sobre isso, ver, por exemplo, Paulme, 1971. E isso, sem referir-se ao monopólio das relações com os ancestrais, organizado pelos mais velhos como uma maneira de simbolizar a primogenitura e sua condição na sociedade.

progressivamente as principais instituições que normatizam sua sociedade. Desse modo, afirma Turnbull, a prática quase geral do adultério poderia ter como objetivo a destruição total da família, doravante obsoleta, no que diz respeito ao objetivo absoluto e imediato da sobrevivência (Turnbull, 1973, p. 172). "Os jovens não aparentavam interessar-se pela vida sexual, *a fortiori* pelo matrimônio, e os idosos preocupavam-se tão pouco com os jovens quanto os seus filhos preocupavam-se com eles" (Turnbull, 1973, p. 117). Diante da extrema miséria, a fome, a resignação e o individualismo, o roubo e a suspeição transformam-se em seu cotidiano, e a sociedade, um luxo com o qual, para sobreviver, eles não podem mais se atravancar. Os enfermos, as mulheres grávidas, as crianças tornam-se um peso que abandonam às vezes para morrerem na total indiferença, completamente voltados para aqueles que podem sobreviver, ou seja, os mais fortes fisicamente: "A total ausência de responsabilidade moral em relação ao outro, de todo sentimento de pertença, de todo apego mútuo manifestava-se a cada dia, de modo evidente, naquilo que supostamente deveria estar no lugar das relações familiares" (Turnbull, 1973, pp. 208-209). Colin Turnbull finaliza sua obra descrevendo a sociedade *ik* como uma máquina construída inconscientemente em função de suas indigências biológicas de sobrevivência, sob a única forma plausível. Eles encontravam-se diante de uma escolha simples, diz o autor, viver ou morrer. "Eles já haviam perdido todo o resto: família, amizades, esperança, amor e fizeram a escolha que, com certeza, a maior parte dentre nós, em seu lugar, teria feito" (Turnbull, 1973, p. 274). Esse caso, sem limite, de uma sociedade voltada exclusivamente para a sobrevivência biológica, dá acesso ao inumano de certas situações humanas e não aceita outro comentário, senão aquele que é conveniente ressaltar, que ele autoriza *a contrario*, comprovar a relevância das instituições sociais e a função que elas exercem.

Por meio desses poucos exemplos, tive a intenção de delimitar, de maneira geral, a ampla problemática de segurança da mulher idosa numa sociedade consuetudinária. Estou, no momento, melhor equipado para reconstruir o fio do relato de Baba que se considera, doravante, como uma "velha dama".[18] Ela decide instalar-se na corte de seu irmão caçula, um consanguíneo. Aí permanecerá até sua morte (Smith, 1969, p. 278). Entretanto, ela aceitará uma quarta aliança, coagida por um meio social que lhe relembra essa regra: "Case-se com ele; é preferível a viver só" (Smith, 1969, p. 276). A velha mulher, na saída da cerimônia do matrimônio, não se dirigiu para a concessão de seu novo marido. Como justificativa de sua escolha ela

18 Smith, 1060. p. 275. Sobre a problemática da velhice na África: Attias-Donfut/Rosenmayr, 1994.

impôs a seu quarto esposo, como requisito para sua acomodação, que ele construísse uma cabana onde pudesse viver só, o que ele não faria. A concessão de seu irmão caçula está na vizinhança e ela prefere viver lá, embora a cada manhã dirige-se à residência de seu marido para saudá-lo e lhe perguntar como ele dormiu; "quando eu não vou, ele vem à nossa concessão e eu o vejo na cabana de entrada" (*ibid*). Entre os Haoussa, há três condições reconhecidas para as mulheres, a da garota, a da mulher casada e a daquela que foi casada. A regra segundo a qual todo adulto é compelido a casar-se implica que as mulheres viúvas ou divorciadas (o idioma Haoussa não distingue os dois termos), em idade de procriar, após ter guardado o período de nojo de três meses, devem casar-se novamente. Se elas não o fizerem são então consideradas *karuway*. O termo é igualmente utilizado para os homens solteiros. Além da prostituição, essas mulheres se dedicam ao artesanato ou ao comércio. Tradicionalmente, elas associam-se ao culto da possessão pelos espíritos (*bori*).[19] Por uma questão de condição social, portanto, Baba decide casar-se, porém no seu caso, em razão da busca por uma melhor segurança, escolhe instalar-se com seu irmão caçula.

Se Baba, já idosa, foi pedida em matrimônio por esse marido, o lugar que lhe é oferecido na concessão não é aquele reservado a uma jovem esposa. A velha não tem cabana; ela deve dar um jeito de encontrar um local e dividir uma cabana com outras, seja garotas, condição que sob certos aspectos lhe parece destinada.

Comparada ao acolhimento que ela recebeu na concessão de seu quarto marido, a instalação na corte de seu irmão caçula não será por isso mais simples. As tensões entre ela e as coesposas de seu irmão caçula são árduas. De fato, ela reconhece que hesita em instalar-se lá, pois se as tensões acentuam-se, ela pensa em alojar-se seja na cabana de um de seus filhos adotivos, seja em último caso, na concessão de seu marido. E mais, a primeira coesposa desse irmão se mostra muito ciumenta de suas duas outras coesposas, e por meio de mágicas, consegue expulsar as rivais. Em sua partida, uma das duas deixará a filha na concessão de seu marido. Baba irá, ainda uma vez mais, adotar um filho e a velha mulher vê-se, afinal, só diante da primeira esposa de seu irmão caçula. Entre as duas mulheres ocorrerão violentas desavenças, até que uma amiga de Baba intervenha para apaziguar os ânimos. As condições de vida de Baba na concessão de seu irmão caçula, apesar de não serem totalmente más, são precárias; não se pode perder de vista que, nesse caso, seu irmão caçula deve protegê-la sem restrições e prover suas necessidades. Desse modo, ela ocupa a cabana de uma coesposa que se afastou da concessão e, finalmente, decidiu abrigar as poucas cabras que recebeu em herança de seu pai na

19 Op. cit. p. 307. A propósito do bori, ver Guy Nicolas, 1975.

cabana que lhe fora, afinal, atribuída. Isso já explica muito sobre suas condições de vida. O que a incomoda é dever eventualmente mudar-se no abrigo das cabras caso a coesposa volte. Ela cuida das cabras, e sua saúde permitindo, vende gravetos que colhe no mato. Não tece mais, no entanto, com o algodão que sua família cultiva, ela fia e recheia bem as rocas de fio para vendê-las no mercado. Ela ganha assim um pouco de dinheiro para poder comprar vestes de matrimônio para seus filhos adotivos. Durante esse derradeiro período de sua vida, Baba casa uma filha adotiva e alimenta o projeto, de acordo com seu irmão caçula, de oferecer em matrimônio outra de suas filhas adotivas, uma vez que, esclarece ela, "os rapazes não vem pedir..." (Smith, 1069, p. 291), retomando, portanto, a problemática de uma forma de "matrimônio no feminino" onde, como aqui, a garota não encontrando um marido, será oferecida por sua mãe adotiva a um homem que não poderá rejeitá-la.

III | A IDOSA QUE SE AGARRA À VIDA

Oposição beleza/feiura ou a busca da segurança

A análise da trajetória matrimonial de mulheres Mossi e Haoussa revela a participação das alianças secundárias na busca pela segurança dos grupos mais frágeis de uma sociedade. A construção de categorias de equivalência traduz a primeira dimensão da produção social de equivalência, enquanto que a busca pela segurança constitui a segunda. Com essa análise de busca pela segurança das pessoas nas "sociedades consuetudinárias com matrimônio" é concluído meu projeto de colocar em ação outro olhar sobre as alianças matrimoniais; um olhar complementar indicou claramente, que diz respeito a avaliar os efeitos de regulação da ordem sensível como processo distinto vindo completar, articulando-se com ele, o ponto de vista dominante sobre as alianças constituídas pela regulação da ordem política por meio da diferenciação social.

No capítulo precedente, dedicado à primeira dimensão de equivalência social - a construção de categorias de equivalência - analisei na conclusão a maneira pela qual Claude Lévi-Strauss, confrontado nos mitos ameríndios com a "diversidade de mulheres", aborda a questão da semelhança como condição natural do homem, "a desigualdade fundamental", podendo, portanto, ser considerada como um problema ético e, por conseguinte, uma questão secundária, na perspectiva do problema geral das trocas matrimoniais. Não insistirei nisso. Cabe-me, no momento, prosseguir no exame retomando os mitos ameríndios da "origem das mulheres" na perspectiva da segunda dimensão de equivalência social/busca de segurança. Para tanto, proponho expor as grandes linhas de análise que Claude Lévi-Strauss desenvolve a respeito. Eu as discutirei, em seguida, à luz de minha proposta em adotar uma perspectiva complementar sobre as trocas matrimoniais, dedicado a evidenciar a regulação sensível. Para construir esse olhar complementar, iniciarei pelas questões lançadas pela trajetória matrimonial de Baba, isto é, a capacidade de iniciativa das mulheres, a busca pela sobrevivência (e concretamente de um local para dormir e para alimentar-se) e a expressão dos sentimentos amorosos.

Claude Lévi-Strauss aborda, em diversas ocasiões, o tema da "diversidade física das mulheres", especialmente em sua ampla discussão dos mitos referentes à "mulher-gancho". Esses mitos o esclarecem, colocam o problema da aliança matrimonial. Em apaixonantes análises, o autor demonstra que a "mulher-gancho" (denominada também invólucros, colchetes) que se agarra (em sentido próprio) nas costas de um marido, nos mitos sul-americanos, assemelha-se à "mulher-rã" (sapo) que se encontra nos mitos norte-americanos que evocam (no sentido figurado) uma "mãe-viscosa" (Lévi-Strauss, 1968, p. 57). Sobre essa base, Lévi-Strauss institui o paradigma da "mulher-viscosa" no qual a "mulher-gancho", feia e velha (dos mitos sul-americanos) pode encontrar-se agarrada nas costas de um jovem e belo homem, e da "mulher-rã" (dos mitos norte-americanos), feia e repugnante que pode ter um homem bonito como marido. Não retornarei sobre essa análise a não ser para observar que o autor classificou a correspondência estabelecida entre esses tipos de mulheres sob o paradigma um tanto enigmático de "mulheres-viscosas", e para expor que ele evidencia um "fundamento biológico" que remete ao "paradigma anatômico".

Em minha opinião, é plausível assumir um olhar complementar sobre esse paradigma uma vez que evoca para além da polaridade beleza/feiura, vale dizer, por uma abertura unicamente pela dimensão estética, a regulação da ordem sensível e, de modo especial, aqui a questão relevante da busca pela segurança por grupos mais frágeis da sociedade. Uma "mulher-viscosa" que pode, sem dúvida, "provocar o problema da aliança matrimonial", elucida Lévi-Strauss, porém sem o influenciar verdadeiramente, posto que essa mulher não seja, por assim dizer, senão "viscosa". Lévi-Strauss afirma que um dos papéis que os mitos atribuem a essa mulher é o fato de ser coagido a exibir-se com uma velha mulher, para esse jovem herói é vivido como um castigo que lhe ensina o que acontece quando se é arrogante e quando se despreza as garotas! (Lévi-Strauss, 1968, p. 59). Nessa única concepção estética da dupla beleza/feiura, a velha como esposa, simboliza uma penalidade para esse belo jovem. Entende-se, essa maneira de formular as coisas possibilita situar a questão da "desigualdade fundamental" à margem da teoria das alianças formulada, por outro lado, pelo autor como decorrente da complementaridade induzida pela diferenciação social que força a troca matrimonial.

Apreciaria, contudo, contribuir com um olhar complementar sobre essa "mulher-viscosa", velha e feia que não aparenta dever ser unicamente vista como possível castigo imposto a um jovem pouco atento às garotas, por exemplo. Mesmo que tal situação, como já indiquei, possa ser encontrada na vida cotidiana (cf. levirato dos Mossi), a "mulher-viscosa" fala também da velhice, isto é, da sobrevivência de uma mulher velha. Para indicá-lo, iniciarei com minha definição de feiura retomando a analogia da "garota que nasceu velha" tomada da Grécia antiga. Ela me possibilitou ampliar a oposição beleza/feiura, retirando-a de sua dimensão estética na qual Claude Lévi-Strauss a confinou. Embora não seja oportuno questionar as conclusões do autor, observo, todavia, que o paradigma da "mulher-viscosa" baseia-se essencialmente sobre uma oposição que obstrui uma relação mais ampla estabelecida entre beleza, juventude, poder e fecundidade versus feiura, velhice, fraqueza, esterilidade e menopausa. Essa perspectiva subestima, desse modo, as questões relativas à brevidade da vida, à sucessão das gerações e, por isso, a busca de segurança para o grupo de mulheres mais velhas, forçosamente menos belas e menos ativas e, no entanto, inteiramente protegidas pelas alianças secundárias.

Estudei a feiura como um estado de fragilidade, isto é, também de dependência, no qual é possível que se incluam certos grupos de pessoas. Consequentemente, se a feiura atinge uma categoria particular de indivíduos, ela evoca também, cedo ou tarde, a condição que, um dia cada um será levado a conhecer, quer disponha de um físico fascinante ou não. A feiura, além da "injustiça fundamental" que representa a divisão desigual da beleza, diferentemente desta, é uma condição que todo humano será levado a viver. Além da simples "mulher-viscosa" e da "diferença física das mulheres", trata-se de sofrimento, de sobrevivência que moderam a regulação social da beleza e, mais amplamente, a equivalência social na origem de uma equivalência entre os humanos, por meio do estabelecimento de categorias de equivalência e de segurança. Em função da relação invertida entre a beleza e as alianças, argumentarei que as "mulheres-viscosas" não são resultado de uma natureza intrínseca, própria a determinadas esposas e a qual seria pertinente simplesmente registrar, mas de um processo inerente à sociedade que faz com que se tratem, antes de tudo, mulheres dependentes ou tornadas tias pela idade; é, por conseguinte, um grupo particular de mulheres cujo futuro diz respeito ao conjunto da sociedade. É a partir disso que, na terceira parte deste livro, tomando distância do estruturalismo de Lévi-Strauss, restituirei uma dimensão, em termos precisos, política à análise de "diferenciação social", a regulação sensível referindo-se especificamente ao destino concedido por um grupo determinado aos mais frágeis de seus representantes; nesse sentido, não é mais plausível tratar essa questão como anedótica. Explico-me.

Ao final de uma ampla comparação, Claude Lévi-Strauss conclui que o ciclo geral dos mitos vinculados ao "mistério da mulher talhada em pedaços" apresentam uma única mensagem, vale dizer, a evidência, devida à experiência, que há "mulheres-viscosas" e "homens corredores", e as quais devem ser rememoradas. Na interpretação apresentada, essas duas figuras míticas, compostas pela análise estrutural, correspondem-se simetricamente por meio de um sistema de equivalência que conduz à sua correlação e em oposição, e toma-se conhecimento que o homem com longo pênis pode conseguir uma amante à distância e que a "mulher-gancho" não sabe ser esposa a não ser aderindo ao corpo de seu marido (Lévi-Strauss, 1968, p. 26). Outros múltiplos aspectos tratados nesses mitos não podem, pois, senão dizer respeito a uma análise superficial, sendo que o objetivo é atingir as camadas mais profundas a fim de descobrir "a descrição analítica de gêneros de vida que mantêm com os outros, relações de reciprocidade" (Lévi-Strauss, 1968, p. 263). Não retomo questões epistemológicas que, aliás, está fora de meu propósito, uma vez que outros já alimentaram amplamente o debate. Ao contrário, parece-me evidente que devo apelar à outra abordagem metodológica para justificar o processo de produção social de equivalência que precisa determinar a singularidade. Para tanto, nos dois pontos seguintes, sugiro reagir à análise estruturalista, para retomar as entidades míticas que permitiram a Claude Lévi-Strauss estabelecer o paradigma da "mulher-viscosa", vale dizer, o ciclo dos mitos sul-americanos relativos à "mulher-gancho" e aquele dos mitos da "mulher-rã" para a América do Norte. A partir disso desenvolverei a discussão às alianças secundárias e à busca da segurança das pessoas mais idosas de um grupo para considerar essas entidades sob o ângulo da produção social de equivalência.

Iniciemos o exame voltando à proposição estrutural segundo a qual as "mulheres-viscosas" opõem-se aos "homens-corredores" para mostrar que se houver oposição, essas figuras, em contraste, não remetem necessariamente a realidades isomorfas. Dito em outros termos, a "mulher-viscosa" poderia igualmente ser uma mulher cuja existência estaria em perigo, e deveria agarrar-se a um marido, no entanto, o mesmo ocorre com o "homem-corredor"? Sua vida ficará em perigo se ele não correr mais? Se eu adotar um ponto de vista complementar sobre as alianças, aquele de regulação da ordem sensível, parece que esses mitos poderiam então motivar um conjunto de comportamentos referentes à maneira mais digna, para um homem, de comportar-se diante de uma mulher que para ele se torna viscosa e poder dessa maneira responder às questões: quem é ela? O que faz? O que se torna ela? O que se faz dela? E, finalmente, à questão de saber o que faz um homem quando tem diante de si uma "mulher-viscosa", os mitos respondem: embora ela seja, em geral, velha, feia, estéril e, portanto, menos atrativa, o homem a toma por esposa. De simples punição ao garoto, passa-se, então, a uma questão de antropologia fundamental: pela produção de categorias de equivalência (produção da semelhança/similaridade/permutabilidade: uma velha mulher é equivalente a uma mulher), a sociedade pode acrescentar o outro a si, o diferente como condição de sua reprodução. Portanto, "a noção estranha de uma mulher capaz voluntariamente de mutilar-se em pedaços" (Lévi-Strauss, 1968, p. 27), transforma-se em problema vital que essas sociedades tiveram que assumir para sobreviver. É a essa demonstração que, no momento, irei me aplicar.

A "mulher-gancho" como velha que se prende à vida

Para discutir a sobrevivência e, portanto, a busca por segurança das pessoas, por meio das alianças matrimoniais, indiquei a necessidade de exceder-se a análise da aliança principal, para levar em conta o conjunto das alianças vividas por uma pessoa, aqui aquelas convencionadas pelos heróis dos mitos. Sejam elas consideradas como anexas ou como secundárias essas alianças - divórcio e novo casamento, levirato, às vezes rapto, herança, fuga de mulheres, matrimônio de fato de um garoto com uma velha etc. - não desempenham múltiplas funções, determinantes e, muitas vezes *ad hoc*, na busca pela segurança de cada pessoa em um determinado momento de sua existência. Esse modo de considerar as alianças me encaminhará a colher, nesses mitos ameríndios, as informações relativas às trajetórias matrimoniais das mulheres e às múltiplas alianças contratadas pelos homens, isso em função dos trunfos de uns e de outros, em relação à brevidade da existência humana e da sobreposição das gerações. Essas alianças, já mostrei, tendem em direção a um reajuste, tanto entre as mulheres como entre os homens, a fim de que cada pessoa possa assegurar-se sua sobrevivência, graças a um lugar bem estável no seio do grupo familiar, segundo a evolução de sua idade e/ou de sua condição na sociedade. As trocas familiares parecem situar-se no cruzamento de diversos caminhos: o de regulação da ordem política, de preferência dominada pelos homens, como aquela da regulação da ordem sensível, de preferência nas mãos das mulheres (porém não exclusivamente).

O terceiro volume das *Mitológicas* inicia com um mito sul-americano *tukuna* que relata as cinco alianças de um caçador. Lévi-Strauss sugere, em seguida, uma ampla análise do "mistério da mulher talhada em pedaços" que se encerra com a construção da noção de "mulher-gancho". Esse mito coloca em cena um caçador, sua mãe e suas esposas encontradas em cinco matrimônios. Não é viável relatá-lo aqui integralmente, nem tão pouco debatê-lo no seu conjunto, em razão de sua extensão e por conter uma vasta multiplicidade de facetas. Em consequência, limitar-me-ei, exclusivamente, à discussão dos seguintes elementos: os três primeiros episódios (matrimônios) contêm duas sequências, a do encontro e a do matrimônio, seguidos pela separação motivada pelas tramas da mãe do caçador; o quarto episódio conhece uma mesma primeira sequência, mas após uma querela com a mãe do herói, o casal foge para, logo a seguir, separar-se; o último episódio relata também um encontro e um casamento, todavia, a mãe do herói não aparta mais sua nora de seu filho, ela impede a esposa, cortada em dois pedaços, de reconstituir-se. Os dois últimos episódios diferenciam-se igualmente pelo fato que, no quarto o caçador segue sua mulher que se salva, enquanto que no quinto, a esposa segue seu marido que finalmente consegue fugir. Acrescente-se que os quatro primeiros casamentos é exógamo e que o último é endógamo. Nesse mito, a beleza e a feiura ocupam um lugar evidente que utilizarei como início da discussão.

É uma mulher, a sogra, que simultaneamente desvenda a beleza e a feiura das cinco noras e que rompe os casamentos de seu filho ou tenta fazê-lo. A primeira esposa, de uma beleza perfeita, seu filho a traz consigo da caça (relação sexual na floresta), mas a sogra a censura por causa dos hábitos alimentares diferentes dos seus. A esposa é jovem, tem um filho e diz que poderá ter outro. Após a discussão, a esposa foge com a criança e seu marido aceita a situação. A segunda esposa, também trazida da caça, apresenta um defeito físico. A sogra a recrimina; humilhada, ela parte só e seu marido não tem nada a dizer. A terceira esposa, também trazida da floresta, é maravilhosamente bem produzida em seu corpo (relação sexual na floresta) e ela tem um filho. A sogra encontra-se em uma situação de rivalidade com sua nora por causa do cuidado com o jardim (pela leitura do mito percebe-se, além disso, certa cumplicidade no casal), a sogra julgando injustamente que sua nora é preguiçosa; a esposa mutilada pela sogra fica feia; ela pede ao marido para lhe entregar a criança e, humilhada por ter sido mutilada, foge com a criança. A quarta esposa é uma mulher sem filho, nada se conhece de seu físico, não se sabe se a encontra na caça, se ela é corajosa e domina melhor que sua sogra a fabricação da cerveja. Menosprezada, porém, pela velha, ela resiste e foge. Seu marido a segue (desesperado e descontrolado), porém, finalmente o casal separa-se. A quinta esposa, o herói a encontra sem preliminares, ela encontra-se ali e a desposa, ela não tem filho, seu corpo se fragmenta em dois pedaços que se assemelham. A sogra intromete-se e somente a parte superior parece sobreviver, parte que, embora superior, produz excrementos e, portanto, simboliza bem uma mulher repugnante e feia. Reconstituída a partir dessa única peça superior, a esposa agarra-se com firmeza a seu marido e devora o alimento que extrai de sua boca. O marido a desprende por meio da esperteza, a esposa desaparece. Nos três primeiros relatos, trata-se, essencialmente, de tipos de matrimônio rompidos em consequência de contendas que opõem a mãe do herói e sua esposa (a esposa é bela, mas seus costumes são diferentes; a esposa possui um defeito físico; rivalidades explodem entre a esposa e a sogra). No quarto, a esposa, trabalhadora e moralmente perfeita, é acusada injustamente pela sogra. A esposa não se subjuga e a sogra não consegue mais separar seu filho de sua esposa. O casal parte e abandona a velha. No quinto episódio, a mãe do herói também não consegue separar o casal, é afinal o filho, que sem a ajuda da mãe, consegue separar-se de sua esposa.

Irei indicar que, se a primeira esposa é bonita, forte, jovem e fecunda, a última é feia, frágil, velha e estéril. Se a primeira foge com o filho, ela poderá ainda gerar outro dispondo, dessa maneira, de certa margem de manobra para sua sobrevivência. Ao contrário, a última esposa não tem outra escolha senão a de agarrar-se a um marido que não cessa de repudiá-la. Entre essas duas mulheres encontram-se três outros intermediários. As duas primeiras alianças não perduram, senão, breve tempo, arrebatados pela afoiteza da juventude. As tensões são fortes (muito bonitas, porém diferentes; não tão bonita), no entanto, as sequelas da separação permanecem pouco lesivas tanto para um, quanto para outro cônjuge. A terceira aliança parece mais longa, fala-se de cultivo e de extirpar as ervas daninhas da plantação, de guarda e do filho. O casal acomoda-se numa certa duração, todavia a disputa entre as duas mulheres são agudas, os efeitos da separação mais importantes. A quarta aliança é mais longa, o marido não deseja separar-se de sua mulher que segue na fuga. A quinta é a última, e embora o marido não o deseje, essa aliança deverá prolongar-se, pois suporta sobre suas costas uma mulher agarrada. Em minha visão, o mito não concerne a matrimônios bem-sucedidos ou mal-sucedidos, mas a formas de matrimônios que coexistem e que, jamais completamente em harmonia, constituem, todavia, a natureza mesma da instituição do matrimônio à qual todos os adultos devem sujeitar-se.

Para melhor ordenar as coisas, eis alguns detalhes relativos a essa última parte do mito:

> *Após essa aventura (a quarta), Monmanéki desposou uma compatriota. Cada vez que ela ia ao cais que se localizava bem longe da cabana, seu corpo se cindia*

> *em dois na altura da cintura: o ventre e as pernas permaneciam na margem; o peito, a cabeça e os braços ficavam na água. Atraídos pelo odor de carne os peixes matrinxãs afluíam, e a mulher reduzida à metade superior os apanhava [...]. Certo dia [...], a velha (a mãe do herói) aborreceu-se e quis encontrá-la. Ela descobriu a metade inferior do corpo que jazia e extraiu o pedaço de medula protuberante. Quando a outra metade foi içada à margem, a mulher não conseguiu mais recompor-se. No momento que ele passava sob o tronco, a meia mulher se deixou cair sobre o dorso de seu marido e aí se fixou. Imediatamente ela não o deixou mais se alimentar tirando o alimento de sua boca para devorá-la. Ele emagrecia à vista d'olhos, e seu dorso estava todo imundo pelos excrementos da mulher. Monmanéki inventou um feitiço para libertar-se* (Lévi-Strauss, 1968, pp. 19-20).

Finalmente, a "mulher-gancho" (ou a "mulher-tronco") desata-se, o marido foge, ela metamorfoseia-se em papagaio e desaparece nas montanhas.

Quem é a "mulher-gancho", essa esposa que se divide em duas metades? A explicação de Lévi-Strauss é a seguinte:

> *A metade inferior é feminina, por contiguidade física (inclui as partes sexuais), masculina por semelhança (ela insere-se por meio de uma espiga no encaixe do outro). Em virtude do mesmo raciocínio, a metade superior é fêmea no sentido figurado, mesmo que, sob o ângulo sociológico, ela dedica-se a uma atividade masculina, a pesca. Ora, segundo a primeira sequência, essas duas metades copulam entre si quando se adaptam uma à outra; a metade, que se pode denominar masculina por contiguidade social, alimenta a parte feminina de seu marido (sua mãe, que recebe o peixe, como o mito tem o cuidado de explicar). Inversamente, na segunda sequência, é com o homem que essa metade copula no sentido metafórico (agarrada a ele, mas sobre seu dorso) enquanto que ela se alimenta no sentido próprio com os alimentos que tenta em vão consumir* (Lévi-Strauss, 1968, p. 24).

A análise estrutural de Claude Lévi-Strauss dilata horizontes relevantes e inevitáveis. Ela é, no entanto, complexa uma vez que acrescenta que:

> *Nos quatro episódios exógamos (os quatro primeiros matrimônios), o contraste maior surge, às vezes, entre excreção e copulação, às vezes entre nutrição e copulação, ele manifesta-se do episódio endógamo sob a dupla forma de uma autocopulação e exoalimentação, em seguida de uma exocopulação e de uma autoalimentação, cada vez opostas uma à outra* (Lévi-Strauss, 1968, p. 64).

Lévi-Strauss atrela o ciclo da "mulher-gancho" ao problema da aliança matrimonial. Assim, afirma ele:

> *O caçador Monmanéki parece, de início, com o aspecto de um diletante da aliança, espécie de dom Juan hiperbólico que, não satisfeito, como dizemos (mas utilizando já as diferenças subespecíficas) de passar da morena para a loira, estende sua curiosidade amorosa às espécies animais das mais variadas [...]* (Lévi-Strauss, 1968, p. 58).

Diante dessa explicação lógica, só tenho que concordar, no entanto, penso que os mistérios da identidade dessa "mulher-gancho" permanecem ocultos. Chega ela de parte nenhuma? Seria ela simples variante de um matrimônio mal-sucedido?

Queria, de minha parte, enfatizar que essa última esposa é uma compatriota de Monmanéki, acrescenta o relato, que concerne, portanto, a uma aliança com uma figura familiar, comum e reconhecida. Com o protótipo da última esposa do caçador, a "mulher cortada em pedaços", à analogia se me revela evidente. O mito elucida que, sobre o dorso de seu marido, essa mulher que não é, senão, a parte superior, produz, apesar de tudo, excrementos; portanto, somente a parte superior parece sobreviver. Essa parte superior simboliza, de fato, uma mulher que, não obstante estar dividida em dois pedaços a partir do tronco, foi coagida, de certo modo, a reconstituir-se como mulher apesar de não ter mais traseiro. Nesse sentido, no espírito das pessoas que recebem o mito ela é, de fato, uma e inteira, porém não mais a mesma que antes. Nesse momento a metáfora da "mulher-tronco", já produziu seu efeito, e essa mulher pode então ser entendida em sua nova identidade, a de uma velha mulher (asquerosa e feia) no fim de sua vida. Uma velha que não pode mais prover sozinha sua existência e, além disso, não sendo capaz de locomover-se, é forçada a defecar no local. Ela agarra-se desesperadamente a seu marido, apesar de ter perdido todo o seu fascínio físico e de ser para ele objeto de asco. No lado oposto, recordemos da esposa do primeiro episódio, bela, jovem e fecunda, quando da primeira advertência da sogra, fugiu da cabana e, não sem antes explicar que poderia gerar outro filho em outro lugar. A velha, de sua parte, não tem outra opção, senão, agarrar-se a um marido, quer ele aprecie ou não. E, no momento em que ele logra desligar-se dela, ela desaparecerá (transformada em papagaio tagarela), pois a partir de então, "ela não pescará mais, embora lhe incumbisse no passado, abastecer os índios com peixe" (Lévi-Strauss, 1968, p. 29).

De posse desses esclarecimentos, releiamos o que é dito sobre o quinto matrimônio. A velha, que a parte de baixo do corpo carrega ainda (somente por algum tempo) até a margem do rio, compensa as dificuldades físicas que, atualmente, apresentam-se a ela pela experiência adquirida durante sua existência. Assim, apesar de reduzida, somente com a parte de cima do corpo, ela domina a pesca com sucesso. Essa mulher idosa permanece ativa: deficiente, de certo modo, pela velhice que a deixou menos alerta, ela continua abastecendo a família com alimento, não obstante a parte de baixo de seu corpo torne-se cada vez mais inapta (excetuando os momentos em que pode reconstituir-se). Ela mantém-se ativa, portanto, no plano do abastecimento de alimentos, porém inerte no plano da sexualidade (a parte inferior de seu corpo arrasta-se como morto na margem do rio), abandonada em razão da falta de fascínio sexual que é seu, sem mencionar da sua incapacidade, doravante, de procriar. Essa metade inferior, duas vezes improfícua, nos diz Lévi-Strauss "jazendo, de início sobre a margem, em seguida não acompanhando a viagem da mesma mulher" (Lévi-Strauss, 1968, p. 22), ao final do relato, quando ela desaparece não impede, todavia, um quinto matrimônio de realizar-se. Com efeito, quando os dois pedaços não conseguem recompor-se, a velha esposa, mais dependente do que nunca de seu marido, asquerosa a seus olhos, reduzida a mendigar sua sobrevivência, agarra-se sem outra escolha sobre seu dorso. Desse lugar, sendo seu desde então, tal como um peso para o homem e para a sociedade, ela alimenta-se sem produzir. Finalmente, desatada pelo homem que a entretém contra sua vontade, desprotegida, ela transforma-se em papagaio e desaparece.

Essa leitura revela-se mais clara quando um mito *arapaho* (América do Norte) reporta um episódio invertido da "mulher-gancho". Jovens guerreiros, em bando, carregam consigo um traseiro feminino que lhe serve para encobrir a solidão, o que reflete bem a imagem da "mulher-gancho invertida", observa o autor (Lévi-Strauss, 1968, p. 61). Não há dúvida, portanto, é a metade inferior do corpo que é fecunda e procria, que provoca a cobiça dos machos, e a metade superior que representa a velha, isto é, um peso para transportar, um fardo que não pode ser abandonado e cuja deficiência física não inibe, todavia, a realização de um último matrimônio. Outro mito permite me livrar dessa figura da velha esposa e melhor identificar a imagem dessa metade superior àquela de uma velha sem outro qualificativo: nesse mito, a velha não é mais uma esposa, mas uma sogra esfomeada que rouba peixe no covo de seu genro. Ele tentará puni-la, mas o conto revela que ninguém vencerá a resistência da parte superior do tórax, dos braços e da cabeça, esclarecendo que, reduzida ao busto, a velha transforma-se numa constelação: a Cabeleira de Berenice (Lévi-Strauss, 1968, pp. 27-28).

É interessante notar que nas duas extremidades das alianças que são a satisfação sexual dos homens jovens solteiros e a sobrevivência das mulheres velhas, a compreensão dessas duas situações fora de limite impele essas sociedades a recorrer às imagens de duas metades opostas de mulher, vale dizer, de mulheres incompletas, decompostas, uma totalmente voltada ao prazer dos homens, e outra inteiramente dependente dos homens não importa qual seja sua vontade.

Tendo atingido o fim da primeira etapa de minha análise, enfatizarei que, ampliando a oposição beleza/feiura, a "mulher-gancho" se me revela igualmente uma mulher dependente, isto é, uma velha mulher considerada como frágil, na menopausa, feia, com múltiplos defeitos, sem dúvida, - ela consome sem produzir, é possessiva e execrável - mas cujas necessidades são providas pela sociedade, à imagem do marido em cujo dorso ela agarra-se. Em outros termos, como mostra Claude Lévi-Strauss, não há, senão, uma só condição plausível para os adultos, não importa o que sejam: a de serem casados. Notei, no entanto, que há um precedente para as trocas matrimoniais, concebidas por Lévi-Strauss, como um dado relacional intrínseco ao pensamento simbólico, é o fato que as mulheres são consideradas como sendo semelhantes, não em razão de um fato natural, por meio de um processo de produção social de equivalência que se fundamenta sobre a regulação social da beleza e da construção de categorias de equivalência, a saber, aqui a categoria mulher: uma "mulher-gancho" é antes de tudo uma mulher casada.

A fim de ponderar o impacto da oposição beleza/feiura nas relações instituídas entre os humanos, fui levado a remover-lhe seu componente estético.[20] Isso me permitiu focar minha atenção sobre a busca de segurança para cada pessoa de um grupo em função das etapas de sua existência. Essa questão refere-se ao conjunto dos grupos reconhecidos como os mais frágeis por uma sociedade, situação em que todos nós seremos conduzidos a viver, mas ela atinge prioritariamente as mulheres idosas, mormente em razão da dominação masculina amplamente disseminada. A propósito, não posso impedir-me de destacar a relevante reflexão de Christine Détrez, com certeza voltada para outra época e em outro contexto, o do Ocidente contemporâneo que dispõe da seguridade social estatal e da "livre" escolha do cônjuge. "Ela mostra que, para a mulher, a velhice é sinônimo de "degradação", e de deterioração, tanto no mercado de trabalho quanto no comércio amoroso ou sexual" (Détrez, 2002, pp. 115-120), e acrescenta em outra obra especialmente consagrada à velhice que:

> *A mulher é ainda mais perdedora dentre esses perdedores que são os velhos [...]. O corpo das velhas revela o paradoxo, analisado por Erwing Goffman, dessas "não pessoas", do corpo "presente-ausente" [...] aquele do silêncio, da discrição [...].A velhice é condenada à invisibilidade* (Détrez/Simmon, 2006, pp. 124-129).

E para finalizar a análise com esse inexorável raciocínio extraído de temas abordados em romances contemporâneos:

---

20 Para um debate a esse respeito cf. capítulo 1.

> *Mas se a essas mulheres a sexualidade é recusada, e se, como vimos, a essência da mulher é reduzida à sexualidade, conclusão lógica, a velha não é mais uma mulher [...]. As velhas [...] transformam-se em feiticeiras* (Détrez/Simmon, 2006, p. 129).

Demonstrei que é a essa questão que responde a regulação social da beleza nas "sociedades consuetudinárias com aliança", quando a "mulher-gancho" não é uma feiticeira, mas antes de tudo uma mulher casada.

Estabilidade do matrimônio e carreira matrimonial

Eu me atribuí à tarefa de reagir à análise estrutural a fim de retomar as entidades míticas que permitiram a Claude Lévi-Strauss estabelecer o paradigma da "mulher-viscosa", isto é, o ciclo de mitos sul-americanos relativos à "mulher-gancho" que acabo de analisar, e aquele da "mulher-rã" para a América do Norte, que me disponho discutir agora. Segundo o método utilizado acima, visando ressaltar nesses mitos os dados referentes à construção da equivalência social, estenderei aqui também a discussão às alianças secundárias e à busca de segurança social para as pessoas mais idosas de um grupo.

No ciclo das esposas dos astros, cujo estudo ocupa um lugar preponderante no terceiro tomo das *Mitológicas,* Claude Lévi-Strauss indica uma assimilação entre a "mulher-gancho" e a "mulher-rã". Continuo a discussão a partir dessa última noção, onde a deusa da vegetação, nos mitos e rituais dos *Mandan* e dos *Hidatsa* personifica a lua e onde se depara com "A Velha Mulher que não morre jamais" (Lévi-Strauss, 1968, pp. 239 e 257).

Um reparo, todavia, antes de retomar a análise. Se o debate referente à "heterogeneidade das mulheres" em relação às trocas matrimoniais é posto, por Claude Lévi-Strauss, como um problema "digno de interesse", retomando seus termos, desde a análise relativa ao ciclo da "origem das mulheres", no primeiro tomo das *Mitológicas* e retomado, em seguida e especialmente, no terceiro tomo (menos no quarto), esse debate permanece, no entanto, secundário, vale dizer, que não representa um problema capaz de oferecer um apoio à análise das trocas matrimoniais. Expus a razão no capítulo precedente. Por outro lado, uma vez que a "desigualdade fundamental" é considerada a partir de uma perspectiva estética, ela não pode ser apreciada sob o ângulo mais amplo da sobrevivência de determinados grupos frágeis de uma sociedade, a saber, a dependência dessas pessoas em relação às outras.

Claude Lévi-Strauss considerou, por outro lado, as trocas matrimoniais, o que lhe valeu a notoriedade internacional. Ele não retornará, especialmente, a essa questão na *Mitológicas*, excetuando o primeiro tomo.[21] Mesmo que o tema das alianças matrimoniais seja claramente abordado, como nos ciclos da "mulher--gancho", da "mulher-colchete" ou da "mulher-rã", o antropólogo expõe esses mitos como examinando alianças, mas de modo adicional, isto é, secundário, enquanto que para outros temas, seja o fogo, as maneiras à mesa (educação) etc., a questão do fundamento está claramente presente. O próprio fato de dispor o debate da "diversidade das mulheres" sob o título de "matrimônios mal-sucedidos" exclui, já pela formulação escolhida, que ele possa referir-se aos fundamentos institucionais das alianças matrimoniais, devendo a noção de "matrimônios mal--sucedidos" ser tomada como uma subcategoria daquela de matrimônio. Convém notar esse ponto do método segundo o qual o objetivo essencial das alianças matrimoniais deve ser procurado em outro lugar, não em uma superfície sociológica que falasse de matrimônio, mas na profundidade do desenvolvimento estrutural. Lévi-Strauss observa nisso, antes de tudo, um problema de educação, visto que os ciclos fisiológicos da mulher apresentam uma relação com o ciclo dos astros.

O ciclo intitulado "As esposas dos astros" ocupa um lugar relevante no terceiro volumes de *Mitológicas* no qual múltiplas versões são expostas, das quais oito detalhadamente e tratadas com profundidade. Por outro lado, esse ciclo, cuja distribuição é examinada cuidadosamente:

> *É um daqueles que fundam a mais importante cerimônia anual dos Índios das Planícies e de seus vizinhos [...]. Era a única cerimônia dos Índios das Planícies da qual participavam toda a tribo [...]. De uma perspectiva sociológica e também econômica, o início do verão propiciava ao grupo inteiro viver como um todo, e celebrar essa unidade recuperada com uma grande festa* (Lévi-Strauss, 1968, p. 173).

Apesar da discrepância de versões desse mito (cf. a análise estrutural), eu poderia, numa primeira abordagem, sintetizá-las da seguinte maneira. Outrora um homem e uma mulher viviam num acampamento situado no céu. Estamos no tempo dos princípios, e nessa época tem origem a organização da vida humana (Lévi-Strauss, 1968, pp. 171 e 177). Eles tinham um filho primogênito, Sol, e um caçula, Lua. Levando uma vida de solteiros, os filhos chegam para discutir

21 Por ocasião da parte relativa à origem do fogo de cozinha e daquela dos porcos selvagens: Lévi-Strauss, 1964, pp. 89-111.

sobre matrimônio e o respectivo mérito das mulheres humanas que Lua acha atraente e das criaturas aquáticas (uma rã) que Sol admira, pois elas não fazem caretas grosseiras quando o observam no olho. Os dois irmãos descem à terra e partem cada um de seu lado. Lua aproxima-se de um acampamento e nota belas mulheres. Ele transforma-se em porco espinho que as mulheres valorizam muito pelos seus espinhos que utilizam em bordados. O porco espinho escala cada vez mais alto em uma árvore, uma mulher o segue seduzida pela beleza de seus espinhos, porém a árvore cresce à medida da ascensão. O porco espinho transforma-se em um belo jovem e a mulher aceita acompanhá-lo ao céu. Enquanto que a mãe de Lua admira a beleza de sua nora, Sol aproxima-se e pede à sua mãe que acolha sua esposa-rã que é tímida, saltita, urina e se esconde. Para escolher entre as duas esposas, é organizado um concurso de mastigação, a fim de descobrir qual das duas possui os melhores dentes. A esposa humana vence. Lua zomba da esposa de Sol, a qual declara que renuncia para vir fixar-se sobre o peito de Lua. Em resumo, a mulher humana é descrita como bela, fecunda, trabalhadora, virtuosa, com boa saúde (ela tem bons dentes), a esposa animal é preguiçosa, tímida, feia, tímida, sem dente, estéril, incontinente, arrasta-se e saltita.

Eis em traços largos, a análise proposta por Claude Lévi-Strauss. A versão, classificada M_{428}, do mito *arapaho* (amplamente comentado), versa explicitamente, após o relato do parto da esposa humana, sobre periodicidade fisiológica das mulheres, enquanto que as demais versões não tratam verdadeiramente do tema. O autor mostra que "a mulher humana e a mulher animal distinguem-se física e moralmente. Tudo afirma a predestinação de uma à sua vocação de esposa e mãe; tudo afasta a outra. Desse modo, percebe-se que a primeira tem acesso, sem dificuldade, ao estado de cultura, enquanto que a outra continua na indistinção e no caos" (Lévi-Strauss, 1968, p. 182). Para Claude Lévi-Strauss esses mitos dizem respeito essencialmente a um problema de educação, representada pela figura de uma rã, de uma mulher impossível de ser educada, o que "não poderia surpreender, uma vez que o volume precedente nos confronta com o protótipo da garota mal educada sob a aparência de uma mulher louca por mel - isto é, escrava da natureza [...]. Porém, aqui e ali, como indicamos em *Do mel às cinzas* (pp. 243-244), o véu elevou-se sobre um vasto sistema mitológico comum às duas Américas, onde a sujeição das mulheres funda a ordem social" (Lévi-Strauss, 1968, p. 182). Nesse mito, relativo às esposas dos astros, o ancião (o pai dos astros) processa também uma verdadeira modelagem fisiológica de sua nora. Prosseguindo: "É, portanto, enquanto seres periódicos que as mulheres atrevem-se a prejudicar a ordem do universo. Sua insubordinação social, frequentemente invocada pelos mitos, apresenta a imagem antecipada, sob a forma do "reino das mulheres", de um perigo que seria infinitamente mais grave: aquele da insubordinação fisiológica" (Lévi-Strauss, 1968, p. 182). As mulheres são coagidas a submeter-se a *regras*, prossegue o autor, nem que fosse por meio de sua submissão, pois isso certifica uma relação mais fundamental entre os ritmos sociais e cósmicos. E o autor, conferindo uma relevância mais particular a esse mito dentre aqueles que compõem o ciclo, conclui que "segundo o mito *arapaho,* fundador da dança do sol, a educação das garotas repousa sobre uma aprendizagem da periodicidade fisiológica" (Lévi-Strauss, 1968, p. 248). E a fim de que essa educação somente das garotas terrestres possa estabelecer-se, o mito afirma uma tríplice equivalência: terra/natureza, feminilidade/céu, cultura/masculinidade (*ibid*).

Para Claude Lévi-Strauss, esse mito particularmente, e mais amplamente o ciclo das esposas dos astros remete a um problema geral de educação, de instrução e de submissão das mulheres a uma ordem exequível. O terceiro tomo da *Mitológicas* trata da "origem dos comportamentos codificados" que podem ser retomados sob categorias referenciáveis, das quais aquelas indicadas pelo paradigma da "mulher-viscosa" que aparenta-se à "esposa-rã" e à "mulher-gancho".[22] A análise está, portanto, centrada em uma questão geral de educação, até de identificação de comportamentos particulares, dos quais é relevante fazer certificar, sem realmente poder expandi-lo às trocas matrimoniais, enquanto que Claude Lévi-Strauss afirma, em outra parte, que todos os mitos do ciclo da "mulher-gancho" colocam o problema da aliança matrimonial (Lévi-Strauss, 1968, p. 60). No capítulo precedente, apresentei as razões que, no meu entendimento, levam o autor a analisar como menores ou até anedóticas as questões que vinculam as alianças à "diversidade das mulheres"; não retomarei esse ponto. Elas não ocupam a antecena do mito que pode ser ocupada por questões de aprendizagem. Lévi-Strauss não ignora, todavia, esse problema da "injustiça fundamental", colocado às alianças pelo ciclo da "mulher-gancho", quando ele explica como, dizendo respeito à equidade na obtenção por todas as mulheres, belas ou feias, de um cônjuge. Ele considera, todavia, essa questão da "diversidade física das esposas" como um tema secundário comparativamente aos desafios fundamentais provocados pelas alianças as quais dizem respeito a sua teoria do parentesco formulada em outra parte. A heterogeneidade das mulheres refere-se ao domínio dos "matrimônios mal-sucedidos" e não produz efeito particular sobre as trocas matrimoniais, e consequentemente, o ciclo das esposas

22 Lévi-Strauss, 1968, p. 172; ver também p. 57 onde se esclarece que os paradigmas da "mulher-gancho" (América do Sul) e da "mulher-rã" (América do Norte) são vinculados, pois um diz no sentido próprio e outro no sentido figurado.

dos astros pode logicamente ser ordenado no vasto domínio da educação: a que remetem, sem dúvida, também aos mitos, como demonstra Claude Lévi-Strauss.

Ciente disso, posso retornar ao ciclo das esposas dos astros do qual já apresentei um resumo sucinto. Relembro alguns elementos: esses relatos referem-se a momentos primordiais nos quais a humanidade não havia ainda instituído regras para se governar. Lua e Sol falam de matrimônio. Eles decidem descer à Terra, cada qual para seu lado, a busca de uma esposa. Lua seduz uma esposa humana, enquanto Sol traz consigo uma "esposa-rã". A sogra acha sua nora humana muito bonita. As duas mulheres recebem de seus sogros utensílios domésticos e para a agricultura (em determinadas versões). Um concurso de mastigação é organizado visando escolher repartir as duas mulheres. A humana vence. A humana dá a luz (sempre segundo certas versões). Lua ridiculariza a esposa de seu irmão. A "esposa-rã" prende-se ao peito de Lua. Sejamos bem exatos, como esclarece com precisão e justeza Claude Lévi-Strauss, esses relatos - especialmente o mito *arapaho* classificado M_{428} - versam sobre o aspecto cíclico dos astros (ciclo lunares e alternância dia/noite) que o autor nos propõe para que relacionemos com as mulheres enquanto seres periódicos (ciclos menstruais e duração da gravidez). Evidentemente a questão é a educação das garotas, a qual repousa sobre uma aprendizagem de periodicidade fisiológica (Lévi-Strauss, 1968, p. 248). Bem entendido, é um fato também que, pela sua fuga e retorno sobre a terra, a esposa humana transmite a seus congêneres as regras de vida assim interiorizadas.

Desejaria, no momento, orientar a análise desse grupo de mitos da América do Norte intitulado "As esposas dos astros" para a questão das alianças matrimoniais segundo a perspectiva complementar de regulação da ordem sensível, sem desrespeitar as questões de educação e de aprendizagem. Nesse sentido, abrirei a discussão por essa interrogação: por que a esposa humana seria o modelo da esposa bem educada, enquanto que a esposa animal seria impossível de ser educada? (Lévi-Strauss, 1968, p. 182). Assim, inversamente daquilo que o autor poderia deixar entender, os sogros entregam equipamentos domésticos e um bastão para a fuga às duas esposas e não unicamente à esposa humana (Lévi-Strauss, 1968, p. 182). Por outro lado, na metade das oito versões mencionadas, a esposa humana, jovem, bonita e fecunda, acaba por fugir do acampamento dos astros com seu filho. Ela rompe seu matrimônio, enquanto que a "esposa-rã" atrela-se à Lua e une-se a ele para sempre.[23] Seria interessante a meu ver que a esposa humana, que seria

23 Cf. a versão M 429a, onde a "esposa-rã" declara à Lua: "Eu viverei com você para sempre" (Lévi-Strauss, 1968, p. 232).

do lado da cultura, e a esposa animal que seria do lado da natureza pudessem, igualmente, distinguir-se de acordo com outros critérios (Lévi-Strauss, 1968, pp. 182 e 248). Os sogros educam de modo semelhante suas duas noras, mas a rã é incapaz de fazer alguma coisa de bom. Então, esse problema de educação parece articular-se em torno da estabilidade das alianças, da carreira matrimonial das esposas e das diversas alianças contratadas pelos astros. Percebe-se então que a educação das esposas modula-se em função de sua situação matrimonial.

O ciclo das esposas dos astros examina também as estabilidades dos matrimônios. Desse modo, o Sol que fascina as humanas - elas parecem feias porque piscam os olhos para observá-lo - ofusca-se com a beleza de sua esposa animal que o contempla fixamente. Sol, não cessará de rejeitar, e até mesmo repudiar sua esposa animal e cobiçar a beleza da mulher humana de Lua. Lua, por sua vez, também procura uma mulher bonita, cuja beleza será revelada e declarada como tal pela sua própria mãe (outra mulher). A mulher humana é jovem, bela, fecunda e trabalhadora, mas Lua, em metade das versões, não está apto a custodiar sua mulher que, afinal foge. Como se vê, a mulher humana evoca um matrimônio instável, enquanto que a mulher animal evoca uma união, sem dúvida, não desejada, mas estável. Ainda mais, Sol repudia sua esposa porque ela é feia. Ele encontra-se então sem esposa. Em certas versões, Sol, fascinado pela beleza da humana, apropria-se da esposa de seu irmão caçula, entretanto, esta acaba fugindo e Sol a mata. Lua, por sua vez, no final dos relatos se encontra sistematicamente com uma ou duas esposas: em todas as versões ele herda, de certo modo, a esposa animal de Sol que, repudiada por este em razão de sua feiura, agarra-se a Lua. A esposa animal vem se ajuntar à esposa humana para transformar Lua em poligino ou a esposa humana foge e a rã se torna a única esposa do astro lunar. Para completar, assinalemos que, em uma das versões, encontra-se uma troca de mulheres e de irmãos. Evidentemente, se a busca de belas esposas se situa na base do diferencial, entre os dois irmãos, essa mesma beleza das esposas leva a um duplo fracasso: Sol equivoca-se a propósito da rã e Lua não é sempre capaz de custodiar sua esposa humana que o abandona (na metade das versões).

Ao lado da instabilidade das alianças inicialmente celebradas, é interessante salientar que se Lua, quando de sua procura por uma esposa humana, passa por uma fase de sedução, sob a figura do porco espinho, nada se sabe a propósito do encontro de Sol com sua esposa animal. Verifica-se que não há fase de sedução, a rã está lá, dissimulada, tímida, preguiçosa, ociosa, saltitante, urinando. Enquanto que a humana deve ser seduzida, a mulher animal é simplesmente carregada ao acampamento. Sabendo que, segundo a análise estrutural, a "mulher-rã" é equivalente à "mulher-gancho" (cf. mitos da América do Sul) descrita anteriormente, se recordará que essa mulher não permanecerá na indistinção, nem que ela representa um universo caótico, no qual impossível a ser educada, ela seria escrava da natureza. Observei que essa figura simboliza aquela bem familiar de uma mulher que não pode mais ter filhos e que não possui mais energia para cultivar.

Por isso, seguindo a relação estrutural formulada por Lévi-Strauss, a "mulher-rã" dos mitos norte-americanos é semelhante à "mulher-gancho" dos mitos sul-americanos, descrita como uma mulher velha e/ou feia e/ou estéril que não deve mais receber educação, mas que, em consideração de sua condição de mulher, continua a ser uma esposa, atrelada a um homem, como em uma união estável. De modo diferente, a esposa humana, jovem, bela e fecunda, carece ser "domesticada" e educada. Mormente quando se sabe que, entre os *arapaho* (América do norte), como ressalta Claude Lévi-Strauss, os serviços, entre os quais colher lenha, eram confiados para as velhas e as garotas bem jovens, enquanto que as moças em idade de casar-se estavam dispensadas de todas as tarefas, exceto as mais refinadas: passavam horas pintando seus cabelos e sua face, enfeitavam-se de bijuterias e perfumavam-se (Lévi-Strauss, 1968, pp. 205-206). Elas aparentavam estar tão distantes e longínquas que, como relata um mito, "somente um pênis exagerado poderia alcançá-las (Lévi-Strauss, 1968, p. 206)". Certamente são essas garotas que necessitam ser educadas e não as velhas...

Relembro que Claude Lévi-Strauss constrói seu paradigma da "mulher-viscosa" por meio da relação estrutural entre o ciclo dos mitos sul-americanos da "mulher-gancho", analisados no ponto precedente, e aquele, para a América do Norte, da "mulher-rã", objeto da análise atual. Tendo feito essa chamada, posso agora concluir que o paradigma da "mulher-viscosa" reúne, portanto, diversas figuras femininas. No momento, basta realçar alguns extratos dos mitos relatados pelo autor: "A mulher-gancho adere fisicamente, e do modo o mais execrável, ao dorso de seu portador que é ou que ela deseja fazer seu marido. A "mulher-rã", mãe adotiva, mas também frequentemente abusiva, velha amante incapaz de resolver-se com a partida de seu cavaleiro serviçal..." (Lévi-Strauss, 1968, p. 57). E ainda o autor mostra que a "mulher-gancho" (América do Sul) explica a origem das plantas com invólucro, ou seja, aquelas com gancho, e prossegue com a imagem da rã (América do Norte) que dá um apertado abraço nupcial e que pode então estar onde estão os invólucros em outros mitos sem que, com isso, se altere o sentido (Lévi-Strauss, 1968, pp. 57-58). É o conjunto desses elementos que construiu o paradigma da "mulher-viscosa". Observo novamente que eu também destaquei que Claude Lévi-Strauss agrega o ciclo da "mulher-gancho" (América do Sul) ao problema da aliança matrimonial pelo viés da evocação do meu problema de regulação social da rodem sensível, da seguinte maneira: "O caçador

Monmanéki mostra-se, à partida, sob a aparência de um diletante da aliança, tipo de Dom Juan hiperbólico que não contente, como dizemos (mas empregando as diferenças subespecíficas), de passar da morena à loira, amplia sua curiosidade amorosa até as espécies animais das mais variadas [...]" (Lévi-Strauss, 1968, p. 58). Levando a termo sua análise das transformações estruturais, Claude Lévi-Strauss pode, agora, concluir sua extensa análise do ciclo das esposas dos astros revelando que a "mulher-sapo" (América do Norte) que é horrenda, remete também ao tipo paradigmático da "mulher-viscosa"; e conclui que, como humanas, as mulheres, sejam belas ou feias, fazem jus a ter um marido (Lévi-Strauss, 1968, pp. 60-61).

Claude Lévi-Strauss não dirá mais nada. Enquanto que o sujeito nas alianças matrimoniais é, como afirmei, claramente abordado nesses ciclos de mitos sob o ângulo de regulação da ordem sensível, o antropólogo concebe o paradigma da "mulher-viscosa" como tratando de alianças, porém de maneira subsidiária, isto é, secundária. Enquanto que as questões relativas à "diversidade das mulheres" remetem, no máximo, àquelas dos "matrimônios mal-sucedidos", Lévi-Strauss exclui, de pronto, a ideia que a questão da diversidade das mulheres estudada nesses mitos, possa atingir o fundamento das alianças matrimoniais por meio do questionamento da singularidade humana. Já pela formulação do título que ele atribui ao debate, o de "matrimônios mal-sucedidos", a regulação da beleza (da ordem sensível) por meio da instituição de um princípio de permutabilidade, de equivalência, na medida em que ela é colocada, poderia ser considerada somente como uma subcategoria de sua teoria geral da troca de mulheres, operante nas alianças matrimoniais.

Em suma, reterei que a figura paradigmática da "mulher-viscosa" não pode ser analisada, como propõe Claude Lévi-Strauss, como anedótica, porém ela representa, na verdade, um problema fundamental que, para além da oposição beleza/feiura e do conjunto das alianças, trata do lugar conferido a determinados grupos na sociedade. Mostrei que o fato de conservar na instituição das oposições estruturais a dupla beleza/feiura possibilita restringir a análise da diversidade das esposas a uma quase anedota estética (aquela dos matrimônios mal realizados), a qual encobre parcialmente um sistema de relações mais amplo entre beleza/juventude, força/fecundidade e feiura/velhice, fragilidade/esterilidade (menopausa), com as consequências sobre a sobrevivência das pessoas classificadas como as mais frágeis por um dado grupo.

Apresentei que a mulher cindida em dois pedaços - uma "metade viscosa", retomando os termos de Lévi-Strauss, - ou seja, a última esposa do caçador no mito *tukuna* (América do Sul), pode, igualmente, ser compreendida sob os traços de uma mulher dependente - velha e/ou na menopausa e/ou feia e/ou deficiente - sintetizada na figura emblemática de uma velha no final da vida. Uma mulher que consegue, sozinha, enfrentar a existência. Asquerosa, mais dependente como nunca, ela é reduzida a mendigar sua sobrevivência. Para lograr êxito, ela necessita enlaçar-se às costas de um marido. Essa velha mulher, feia, estéril, é a própria figura da "esposa dependente", e não meramente de uma mulher que não fosse, senão, "viscosa". Essa esposa é um peso para o homem que está coagido a tomá-la sob seus cuidados, do mesmo modo que a sociedade à qual ela continua pertencendo; velha, indesejável, dependente, ela ainda é uma esposa, isto é, uma mulher casada, embora não produza mais nada em troca de sua proteção. É nesse sentido que no início do capítulo, sugeri que a segurança dos grupos mais frágeis de uma sociedade assegurada pelas alianças secundárias, diz respeito à sucessão das gerações e, portanto, também da transmissão: a geração adulta garante a sobrevivência da geração mais velha, e para tanto, as trocas matrimoniais entre gerações são por vezes indispensáveis.

Com a ideia segundo a qual um homem, diante de uma velha esposa, deva dar sem receber, a análise dessa segunda dimensão da produção social de equivalência me leva aos confins da troca. Com a figura da esposa dependente, atingimos o limite da troca matrimonial, estamos, de preferência, diante de uma forma de doação gratuita, no entanto, obrigatória: a mulher apega-se ao homem e este não logra desprendê-la; a velha devora o alimento produzido por ele, e ela não oferece nada em troca. Aqui a aliança é enfrentar sob o ângulo da sucessão das gerações ligada à brevidade da vida e sob aquele da herança de uma esposa, pela qual sabemos que uma velha mulher dependente continua, antes de tudo, uma mulher casada, embora não possa oferecer nada em troca.

A parte seguinte do livro é dedicada a um estudo detalhado dos desafios enunciados nesta conclusão. Para tanto, o empenho volta-se para a descrição das sociedades humanas como aquelas que puderam, cada uma por si, dotar-se do compromisso, entregue aos dominantes, de tomar a cargo as pessoas qualificadas como as mais frágeis, provisória ou permanentemente, e isso bem além de seu próprio desejo, por meio da invenção da ficção social das categorias de equivalência entre mulheres e homens. Para enfrentar esse vasto tema, a intenção será explicar a antropologia de Charles Darwin, e o modo pelo qual aí são mencionados dois grandes especialistas do parentesco: Maurice Godelier e Claude Lévi-Strauss.

Terceira Parte

Espécie Humana, Beleza e Seleção Sexual. Antropologia de Darwin

No início do século XXI, cento e cinquenta anos após a publicação de *A origem das espécies*, é imperativo constatar que Darwin ainda é um problema. Com efeito, diversos defensores de fundamentalismos religiosos opõe-se por vezes de modo violento à teoria da evolução. Darwin, mais do que nunca, é demonizado. Ele o é, sem dúvida, em razão do fato que, atribuindo à história o processo contínuo de evolução dos seres vivos, admite a intervenção do acaso na história da natureza. Em outros termos, ele evita a providência e emancipa-se da visão finalista do mundo. Como reação, as principais críticas desses religiosos contra ele convergem para a promoção, frequentemente com forte apoio de meios financeiros, de visões de sociedade humana modificadas pelas teorias criacionistas e, principalmente pelas concepções contemporâneas mais refinadas propostas pelo *Intelligent design*. Fenômeno menos mediático e que ocorre no campo científico, aparentemente é mais surpreendente que certas obras de Darwin continuem atormentando, para não dizer provocando determinados antropólogos e, especialmente defensores da antropologia social e cultural, quando abordam especificamente os fundamentos da humanidade, ou ainda, simplesmente a lógica humana.

Proponho-me reconhecer meus desacertos, isto é, aqueles da antropologia social e cultural, e mostrar que Charles Darwin continua sendo um autor imprescindível quando se aborda a questão da articulação entre ciência e sociedade e, mais especificamente, quando o tema é as relações entre a regulação da ordem política e da ordem sensível, como proponho nesta obra. A teoria da "seleção sexual" desenvolvida por Darwin para justificar a variabilidade da espécie humana menciona explicitamente a beleza humana como um fator explicativo determinante. E para explicar a instituição das sociedades humanas (da "civilização" para tomar o termo empregado pelo naturalista), Darwin mobiliza uma série de elementos que remetem diretamente para a regulação da ordem sensível. É pela instituição progressiva de um processo de regulação da ordem sensível (da beleza) que o humano emancipa-se dos princípios da "seleção sexual" (de um estado que ele qualifica como "bárbaro"); a adoção gradual de regras de vida comunitária impõe, em última análise, uma "não escolha" (individual, pessoal) do parceiro sexual (já nas sociedades consuetudinárias, esclarece ele).

A esse pretexto, é imprescindível, em um trabalho consagrado à exposição do processo de regulação social da ordem sensível (da beleza), expor de modo suficientemente detalhado a teoria da "seleção sexual" de Darwin. Mostrarei que há aí um aspecto que, no entanto, não reteve a atenção, visto que não foi veementemente contestado. Foi o caso de Claude Lévi-Strauss que, de certo modo, constrói sua teoria do parentesco em oposição a Darwin. O que há, portanto, nesse autor que incomoda tanto Lévi-Strauss? Para compreendê-lo, deve-se direcionar o debate para um aspecto relevante dos trabalhos do célebre naturalista, aquele da exposição do ponto de vista que ele desenvolve sobre a condição humana, em sua obra *A filiação do homem,* não tão conhecido pelo grande público como a sua notável *A origem das espécies.*

Nessa terceira parte, movido pelo cuidado de esclarecer e justificar a relevância de uma ordem sensível cuja regulação social desempenhou um papel notável na reprodução das sociedades, explicitarei a natureza das censuras endereçadas por Claude Lévi-Strauss ao Charles Darwin, pois elas induzirão a afastar Darwin, por muito tempo, do âmbito das ciências humanas, por ter inventado a noção de raça. Porém, imediatamente na sequência, é a existência mesma de um processo de regulação social da ordem sensível que Lévi-Strauss pode rejeitar, por meio da produção de equivalência social, em favor de um ponto de vista filosófico que consiste em postular que o idêntico entre os humanos é uma condição realizada de imediato. O argumento é crucial, uma vez que permite a Lévi-Strauss pensar a troca (de mulheres) como um fato baseado sobre uma equivalência instituída de pronto entre as pessoas. Observei, no entanto, nas duas primeiras partes deste livro que essa formulação não é exequível à vista dos dados empíricos: a equivalência entre os humanos de um mesmo grupo não é estado imediatamente adquirido, mas o resultado de convenções sociais instituídas que denominei de produção social de equivalência. Ela concerne à regulação social da ordem sensível (de beleza) que vem articular-se em torno da regulação da ordem política (baseada sobre a "diferenciação social" cf. teoria de Lévi-Strauss) que ela torna possível.

Essa exposição me oferece a ocasião de retomar, a partir de outra perspectiva, o tema do capítulo 5 quando estudava as questões da "origem das mulheres" e da "diversidade das mulheres" a partir das *Mitológicas* de Claude Lévi-Strauss. Recordemos que o antropólogo considera como adquirido que o idêntico é uma condição natural do homem e que é então plausível "assumir a diversidade das espécies como suporte conceitual da diferenciação social" (Lévi-Strauss, 2008 a, p. 544). Resulta evidente que nessa maneira de enunciar as coisas, minhas questões referentes à "desigualdade fundamental" acabam sem objeto, o mesmo que a "diversidade das mulheres" pode tornar-se um mistério, ou ainda, como enfatizei um tema secundário que não é com certeza "desprovido de sabor, nem de significação", para usar os mesmos termos de Lévi-Strauss. No capítulo 5, eu expunha detalhadamente a maneira pela qual ele equaciona logicamente a questão da "equivalência das pessoas de um mesmo grupo" (eu dizia a respeito disso, que ele executou um *grande salto para frente,* por cima da "diversidade fundamental").[1] Em seu texto intitulado "Totem e casta" publicado em *O pensamento selvagem* ele desenvolve os princípios da "diferenciação social" (ver também *O Totemismo hoje*). Indiquei que esses princípios constituem hoje, de certo modo, a formulação alternativa de sua teoria da troca uma vez que a primeira formulação que repousava sobre a interdição do incesto como passagem da natureza à cultura, foi obrigada a ser, progressivamente, reformulada (ou mesmo, abandonada em sua versão original) a fim de levar em consideração as teorias da evolução.

Entretanto, para formular essa "teoria alternativa da troca", Claude Lévi-Strauss defende, como adquirido, "o idêntico entre os humanos", e nisso ele se opõe uma segunda vez a Charles Darwin, vale dizer, ao Darwin de *A filiação do homem* cuja temática é precisamente relatar a variabilidade da espécie humana, explicada pela sua teoria da "seleção sexual" (a primeira oposição de Lévi-Strauss a Darwin foi aquela endereça à *Origem das espécies* em razão do papel que ele reservou à proibição do incesto como condição de ruptura entre a natureza e a cultura). A variabilidade da espécie humana continua a ser, portanto, para Lévi-Strauss, uma questão sem objeto, e assim ele poderá abster-se de considerar a regulação da ordem sensível para defender sua teoria própria da troca (como uma síntese realizada de imediato).[2]

Sugiro iniciar a discussão pela proposta segundo a qual Darwin poderia ter esboçado os contornos de uma antropologia original, que questionaria

---

1 Inicialmente conhecido em francês sob o título de *Descendance de l'Homme (Descendência do homem)*. Em 2000, as Edições Syllepse, sob a direção de Patrick Tort, propõe nova tradução sob o título frances *La Filiation de l'Homme et La Filiation Liée au Sexe (A filiação do homem e a filiação vinculada ao sexo),* título que conservarei aqui.

2 Darwin, op. cit. p. 305. Para melhores esclarecimentos, a seleção sexual é invocada, essencialmente, a fim de explicar a evolução dos caracteres sexuais secundários, sejam eles caracteres morfológicos ou comportamentais. A expressão "seleção sexual de um traço" designa uma "diferença por herança de sucesso da reprodução causada pela competição pelo acesso aos parceiros sexuais e em relação a expressão do traço em questão" (Danchin e A.L., 2005, p. 240).

determinados trabalhos de antropologia fundamental. À luz disso, argumentarei que as censuras endereçadas por Claude Lévi-Strauss a Charles Darwin são essencialmente de duas ordens.

Primeiramente, convém lembrar que a antropologia constitui-se em disciplina numa época na qual "o evolucionismo" classificava as sociedades em função do nível de seu desenvolvimento (cf. para as obras mais representativas L. H. Morgan, 1970 e E. B.Tylor, 1871), justificando nos fatos o empreendimento colonial e um racismo menos implícito. De seu lado, como fundador da corrente evolucionista em filosofia, e como um dos pioneiros da sociologia evolucionista, Herbert Spencer engloba as ciências sociais e naturais. Por essa razão, ele é considerado como um dos primeiros autores a promover um "darwinismo social". Ele pressupõe a existência de uma distância entre os estágios do desenvolvimento da humanidade.[3] Partidário de uma limitação do poder do Estado, ele elabora uma tese que apoia um liberalismo radical.[4] Se o evolucionismo de Spencer dá a impressão de apresentar certa prudência, ele crê na evolução e na "lei da evolução" como princípio de governo das sociedades humanas. Trata-se de um liberalismo extremo que contava com a supressão das regras ordenadas pelo Estado, para permitir que a seleção natural pudesse expressar-se.[5] Esse desenvolvimento, por si só, provocou em muitos antropólogos o temor de referir-se a Darwin. Esse temor irá recrudescer quando, em *A filiação do homem*, Darwin enfrentará a temível questão da unicidade da espécie humana vinculada à sua variabilidade. De suas pesquisas, ele extrairá o conceito de "seleção sexual" que será aplicado, dentre outras, à espécie humana, a fim de justificar sua variabilidade.[6] Por essa razão, em especial, ele será acusado de ter concebido a noção de raça e ainda atualmente, são raros os cientistas que se atrevem a tratar desse tema por receio de serem acusados de racismo. Desafio relevante é saber se o pensamento de Darwin é portador das inflexões do "darwinismo social", do eugenismo e de seu epígono moderno, a sociobiologia. Patrik Tort (Tort, 2008),

---

3 No sentido estrito utilizado por Darwin (Darwin, op. cit., p. 708).

4 Em torno da noção de charme, cf. capítulo 1, ponto 1: "A beleza e a exceção humana".

5 Em outra obra Charles Darwin mostra que nossas reações emocionais, em especial, aquelas denominadas "primárias", consistem em um conjunto de respostas que são sedimentadas no decorrer da evolução (Darwin, 1998).

6 Sobre esse ponto, coloco-me em desacordo com Darwin. Indiquei no capitulo 6, ponto 2 intitulado "A velha mulher que se agarra à vida", a propósito do que chamei "a segunda dimensão da regulação social da beleza" (da ordem sensível) que, por esse processo, as sociedades humanas puderam dispor da capacidade de se locupletar de uma forma de diversidade, aquela graças à qual os mais frágeis de um grupo puderam se vincular à sociedade e enriquecer-se de seus modos de apreender o mundo.

aparenta ter razão ao enfatizar uma forma de antirracismo em Darwin, bem nítida em algumas de suas formulações. Mostrarei que, de fato, é bem plausível que, amiúde, alguém se deixe tomar por certa perplexidade diante de determinados desenvolvimentos do naturalista. Não importa o que resulte desse importante debate, Darwin certamente não teve préstimos de seus seguidores.

A segunda vertente das críticas formuladas por Claude Lévi-Strauss para com o naturalista diz respeito ao problema de outra natureza. É frequente atribuir-se a Darwin o reconhecimento de uma continuidade entre o homem e a natureza. O naturalismo, adotando uma categoria de Philippe Descola, pode ser definido pela ideia segundo a qual o componente físico de nossa humanidade nos insere numa continuidade material no seio da qual o humano não surge como uma singularidade em relação aos outros seres vivos. Nesse sentido, o continuísmo darwiniano teria conduzido ao englobamento da cultura e de sua infinita diversidade arbitrária, pela natureza (Descola 2005, pp. 243 e 278-279). Uma vez que a cultura não poderia compreender-se, senão, com referência à natureza, a antropologia social e cultural desenvolvida por Lévi-Strauss receou que esse continuísmo natureza-cultura eliminasse a singularidade da condição humana e, portanto, na sequência, a autonomia das ciências humanas. Nesse modo de compreender o naturalismo, trata-se de recear uma concepção da primazia da "natureza" biológica sobre a cultura, às vezes identificado com um reducionismo fisicalista.[7] Esse receio será reforçado quando Edward O. Wilson, fundador da sociobiologia para a qual não é mais a sobrevivência do indivíduo - o egoísmo que caracteriza o indivíduo na teoria da seleção darwiniana - que é o eixo em torno do qual gravita a teoria, nem é tampouco a sobrevivência do grupo,[8] mas a "sobrevivência" do gene e sua multiplicação,[9] afirmar que "a sociologia e as demais ciências sociais, como também as humanas, são as últimas ramificações da biologia que ainda devem ser integradas na síntese moderna" (Wilson, 1975, p. 4).

Quando Claude Lévi-Strauss atribui à aliança o primeiro papel na instituição das sociedades humanas, movido por sua inclinação para a hipótese menos plausível de Darwin, (cf. capítulo 7: para uma síntese da "teoria geral"), eu mostrarei que sua oposição, de início radical, se transformará, posteriormente,

---

7 Cf. capítulo 1.

8 A viagem de Darwin a bordo do Beagle durou cinco anos e foi de uma relevância decisiva.

9 Concernente à concepção da psicologia cognitiva da beleza, ver Baudouin/Tiberghien, 2004, pp. 86-87.

em uma reserva mais de natureza estratégica. Porém, apesar de os novos desenvolvimentos do conhecimento indicarem que Darwin tinha razão em dizer que a espécie humana era uma espécie social dentre outras (de Waal, 2010, p. 39), era imperativo rever essa posição (cf. a "teoria alternativa" da troca pelo "sistema da diversidade híbrida das mulheres", desenvolvido especialmente na obra *O pensamento selvagem*).[10]

Opondo-se à "teoria geral" de troca de Lévi-Strauss (aquela que proíbe o incesto como passagem da natureza à cultura) e aliando-se ao ponto de vista de Charles Darwin, Maurice Godelier, nas *Metamorfoses do parentesco*, inverte a proposição de Lévi-Strauss: consubstancial à espécie humana, a sociedade não carece da aliança para acontecer. Feito isso, ele constrói uma oposição bem intensa entre aliança e sociedade que o dissuade, então, logicamente da possibilidade de debater o principal argumento de Darwin de *A filiação do homem* (cf. capítulo 8) e, portanto, da questão de regulação social da ordem sensível, enquanto que Claude Lévi-Strauss na formulação de sua "teoria alternativa" a havia nitidamente identificada sem, todavia, procurar resolvê-la na medida em que ele julgava a diversidade humana sem objeto, vale dizer, aquilo que denominei "divisão desigual" da beleza como uma "injustiça fundamental".

Como hipótese, desejaria discutir a proposta segundo a qual as reservas que o Darwin de *A filiação do homem* produz em Claude Lévi-Strauss, e de modo bem mais indireto, sobre Maurice Godelier exigem, com certeza, ser analisadas com toda a agudeza exigida, levando-se em conta que se trata de um debate cujo alcance é vasto. Entretanto, desejaria indicar que tais restrições poderiam também ser partidárias do fato de o naturalismo ter, antes do tempo, esboçado os traços de uma antropologia original, a qual levaria em conta a "identidade humana ao ancorá-la na evolução das formas de via biológica sobre a terra" (Schaffer, 2007, p. 389), seguindo a abordagem não reducionista do naturalismo formulado por Jean-Marei Schaffer. Em outros termos, esses trabalhos de Darwin poderiam questionar determinados aspectos das investigações da antropologia fundamental.

10 Sobre esse apaixonante debate, ver especialmente Stoczkowski, 2006, 47. Ver igualmente Coll., 1960 (e notadamente Lévi-Strauss, pp. 9-49).

VII

Por que Darwin Sempre Incomoda Tanto a Antrpologia Social e Cultural

Quando em 1859, o naturalista publica sua obra *A origem das espécies,* a complexidade relacionada à unicidade da espécie humana aliada à sua variabilidade é tal que o autor não aborda o tema. Levado a propor um parecer sobre o humano, Darwin cala-se durante muitos anos. Doze anos após a publicação de sua teoria da evolução, incitado a afastar-se de seu mutismo em razão da publicação de um artigo de Wallace (1964), Darwin publica sua segunda obra maior, *A filiação do homem*[1], na qual ele atribui à variabilidade da espécie humana às nossas preferências sexuais. Para chegar a isso, ele vincula a diversidade da espécie humana à instituição daquilo que denomina a "civilização", por meio da noção de "não escolha"; é precisamente isso que embaraça a antropologia social e cultural.

1 | Escolha e não escolha, barbárie e civilização

A seleção sexual descoberta por Darwin, muito tempo posta em dúvida e considerada como um lance menor tornou-se atualmente um tema relevante da ecologia comportamental e parece não ser mais discutida por especialistas da evolução, não obstante os diversos aperfeiçoamentos e reformulações pelos quais essa noção passou (Danchin/Giraldeau/Cézilly, 2005, p. 239; Diamond, 2000, pp. 137-138 e 146). É relevante que se observe que a partir da redescoberta das leis de Mendel, o darwinismo pôde conhecer novo impulso em biologia. Deve-se a Ronald A. Fisher, nos anos 1930, uma reformulação genética da evolução conhecida sob o nome de *A teoria genética da seleção natural* (Fisher, 1930) e a Julian S. Huxley uma Teoria sintética da evolução (Huxley, 1942).

Segundo as elucidações apresentadas por Darwin à sua teoria, ao lado (ou em sinergia com) da seleção natural (conceito mais divulgado da teoria da evolução), a saber, uma seleção exercida pelo meio em termos principalmente de sobrevivência, está a seleção sexual mais diretamente ligada à reprodução

1 Cf. Capítulo 5, parte 3.

e à escolha de um parceiro sexual. Enquanto a seleção natural elege os traços que ampliam as oportunidades de sobrevivência do indivíduo, Darwin observa os traços arbitrários (a beleza de um olhar, por exemplo) que não podem ser explicados pela sua teoria. Ele irá integrá-los a traços arbitrários da seleção sexual (isto é, não diretamente funcionais para a sobrevivência e que ele designa pela noção de "caracteres sexuais secundários", como a barba no homem - cf. Darwin, 2000, p. 676): "Esta (a seleção sexual) depende da vantagem que possuem determinados indivíduos sobre outros do mesmo sexo e da mesma espécie, unicamente no que se refere à reprodução".[2]

Darwin constata algo mais, a saber, "os homens, e mesmo seus ancestrais símios viviam provavelmente em sociedade" (Darwin, 2000, p 146 e 710-711). Para justificá-lo, concebe a noção de escolha que será o conceito central de sua teoria. Se o objetivo final de Darwin for, de fato, explicar a variabilidade da espécie humana, seu raciocínio conduz à ideia mesma de sociedade e de sua reprodução, um campo que diz respeito atualmente a antropologia fundamental.

Certamente não é por acaso que, para Darwin, nossos longínquos ancestrais eram uma espécie naturalmente sociável, em sua opinião em razão da força do sentimento de inveja (competição) e da capacidade de alguns, os machos mais poderosos, de fazer escolhas (no sentido aqui restrito de fazer a escolha de certas fêmeas) e de viver como casal[3] durante certo tempo. Esses casais poderiam então reunir-se no seio de um grupo (aqui no sentido de uma forma de sociedade). E Darwin esclarecia que "os dois sexos, se fosse permitido às fêmeas, assim como aos machos fazer uma escolha, deveriam selecionar seus parceiros não pelo encanto de seu espírito,[4] ou pelo destino, ou pela posição social, mas quase que unicamente em razão de sua aparência exterior" (Darwin, 2000, p. 715). Darwin refere-se, sobre isso, à influência da beleza no seio da espécie humana (Darwin, 2000, p. 693).[5]

Uma observação impõe-se com o intuito de distinguir nitidamente dois problemas apresentados por Charles Darwin. O primeiro consiste em atribuir a nossas preferências sexuais (a saber, a capacidade de fazer escolhas), a origem da variabilidade da espécie humana, processo que é justificado pela sua teoria da

---

2 Expus a teoria alternativa de Claude Lévi-Strauss no capítulo 5, em *O sistema da diversidade híbrida das mulheres ou a "teoria alternativa da troca".*

3 Cf. Sua distinção entre "sistemas militares" e "sociedades industriais".

4 Ver sua teoria da "evolução social" (para uma apresentação crítica, conferir Boudon, Bourricaud, 1986, p. 561).

5 Para uma análise crítica da extensão do darwinismo à sociologia, ver Blanc, 1990, pp. 163-164; ou ainda Pichot, 2000, p. 65 e sv.

seleção sexual. Essa teoria, já observei, leva indiretamente a justificar a origem da sociedade humana pela aceitação daquilo que denomino uma ordem sensível. O presente capítulo estuda especialmente esse aspecto. O segundo problema, por vezes mais contestável, poderia expor o que poderia chamar de "Darwin negro", no sentido de ele ser tachado hoje como ambivalente em determinados aspectos, mas nisso ele foi vastamente prejudicado por muitos dos seus sucessores. Por exemplo, fica nítido que para o Darwin de *A filiação do homem*, a época na qual ocorria sem restrição a seleção natural e sexual opõe-se à "civilização". Essa é entendida como um estado proveniente de um processo cujos componentes ele discute: o progresso da racionalidade, a seleção dos instintos sexuais, a ampliação do sentimento de simpatia, o desenvolvimento dos sentimentos morais e mais amplamente das instituições que normatizam a vida coletiva das sociedades desenvolvidas, para finalmente constatar que nesse estado da evolução, sua teoria de seleção concede o lugar à educação. Assim, tendo constatado que os instintos sociais foram conquistados pelo homem como para os animais (estritamente) sociais para o bem da comunidade, Darwin esclarece:

> *Porém à medida que o homem percebeu suas capacidades intelectuais progredirem e que foi capaz de identificar as consequências das mais distantes de suas ações [...] à medida que, graças ao hábito proveniente de uma experiência proficua, da instrução ou do exemplo, suas simpatias tornaram mais delicadas e propagaram-se amplamente, estendendo-se aos homens de todas as raças [...], progressivamente sua moralidade logrou conseguir um nível cada vez mais elevado* (Darwin, 2000, p. 212).

Identificado tal processo, Darwin permanece, no entanto, prudente, às vezes até mesmo ambivalente quanto às consequências da "civilização" sobre a natureza da sociedade humana, quando essa aciona um "freio, de diversas modalidades, para a ação da Seleção Natural" (Darwin, 2000, p. 224). Assim, essa observação: "Nós devemos, em consequência, tolerar os efeitos incontestavelmente maléficos da sobrevivência dos fracos e da propagação de sua natureza..." (Darwin, 2000, pp. 222-223). Embora tenha o naturalista guardado suas distâncias em relação ao eugenismo de Francis Galton, sem submeter novamente à crítica seus argumentos, nada o impede, em última análise, considerar a fraqueza como uma qualidade intrínseca da espécie humana e não como um efeito negativo: todavia, sobre isso, Darwin na verdade nada diz.[6]

6 Sobre as motivações de Darwin em escrever *A filiação do homem*, ver a autobiografia de Charles Darwin (Darwin, 2008, p. 123).

Retomemos nossa demonstração para ressaltar que hoje alguns trabalhos de psicologia cognitiva investigam a beleza humana no sentido específico de atração que uma pessoa exerce, ou seja, seu poder de sedução. O objetivo é estabelecer uma noção mensurável como pressuposto, o que não permitia a ideia de beleza entendida como subjetiva e, portanto, dispensável.[7] Essa noção conduz à execução de protocolos experimentais nos quais determinadas pesquisas de psicologia cognitiva visam indicar porque, por exemplo, um semblante é fascinante e outro não. A título indicativo, esses trabalhos têm por objeto a expressão da função dos diferentes traços na atração do rosto, ou ainda, aquele de simetria ou do aumento progressivo da atração para faces heterogêneas em função do número de semblantes misturados, sendo o objetivo explicar o que é a fisionomia ideal e, isso para além da variabilidade intra e extra cultural. O modo de pensar de Charles Darwin em sua teoria da seleção sexual é diferente, ou até oposto, quando afirma: "Não é certamente verdade que haja um modelo ideal de beleza no que diz respeito ao corpo humano" (Darwin, 2000, p. 704). O que ele pretende explicar é, na verdade, a variabilidade da espécie humana. Ele firmou, em suas viagens, a convicção que não há no espírito do homem um padrão universal de beleza do corpo humano.[8] Para a psicologia cognitiva que não contesta a variabilidade dos critérios de beleza segundo a história, os lugares, as classes sociais de pertença existem, ao contrário, (para além) das normas comuns de fascinação.[9] Diferentemente, para e ecologia comportamental, mais prudente, o argumento de Darwin, relativo à carência de critérios universais de beleza não seria, atualmente, tão facilmente observável em razão da amplidão da indústria da beleza em todo o mundo, assim como do desenvolvimento atual dos meios de comunicação que possibilitam a difusão de certos critérios de beleza além-fronteiras, e que poderiam ser responsáveis por certa homogeneização dos critérios de beleza (Dachin e AL. 2005, p. 528).

Dito isso sobre o humano e sua sociedade, Darwin identifica quatro causas principais que balizam sua teoria da seleção sexual nas sociedades consuetudinárias (no sentido de que a escolha de um parceiro sexual cabe ao indivíduo): os casamentos coletivos, o infanticídio das meninas, o noivado precoce e a baixa estima que acomete as mulheres (Darwin, 2000, p 707).

---

7 Para uma crítica dessa concepção do termo "naturalismo", cf. Schaeffer, 2007, p. 389.

8 Cf. O conceito de "seleção de grupo" de Alfred Russel Wallace , por exemplo, o qual trata de uma teoria do altruísmo que transpõe o egoísmo do indivíduo para o nível do grupo; o comportamento altruísta justificava-se na medida em que servia à sobrevida do grupo. Ver também de Wall, 2010.

9 Ver igualmente Dawkins, 2003.

É oportuno compreender, disso tudo, que a "barbárie", para retomar a terminologia darwiniana, equivale a um estado de desenvolvimento societário que outorga a capacidade aos dominantes, vale dizer, aos mais fortes, de escolher as fêmeas mais atraentes e de guardá-las invejosamente (Darwin, 2000, p. 705). Em resumo, para Darwin, o humano é uma espécie "naturalmente social", e ainda, de fato, a capacidade de escolha dos dominantes que remete à "barbárie" e a não escolha, tolhida por regras instituídas pelas sociedades, que remete à "civilização".

É relevante enfatizar que nesse nível de raciocínio localiza-se o ponto essencial da demonstração de Darwin na *A filiação do homem*: nesse período longínquo (na origem do *Sapiens* diríamos hoje) esse princípio de escolha irá conduzir, por meio da seleção sexual, que agora pode expressar-se plenamente, desobrigada que ela é de quaisquer coações civilizacionais, para a produção de diferenças entre grupos humanos (Darwin, 2000, p. 715). É precisamente sobre a base desse raciocínio que Claude Lévi-Strauss - quando afirma: "Na verdade, a história da noção de raça confunde-se com a pesquisa sobre as características desprovidas de valores adaptativos" - imputará a Darwin a responsabilidade da invenção da noção de raça e por extensão de racismo (Lévi-Strauss, 1983, p. 23). Darwin, porém, estabelece uma diferença entre as duas noções.[10] Para determinar essa distinção, tentemos identificar os elementos relevantes de seu pensamento.

II | Variabilidade da espécie humana: raças e racismo

Sem adentrar nos detalhes de discussões complexas, note-se que, se Darwin credita aos instintos o fato de ter fornecido a base de desenvolvimento do senso moral (Darwin, 2000, pp. 226 e 740), o racismo não deixa de ser para ele um fato artificial, vale dizer, de cultura:

> *À medida que o homem avança na civilização, e que as pequenas tribos reúnem-se em comunidades mais amplas, a razão mais simples deveria alertar cada indivíduo que ele deve ampliar seus instintos sociais e suas simpatias a todos os membros da mesma nação, não obstante lhe serem desconhecidos pessoalmente. Alcançado esse ponto, somente algum obstáculo artificial pode obstar suas simpatias de expandir-se aos homens de todas as nações e de todas as raças [...]. A experiência infelizmente nos revela quanto o tempo é longo, antes que nós os vejamos como nossos semelhantes* (Darwin, 2000, p. 210).

10 A tese alternativa de troca foi apresentada no capítulo 5, parte 3.

Nesse excerto, raça e racismo são nitidamente distinguidos: o racismo significa a construção social, artificial e a noção de raça, com relação à teoria da seleção sexual, deve ser entendida no âmbito de variabilidade da espécie humana que Darwin quer esclarecer.[11]

Se Darwin é claro nesse ponto, indiquei que ele o foi menos quanto às consequências da inserção dos mais frágeis de um grupo, sobre o devir das sociedades humanas. Tal inclusão resulta de um processo, que ele reputa relevante, da fragilização dos efeitos da seleção natural que se encontraria confinada em razão do advento progressivo do que ele denomina a civilização e suas múltiplas regras. Assim, essa série de citações referentes à seleção natural: "Nas nações civilizadas, no que diz respeito ao nível avançado de moralidade, e de um número crescente de homens bons, a seleção natural não tem aparentemente senão pouca influência... (Darwin, 2000, p. 226). Ou ainda: "Entretanto, por mais relevante que tenha sido, ou que seja ainda a luta pela existência, no que concerne à parte a mais elevada da natureza do homem, há outros fatores mais importantes. Pois, as qualidades morais progridem, direta ou indiretamente, muito mais graças ao efeito do hábito, às capacidades de raciocínio, à instrução, à religião etc., do que graças à seleção natural..." (Darwin, 2000, pp. 739-740). Dá a impressão que, então, se for seguido o raciocínio de Darwin, com a organização progressiva da "civilização", caracterizada pela cultura, pela moral, pelas regras sociais, o princípio da seleção natural, assim como o da seleção sexual tende a reduzir-se. De certo modo, para Patrik Tort a questão voltar-se-ia então para a seleção natural que, aplicando a si mesma sua própria lei, exclui a eliminação.[12]

Sobre os efeitos previstos desse processo sobre a sociedade, ressaltei que Darwin mostrou-se ambivalente. Em outros termos, se ele manifesta expressamente o mecanismo de passagem da "barbárie", a "civilização", ele é menos loquaz sobre as consequências da passagem de "sobrevivência dos mais aptos" à ampliação, no seio da espécie humana, das oportunidades de "sobrevivência do maior número". Dito de outra maneira, a fragilidade lhe trouxe um novo

11 Isso pode ser cotejado com minha definição das categorias de equivalência como um processo que produz o idêntico, no sentido de similitude, ou também de permutabilidade, entre os humanos. Essas categorias de equivalência determinam o limiar com a alteridade, aquele que faz a distinção, para um determinado grupo, entre aqueles que esse grupo considere equivalentes e aqueles que ele qualifica de outros, isto é, estranhos, inimigos, bárbaros... É nesse sentido estrito que eu propunha articular com a intricada questão do racismo como um problema intrínseco a todos os grupos humanos por instituir-se como tais (cf. capítulo 5, ponto 3).

12 Tort, 1997 e Tort, 2000, p. 63. Para uma exposição mais específica do conceito de *efeito reversivo da evolução*, ver Tort, 1983; conferir igualmente Tort, 1992, pp. 13-46.

problema, uma vez que ela aparenta retirar a espécie humana para fora do campo de sua teoria, lá onde a fragilidade seria o resultado de certa emancipação dos princípios darwinianos de seleção (natural e sexual).[13] Com efeito, a fragilidade como componente original da sociedade humana não é inteiramente considerada pelo naturalista em sua valência potencialmente positiva, aquela que em minha opinião irá beneficiar a emergência de instituições sociais notadamente mantidas pelos mais frágeis de um grupo.

Diferentemente da constatação ambivalente pronunciada por Darwin em relação à fragilidade, demonstrei no capítulo 6 que tal constatação significa o resultado maior de regulação social da ordem sensível e, desse modo, uma característica fundamental, penso eu, das sociedades humanas. Assim, essa citação: "Nós homens civilizados, ao contrário, tomamos todas as providências para colocar um freio no processo de eliminação; construímos asilos para os deficientes, os aleijados e os enfermos; legislamos em prol dos pobres [...]. Dessa maneira os membros pobres das sociedades civilizadas propagam sua natureza..." (Darwin, 2000, pp. 221-232 e 739-740). Wallace relata uma de suas últimas conversas com Darwin nas quais esse explica que: "Em nossa civilização moderna, a seleção natural não desempenha mais função alguma, e não são os mais aptos que deixam mais descendentes..." (Blanc, 1990, p. 165). Na última etapa de seu raciocínio, percebe-se certa influência de Thomas Malthus e de Francis Galton, embora ele distancie-se claramente deste último.[14] Note-se por essa carta que Darwin endereça a Galton (primo de Darwin e tido como fundador do eugenismo) a respeito de *Hereditary Genius*, obra que ele cita na *A filiação do homem* (Darwin, 2000, p. 683), missiva na qual ele indica sem ambiguidade sua alteração no que diz respeito ao seu parecer: "De certo modo, você fez de um convertido um oponente, pois sempre defendi que, excetuando os dementes, os homens não distinguem muito intelectualmente, mas somente pela dedicação e pelo trabalho assíduo; e creio, ainda que se trate de uma

---

13 Como argumenta bem Patrick Tort, é inegável que Darwin tem "escassa experiência [...] no domínio de análise de fatos econômicos e políticos" (Tort, 1983, p. 41). E, mais adiante, o autor esclarece: "... não tarda muito [...] para que a antropologia de Darwin esbarre num obstáculo sobre o pensamento do social. Fiel ao ponto de vista da variação, Darwin, na verdade, não pensa senão no *individual*, e é sob esse prisma que ele apresenta o devir do homem progredindo em civilização, sem atingir os meios de critica as escassez desse enfoque..." (op. cit. p. 43).

14 Darwin, 2000, pp. 221-232 e pp. 739-740. Em um debate denso (e sem dúvida, controverso), cf., por exemplo, Alain Pichot (Pichot, 2000) que não me cabe reproduzir aqui, Patrick Tort discute a tríplice incompatibilidade lógica e prática entre a teoria darwiniana e o malthusianismo aplicado, o eugenismo galtoniano, e o 'darwinismo social'..." (Tort, 1983, p. 43).

diferença relevante" (Milner, 1990, p. 184). Enquanto Galton não distinguia hereditariedade dos caracteres adquiridos e o aperfeiçoamento das condições de vida (dramáticas para muitos na Inglaterra vitoriana da época), Darwin, verifica-se, é bem claro sobre esse ponto. No mesmo estado de espírito, mas ampliando o propósito, é relevante não se esquecer da exclusão fundamental formulada por Darwin em *A origem das espécies*, e mais tarde vastamente retomada por Stephen Jay Gould, de toda noção de "superioridade" e de "inferioridade" entre as espécies dispersas.[15]

Em conclusão, parece entendido, hoje ainda mais do que ontem, que trabalhar sobre um tema assim delicado que o da diversidade humana (ou de regulação da ordem sensível) como de um fundamento, pode-se correr o risco de uma acusação de racismo. "Mesmo atualmente" esclarece Jard Diamond, especialista em fisiologia humana, "poucos cientistas atrevem-se estudar tal questão, por receio de serem incriminados de racismo, unicamente pelo fato de mostrarem interesse pelo tema (da diversidade humana)" (Diamond, 2000, p. 137). Isso é claramente evidente. De fato, após a "experiência do nazismo, cujo interesse desmesurado pelas diferenças biológicas levou à abominação da Shoah, tem-se a tendência de rotular que toda teoria da diferenciação biológica deveria forçosamente conduzir ao racismo (cf. a declaração sobre a raça publicado em 1950 pela UNESCO que assevera a unidade fundamental da espécie humana)".[16]

Todavia, para além desse primeiro argumento, um segundo aspecto por vezes sutilmente velado por essa primeira censura proferida contra Darwin, não pode ser esquecida. Na verdade, o essencial, para Claude Lévi-Strauss, é que uma alusão a Darwin equivale a pretender postular, ao menos implicitamente, a existência de uma continuidade comportamental entre o homem e o animal, na qual a singularidade humana (a condição humana) não aparece assinalada, por assim dizer, por uma "ontologia naturalista" radical, para tomar uma das quatro categorias de Philippe Descola ao descrever o modo ocidental de articular a natureza e a cultura (Descola, 2005, p. 279).

15 E onde Darwin revela uma posição matizada em relação ao progresso quando ele enfatiza que "não existe nenhuma tendência inata a um desenvolvimento progressista". Ver sobre isso Gould, 1997 e Gould 2006.

16 Cf., Coletivo, 1960; conferir igualmente Stoczkowski, 2002, pp. 42-48; Stczkowski, 2006, p. 47.

VIII

Claude Lévi-Strauss e *Maurice Godelier Diante de* A Filiação do Homem *de Charles Darwin*

I | Lévi-Strauss defende a autonomia da antropologia em oposição a Darwin

Prudência diante da evolução da natureza

Claude-Lévi-Strauss, quando publica em 1949 *As estruturas elementares do parentesco*, expõe a primazia da aliança sobre a filiação. O gênio de Lévi-Strauss consiste, sobretudo aqui, em ter sabido articular três noções até então separadas: a interdição do incesto como lei fundamental que impele as famílias humanas à troca e em consequência à exogamia. Uma vez que a troca é essencialmente - mas não unicamente - a troca organizada por homens entre eles de mulheres que não podem desposar por força da interdição do incesto, são coagidos a procurar uma parceira para além do círculo das esposas proibidas segundo as regras da exogamia e mais comumente, portanto, fora da família nuclear.

Para o Lévi-Strauss de 1949, as relações de parentesco pressupõe a existência de função simbólica do pensamento e da linguagem articulada, que remete à troca e pela aliança à sociedade. Nessa época, Lévi-Strauss esboçava a linha de demarcação entre duas ordens, a natureza e a cultura, tendo por baliza a presença ou a ausência da linguagem articulada. A interdição do incesto é uma lei artificial na base das sociedades humanas; sua manifestação remete ao momento no qual a humanidade afasta-se da natureza para entrar na cultura (Lévi-Strauss, 1949, p. 98).

Entretanto, em 1967, no prefácio da segunda edição dessa obra, ele esclarece que após investigações em etologia animal, essa linha de demarcação tornou-se "mais tênue e sinuosa do que se imaginava" (Lévi-Strauss, 1949, p. 16). E, em *O olhar distanciado,* ele explica que logo o determinismo (no sentido aqui de seleção natural) foi posto em funcionamento "em sentido inverso", e que "cada cultura, com suas coações fisiológicas e técnicas, sua regras de matrimônio, seus valores morais e estéticos, sua disposição maior ou menor em acolher imigrantes" suborna a natureza, ou seja, a lenta evolução biológica (Lévi-Strauss, 1983, pp. 58-59).

Não importa quais tenham sido as correções sucessivas em sua formulação que o conduziram a agregar a evolução humana, ele conservará a mesma explicação do papel fundamental de troca na instituição da sociedade e a instauração do incesto. Para o antropólogo, em razão da variabilidade de uma sociedade a outra, a interdição do incesto não pode ter senão uma origem cultural, não obstante ele, mais tarde, aceitar com matizes, que os mecanismos de esquiva sexual possam existir nos animais.[1] Certamente, o debate não deixa de ser sempre acalorado entre especialistas: o tabu do incesto é inato ou adquirido nos seres humanos? (Diamond, 2000, p. 134). É pertinente, todavia, recordar-se que à época da publicação de *Estruturas elementares do parentesco*, as obras de etologia consagradas aos grandes símios não tinham a dimensão que se lhes reconhecem atualmente. Em suma, Lévi-Strauss mantém-se prudente no que tange à ideia segundo a qual a sociedade humana possa ter tido suas origens na evolução da natureza.

O jogo é fundamental: Lévi-Strauss entende certificar a especificidade da condição humana e, além disso, a autonomia da antropologia, e mais amplamente, das ciências sociais em relação às outras ciências naturais e à biologia, da qual Darwin e em especial os "neodarwinistas" (entre os quais Edward Wilson incluído por ele nessa corrente) são, na época, para ele os mais notáveis representantes.

A função simbólica e a troca de mulheres

Sucintamente, permito-me resumir os elementos relevantes, sem dúvida bem conhecidos pelos antropólogos (que podem, na verdade, desconsiderar esse ponto) daquilo que designei aqui por "teoria geral" levistraussiana da troca matrimonial, uma vez que me servirei dela no decorrer da discussão. Observo que no capítulo 5, expus com detalhe o que denominei a "teoria alternativa" a essa primeira formulação da troca, por isso não retomarei mais aqui.

Essa primeira formulação da teoria da troca tornou Claude Lévi-Strauss particularmente notável. A esse respeito, não posso impedir-me de um breve desvio, a fim de aquilatar o impacto dessa teoria e de seu autor junto ao grande público. Como escreve Denis Bertholet: "Lévi-Strauss é doravante um homem célebre. Jean Lacroix, em seu artigo no *Le Monde*, faz menção à 'sua imensa audiência no exterior como na França, e sobre toda a juventude em diversas disciplinas'. É difícil avaliar a extensão de uma influência, mas fica evidente

---

1 Para esse debate: Lévi-Strauss, 1983, pp. 83-84 e Lévi-Strauss, 2001, pp. 493-496.

que a noção de estrutura faz uma brilhante carreira" (Bertholet, 2008, p. 278). Pode-se, ainda, apreciar a notoriedade do antropólogo pelo seguinte acontecimento. No dia 6 de junho de 1968, Edgard Morin num artigo no *Le Monde* intitulado: "Uma revolução sem face" comenta, no calor do momento, a revolta estudantil, porém esse não era o propósito. Se prestar atenção, na mesma página embaixo à direita, vê-se a publicidade de um "solex". Ela é composta por duas fotos, das quais a menor apresenta mãos que, colocadas na direção, sugerem que o veículo está parado e que elas folheiam um livro. Ao lado, uma legenda explica que esse tipo de compra traz economia e oferece... livros! A coisa já é em si incrível: qual publicitário ousaria, atualmente, esse tipo de associação? E ainda mais, ao se tomar o cuidado de observar atentamente essa pequena imagem, perceber-se-á que o livro em questão não é outro, senão, o de Lévi-Strauss: *Antropologia estrutural.*[2] Certamente, estamos em pleno maio de 1968, nas páginas do *Monde*, e se essa publicidade diz bastante sobre o interesse que os jovens manifestam pela leitura, ela diz muito mais sobre o enorme sucesso alcançado no momento pelas teses de Claude Lévi-Strauss, além disso, sobre o ligar das ciências humanas na sociedade.[3] Quando naquele ano, o autor publica o terceiro volume das *Mitológicas*, a obra *As estruturas elementares do parentesco*, da qual nova edição, revista e corrigida (1967) havia sido publicada, tem quase vinte anos. A tese sobre as alianças matrimoniais é amplamente debatida nos cenários acadêmicos e granjeia imediatamente uma notoriedade internacional à antropologia.

Retomando Taylor, na sequência de Fortue e de Williams, Lévi-Strauss citando Georges Devereux mostra que "trata-se do casal incestuoso como da família avarenta: isolam-se automaticamente desse jogo que consiste em dar e receber, a que se reduz toda a vida na tribo; no corpo coletivo, tornam-se um membro morto ou paralítico".[4] Segundo o Claude Lévi-Strauss da "teoria geral" da troca, a sociedade humana, de certo modo, tem um início que não é outro senão que a proibição do incesto que remodelou as modalidades da sexualidade humana coagindo os humanos a se perpetuarem em um quadro artificial, cultural. A origem da interdição do incesto assenta-se sobre a evolução das estruturas mentais, vale dizer, sobre o surgimento, no decurso da pré-história da humanidade, do pensamento simbólico associado à linguagem articulada. Dito em outros

2 *Le Monde*, 6 de junho de 1968, p. 11.

3 Agradeço Frédéric Moens de me ter colocado na pista dessa foto.

4 Lévi-Strauss, 1949, p. 560; ou ainda Tylor citado por Lévi-Strauss: Os povos selvagens deverão ter tido diante dos olhos, constantemente e claramente a escolha simples e brutal "entre casar-se fora ou ser-morto fora" (Lévi-Strauss, op. cit. p. 50). Verificar a respeito disso minha discussão da "sociedade fechada", cap. I, ponto 2; "Beleza e antropologia do sensível".

termos, a sociedade humana repousa sobre a troca que existe pela interdição do incesto para a qual foi indispensável que a função simbólica se desenvolvesse com a linguagem articulando condição para a comunicação. É, portanto, na verdade, a evolução das estruturas mentais (sistema simbólico e linguagem) que impele a humanidade a adotar regras, a reciprocidade e a troca (Lévi-Strauss, 1949, p. 98).

Sem ignorar a existência de famílias não conjugais, para Claude Lévi-Strauss, a família tem sua origem no matrimônio, e ele expõe que as preocupações de ordem sexual pouco intervêm nos projetos matrimoniais. Ao contrário, os aspectos econômicos desempenham uma função de primeira ordem. Eles induzem à distribuição do trabalho entre os sexos, isto é, igualmente a um estado de dependência recíproca, salvaguardando a cada um dos sexos de cumprir certas tarefas reservadas ao outro, o que faz que o matrimônio seja indispensável. A família provém, portanto, do matrimônio e conjuga dois tipos de impedimento: o interdito do incesto entre consanguíneos e a divisão sexual do trabalho (Lévi-Strauss, 1983, pp. 79-81).

Claude Lévi-Strauss não desconhece as três possibilidades lógicas de troca no seio do parentesco, seja das mulheres pelos homens, seja dos homens pelas mulheres, seja os dois simultaneamente.[5] Ele privilegiar, no entanto, a troca das mulheres pelos homens, buscando apoio para isso no domínio amplamente instituído dos homens sobre as mulheres, e sobre o fato que a aliança fundamenta-se, amiúde, sobre a troca de mulheres e raramente sobre a troca de homens (cf. os Rhades). Para Lévi-Strauss a assimetria homem-mulher coloca-se no âmago da sociedade humana; ela é bem precisamente vinculada à emergência do pensamento simbólico. Tal raciocínio, sobre o predomínio masculino, é relevante para o meu objetivo, razão pela qual apresento os principais elementos.[6]

A conclusão das *Estruturas elementares do parentesco* trata da questão fundamental da dominação, de certo modo "natural" aqui, das mulheres pelos

5 Lévi-Strauss, op. cit. pp. 90-91. Note-se que Claude Lévi-Strauss fala de troca quando ele subsume a noção de dom de Marcel Mauss, no sentido de dar/receber/retribuir (cf. Lévi-Strauss, 1950, pp. 11-52). Estamos aqui na presença, de preferência, de uma troca equivalente entre dom e "contradom", o que difere dos principais exemplos estudados por Marcel Mauss em seu célebre ensaio sobre o dom.

6 Ao contrário, eu evidenciei, movido pela intenção de restituir às mulheres sua capacidade de iniciativa enquanto atrizes das instituições humanas das quais as formas de matrimônio, que a relação entre a beleza feminina e o sensível constitui a porta de entrada privilegiada para compreender e determinar o papel do sensível no estabelecimento das instituições humanas. Nesse sentido, considerei que tais instituições não visam exclusivamente regular o universo simbólico e tornar possível a troca, mas também em organizar aquele da sensibilidade pelo estabelecimento de equivalência entre os seres.

homens. O texto articula-se em torno da instituição de uma similitude entre a linguagem, no sentido de palavras que se tornam puros símbolos, e a relação entre os sexos "concebidas como uma das modalidades de uma imensa função de comunicação". Sobre esse patamar, a antropologia explica que o uso imoderado da linguagem (rir estrondosamente, manifestar os sentimentos exageradamente...) constitui um *abuso de linguagem* que pode ser entendido como atos que evocam aquilo que se urde no incesto. Dito de outro modo, "a língua e a exogamia representariam duas soluções de um mesmo problema". E por meio de uma bela expressão, cujo segredo o autor detém, ele acrescenta: "O que isso significa, senão, que as mulheres mesmas são consideradas como *signos* dos quais se *abusa* quando não se lhes confere o emprego reservado aos signos, que é o de serem *comunicados?*" (Lévi-Strauss, 1949, p. 568).

Mais adiante, Lévi-Strauss articula dois grupos de oposição, objeto e sujeito de um lado e, de uma perspectiva linguística, valor e signo de outro: "A emergência do pensamento simbólico deveria exigir que as mulheres, como as palavras, fossem coisas que se trocam", isto é, uma maneira para os homens (somente) de, pela reciprocidade, resolverem a oposição fundamental entre o eu e o outro. E prossegue: "Com efeito, nesse novo caso (o da emergência do pensamento simbólico), era o único meio de suplantar a contradição que impunha a percepção da mesma mulher sob duas facetas incompatíveis: de um lado, objeto de desejo próprio e, portanto, excitando os instintos sexuais e de apropriação; e ao mesmo tempo sujeito, entendido como tal, do desejo do outro, vale dizer, meio de vinculá-lo aliando-se" (Lévi-Strauss, 1949, pp. 566-569). E esclarece, em outro lugar, o caráter sintético do dom, seja "o fato que a transferência consentida do valor de um indivíduo a outro os transforma em parceiros e acrescenta uma qualidade nova ao valor transferido" (Lévi-Strauss, 1949, p. 98). Ressalto para terminar que, para Lévi-Strauss, a aliança refere-se a grupos antes de referir-se a indivíduos, e reitera que o objetivo real do matrimônio não visa tanto obter uma mulher, mas sim procurar cunhados (Lévi-Strauss, 1983, p. 75). Contudo, acrescenta ele, a mulher, ao invés da palavra, não pode tornar-se completamente um signo simplesmente passível de troca: ela permanece, portanto, signo e valor. E nesse sentido, "[...] a mulher não poderia jamais transformar-se em signo e nada, além disso, porquanto, em um mundo de homens, ela, na verdade, não deixa de ser uma pessoa e que, na medida em que ela é definida como signo, coloca-se o imperativo de se lhe reconhecer como produtora de signos" (Lévi-Strauss, 1949, pp. 566-569).

Esse último argumento, de certo modo híbrido, me remete à discussão do capítulo 5 dedicado às categorias de equivalência, no qual expus que Lévi-Strauss na obra *O pensamento selvagem,* recuperando essa interrogação de 1949, explica que não existe um só sistema de diversidade, mas três: o das espécies naturais; aquele da produção de objetos que é uma produção de diversidade inteiramente cultural e não mais natural; e finalmente, aquele denominado híbrido que atribui a esse último sistema de diversidade seu valor de universalidade, localizada entre natureza e cultura.[7] Ter-se-á reconhecido aí o sistema das mulheres, isto é, o sistema de reciprocidade das trocas matrimoniais (Lévi-Strauss, 2008b, p. 694). Uma teoria de reciprocidade das trocas matrimoniais, de certo modo híbrida, empregando os mesmos termos do autor, que explica de outro modo que as mulheres emprestam sua semelhança da natureza, enquanto que sua heterogeneidade, concedida somente pela cultura, não passa de uma imitação. Essa questão é também tratada em *Mitológicas*, mas não a retomarei aqui.[8] Ela está na base daquilo que chamei a "teoria alternativa" da troca, no sentido em que ela não mobiliza mais explicitamente o interdito do incesto como passagem da natureza à cultura. O que não significa, de modo algum, que o interdito do incesto não deixa de ter um papel preponderante no parentesco: é, na verdade, pela troca que cada grupo que se impõe, o interdito de praticar o incesto, poder reproduzir-se.

A conclusão mostra-se cristalina, se a mulher persiste um valor (e não meramente um signo), isto é, uma pessoa singular membro da humanidade, ela se transtorna em nada menos do que o sujeito da troca entre os homens. Nesse sentido, ela significa o bem por excelência, ou seja, um valor, porém desta feita, nos planos biológico e social que o homem pode alcançar sob a forma de dons recíprocos. Sujeito da troca entre homens que encontram nas mulheres a possibilidade de aliar-se, de fazer a paz, e de certo modo criar a sociedade ou, ao menos, uma nova maneira de viver em sociedade. Nessa perspectiva, a dominação da mulher pelo homem torna-se uma exigência das estruturas invariantes do pensamento simbólico e uma condição da existência de relações de parentesco.

Se a "teoria geral" de troca de Lévi-Strauss ativa uma concepção estritamente cultural (sobretudo, não biologista) - a emergência do pensamento simbólico - do incesto e do parentesco, isto é, a troca das mulheres pelos homens,

7 De certo modo, com esse sistema de diversidade híbrida (situado entre a natureza e a cultura), isto é, o sistema constituído pelas mulheres que são trocadas, Claude Lévi-Strauss aproxima-se da interrogação de Charles Darwin a propósito de ambivalência das instituições sociais humanas; Mostrei, todavia, que para resolver esse problema de ambivalência, é necessário levar em consideração uma etapa suplementar, aquela da regulação social da beleza como ordem social, que estabelece uma equivalência entre os membros de um grupo, antes de poder cogitar em troca as mulheres.

8 Indiquei o caráter ambíguo, penso eu, dessa análise, no entanto ele permite ao autor fazer o grande passo para frente para além da diversidade humana: cf. cap. 5 ponto 3.

contribuição essencial das *Estruturas elementares do parentesco,* consiste também e, sobretudo, em esclarecer o que passa concretamente no campo em matéria de parentesco, pois, sobre a base de comparações de diferentes monografias, o autor chega a demonstrar que o matrimônio repousa sobre regras explícitas na troca das mulheres.

Lévi-Strauss repudia o Darwin de *A filiação do homem*

No capítulo 5 analisei as razões que impeliram Lévi-Strauss a desistir de um eventual processo de produção social de equivalência em relação à troca matrimonial, mesmo que tenha se confrontado com a questão da diversidade entre as pessoas e especialmente da diversidade entre as mulheres.

Mostrarei agora que Lévi-Strauss confina a questão da "desigualdade fundamental" (a partilha desigual da beleza) na noção de raça, removendo-lhe desse modo todo estatuto científico uma vez que se trata de um problema ético e político, a tal ponto que pesquisadores receiam ainda analisar a questão, sobretudo, nas ciências humanas e sociais (Stoczkowski, 2006, p. 47). Analisarei nos pontos seguintes, em primeiro lugar, a posição de Lévi-Strauss em relação à teoria da "seleção sexual" de Charles Darwin e, passando da ética à epistemologia examinarei, em segundo lugar, as consequências de sua defesa da autonomia das ciências humanas e sociais diante da sociobiologia sobre sua posição em relação ao darwinismo.

Retorno, no momento, sobre a maneira segundo a qual Claude Lévi-Strauss analisa a questão das diferenças físicas entre os humanos[9] (questão que eu, lembremo-nos, optei por qualificar "de desigualdade fundamental" a fim de distingui-la de um registro moral). Com certeza, não é por ignorância que o antropólogo evita o problema da instituição de "equivalência social" (capítulo 5, "categorias de equivalência nos mitos ameríndios"). Irei, portanto, analisar a maneira como ele avalia dever debater essa questão que qualifica tanto como "fundamento biológico" quanto como "forma antecipada de racismo que ameaçaria a vida social" (Lévi-Strauss, 1968, p. 60).

No capítulo 5 insisto também sobre a relevância do conceito de espécie no pensamento de Lévi-Strauss. Essa concepção começa com o debate essencial da semelhança (o idêntico, o equivalente) no seio da espécie humana. A questão é penosa. Enquanto Charles Darwin expõe a imensa variabilidade da espécie

9 "Diferenças físicas entre as mulheres", "paradigma anatômico": Lévi-Strauss, 1968, p. 60.

humana levando-se em conta a sua unidade, contrariamente a Lévi-Strauss que coloca o idêntico entre os humanos como uma condição de imediato realizada, pois ela é uma condição natural do homem (Lévi-Strauss, 2008 a, p. 544). Próximo igualmente de Franz Boas que ele considera um pioneiro, o biógrafo Bertholet relata o episódio no qual Boas adverte Lévi-Strauss que havia extravasado seu entusiasmo diante de uma obra esculpida por uma população indígena: "Um índio vale outro, um eslavo vale um alemão e um judeu um cristão. Não há hierarquia entre as culturas humanas. O mesmo ocorre com os povos quanto com a beleza" (Bertholet, 2008, pp. 148-149). Isso retrata bem esse contexto da segunda Guerra mundial e das ideologias totalitárias às quais era imperativo opor-se.

Sobre essa base de argumentação, Claude Lévi-Strauss opõe-se a Charles Darwin quando esclarece o fundamento das sociedades humanas. Enquanto que para Darwin, a ideia de escolha, e em seguida, aquela da passagem progressiva da escolha a não escolha dos parceiros sexuais provêm à instituição das sociedades humanas e da civilização, para Lévi-Strauss (1949), nossos ancestrais longínquos não tinham uma origem naturalmente social, mas viviam em bandos isolados.

Relembro que essa posição de Lévi-Strauss reflete a alternativa de Darwin em *A filiação do homem*.

> *Entretanto, visto que a força do sentimento de inveja que se encontra em toda parte no reino animal, e também em virtude da analogia dos animais inferiores, em especial daqueles que se aproximam mais do homem, não posso crer que em épocas antigas as relações de promiscuidade absoluta tenham tido um caráter dominante, pouco antes que o homem tenha atingido seu patamar atual na escala zoológica [...]. Portanto, observando bem longe para trás no decurso do tempo, e avaliando a partir dos hábitos sociais do homem tal como existe atualmente, o parecer mais exequível é que ele tenha vivido originalmente em pequenas comunidades, cada um com uma só esposa, ou se ele fosse poderoso com muitas, guardava, com ciúmes, contra todos os outros homens. Ou então, ele poderia não ter sido um animal social, e mesmo assim viver com muitas esposas* (Darwin, 2000, pp. 710-711).

E Darwin esclarece sua segunda alternativa, a menos fatível: o macho dominante coloca-se só, diante da comunidade, do mesmo modo do que se passa com os gorilas, onde o macho mais forte investe-se ao final de uma luta, como chefe de um bando, não sem antes ter matado e expulso seus rivais.

Ora, Lévi-Strauss se volta exatamente contra essa segunda alternativa, a menos viável segundo Darwin, embora o naturalista, em sua obra, argumente longamente a respeito disso. À primeira vista, essa posição é no mínimo estranha, visto que o antropólogo não é especialista em matéria de evolução. Convém, todavia, analisar detalhadamente para compreender-se o seu alcance, mesmo que mais tarde Lévi-Strauss analise essa questão com mais nuance. Para tanto, avancemos a hipótese segundo a qual a oposição de Lévi-Strauss ao darwinismo é antes de tudo estratégica.

Para justificar sua escolha, Lévi-Strauss recupera a célebre expressão de Tylor. E dito que o homem soube bem cedo que deveria escolher entre *either marrying-out or being killed-out*:

> *O melhor, senão, o único meio para as famílias biológicas, não serem impelidas a exterminar-se reciprocamente é de unirem-se entre si, por meio de vínculos de sangue. Famílias biológicas que desejassem viver isoladas, justapostas umas às outras, formariam cada uma um grupo fechado, perpetuando-se por si mesmo, inevitavelmente exposto à ignorância, ao medo, ao ódio. Opondo-se às tendências separatistas da consanguinidade, a proibição do incesto consegue traçar redes de afinidade que confere as sociedades sua armadura e na falta das quais nenhuma se manteria* (Lévi-Strauss, 1949, p. 560 e 1983, pp. 83-84).

Poder-se-ia falar aqui de uma sociedade primeira, natural, baseada no medo, no ódio, na violência, habitada por famílias biológicas isoladas, dirigidas por vínculos de consanguinidade. Decerto, Lévi-Strauss voltou depois a essa expressão, que doravante é vista como um mito, quando ele declara que o aforismo de Taylor "traduz, sob forma de mito, a visão retroativa que as famílias biológicas devem fazer de um passado imaginário, para compreender que a sociedade lhes interdiz de conduzir uma vida separada..." (Lévi-Strauss, 2001, pp. 493-496). No entanto, em última análise, não obstante a "evolução" tenha ocupado seu lugar, a dualidade natureza-cultura permanece presente.

A posição de Lévi-Strauss diante de Darwin seria estranha, caso não se tivesse o zelo de situa-la em seu contexto de enunciação. Nesse sentido, afirmei que diversos autores no final do século XIX, dentre os quais alguns impraticáveis, inspiraram-se em trabalhos de Darwin e da *A origem das espécies*, obra especialmente consoante com suas perspectivas ideológicas e a seus projetos políticos e que passou por um processo de reciclagem simplista, populista, do esquema seleção/adaptação ou eliminação. Exemplo disso são as teorias eugenistas as mais sombrias desenvolvidas por Galton das quais provieram, afinal, as doutrinas políticas racistas abjetas da desigualdade. Determinados epígonos de Darwin, de fato, não facilitaram a leitura nem a compreensão de sua obra.

Recordemos que o projeto intelectual de Lévi-Strauss orienta-se para a investigação dos universais da cultura, ou seja, se seus invariantes, projeto científico sério passível de ser colocado em oposição aos invariantes biológicos e que, no entanto, pode ser posto em paralelo. Com efeito, se deve considerar a cultura o atributo essencial da condição humana, então, para além da imensa diversidade de culturas, a cultura deveria, de sua parte, também exibir aproximadamente o mesmo conteúdo. O problema para os etnólogos seria então descobrir as leis de ordem subjacentes à diversidade observável das crenças e instituições; é a isso que se dedica Lévi-Strauss em *As estruturas elementares do parentesco* onde ele evidencia os invariantes, vale dizer, as estruturas da humanidade para além da diversidade das culturas humanas (Lévi-Strauss, 1983, pp. 60-61).

A posição deveras reservada de Claude Lévi-Strauss em relação a Darwin assenta-se sobre duas oposições maiores. Ao observar-se com olhar mais apurado, tais censuras não são exclusivamente endereçadas a Darwin, mas de modo mais amplo, a correntes de pensamento que reivindicaram dele, generalizando *A origem das espécies* à espécie humana (do que Darwin absteve-se de modo simplista - cf. *A filiação do homem*). São então duas oposições relevantes que se enunciaram: a primeira em relação ao darwinismo social que leva ao racismo na medida em que tenta conciliar a diversidade de culturas com a afirmação de sua desigualdade; a segunda dirigida à continuidade natureza-cultura imputada, sobretudo, a Darwin, segundo a qual a natureza englobaria a cultura, aniquilando com isso qualquer tentativa de singularizar a condição humana.[10]

Uma oposição pode encobrir outra

Para dar início a essa discussão é conveniente retomar a relevância do conceito de espécie no pensamento de Claude Lévi-Strauss: ele dá a verdadeira unidade de método à sua obra[11] e, nesse sentido, o autor, opondo-se ao existencialismo de Sartre, considera como adquirida "(a) filosofia da identificação original a todos os outros" (Lévi-Strauss, 2008 a, p. 544). Esse postulado de cunho filosófico constitui o alicerce de sua notória crítica ao totemismo que se apresenta hoje, de certa maneira, como uma tese alternativa sobre a qual ele pode, doravante, apoiar

10 Para uma descrição e uma discussão detalhada do naturalismo como chefe de fila Darwin, ver Descola, 2005, pp. 241-279.

11 É isso, ao menos, o que aparece hoje de modo mais claro na organização da apresentação de sua obra na coleção Biblioteca da Pleiade. Ver sobre isso Keck, 2008, p. 1806.

sua teoria das trocas matrimoniais (foi necessário recompor progressivamente o primeiro argumento. Ela é uma síntese imediata, produzida pelo caráter relacional do pensamento simbólico.[12] Recorde-se que, levando em conta as evoluções precedentes que moveram Lévi-Strauss a rever sua concepção da ruptura natureza-cultura, para finalmente integrá-la à "evolução", doravante é antes sobre essa outra argumentação, apresentada sucintamente aqui, que se assenta a demonstração do papel fundamental da troca (no sentido de uma troca equivalente, isto é, uma troca entre pessoas consideradas como passíveis de substituição retomando meus termos) na instituição da sociedade.[13] É interessante observar que nas *Obras* publicadas em 2008 na Biblioteca da Pleiade, cuja edição foi supervisionada pelo autor, a questão da troca é, na verdade, tratada na obra *O pensamento selvagem* no capítulo "Totem e casta" e ela diz respeito a essa segunda argumentação e não mais da primeira (cf. o ponto precedente) que não é mais diretamente presente.

Mostrarei que a objeção de Claude Lévi-Strauss à questão apresentada por Darwin referente à variabilidade da espécie humana (pela qual Darwin procura justificar aquilo que ele denomina a origem das "raças humanas") é, antes de tudo, de ordem ética e epistemológica. Com efeito, Lévi-Strauss identifica a questão de variabilidade da espécie humana com um risco de desvio racista, eliminando-lhe todo estatuto científico uma vez que se trata de um problema ético e político. Com esse esclarecimento, posso agora analisar como Claude Lévi-Strauss irá servir-se da teoria da "seleção sexual" de Charles Darwin, sendo que a questão essencial é orientada para um problema epistemológico quando ele estudará a salvaguarda da autonomia das ciências humanas e sociais diante da sociobiologia. Em outras palavras, partindo de um pressuposto filosófico, Claude Lévi-Strauss contrapõe-se, de fato legitimamente, ao "Darwin negro".[14] Na sequência, ele deixa de discutir os aspectos de antropologia

12 À luz disso, compreende-se melhor porque Lévi-Strauss não poderia satisfazer-se plenamente com a formulação do dom tal como havia enunciado Marcel Mauss, processo ternário do dar, receber, devolver. Uma concepção do dom que ele subsumiu naquela da troca, na medida em que especialmente esse processo de dom não relata verdadeiramente uma troca equivalente (isto é, de dons seguidos de "contradons" equivalentes). Segundo Lévi-Strauss, convém, antes, considerar a natureza idêntica das mulheres (uma mulher trocada vale outra mulher trocada) a fim de que elas possam, em seguida, serem trocadas segundo os princípios de diferenciação social e, além disso, justificar a passagem entre as duas ordens, de natureza e de cultura. Diferentemente, o dom tratado por Mauss não repousa particularmente sobre a equivalência das coisas trocadas (que, do contrário, no seu sentido agonístico, ele remete à honra, ao reconhecimento, à dependência...). Cf. Lévi-Strauss, 1950, pp. 41-42..

13 Cf. a exposição detalhada no capítulo 5.

14 No sentido restrito que atribuí a essa noção anteriormente.

fundamental propostos pelo Darwin de *A filiação do homem* no qual a explanação da origem das sociedades humanas não se fundamenta mais sobre a troca, mas antes sobre "a escolha".

Lévi-Strauss afirma em *Raça e cultura*:

> *Na verdade, a história da noção de raça confunde-se com a busca de traços privados de valores adaptativos. Pois, como poderiam eles ser mantidos tais quais através de milênios e, porque não servem para nada, bem ou mal, porque sua presença seria totalmente arbitrária, testemunhar hoje de um passado muito distante* (Lévi-Strauss, 1983, p. 23).

O argumento é sutil; a alusão sobre *A filiação do homem* de Darwin e a rejeição do uso que foi feito fica aqui bem manifesta. Darwin, considerado por Lévi-Strauss como o pioneiro da noção de raça (no sentido aqui de um desvio racista), pode vir a ser o verdadeiro inimigo, aquele que se opõe ao seu grande projeto de autonomia da antropologia em relação às outras disciplinas e, de modo especial, a biologia. É imperativo desqualificar Darwin. Para tanto, quando logicamente o visado deveria ser o "Darwin negro", como o denominei, mas é o trabalho de Darwin consagrado à variabilidade da espécie humana que é mencionado, em vão, como se fosse uma evidência que não carece ser anunciada, como se Darwin fosse o instigador indireto do racismo. O racismo contemporâneo encontraria sua gênese em Darwin, e mais precisamente, na busca dos traços arbitrários - as características secundárias, tais como a beleza de um rosto, a barba... - que não podem ser explicados pela seleção natural, mas sim por outra teoria, como vimos aquela da seleção sexual. Nesse sentido a teoria da seleção sexual não exige ser debatida, nem os argumentos de antropologia fundamental que a acompanham.

Então não nos equivoquemos. Nesse momento (1971) o alvo de Lévi-Strauss, na verdade, não é mais o racismo, uma vez que, em razão da valorização dessa aversão, apresentada como uma evidência, o objetivo torna-se de preferência a defesa da autonomia das ciências sociais em relação à biologia e à concepção que atribuiria a primazia à "natureza" biológica e não à cultura.

Com efeito, Lévi-Strauss, que não confunde raça e racismo, irá reconsiderar sua posição em relação ao racismo, por ocasião de uma conferência que ele pronunciará na UNESCO em 1971. Em 1983, ela apresenta o seguinte comentário: "Ora, já na época, para servir as instituições internacionais [...], na conclusão de *Raça e história* eu exagerei um pouco [...], eu repugnava agora essa condescendência..." (Lévi-Strauss, 1983, p. 13). Destruindo o catecismo da UNESCO, o antropólogo argumenta que a diversidade existe e "resulta em grande parte do desejo de cada cultura em opor-se àquelas que a circundam, de distinguir-se delas, em suma, de ser ela mesma..." (Lévi-Strauss, 1983, p. 15). Uma posição que, todavia, não é fundamentalmente incompatível com aquela estabelecida anteriormente por Darwin, quando Lévi-Strauss elucida: "A diversidade resulta em grande parte do desejo de cada cultura em opor-se àquelas que a circundam, de distinguir-se delas, em suma, de ser si mesma [...], no entanto, para não se extinguir, é indispensável que, sob outras relações, persista entre elas certa permeabilidade" (Lévi-Strauss, 1983, p. 15).

O argumento transforma-se, mas o alvo permanece inalterado, e dessa vez claramente identificado. Na sua obra *O olhar distanciado,* a partir do prefácio e pela disposição dos dois primeiros capítulos, Lévi-Strauss instaura uma proximidade analógica não mais entre dois termos, raça e racismo, mas entre raça, racismo e o contínuo "natureza-cultura", que encarna doravante a sociobiologia de Edward Wilson. Essa teoria é uma nova definição da vida, definição que agrega as noções da "sociologia darwiniana".[15] Uma primeira série analógica que Lévi-Strauss opõe radicalmente à particularidade da condição humana, na verdade objeto da antropologia e que representa sua teoria do parentesco, da aliança e da família que ele retoma e esclarece nos capítulos subsequentes do livro. Por trás disso, o alvo visado não é mais verdadeiramente Darwin, mas antes a sociobiologia e seu instigador, E.O. Wilson que tenciona abolir a sociologia e as ciências sociais e para o qual a singularidade humana e, portanto, a condição humana evanescer-se-ia.[16]

Salientemos essa frase que por si só explica toda a fineza de Lévi-Strauss e a mudança de sua argumentação desde *As estruturas elementares do parentesco*: "A evolução humana não é um subproduto da evolução biológica, mas ela também não é completamente distinta. A síntese entre essas duas atitudes tradicionais é agora possível [...], os biologistas e os etnólogos tomam consciência do subsídio que podem representar mutuamente e de suas respectivas limitações" (Lévi-Strauss, 1983, p. 43). Um diálogo, sem dúvida, mas no acolhimento dos respectivos limites que nos conduzem ao objeto fundamental da censura, a defesa da condição humana.

15 A propósito disso, ver, por exemplo, Blanc, 1990, pp. 169-170 e Pichot, 200, p. 123. Entretanto, notei que o "darwinismo social" tem pouco em comum com o darwinismo.

16 Lévi-Strauss, 1983, pp. 53-62. Georges Guille-Escuret explica que, segundo os antropólogos franceses, a sociobiologia não passaria de um acesso de febre reducionista, tipicamente anglo-saxão, e esclarece: "Uma crítica etnológica desse novo desvario anglo fônico passa então no "meio" por uma futilidade intempestiva e – o que é mais grave – por uma falta de confiança no poder dissuasivo dos títulos de glória que nos hão legado Durkheim, Maus e Lévi-Strauss. Depois que esse último consagrou-se inteiramente em recolocar o evento ao seu justo lugar, o silêncio é indicado por certos "mestres" como a única estratégia digna de elogio" (Guille-Escuret, 1992, p. 660).

O que inquieta, de modo especial, Lévi-Strauss é a distinção fundamental entre o domínio da natureza e o da cultura. A complexidade de sua argumentação resulta do que ele designa de sociobiologia e seu fundador Wilson, da mesma maneira que Darwin, como dois molestadores das ciências sociais. E Lévi-Strauss cita Wilson: "A sociobiologia e as outras ciências sociais, como também as ciências humanas, são os últimos ramos da biologia que ainda devem ser integrados na síntese moderna".[17] O que Lévi-Strauss não pode tolerar. Sua intenção intelectual para a antropologia permanece o de lhe prover com um objeto distinto daquele da biologia. Seu pensamento alicerça-se sobre um ceticismo em relação à continuidade natureza-cultura da qual Darwin seria o chefe de fila. Não obstante ele concordar que a evolução biológica tenha selecionado traços pré-culturais, muito rapidamente o determinismo pôs-se a operar em sentido inverso: "As formas de cultura adotadas aqui e acolá pelos homens [...] estabelecem o ritmo e a orientação de sua evolução biológica, bem mais que esses, não são determinados por elas" (Lévi-Strauss, 1983, pp, 58-59).

Hoje temos, todavia, o direito de indagar se o Darwin de *A filiação do homem* pode igualmente ser catalogado ao lado da sociobiologia de Wilson, como insinua Claude Lévi-Strauss, e mais amplamente do que se nomeia atualmente a psicossociobiologia.

A respeito disso, é pertinente ressaltar que a psicossociobiologia, quando defrontada com a diversidade humana - questão que acarretou tantos problemas para Darwin - evidenciando os critérios consensuais da atração, contrapõe-se às conclusões de *A filiação do homem.* Esses pesquisadores, aliás, não se equivocam quando atribuem o pessimismo de Darwin no que concerne à universalidade dos padrões de beleza à simples variedade das modas e costumes. Demonstram, assim, que as pesquisas recentes testificam que existem normas comuns para atração (Baudouin/Tinberghien, 2004, p. 87). Em outros termos, no intervalo de tempo que separa os primeiros trabalhos de Lévi-Strauss sobre o parentesco e hoje ocorre uma inversão. Wilson e herdeiros, como aqueles que reivindicam da psicologia cognitiva, são exatamente os malfeitores da autonomia das ciências sociais, diferentemente daqueles que reivindicam hoje, plenamente de Darwin (a ecologia comportamental, por exemplo), os quais não são particularmente antagônicos às ciências humanas, ou ao menos, revelam-se abertos a certa autonomia.[18]

---

17 Lévi-Strauss, 1983, p. 53. Cf. Wilson, 1975, p. 4.

18 Por exemplo, no campo das neurociências, o debate sobre a consciência e a liberdade humana colocado pela teoria do "darwinismo neural" (a teoria da seleção dos grupos de neurônios, ou TSGN), desenvolvido por Gérald Edelman (Edelman, 1992). O "naturalismo não reducionista" de Eldeman se expressa assim: "Isso não significa, todavia, que os valores

Eles anunciam, ao contrário, um naturalismo "mitigado", isto é, comedido, que afirma a identidade humana ancorando-a na evolução das formas da vida biológica.

Assim, ao contrário da psicologia cognitiva, a ecologia comportamental, que se ostenta claramente na procedência direta de Darwin e, em especial, da sua teoria da seleção sexual, não se exime em explicar que a cultura, a moral e as pressões sociais "transformaram-se em um elemento relevante da nossa evolução. A consequência é que, em face de tal desenvolvimento, assiste-nos o direito de indagar em que medida é plausível aplicar os mesmos raciocínios aos animais e à espécie humana" (Danchin e A. L., 2005, p. 544). Percebe-se, assim uma nítida prudência da ecologia comportamental para com a espécie humana e, portanto, para com a singularidade de sua condição; a ecologia comportamental substitui com isso um importante argumento Darwin.

Diferentemente do que pensava Claude Lévi-Strauss sobre esse ponto, em relação a Darwin, os herdeiros deste, representados aqui pela ecologia comportamental, mostram-se prudentes no que concerne à natureza humana e sua sociedade, e apresentam-se favoráveis a certa particularidade da condição humana (aproximando-se, desse modo, de Claude Lévi-Strauss). Inversamente, aqueles que Lévi-Strauss rotula de "neodarwinistas", a saber, Wilson e seus contendores atuais, tais como os partidários da psicobiologia (que se mostram reservados com relação a determinadas conclusões de Darwin), revelam-se como os verdadeiros instigadores da ontologia naturalista (aqui no sentido de reducionismo biologista), negando nos fatos todo objeto das ciências sociais e humanas.[19]

II | Godelier aproxima-se de Darwin e o político investe no parentesco

Salientemos que duas figuras eminentes da antropologia francesa, Maurice Godelier e Claude Lévi-Strauss, nos trabalhos que dedicam ao parentesco e

sociais superiores sejam especificados geneticamente. [...] Se tais valores têm uma base biológica, não é senão em virtude da história e da troca social que nós humanos podemos nos apoiar sobre esses valores para criar direitos." (Edelman, 2004, p. 165). Para um debate sobre essas questões, conferir os atos do colóquio internacional "Darwinismos e especificidades do humano", Universidade Católica de Louvain, abril 2009.

19 Esse complexo debate instiga múltiplos desafios que Georges Guille-Escuret resume da seguinte maneira: "O neodarwinismo padece de um preconceito continuista que a "teoria dos equilíbrios pontuais" felizmente começou a desacreditar, mas que a inspiração sociobiologista , ao contrário, exaspera" (Guille-Escuret, 1992, p. 675).

às origens sociedades humanas, fazem referência a Charles Darwin. Enquanto venho esclarecer que Lévi-Strauss permanece, afinal, sempre muito reservado com relação a Darwin, apesar de os argumentos se alterarem, atualmente Godelier vincula-se a ele de modo explícito.

Sem adentrar em detalhes, enfatizarei que se Darwin afirmou que o mundo é controlado por forças materiais decorrentes da seleção natural (com reservas para o humano e sua civilização), isso não quer dizer que, na época de "Horizon, trajets marxistes en anthropologie", Godelier não tenha permanecido crítico em relação a Darwin de *A origem das espécies* (Godelier, 1973, pp. 53-54, nota 50 e pp. 181-182). Como essa observação: "A história não é, portanto, uma categoria que explica, mas que explicamos...", e na ocasião ele critica sem rodeio a "ecologia cultural" como um materialismo vulgar e reducionista (Godelier, 1973, pp. 51-53). Hoje, Maurice Godelier certamente não contrapõe mais a história e a evolução de maneira tão exclusiva. Todavia, como explanarei nessa seção, ele não discute completamente o Darwin de *A filiação do homem*, embora mencione explicitamente a hipótese selecionada a propósito da origem social, da espécie humana.

Na verdade, se isso é relevante, aproximadamente sessenta anos separam *As estruturas elementares do parentesco* de Claude Lévi-Strauss e a publicação em 2004 de *Métamorphoses de la parenté*.

O objeto dessa seção pode ser enunciado do seguinte modo: visto que as principais linhas da teoria darwinista - a seleção natural e a seleção sexual - são amplamente aceitas pelos especialistas da evolução, competia à antropologia fundamental integrar o darwinismo. Maurice Godelier abre amplo caminho. Não falta, penso eu, senão superar um passo para uma articulação completa, porém crítica, do darwinismo. Esse passo consiste em incluir nos estudos do parentesco a dimensão de regulação da ordem sensível (a regulação social da beleza), em descrever a forma institucional tomada pela regulação da ordem sensível no momento em que essa se instala nas sociedades humanas em favor da emancipação progressiva da seleção sexual. Em outros termos, a regulação da ordem sensível, como parte recebedora do parentesco (que comporta muitas outras facetas), aloja-se progressivamente no espaço abandonado pela seleção sexual. Trata-se então de descrever a integração, nas sociedades humanas, de princípios de regulação da ordem sensível que versa especificamente sobre o impacto da singularidade humana de variabilidade sobre o estabelecimento do parentesco. Portanto, para se entender a relevância de regulação da ordem sensível na reprodução da sociedade, é pertinente emancipar-se de um ponto de vista estritamente estrutural que pressupõe as categorias de base do parentesco, aquelas de homem e mulher como adquiridas de imediato. Ao contrário, demonstrei que essas categorias de homem e de mulher devem ser instituídas para que sejam ativados os laços de parentesco. E a função primordial de regulação da ordem sensível é de produzir a semelhança entre as pessoas lá onde ela é inexistente, cooperando assim em esboçar os contornos de um grupo social coerente.

Para a sequência do raciocínio, lembremos que Darwin explana a fragilização dos efeitos da seleção natural e da seleção sexual pela emergência progressiva do que ele nomeia a civilização e suas múltiplas regras. Ele deduz, em seguida, as consequências lógicas sobre as sociedades humanas desse processo que inverte os efeitos de sua teoria da seleção, pois para empregar sua formulação, os mais frágeis de um grupo podem doravante encontrar seu lugar. Sobre os efeitos previstos desse processo, enfatizei que Darwin permanece um tanto ambivalente. Por essa razão, a propósito desse ponto em particular, tomarei claramente distância dele ao inverter suas conclusões. De fato, a fraqueza como componente original da sociedade humana não é considerada pelo naturalista em sua valência positiva, isto é, como inclusão de habilidades inéditas, próprias aos "mais fracos" de um grupo (tais, por exemplo, as percepções de mundo que os mais velhos ou os menos bonitos têm). Demonstrei que esse processo é garantido pelas formas tomadas pelas alianças, uma vez que elas possibilitam a sobrevivência dos mais fracos de um grupo. Ao contrário, portanto, da constatação ambivalente enunciada por Darwin referente à inclusão dos "menos aptos" na sociedade, apresento aqui a razão pela qual esse processo representa um avanço considerável. Tal avanço foi possível graças à regulação social da ordem sensível (imposição da não escolha do parceiro sexual) e, por esse motivo, uma notória particularidade das sociedades humanas refere-se ao fato que, pelo jogo das alianças, as pessoas economicamente ativas devem tomar o encargo daquelas que não o são, que não são mais, ou que o são menos. Considera-se, então, a busca de segurança social e política doravante conquistada por um maior número no seio das sociedades humanas. Esse mecanismo de inclusão dos "mais fracos" na sociedade constrói-se ao impor a um determinado grupo que elabore categorias de equivalência de homens e mulheres, à exclusão das outras, isto é, daqueles aos quais a equivalência é recusada. Esses últimos não pertencem à sociedade e podem ser considerados como bárbaros, inimigos, e até mesmo "comestíveis". A coerência de uma sociedade e sua reprodução decorre, portanto, da invenção social de uma fronteira. Ela exprime a quem é atribuída à comunidade humana pelo reconhecimento de uma semelhança entre os homens e entre as mulheres. Para fazê-lo, cabe-me, não como Maurice Godelier, articular de modo diferente ao de uma relação de subordinação, a aliança e a transmissão da ordem social que é igualmente uma ordem hierárquica. Explico-me.

À luz de relevantes pesquisas desenvolvidas por Maurice Godelier no âmbito do parentesco, a articulação completa entre Darwin e a antropologia fundamental pode se enunciar nos seguintes termos: o parentesco repousa sobre dois princípios: obrigar-se a dar (a fim de aliar-se, o que evoca a "teoria geral" da troca de Claude Lévi-Strauss) e obrigar-se a não dar o que deve ser conservado para ser transmitido (o que evoca mais especificamente à "retenção dos objetos sagrados para transmiti-los" de Maurice Godelier). Quando o primeiro princípio obriga-se a dar, foi contestado, não tanto em sua existência concreta, que é manifesta (após os trabalhos de Claude Lévi-Strauss), mas na função que as alianças garantem na instituição das sociedades humanas (a espécie humana sendo uma espécie social dentre outras, as alianças podem ser qualificadas como aquilo que instaura um contrato social na fundação das sociedades humanas), não é plausível, com toda a lógica, reconsiderar essa função das alianças na reprodução das sociedades humanas? Dito de outro modo, aliar-se sim, mas por quê? É essa função específica que Maurice Godelier não explicita completamente quando analisa que a aliança é subordinada à necessidade de transmitir relações político-religiosas entre as gerações. Essas últimas são as únicas, em seu parecer, aptas a articular de maneira coerente a sociedade como um todo. Isso fica patente na definição que ele propõe da sociedade: essa "deve existir como um todo que une os grupos que a compõe e, ao mesmo tempo, os transcende uma vez que se situa sobre outro patamar, aquele das relações politico-rituais, que consolidam a unidade de um modo amplamente imaginário e simbólico..." (Godelier, 2004, pp. 86-87).

Ao evidenciar-se a regulação da ordem sensível, que requer a adoção de um olhar complementar sobre o parentesco, nossa obra responde à questão emergente da tarefa (ou antes, das tarefas) que convém, doravante, atribuir às formas tomadas pelas alianças, uma vez que a resposta clássica oferecida por Claude Lévi-Strauss não é mais plausível. Para responder a essa indagação, de certo modo, oposta ao ponto de vista estrutural, focalizei minha análise sobre a tarefa da singularidade humana (no sentido já bem discutido da divisão desigual da beleza) na reprodução das sociedades. No momento, pretendo indicar que, pelo jogo das alianças, a regulação da ordem sensível - por meio da criação de categorias de equivalência - articula-se em torno da regulação da ordem política - aqui a transmissão das hierarquias sociais entre gerações - magistralmente analisada por Maurice Godelier. Quando ele estuda a transmissão das relações políticas e religiosas como uma necessidade visando reproduzir a sociedade humana, o antropólogo indica que essas relações políticas e religiosas englobam as relações de parentesco (que expressam algo diferente do parentesco, a saber, a ordem que deve reinar na sociedade para que lhe seja possível perpetuar-se), proporcionando assim à sociedade sua coesão global.

De minha parte, prefiro reconhecer uma relativa autonomia à aliança e, por isso, ao processo de regulação social da beleza (à ordem sensível) em relação à transmissão das hierarquias político-religiosas. Para esse objetivo, mostrarei que a teoria da "domesticação da sexualidade/desejo" pelas alianças, elas próprias submetidas aos imperativos de reprodução da ordem político-religiosa, nos termos de Maurice Godelier, não responde inteiramente ao problema provocado pela regulação da ordem sensível. Em outros termos, a "domesticação da sexualidade/desejo" tal como apresentada por Maurice Godelier não esgota a questão apresentada pela regulação da ordem sensível, nem aquela, por extensão, apresentada pela emancipação da seleção sexual evidenciada por Charles Darwin. Trata-se de dois processos distintos que Maurice Godelier não reconhece como tais por duas razões. A primeira é que ele não leva em consideração a singularidade humana, pois adota uma perspectiva estrutural (isto é, ele considera as categorias de homem e mulher como adquiridas de imediato)[20] e, a segunda é que ele situa-se, de preferência, ao lado dos dominantes, vale dizer, do lado dos homens, para estabelecer sua teoria da transmissão pelos homens de sua situação e atributos aos filhos concebidos somente pelas mulheres. Então, um ponto de vista complementar consistiria em analisar logicamente as alianças, não mais a partir do olhar dos homens, mas também a partir do olhar das mulheres, aquelas que geram os filhos para os dois sexos e, consequentemente, não precisa deles apropriar-se para lhes transmitir sua situação social e atributos. O desenvolvimento dessa perspectiva feminina sobre as alianças é objeto deste livro. Eu o coloquei em evidência reconhecendo a relevância de certos traços de feminilidade que eu analisei por meio da questão da singularidade humana e de sua regulação pela imposição de uma ordem sensível, estreitamente vinculada, como afirmei, com a ordem dominante, a saber, a do político. Essa via alternativa valoriza outro acesso ao parentesco. Pode ser definido como aquele da procura pela segurança dos mais fracos do grupo. Esse acesso distingue-se de outro que privilegia a transmissão de uma ordem social à geração seguinte pelos dominantes aqui, de preferência, os homens. Em outros termos, a criação de semelhança entre os homens e as mulheres difere da produção de uma ordem social. Do mesmo modo, regular o universo sensível pelas alianças é uma coisa, e transmitir uma relação de ordem por meio da submissão das alianças é outra.

Aproveitando a discussão da teoria de Maurice Godelier intitulada "Proposições para outro cenário" (Godelier, 2004, pp. 460-509), mostrarei que é, de

---

20 Já enfatizei esse fato na minha discussão da análise da sociedade na proposta por Maurice Godelier (cf. capítulo 3).

preferência, a articulação de dois processos distintos que produz a sociedade da qual os homens carecem para viver. Em outras palavras, para responder à minha questão do início, referente ao papel das alianças, uma vez que elas não podem mais ser consideradas como estando na base das sociedades humanas, argumentarei que é pela regulação da ordem sensível que as alianças detêm o papel específico no seio das relações de parentesco e, por outro lado, na reprodução das sociedades humanas.

Nos capítulos seguintes, mostrarei que é a articulação das duas ordens, o sensível e o político, que conduz à reprodução da sociedade (cf. na quarta parte a discussão sobre o "corpo da ascensão social" e sobre o "corpo de classe"). Assim, sem essa articulação que se baseia sobre a distinção prévia de dois universos reguláveis de modo específico, o que aconteceria com as relações políticas e religiosas se, de modo geral, as bonitas do povo seduzissem os filhos dos abastados: a beleza não é, por acaso, considerada como a esperança do pobre? A beleza (isto é a singularidade não regulada) não seria, então, fatal às relações políticas e religiosas, se a ordem sensível (a beleza e a singularidade...) não fosse regulada nas sociedades consuetudinárias? Em outras palavras, mostrarei que as relações políticas e religiosas (as relações hierárquicas) que assumem inteiramente o parentesco (e, portanto, os corpos) sujeitando-o a seus próprios fins, para poder transmitir as situações sociais e atributos da geração mais velha a mais nova devem, no entanto, combinar com a regulação da ordem sensível que está inteiramente sob a tutela das alianças. No entanto, para que o comentário de Maurice Godelier, a seguir, assuma todo o seu sentido, creio que deva ser completado pelos efeitos induzidos pela regulação da ordem sensível que equivale também a levar em consideração a perspectiva das mulheres e, além disso, a perspectiva das categorias consideradas como "dominadas"; Godelier afirma: "Pois não são somente as relações de parentesco que certas uniões sexuais ameaçam destruir. São, igualmente, as relações hierárquicas entre membros de castas superiores e inferiores, ou entre indivíduos de "raças" diferentes, entre Brancos e Negros, como na África do Sul no tempo do *apartheid*, ou até há pouco tempo, nos estados do sul dos Estados Unidos..." (Godelier, 2004, p 419).

O parentesco como lugar de investimento do poder

De seu campo na Nova Guiné, Maurice Godelier extrai a convicção de que o parentesco é um domínio, entre outros, da vida social, e que as sociedades sem casta e sem classe não são fundadas sobre ele - diferentemente de Lévi-

-Strauss para quem o parentesco torna-se aliança, ela mesma situada na base da família e, pela troca, na base da sociedade. Para construir uma sociedade e lhe conceder uma forma tribal, não basta a existência de grupos de parentesco. Para que a sociedade exista como um todo, é imprescindível que os diferentes grupos de parentesco que a compõe exerçam, "em comum, uma espécie de soberania política e ritual sobre o conjunto da população e sobre o território defendido por todos..." (Godelier, 2004, p. 55). Com isso, Godelier afirma a importância do imaginário (relações político-religiosas como um núcleo imaginário, como uma produção da idealidade fictícia, como aquilo que caracteriza a sociedade humana).[21] sobre a função simbólica (a troca) que é uma função essencial, sem dúvida, mas derivada da estrutura cognitiva do cérebro.

Antes de poder expor sua teoria da "produção-reprodução" da sociedade humana, Godelier deve aplicar-se a demonstrar os limites da teoria de Lévi-Strauss. Para isso, por meio de exemplos etnográficos, ele comprova o caráter incompleto do parentesco, impossibilitado por si só de justificar o funcionamento da sociedade. Tomam dois caminhos, primeiro aquele da separação da família e do matrimônio e, em seguida, o da junção do parentesco por relações político ritualistas, únicas capazes de impor regras sobre um determinado território. Com Godelier, o parentesco e, de modo especial, os corpos sexuados transformam-se no lugar do investimento do poder.

Um primeiro caminho conduz o autor a dividir a intensa relação estabelecida por Lévi-Strauss entre matrimônio e família. Na perspectiva godeliana, o matrimônio não é imprescindível para a construção da família; ele não se encontra então no fundamento da sociedade. A aliança desempenha aqui uma função mais modesta: atribuir estabilidade a uma união por meio do reconhecimento oficial da sociedade. A demonstração, o antropólogo encontra, sobretudo, junto aos *Na* da China.[22] As relações sexuais entre os membros adultos da sociedade são normatizadas essencialmente pelas visitas furtivas: à noite os homens saltam as balaustradas que cercam as casas das mulheres que desejam visitar. Eles ali permanecem durante algumas horas e, na alvorada ao mais tardar, retornam à sua própria casa para viver com suas irmãs e seus filhos que educam conjuntamente.[23] A consequência teórica é cristalina: "Não é o matrimônio que

21 Nisso, Maurice Godelier não se distancia de Edgard Morin quando ele se refere à "fenda antropológica" que é aquela da figura, do imaginário quando este é, às vezes, impelido até a demência (Morin, 1973, pp. 112-113).

22 Cf. Capítulo 3.

23 Cf. a monografia de Hua Cai, 1997. Ver Godelier, 2004, pp. 394-403.

constrói a 'família', mas a dupla coação que pesa sobre os indivíduos dos dois sexos de cooperar para produzir suas condições materiais de existência e de educar os filhos que alguns deles (as mulheres) geraram pela união com parceiros escolhidos no exterior" (Godelier, 2004, p. 397).

Godelier elucida assim que a instauração da família não se assenta sobre a aliança como uma pressuposição imperativa, mas simplesmente sobre a dupla proibição: primeiro, do incesto entre consanguíneos e, segundo, acolhendo a argumentação de Lévi-Strauss, da "divisão sexual do trabalho", ou seja, a interdição feita a cada um dos sexos de cumprir determinadas tarefas que são exclusivas do outro, a fim de cooperar para sobreviver materialmente e educar os filhos (Godelier, 2004, p. 398). Com os *Na*, é plausível que as condições para fundar uma família não impliquem que os adultos que educam os filhos tenham relações sexuais, e nem que sejam "casados".[24] E, em um comentário endereçado a Lévi-Strauss, Godelier esclarece que "nessa sociedade, não há necessidade de cunhados para a ajuda mútua, os vizinhos e os consanguíneos longínquos satisfazem. E de qualquer maneira, não há "cunhados" (Godelier, 2004, p. 399). E conclui: "Os *Na* não representam exceção à hipótese proposta por Tylor e Lévi-Strauss [...]. Portanto, é pela troca que cada grupo que se proíbe a prática do incesto pode reproduzir-se". Ele acrescenta, enfim, que a teoria deve ser reformulada: "Pois, se a interdição do incesto heterossexual [...] força a troca, parece que não obriga, necessária e mecanicamente, a instauração das relações de aliança..." (Godelier, 2004, p. 401). É plausível, portanto, existir uma troca sem aliança.

Após ter demonstrado a relatividade do papel da aliança na instauração das formas de família, Godelier dedica-se em seguida à elaboração da mesma demonstração para a interdição do incesto que, ao final da discussão, passa do estatuto de verdade universal ao de "universalidade relativa". Desse modo, atento em tratar no plano epistemológico as exceções como administração da prova, Maurice Godelier conclui que a tese de Claude Lévi-Strauss, segundo a qual o interdito do incesto implica a injunção da exogamia e da troca das mulheres entre os homens, tem validade parcial, ou seja, uma universalidade relativa. A demonstração irá mobilizar, em especial, dois exemplos relevantes. Quanto ao primeiro, o autor baseia-se nas obras de Jack Godoy (Godoy, 1956), e discute as de François Héritier, notadamente, o conceito de incesto de segundo tipo,[25] a fim de rememorar que, se a teoria de

24 Aliás, esse caso aproxima-se daqueles dos Nayar (Índia, sobre a costa do Malabar) que conhecem um matrimônio fictício pelo fato de que os homens absorvidos pela guerra não podiam formar uma família (para maiores informações, ver capítulo 3); esse caso era conhecido por Lévi-Strauss, 1983, p. 67.

25 Héritier, 1994. A propósito disso, Godelier mostra que o incesto entre consanguíneos

Lévi-Strauss explica porque a interdição do incesto permite a troca, nada afirma a respeito das relações de afinidade, a saber, que uma vez casado, um homem não pode unir-se à irmã de sua esposa, que antes do matrimônio podia igualmente casar-se, ou para uma mulher, por que o irmão de seu marido se torna como um irmão (ou porque os consanguíneos por afinidade tornam-se consanguíneos). E também, a teoria não explica porque, para um homem, a esposa de seu irmão ou, para uma mulher, o esposo de sua irmã (ou seja, os semelhantes dos consanguíneos) transforma-se consanguíneo (Godelier, 2004, pp. 354, 362 e 390). Ademais, é patente que o interdito do incesto varia consideravelmente de uma sociedade para outra, e sobre essa base Maurice Godelier propõe denominá-lo como o obstáculo da união sexual entre indivíduos que compartilham componentes essenciais de seu ser (Godelier, 2004, p. 362). O segundo exemplo escolhido por ele refere-se ao caso dos antigos egípcios. O antropólogo discute os matrimônios entre irmão e irmã para mostrar que existe aliança sem troca e, portanto, sem produção de novos aliados, mas que, no caso dos faraós, os matrimônios próximos não excluíam os matrimônios longínquos; os matrimônios entre irmãos e irmãs não excluíam a celebração de alianças com não parentes. As famílias reservavam, assim, uma parte das mulheres para elas mesmas e celebravam alianças com as outras (Godelier, 2004, pp. 407 e 413). Igualmente nas sociedades islamizadas, a lei corânica reza que a união preferida é aquela com a filha do irmão do pai, a prima paralela patrilateral, aliás, sem que as outras primas fossem vetadas.

Ao final desse primeiro percurso, a teoria da troca de Lévi-Strauss modifica seu estatuto de verdade universal ao de "universalidade relativa". Isso permite a Godelier chegar à seguinte conclusão: a aliança não funda mais necessariamente a família e a universalidade do interdito do incesto é uma verdade relativa; consequentemente, a hipótese teórica de Lévi-Strauss não é universalmente verificada. E formula a proposta segundo a qual a existência da sociedade repousa sobre um mecanismo duplo e sobre dois princípios: "obrigar-se a dar e obrigar-se a não dar o que deve ser mantido para ser transmitido" (Godelier, 2004, p. 458).

O segundo caminho diz respeito à demonstração da junção do parentesco pelos imperativos da transmissão, isto é, a ordem religiosa e política, assumindo assim a tese da sexualidade como local de investimento, ou mesmo de disfarce, do poder.[26] Pelo estabelecimento de uma ampla comparação da concepção da criança

---

é diferente das interdições relativas aos afins, e a partir do caso dos *Na*, concluí que o incesto do segundo tipo não pode ter o mesmo estatuto de fundamento universal do incesto denominado do primeiro tipo (Godelier, 2004, p. 402).

26 Sobre os locais de investimento do poder, ver, por exemplo, Fritz Gracchus, 1986. Estudando a questão da matrifocalidade nas antigas sociedades escravagistas, o autor mostra

e da pessoa humana efetuada a partir de vinte sociedades, o autor demonstra que um homem e uma mulher não são suficientes a procriar crianças uma vez que, para isso, eles devem ser beneficiados por um dom dos ancestrais ou dos deuses; a concepção da procriação implica, portanto, uma dimensão imaginária das substâncias corporais. Por esse trabalho de significativa perspicácia, Godelier trouxe a lume que, desde sua concepção, a criança é afetada pela marca de ancestrais ou de deuses. Assim, um dos casos apresentados pelo autor: para os Baruya, o ventre da mulher assemelha-se a um receptáculo, enquanto que o esperma fabrica e nutre o filho, sob a condição de o Sol, divindade controlada exclusivamente pelos homens, lhe outorga o sopro, vale dizer, a vida. A estratificação social, as relações desiguais entre os homens e as mulheres estão já aqui inscritas na concepção da criança. O resultado é que nessa sociedade em situação de forte desigualdade, as mulheres são como que privadas de procriação, que é reconquistada pelos homens uma vez que são os únicos com acesso ao poder do Sol. Como impossibilitada por si só de procriar uma criança, o parentesco carece ser investido de outra coisa, e essa coisa, o autor a identifica com o poder ritual e político. O raciocínio é, na verdade, desenvolvido para uma sociedade, os Baruya, marcada fortemente pelo signo da desigualdade em matéria de gênero,[27] porém sobre essa base empírica, o autor desenvolve uma argumentação que não postula mais o fundamento da dominação masculina da mulher como um princípio constitutivo do parentesco.[28] A dominação masculina não se apresenta mais como um fato de natureza, ou seja - de acordo com Lévi-Strauss - uma exigência do pensamento simbólico vinculado às estruturas fundamentais do espírito humano, mas uma assimetria, que se reproduz geralmente no seio da sociedade, do controle pelos homens das funções políticas e das responsabilidades religiosas (Godelier, 2004, p. 529).

Antecipando um pouco a lógica da exposição, esclarecerei que o corpo e suas representações constituem para Godelier o local por excelência do exercício de pressões impostas pelas evidências sociais e religiosas. O corpo e sua sujeição refletem o consentimento dos indivíduos à ordem da sociedade. "É, de preferência, ao lado do fato de as mulheres fazerem amor e filhos do que da

---

que "a mulher não se introduziu no poder por traição; o poder utilizou sua função de reprodução e de tratamento maternal, seu corpo desejoso, ele veio alojar-se ali, para que esse corpo tenha seu discurso e seja seu olho avançado" (Gracchus, 1986, p. 253 e seguintes).

27 Ver igualmente Godelier, 1982.

28 Godelier, 2004, p. 141. A respeito disso, ver também Françoise Héretier a propósito da "valência diferencial dos sexos" onde ela defende uma posição diferente de Maurice Godelier e bem próxima de Claude Lévi-Strauss (Héretier, 1996, pp. 24-27). Para uma discussão a respeito disso, (cf. capítulo 3, ponto 6).

emergência do pensamento simbólico que se devem procurar as razões pelas quais são antes as mulheres, em geral, que são postas numa posição subordinada no funcionamento das relações de parentesco" (Godelier, 2004, pp. 454-455). Em outros termos, se o político-religioso subordina as relações de parentesco, de fato, é pela apropriação do corpo que se forma o vínculo hierárquico entre essas duas entidades. O corpo deve sujeitar-se e obedecer à ordem da sociedade e, mais particularmente, mas não de modo exclusivo, o das mulheres é coagido a se submeter à ordem político-religiosa o mais comumente controlado pelos homens. O corpo sexuado torna-se , segundo a bela expressão de Maurice Godelier, a "máquina ventríloqua" que profere a ordem ou a desordem que impera na sociedade. O corpo desempenha a tarefa essencial de instaurar um vínculo hierárquico entre o parentesco e os jogos de poderes - político, econômico, religioso: "O que tem relevância..., é que o corpo, em seus componentes visíveis e invisíveis, seja posto sem cessar a serviço [...] da 'produção-reprodução', simultaneamente das relações de parentesco e das relações político-religiosas que os englobam constituindo com eles os locais e as formas de poder que dominam uma sociedade, numa determinada época..." (Godelier, 2004, p. 339).

O corpo sexuado de cada indivíduo modifica-se em um manancial de evidências - postas a serviço de múltiplas realidades (econômicas, religiosas e políticas) - anunciando a ordem ou a desordem que impera na sociedade. Esse corpo espartilhado pelas coerções sociais reflete uma subordinação impessoal pela inscrição no íntimo de cada um da ordem social e cósmica. A dissimulação de evidências sociais, políticas e religiosas no corpo converte a sexualidade num manancial de alienação. O corpo submetido à ordem conduz ao silêncio, aquele silêncio do consentimento. Porém, Maurice Godelier não permanece nesse ponto e ele aproxima-se de Freud na medida em que esclarece que para além do corpo, é a sexualidade que se vê coagida a servir de linguagem a outras realidades além dela mesma (Godelier, 2004, p. 490). E ele elucida que a sexualidade dissimula-se na mesma medida em que dissimula: "Desejo recalcado, sem que por isso desapareça, mergulha no corpo para além da consciência para reaparecer alhures, sob formas de atividades 'respeitáveis', traindo-se às vezes num deslize e nutrindo tanto sucesso quanto fracassos pessoais na sociedade" (Godelier, 2004, pp. 343 e 507).

Com isso, apresentei um resumo em largos traços dos dois caminhos tomados por Maurice Godelier; a viagem, como as trilhas das montanhas, é exigente, todavia, explorei o essencial da argumentação que possibilita ao autor identificar nitidamente o problema que, no momento, ele poderá resolver. Recordemos que o primeiro raciocínio conduz à ruptura entre matrimônio e família, enquanto que o segundo postula a estabilidade do parentesco. O horizonte do fundamento da sociedade humana distende-se totalmente ocupado pelo matrimônio, de modo mais amplo pelo parentesco e então o campo está livre para outro cenário.

Esse outro cenário tem sua raiz em outra hipótese de Darwin, oposta àquela escolhida por Lévi-Strauss. Que fique bem esclarecido, Godelier não repudia a teoria do parentesco de Lévi-Strauss, ele a descentraliza. Tal como a revolução copernicana, ele confere à aliança um papel nitidamente mais modesto que aquele de fundador da sociedade e corrobora na sequência a realidade relativa do interdito do incesto. Ele contesta essa teoria enquanto verdade universal, acrescenta que é amplamente comprovado que a troca funda o parentesco. Ao atingir esse ponto de interseção desses dois caminhos, Godelier intentou mostrar que nem a troca nem o interdito do incesto não puderam instaurar a sociedade, uma vez que o homem revela-se ser uma espécie social entre outras. Retomando, pois com uma referência explicitada por Charles Darwin, ele desalinha a teoria de Lévi-Strauss, o que implica, todavia, uma mudança de perspectiva.

A "domesticação da sexualidade/desejo" e a descoberta parcial de Darwin

Ao contrário de Lévi-Strauss, Godelier assume a hipótese considerada por Darwin, em *A filiação do homem*, como a mais exequível e que hoje é amplamente ratificada pelo progresso no campo, a saber: "Os homens são [...] uma das espécies de primatas que, como outros primatas próximos deles, os chimpanzés e os bonobos, viviam em bandos multimachos e multifêmeas e descendiam de ancestrais que conheciam também essa forma de organização social" (Godelier, 2004, p. 425). E acrescentava:

> *Sem esse duplo pressuposto segundo o qual os homens vivem "naturalmente" em sociedade e que não evoluíram, senão, no seio de sociedades que já eram compostas por famílias, o problema do fundamento do incesto não pode, propriamente, colocar-se. Em vez de, como Freud e Lévi-Strauss, pressupor que os ancestrais dos homens não viviam em sociedade, mas em famílias biológicas, encerradas sobre elas mesmas, impõe-se, em concordância com os dados da paleontologia e da morfologia evolutiva, partir da hipótese que nossos ancestrais viviam em sociedade já compostas por famílias e que o surgimento, muito lento, de novas relações materiais e sociais entre os sexos gerou novas relações entre os adultos e as crianças assim como entre os grupos onde nascem e são criados essas crianças* (Godelier, 2004, pp. 499-500).

E consequentemente:

> *Os homens não puderam conceder a si mesmos a vida em sociedade, puderam, ao contrário dos outros primatas, transformar seus modos de viver em sociedade, inventar novas formas de sociedade. E essa competência eles devem às suas habilidades cognitivas, ao desenvolvimento de seu cérebro, desenvolvimento estratégico cujo ponto de partida longínquo parece ter sido o modo de locomoção bipedal, e com ela a libertação da mão* (Godelier, 2004, p. 469).

A pesquisa sobre os fundamentos da interdição do incesto delineia-se de modo diferente: sendo o humano uma espécie social (como outras espécies sociais), a interdição não é condição da humanidade. Desimpedido da responsabilidade de encarnar o momento no qual a cultura emerge, livrando a humanidade de sua animalidade, a interdito do incesto metamorfoseia-se para participar da regulação da sexualidade/desejo que deve distinguir-se da sexualidade/reprodução. Portanto, a procedência do incesto não deve ser necessariamente social. Diferentemente do que afirma Lévi-Strauss (em sua primeira teoria da troca de mulheres), para quem na natureza nada é proibido, nada é imperativo. Godelier revê "a hipótese de uma 'retomada sintética' de mecanismos surgidos na natureza pelo homem".[29]

Com essa breve síntese que recorda a abrangência de seus debates pelos fundamentos, temos à vista todos os elementos para apresentar as linhas diretrizes do capítulo 12 "Propostas por outro cenário", de *Metamorfoses do parentesco* de Maurice Godelier. Esse texto de aproximadamente cinquenta páginas é, ao mesmo tempo, rico e complexo. Por conseguinte, limitar-me-ei em expor, mais precisamente, os desenvolvimentos relativos à domesticação da sexualidade/desejo, à aliança e à transmissão. Uma vez que não é mais pertinente pensar como Freud e Lévi-Strauss que a troca de mulheres seria a consequência do surgimento do pensamento conceitual e simbólico e da linguagem articulada, a finalidade de Godelier aqui é apresentar outra conjectura, com base, desta vez, em dados melhor estabelecidos. Para tanto, o antropólogo fundamenta sua argumentação sobre uma releitura sintética dos trabalhos recentes relacionados à sexualidade e à sociedade dos primatas, sobretudo a dos bonobos e dos chimpanzés. Ele chega a três constatações:

Primeiramente, esses primatas vivem em bandos multimachos e multifêmeas nos quais os machos permanecem (em geral) quase toda sua vida, enquanto

29 Godelier, 2004, p. 473 (uma hipótese que remete às formulações sucessivas da primeira teoria de troca à qual chega finalmente Lévi-Strauss).

que as fêmeas os abandonam na puberdade e dispersam-se em bandos vizinhos. O bando forma uma pequena sociedade indispensável à sobrevivência dos indivíduos. A organização social do bando assenta-se ao mesmo tempo sobre a cooperação para a caça, a repartição da comida e a defesa, assim como sobre a competição entre machos, entre fêmeas e entre machos e fêmeas, especialmente em matéria de sexualidade. Se em geral os machos dominam as fêmeas, todos carecem do auxílio dos outros para viver. Uma etapa crucial do raciocínio é transposta quando o autor menciona que, entre esses primatas, os conflitos têm limites, isto é, que eles não impelem os protagonistas a deixarem o bando, mas que inauguram a instituição de relações hierárquicas de dominação e de submissão. Isso impõe uma consequência que são as relações hierárquicas que mantém a coesão social. Esse argumento é fundamental uma vez que se encontra na raiz da teoria da reprodução da sociedade humana apresentada em seguida por Maurice Godelier.

Em segundo lugar, outra constatação extraída das sociedades bonobo e chimpanzé, é que a familiaridade inibiria, parcialmente, os desejos sexuais. Com especial prudência, o antropólogo explica que os etólogos evidenciaram comportamentos de evasão quando uma nova geração surge e entra em concorrência com a antiga, riscando colocar em perigo a reprodução do bando. É nesse sentido que Godelier esclarece que "esses mecanismos" formariam, portanto, *plano de fundo e o material de partida* daquilo que se tornou, no seio da espécie humana sob a forma de interdições conscientes, a "proibição do incesto" (Godelier, 2004, p. 473). São, portanto, mecanismos oriundos da natureza que "coagem" a orientar a sexualidade. A finalidade desses mecanismos seria "regular o desenvolvimento sexual dos indivíduos desde a infância até o final da adolescência de tal modo que a satisfação de seus desejos sexuais não apresente perigo para a reprodução da sociedade, no presente caso, do bando local onde nasceram e desenvolveram-se" (Godelier, 2004, p. 473). Maurice Godelier que privilegia como relatei o ingresso no parentesco por meio da transmissão entre gerações, assinala que a sexualidade dos jovens rivaliza com aquela dos adultos. Por conseguinte, sua sexualidade deve ser tolhida por meio das relações de força e é unicamente quando os jovens machos terão tomado lugar na hierarquia que terão acesso às fêmeas. "Sua sexualidade é, portanto, submetida à coação que se exerce sobre todos de tomar parte numa hierarquia, um dos pilares, junto com a cooperação, da sua organização social" (Godelier, 2004, p. 474). Para aquilatar com acuidade o alcance dessa argumentação que constitui, aliás, o coração da teoria do autor, é pertinente compreender que, mesmo entre os primatas, a sexualidade não está unicamente a serviço da reprodução, mas também do prazer e da fruição.

Em terceiro lugar, um último elemento e não dos menos importantes, pois ele aniquila a primeira formulação da "teoria geral" de Claude Lévi-Strauss, refere-se ao fato que os primatas próximos dos humanos viviam em sociedade sem dominar a linguagem articulada. A linguagem articulada não pode, portanto, ser tomado como base da sociedade humana. Os bonobos e os chimpanzés vivem em bandos compostos por diversas unidades sociais, geradas pela procriação e dos cuidados a serem prestados aos filhos. Entretanto, essas unidades sociais não associam como os humanos, dos adultos dos dois sexos uma vez que entre esses primatas os machos não criam seus filhotes, somente as fêmeas. Para Maurice Godelier, essa diferença - a do papel dos homens no cuidado com os filhos - é relevante. Ela funda a história humana que se distingue da história evolutiva.

Nesse tríplice ensinamento da etologia, o antropólogo assinala então o que ele designa "o próprio do homem". Ele expõe a argumentação segundo a qual os humanos não puderam providenciar para si mesmos a vida em sociedade, uma vez que ela já existia. Entretanto, ao contrário dos primatas, eles tiveram a capacidade de transformar seus modos de viver em sociedade, inventar novas formas de sociedade devido às suas habilidades cognitivas para que o cérebro desempenhe um papel fundamental, tendo como ponto de partida a locomoção bípede e a liberação consecutiva das mãos, mais tarde ainda da domesticação do fogo.[30] Esses processos complexos levam progressivamente à história humana que é uma história política, social, econômica e cultural, não tão somente uma história evolutiva como entre os primatas (Godelier, 2004, p. 477). Pelo fato de os machos educarem seus filhos entre os humanos, descobre-se uma copresença de adultos de ambos os sexos no interior das unidades sociais (que podem ser compostas de irmãos e irmãs: cf. os *Na*, por exemplo). Os adultos de ambos os sexos cooperam, portanto, na constituição e na sustentação de um grupo social no qual os filhos nascem e são criados, portanto numa família.

Seguro disso, Maurice Godelier pode avaliar por que, entre os humanos, a copresença e a cooperação entre os adultos de ambos os sexos foram instituídas e generalizadas. A resposta a tal indagação deve ser exposta com a maior cautela uma vez que dela deriva a teoria da submissão do parentesco às relações político-religiosas desenvolvidas pelo autor. Para melhor determinar as coisas, indiquemos previamente a tese antes de prosseguir de modo detalhado as etapas do raciocínio. Duas primeiras hipóteses, primeiro aquela dos vínculos afetivos motivados pelas relações sexuais (hipótese um) e, em seguida, aquela

30 Não tratarei aqui da domesticação do fogo, certificada, de modo esporádico, há aproximadamente 1.600.000 anos e terminada há 500.000 anos (Godelier, 2004, pp. 495-496).

do efeito de distribuição do trabalho entre os sexos e da divisão das diferentes tarefas (hipótese dois que não apresentarei aqui), desenvolvidas por Claude Lévi-Strauss, são finalmente descartadas. A razão não é porque não exercem papel algum, mas não poder conseguir explicar cabalmente essa copresença dos machos e das fêmeas nas unidades sociais humanas. O autor sugere então uma terceira via: "O que funda uma família, não é a união dos sexos entre seus membros, mas *o nascimento e a criação dos filhos que as mulheres irão colocar no mundo durante a sua vida*" (Godelier, 2004, p. 486). A tese do outro cenário de Maurice Godelier, aquela que privilegia a transmissão (ao contrário da teoria, contestada da aliança que funda a família, segundo Claude Lévi-Strauss, pode ser enunciada do seguinte modo. A família repousa sobre o fato que com o nascimento dos filhos, é a ininterrupção das relações sociais que está em jogo, o eu nada tem a ver com o parentesco. À semelhança dos ensinamentos extraídos acima das sociedades dos primatas próximos dos humanos, a questão aqui se relaciona às relações hierárquicas que sustentam a coesão social e instituem a sociedade como um todo garantindo, desse modo, a estabilidade.

Nesse momento, tendo exposto esquematicamente a tese, e sem expor-me ao risco de dispersão nos detalhes, é possível analisar as etapas do raciocínio e, de modo especial, a lógica que orientou Maurice Godelier a eliminar a primeira hipótese, aquela dos vínculos afetivos que teriam ligado os homens às unidades sociais por meio da sexualidade das mulheres. Os argumentos que presidem a supressão da primeira hipótese são relevantes para meu próprio exame sobre o papel da regulação da ordem sensível pelas alianças. Isso não significa que o autor não tivesse que suprimir essa primeira hipótese, mas porque essa exposição sugere, primeiro como o antropólogo, ao adotar uma perspectiva estrutural, não poder ter em conta a singularidade humana (e, portanto, do Darwin de *A filiação do homem*), e porque ele alinha-se de preferência do lado dos dominantes, isto é, dos homens, para defender sua teoria de transmissão pelos homens de seus costumes e de seus atributos às crianças concebidas unicamente pelas mulheres. É nessa acepção que falarei de uma tese, preferencialmente, "centrada nos Baruya" que desdenha o ponto de vista feminino e a aptidão para a iniciativa das mulheres nas alianças e mais amplamente na reprodução da sociedade.

Restabeleçamos então as etapas do raciocínio que induz a eliminação da primeira hipótese, a sexualidade feminina como causa ao apego durável dos homens. O texto inicia com uma apaixonante análise dos sinais corporais do estro que, nas fêmeas humanas, teriam paulatinamente desaparecido com a posição em pé e a bipedia (Godelier, 2004, p. 479). Esses sinais podem ter sido compensados pela manifestação de caracteres sexuais secundários (utilizando a terminologia darwiniana da seleção sexual, não utilizada, porém, por Maurice Godelier)[31] tornam a mulher permanentemente sedutora.[32] Os sinais ancestrais do estro teriam sido substituídos por um "novo sistema de sinais".

Os sinais corporais do estro que deveriam existir na gênese da evolução que conduziu aos homens (cf. os chimpanzés e os bonobos):

> *teriam pouco a pouco desaparecido (nas fêmeas humanas) com o desenvolvimento da posição em pé e da bipedia [...]. A posição e a bipedia deveriam necessariamente provocar modificações anatômicas e fisiológicas muito importantes em nossos ancestrais, transformações que não se restringem unicamente à liberação da mão. A vulva foi "deslocada" da parte de trás do corpo para frente e dissimulou-se entre as coxas das fêmeas humanas. Isso teria provocado o desaparecimento dos sinais visuais que ficaram ineficazes e reduzido de modo considerável os odores [...], os sinais ancestrais do estro teriam sido substituídos por novo sistema de sinais que, dessa vez, responde ao fato que as fêmeas proto-humanas tornaram-se sexualmente receptivas (e ativas) em todas as estações do ano. Esses novos sinais teriam que responder à mesma função que os sinais do estro presente nos primatas, fazer com que a fêmea humana sexualmente sedutora - mas sedutora permanentemente e, portanto, independente do ciclo ovariano, dos períodos de ovulação [...]. Esses traços sexuais próprios da mulher são os seios, que se formam na puberdade e permanecem livres de toda lactação, o volume das fezes e da curvatura do quadril, enfim a textura da pele...* (Godelier, 2004, p. 479).[33]

E conclui afirmando: "Todas essas informações anatômicas e fisiológicas expandiram de modo notável a superfície das zonas erógenas do corpo feminino e tornaram-se os elementos da feminilidade" (Godelier, 2004, pp. 479-480).

Com esse processo, expande-se o dimorfismo entre os homens e as mulheres. E o antropólogo explica: "Impõe-se a conclusão [...] que a evolução do corpo da mulher, longe de "dissimular" ou de esvanecer os sinais do estro, manifestação da última etapa do ciclo de ovulação, e, portanto, um sinal efêmero,

31 É nesse sentido que denomino nesse ponto uma descoberta parcial de Darwin que, por seu lado, trata da singularidade da atração e, portanto, do indivíduo, em sua teoria da seleção sexual. O que interessa, já afirmei, é a variabilidade da espécie humana. Sua argumentação dirige-se às diferenças de comportamento entre indivíduos e opõe-se a um acesso pela espécie. Dito de outro modo, Darwin não fala dos homens ou das mulheres, mas de um homem ou de uma mulher em particular.

32 Ver a respeito desses caracteres sexuais secundários no capítulo 7.

33 Cf. os caracteres sexuais secundários postos em evidência por Darwin.

gerou sinais que formam uma espécie de expressão constante da receptividade sexual das fêmeas humanas, *sinais equivalentes ao que seria a manifestação de um estro permanente*" (Godelier, 2004, p. 480). Com isso é pertinente compreender que a sexualidade humana conduziu mais longe ainda que as outras espécies a disjunção entre a sexualidade/desejo e a sexualidade/reprodução. A sexualidade amplamente "celebrizada", que apartou o genital do sexual, age na representação interior. Ela se autoestimula e se autoalimenta. A sexualidade humana é polimorfa, homo, hetero e autossexual (Godelier, 2004, p. 481).

A análise da sexualidade humana conduz Godelier a concluir que no estado espontâneo, separado do processo biológico da reprodução da espécie, o desejo sexual (a sexualidade/desejo) não tem nele mesmo o sentido social. O que leva a compreender pela ideia que o outro é requisitado para satisfazer seu desejo, porém, nada determina a identidade desse outro. Consequentemente, convém guiar as pulsões sexuais por um trabalho de domesticação e de socialização da sexualidade da criança que deve voltar-se para pessoas adequadas. O antropólogo pode então retomar sua tese de transmissão na medida em que esclarece que a sociedade precede o indivíduo e que os adultos (os pais) precedem os filhos. A sociedade remete a um conjunto de normas e valores, vale dizer, a regras que a ordenam. A ordem social é uma ordem hierárquica designada pelo autor com a noção de relações políticas e religiosas e que são igualmente uma ordem moral e uma ordem sexual. Godelier adota aqui uma perspectiva nitidamente freudiana quando assegura que "afirmando que toda ordem social é ao mesmo tempo uma ordem sexual, declarando que o desejo sexual divide os humanos mais que os une, certificando que, por isso mesmo, toda ordem social, toda civilização, exige o domínio da sexualidade humana e sua repressão [...] Freud revelou um grande passo na compreensão científica do homem" (Godelier, 1973, p. 428).

Tendo isso entendido, é plausível, afinal, ver como o antropólogo pode descartar a primeira hipótese da sexualidade feminina como causa do apego durável dos homens. O fato que as mulheres possam fazer amor de modo constante não as distingue dos homens. O que faz, para elas, a diferença é que elas geram filhos. Dessa maneira, o fato de o corpo das mulheres, tomado por sinais erógenos e eróticos, possa atrair sexualmente os homens de modo permanente, e que possam fazer amor a qualquer momento, não constitui a razão pela qual os homens teriam entrado nas unidades de procriação e de educação (as unidades sociais). Com efeito, rebate com acuidade Maurice Godelier, o argumento pode ser invertido. A mulher que possui a habilidade de sedução pode seduzir um homem, mas pode igualmente conduzir a múltiplas cópulas que teriam sido beneficiadas por esse poder de sedução. E conclui citando o exemplo da sociedade kikuyo na qual o homem e a mulher contraem até seis ou sete matrimônios sucessivos no decorrer de sua existência, que não há razão alguma de imaginar que as mulheres não são natural e universalmente tão poliândricas que os homens (Godelier, 1973, p. 486). Godelier acrescenta um segundo argumento de peso: "Não seria também plausível que o desejo sexual dos indivíduos estivesse na origem das múltiplas formas de 'família' [...] uma vez que, na maioria dos casos, não é pelo seu próprio desejo que dois indivíduos se unem" (*ibid*). O autor apresenta então claramente, pela primeira vez, o papel que ele reconhece às alianças numa série de propostas que me adianto em resumir da seguinte maneira. O sexo não poderia explicar a razão pela qual (quase em todos os lugares) a união sexual entre um homem e uma mulher deve ser publicamente sancionada se pretende ser duradoura. Fica evidente que o primeiro objetivo dessas uniões decididas e controladas pelas famílias não é atender o desejo sexual, mas sim o nascimento de filhos que é pretendido assim como a transmissão pelos homens daquilo que ordena a sociedade para que eles possam reproduzir-se (Godelier, 1973, p. 486).

A partir do parágrafo precedente relativo à refutação do argumento da sexualidade feminina como causa do apego durável dos homens, é viável demonstrar que Maurice Godelier não leva em consideração a singularidade humana. Em decorrência disso, não lhe é exequível explicar a "domesticação da sexualidade/desejo" de outro modo, a não ser pelo fato de ela ser subjugada pelos imperativos de transmissão da ordem política e religiosa. Ele confina a questão, aliás, nitidamente estabelecida, do destino desse corpo erotizado da mulher àquela de dominação generalizada. Adotando os termos de Godelier, se o problema dos homens está na apropriação dos filhos das mulheres que não lhes é possível gerar, por que não considerar simetricamente que o problema das mulheres seria aquele do destino desse corpo especialmente voltado para a sedução e recebido em herança da história evolutiva? O menos que se possa afirmar é que esse corpo não passa, portanto, despercebido, uma vez que ele suscitaria sobre os machos os mesmos efeitos que um estro permanente, retomando os termos já utilizados. Como já discuti amplamente, o que ocorre quando esse corpo envelhecido não encanta mais os olhares? Foi justamente a fim de atender a essa questão que eu formulei a proposta da existência de um processo de regulação da ordem sensível afiançado pelas formas tomadas pelas alianças. Maurice Godelier, por assumir uma perspectiva diferente, não volta sua atenção a esses aspectos claramente femininos. Ele opta por uma perspectiva estrutural que equivale a considerar de imediato a categoria da mulher, sem apreender a variabilidade da capacidade de sedução sobre o destino pessoal de cada mulher. Assim, recordemos a mulher *Na* que havia tido como amante todos os homens de sua aldeia, enquanto que outra não havia conhecido nenhum. Analisando longamente aquilo que designei "a desigualdade fundamental", evidenciei o impacto da beleza humana sobre as relações entre os homens e as mulheres e, mais extensamente, sobre a reprodução da sociedade. Tal impacto provoca a ampla questão da busca pela segurança das pessoas consideradas como as mais frágeis de um determinado grupo. É justamente dessa dimensão de regulação do sensível não tida em conta por Maurice Godelier em sua obra, pois ele a entende como inclusa na questão da transmissão, isto é, no processo de domesticação da sexualidade/desejo.

Todavia, além disso, a teoria da transmissão exposta por Maurice Godelier é marcada por um limite: ela extingue, por seu postulado estrutural, a possibilidade de debater o processo de emancipação da seleção sexual esboçada por Charles Darwin em *A filiação do homem*. Essa teoria fundamenta-se não na "espécie", mas no indivíduo, e a escolha que ele pode fazer (se ele domina) de um parceiro sexual, escolha a ser superada pela instituição de regras para que a "civilização" possa prevalecer sobre a "barbárie".[34] Dito de outra maneira, a "domesticação da sexualidade/desejo" endossada por Godelier não equivale à atenção dedicada aos argumentos da seleção sexual desenvolvida por Charles Darwin. Em meu entendimento, não é plausível tratar esses últimos de modo válido, senão por meio do princípio de regulação da ordem sensível que produz a semelhança pela produção de categorias de equivalência entre os homens e as mulheres, o que respeita a um problema totalmente diferente.

Em suma, diria que para Maurice Godelier a "domesticação da sexualidade/desejo" pelas alianças deve admitir a reprodução da ordem social, isto é, das hierarquias que a ordenam. Enquanto que, em meu parecer, a regulação social da beleza (ou seja, a regulação da ordem sensível) acolhe a singularidade humana, vale dizer, do principal argumento desenvolvido pela teoria darwiniana da seleção sexual que tem sua base na escolha do indivíduo. Esse livro pretende demonstrar que a regulação da ordem sensível pelas formas tomadas pelas alianças gera a semelhança entre homens e mulheres de um dado grupo, para que seja possível construir as bases de segurança do maior número de indivíduos e, em especial, dos indivíduos considerados como os mais frágeis. Os dois argumentos, todavia, não se opõem. E nesse sentido, mostrarei nos dois últimos capítulos a pertinência de conceber uma articulação entre a regulação da ordem sensível e a da ordem político-religiosa para que seja completamente

34 Cf. capítulo 7.

esclarecida a reprodução da sociedade. É a esse preço que a antropologia fundamental poderá, de fato, declarar-se inteiramente de acordo com o darwinismo e, especialmente, com a teoria da seleção sexual que não captam a atenção atualmente nos debates no âmbito dos especialistas em evolução.

Atingido esse ponto, para finalizar a exposição de "Propostas para outro cenário" de Maurice Godelier poderei concluir pela discussão dos argumentos relativos à submissão da sexualidade humana aos imperativos de transmissão. Tal discussão viabilizará enfatizar a razão pela qual o autor valoriza um acesso pelos homens, em detrimento de uma perspectiva feminina. Assim, esse argumento segundo o qual os homens associaram-se às mulheres para formar famílias, criar e controlar os filhos, o que elas somente podem gerar sozinhas. Os homens agregam-se, pois, às mulheres com o intuito de poder transmitir-lhes os meios materiais e imateriais em sua posse para que a nova geração possa viver e fazer viver o grupo social ao qual pertence (Godelier, 2004, p. 489). Eis como é plausível compreender que Godelier constrói sua tese de transmissão a partir de um ponto de vista masculino. Essa perspectiva, não obstante seja ele plausível, não faz plenamente justiça à capacidade de iniciativa da outra metade da sociedade. Com efeito, as mulheres são percebidas como estranhas a elas próprias e como puros objetos estratégicos dos homens.

É nesse sentido que, como num piscar de olhos, eu discorria sobre uma tese, de preferência "centrada na Baruya", vale dizer, parcialmente sob a inspiração da sociedade extensamente pesquisada no campo pelo autor na qual a dominação masculina é levada bem longe. Assim, na mesma ordem de ideias, opondo-se a Lévi-Strauss, Godelier ressalta, aliás, que se trata antes da sexualidade das mulheres que irá conduzir à sua dominação. "É, de preferência, do lado do fato que as mulheres fazem amor e geram filhos, do que no surgimento do pensamento simbólico que se deve investigar as razões pelas quais são, geralmente, as mulheres mais do que os homens que são colocadas numa posição de subordinada na concretização das relações de parentesco" (Godelier, 1973, pp. 454-455). Como Maurice Godelier explicou, essa sociedade patrilinear efetivou amplamente "a subordinação geral das mulheres" (Godelier, 1982, p. 126) pelos homens, e, por tal razão, talvez mais do que qualquer outra sociedade, ela dificilmente autoriza que se assuma outro olhar sobre as alianças, o da regulação da ordem sensível concretizado pelos grupos considerados como os mais frágeis de uma sociedade.

Com efeito, a tese da sexualidade submetida às condições de reprodução das relações sociais era já amplamente exposta em 1982, em *A produção de grandes homens* (Godelier, 1982, pp. 346-360). Embora a análise seja consideravelmente mais adensada e ampla, o texto de 1982 pode ser entendido como o embasamento sobre o qual se constrói as "Proposições para outro cenário", lançado em 2002, na obra *Metamorfoses do parentesco*. Essa inflexão histórica mostra que uma vez que a teoria foi inicialmente construída em 1982, a intensa influência de certos traços da sociedade Baruya sobre a elaboração desse cenário que, como o próprio Maurice Godelier reconhece, é de certo modo um pouco "centrada na Baruya". Com efeito, observando melhor, constata-se que os dois elementos seguintes ocupam lugar privilegiado na tese do antropólogo: os processos de iniciação (que levam, na terminologia de 2004, às relações políticas e religiosas) e a dominação das mulheres pelos homens. Por exemplo, essa observação: "Entrevê-se [...] um aspecto fundamental do pensamento e da organização social dos Baruya: o fato de a sexualidade ser pensada e vivida como uma ameaça permanente para a reprodução da natureza e da sociedade" (Godelier, 1982, p. 43). Em decorrência, nessa sociedade, o dispositivo central da dominação masculina é a maquinaria das iniciações (ou seja, a transmissão das relações políticas e religiosas que conduz à prescrição). E ele aponta "como essas instituições cooperam para instituir e legitimar a dominação geral, de princípio, dos homens, de todos os homens enquanto tais, sobre as mulheres, todas as mulheres enquanto tais. E como se percebeu, no fundo, essa dominação é entendida pelos Baruya como a concentração nas mãos dos homens dos poderes masculinos e dos poderes femininos, que se tornam masculinizados" (Godelier, 1982, p. 126). Essa inspiração do contexto Baruya, Maurice Godelier a apresenta claramente nas primeiras páginas de *Metamorphoses da la parente* que se posta como mapa geral no qual se desdobra sua análise:

> *Ao longo de nossa análise das relações de parentesco entre os Baruya, averiguamos que tais relações são submetidas à dinâmica das relações de poder existente nessa sociedade, e verificamos igualmente que as relações entre os sexos são um lugar excepcional de articulação entre parentesco e poder. Isso se constata tanto no plano das representações das substâncias corporais, masculinas e femininas, quanto por meio de múltiplos outros fatos sociais e culturais que põe em jogo, e em evidência, as formas e mecanismos de dominação de um sexo sobre outro, no caso presente dos homens sobre as mulheres* (Godelier, 2004, p. 87).

Finalizemos essa discussão com uma sinopse dos principais argumentos do autor. Controlando os filhos, os homens lhes transmitem costumes e atributos, o que representa a maneira pela qual as relações sociais, características de uma sociedade, podem reproduzir-se globalmente. Assim serão legadas as hierarquias sociais que sustentam a coerência da sociedade pela submissão de todos à ordem que elas impõem. Em decorrência, o antropólogo deduz que a permissividade em matéria de sexo é inconciliável com o matrimônio. O desejo sexual enquanto pulsão não possui caráter social. O desejo sexual é social e socialmente cego. Daí decorre que à espécie humana reconhece-se uma história, a saber, que ela assume progressivamente um conjunto de leis orais ou escritas. Diante da teoria de Lévi-Strauss, Godelier argumenta que não há razão em afirmar-se que o dom recíproco (os dons seguidos de "contradons" equivalem-se, ou seja, aqui a aliança pela troca de mulheres) forma uma passagem entre a animalidade e a humanidade (Godelier, 2004, pp. 502-503). E desde uma argumentação ternária, ele indica como a distinção natureza/cultura que equivale ao ingresso na história humana e que deve distinguir-se da história evolutiva, aplica-se ao domínio do parentesco: primeiramente é a apropriação das crianças pelos grupos; em seguida o fato que as mulheres geram filhos após a união sexual com os homens; e finalmente, a necessidade de "controlar, definir regras para a união dos homens e das mulheres" (Godelier, 2004, pp. 502-503). Pela correlação desses três argumentos, Maurice Godelier revela como as alianças são sujeitadas pela reprodução das relações políticas e religiosas.

III | Para integrar plenamente o Darwin de *A filiação do homem*

O objetivo deste capítulo era fornecer os elementos indispensáveis para estabelecer a integração completamente assegurada, não obstante crítica, dos grandes eixos do darwinismo, isto é, os eixos da seleção natural e da seleção sexual. O darwinismo, não obstante ser aceito, em geral, pelos especialistas da evolução, os diferentes aspectos da identidade humana, individual e coletiva, exigem doravante ser descritos com base na articulação amplamente admitida entre a antropologia sociocultural e as teorias da evolução, visando uma antropologia fundamental reformulada à luz dos avanços disciplinares e interdisciplinares mais recentes. Levamos em consideração o particularismo da espécie humana, apta a criar novas relações com a natureza, assumindo para si uma história particular que é pertinente integrar à história geral da evolução.[35] Por meio de uma atitude

35 A esse propósito, o etnólogo Georges Guille-Escuret explica sua "vontade de aplicar nas ciências naturais, e sem recurso das ciências humanas, uma metodologia que responda à lógica fundadora do darwinismo plausível em sociologia. Não seria, senão, para mostrar que a

reflexiva sobre três grandes teorias relativas à antropologia fundamental, aquelas de Charles Darwin, de Claude Lévi-Strauss e de Maurice Godelier, indicando-as cronologicamente, ensaiei propor uma análise crítica de cada uma delas com a intenção de instaurar um diálogo criativo entre os especialistas da evolução e da antropologia social e cultural pelo intermédio de uma antropologia fundamental doravante capaz de lançar pontes entre esses dois campos científicos.

Como encerramento, retomemos os elementos mais relevantes daquilo que foi conquistado nesta terceira parte. Recordemos que em *A filiação do homem*, Charles Darwin, com relação à sua teoria da seleção sexual, explica que a espécie humana - que é uma espécie dentre outras - atinge o estágio de "civilização" libertando-se dos efeitos da seleção sexual por meio de adoção progressiva de regras artificiais - sociais e culturais - que finalmente referem-se explicitamente sobre a injunção da "não escolha do parceiro sexual". Essa não escolha do parceiro sexual é imposta pelas formas mais diversas que tomam as alianças, e isso já nas sociedades consuetudinárias (cf. os matrimônios coletivos, o infanticídio das garotas, os noivados precoces, a baixa estima na qual as mulheres estão mergulhadas, adotando os termos da formulação darwiniana - Darwin, 2000, p. 707). É patente que para o naturalista as formas assumidas pelas alianças infligem uma não escolha que restringe os efeitos da seleção sexual. Lembremos que Darwin estabelece sua teoria da seleção sexual a fim de dar conta da variabilidade da espécie humana, de certo modo una e diversa. Seu raciocínio em *A filiação do homem* se assenta sobre três grandes princípios: 1) o fato que o humano era uma espécie social entre outras; 2) eliminação da escolha do parceiro sexual (baseada unicamente na simples atração física...) e, portanto, a emancipação dos efeitos da seleção sexual pela imposição (nas sociedades consuetudinárias) de uma não escolha do parceiro sexual, um papel que Darwin confere, notadamente, às alianças; 3) a progressividade da passagem (cf. o continuísmo) daquilo que ele designa a "barbárie" (a escolha) à "civilização" (a não escolha).

Darwin, afinal, credita à variabilidade da espécie humana um estado de desenvolvimento societário que reconheça aos dominantes, ou seja, aqui os mais fortes, a habilidade de escolher as fêmeas mais atraentes e de custodiá-las invejosamente, o que significa a seleção sexual (Darwin, 2000, p. 705), o

---

pretensa incompatibilidade entre esses dois mundos é ilusória." E mais adiante se referindo a Maurice Godelier ele esclarece: "As relações dos homens com a natureza são indissociáveis das relações dos homens entre eles. O gênero humano realiza aí, com seus próprios meios, uma lei que é válida para todo o reino animal e que levou à ecologia a necessidade do darwinismo. Uma resposta a sociobiologia é, então: as relações dos congêneres entre si são indissociáveis de suas relações com a natureza" (Guille-Escuret, 1992, p. 677).

que corresponde a um momento de desenvolvimento da sociedade humana que ele qualifica de "barbárie". Realcemos que esse momento de "barbárie" nos lança em um período anterior às "estruturas de parentesco". Os primeiros delineamentos dessas "estruturas de parentesco" surgem em Darwin com a emergência progressiva de um princípio de "não escolha" do parceiro sexual, o qual se instala com as primeiras regras de aliança instituídas pelas sociedades humanas, regras que vêm contrariar a seleção sexual. Segundo Darwin, a sociedade humana "civiliza-se" por meio desse princípio. Afirmei que o raciocínio de Darwin não equivale àquele apresentado na teoria de "domesticação da sexualidade/desejo" indicado por Godelier. Essas teorias dizem respeito à organização metódica de domínios diferentes (a consideração da singularidade humana para transcendê-la em seguida, de um lado, e a transmissão de uma ordem hierárquica pelos homens a uma geração posterior, de outro lado), todavia, em vez de eliminarem-se elas podem articular-se, como também mostrei.

Tenho a intenção agora de retomar minha questão da regulação social da beleza como regulação de uma ordem sensível. Essa regulação trata da singularidade humana visando à elaboração de categorias de equivalência entre os homens e entre as mulheres de um determinado grupo. Esse raciocínio aproxima-se daquele que elabora Darwin cujas linhas principais foram a pouco apresentadas. A instituição de regras de aliança cria uma semelhança entre os homens e entre as mulheres de um dado grupo. A partir daí, discuti vastamente a relação entre a invenção de categorias de equivalência (por meio da regulação social da beleza) e a sobrevivência do maior número. É precisamente esta última relação que possibilita definir o limite do darwinismo em relação à sua contribuição à antropologia fundamental.

Lembremo-nos que Darwin revela-se ambivalente em relação às consequências lógicas da saída da seleção natural e sexual sobre a natureza das sociedades humanas onde, utilizando seu enunciado, os mais frágeis de um grupo podem doravante encontrar um lugar. Sobre a instituição de uma forma de homogeneização dos indivíduos que compõe uma sociedade humana, a qual conduz à sobrevivência do maior número, Darwin parece reticente e não assume a natureza dessa "sociedade humana civilizada". A fragilidade como componente original da sociedade humana não é plenamente analisada pelo naturalista em sua valência positiva, isto é, como inserção de habilidades inéditas, próprias aos "mais frágeis" de um grupo. Ao contrário, afirmei que esse processo favoreceu a emergência de instituições sociais, tais como as alianças, notadamente mantidas por aqueles que, considerados os mais frágeis de um grupo (feios, feias, velhos, velhas...) podem, desse modo, assegurar um lugar na sociedade. Em face desse processo de inclusão social dos "menos aptos" na sociedade, diferentemente de Darwin que, no entanto, identifica o problema de modo bem preciso, busquei demonstrar ao longo deste livro que esse processo constitui um avanço relevante das sociedades humanas. Em outras palavras, a emancipação da seleção sexual transforma-se na extensão da comunidade humana reconhecida ao maior número como especificidade da sociedade humana. Ela concretiza-se por meio da instituição do processo de regulação social da ordem sensível que, e dessa forma, é reconhecida como uma particularidade extraordinária. Desse modo, pelo jogo de alianças, as pessoas economicamente ativas devem cuidar daquelas que não são, não são mais, ou ainda, as que são menos ativas, e isso bem além de seu desejo. Esta entrada alternativa no parentesco trata da busca da segurança social e econômica desde agora conquistada por muitos indivíduos no seio das sociedades humanas. Indiquei que, nas "sociedades de aliança", a regulação social da beleza indica para duas dimensões: a regulação do ciúme/rivalidade e a organização da segurança para o maior número. Ambas dizem respeito indistintamente à regulação do olhar, seja de regulação da ordem sensível; não voltarei mais nesse ponto.

Claude Lévi-Strauss, por sua parte, quando confere à aliança o primeiro papel na formação das sociedades humanas, por sua propensão pela hipótese a menos plausível de Darwin (cf. a "teoria geral" levistraussiana da troca das mulheres em *As estruturas elementares do parentesco*, 1949), alude ao fato de que sua oposição radical do início alterar-se-á em seguida, em ocasiões de reformulações sucessivas, em uma reserva mais de natureza estratégica em relação ao naturalista, uma vez que ele pretende basear a independência das ciências sociais. Encontra-se, em seguida, em *O pensamento selvagem*, 1962, uma "teoria alternativa" da troca baseada sobre o sistema de diversidade híbrida das mulheres. A "teoria alternativa" provém de sua crítica ao totemismo.[36] É interessante notar que essa "teoria alternativa" da troca é a única, hoje, a figurar em suas *Obras* publicadas na coleção *La Pleiade* (2008a e b). Entretanto, tive a oportunidade de mostrar que, se Lévi-Strauss explica sem a mínima hesitação as questões apresentadas pela "singularidade humana", (cf. por exemplo, o ponto intitulado "A diversidade das mulheres" do tomo três das *Mitológicas*)[37] pelo postulado inicial da identificação assumida de imediato entre os homens (como a condição natural do homem enquanto espécie), postulado situado nas premissas da "teoria alternativa" (Lévi-Strauss, 2008a, p. 544), Lévi-Strauss persiste decididamente contra a teoria darwiniana da seleção sexual que, ao contrário, não se funda sobre a espécie, mas, sem dúvida, sobre o indivíduo e sua singularidade.

---

36 Para uma exposição detalhada da "teoria alternativa" de troca de Claude Lévi-Strauss, cf. capítulo 5, ponto 5: "Categorias de equivalência e alianças nos mitos ameríndios".

37 Cf. os capítulos 5 e 6.

Em resumo, na sua "teoria geral", Lévi-Strauss opõe-se duplamente a Darwin ao rebater, ao mesmo tempo, a seleção natural e a seleção sexual. No decorrer dos anos ele irá, todavia, retificar sua "teoria geral", vale dizer, aquela da "origem da sociedade humana" graças à emergência da linguagem articulada e da interdição do incesto com o intuito de incluir as aquisições da história evolutiva. De sua parte, a "teoria alternativa" não substitui a "teoria geral". Ela lhe é concomitante na medida em que examina de modo diverso a troca de mulheres. Na "teoria alternativa" Lévi-Strauss não se opõe, certamente, mas permanece violentamente contra a seleção sexual: ele identifica nitidamente os motivos que levaram Darwin à sua formulação. Com a "teoria alternativa" a noção de espécie torna-se central no pensamento de Lévi-Strauss (ao menos a partir de sua obra *O totemismo hoje* publicado em 1962). Na linha de pensamento de Jean-Jacques Rousseau sobre a identificação de imediato adquirida, a "teoria alternativa" defende que, para que elas possam ser trocadas, as mulheres devem ser formalmente consideradas como idênticas na perspectiva da natureza. Caso contrário, como trocá-las se os homens que as permutam entre si não as consideram como equivalentes (convenhamos que o argumento utilizado implica no reconhecimento implícito do problema proposto pela singularidade humana, à base do raciocínio darwiniano da seleção sexual) a fim de, em seguida, trocá-las do ponto de vista da cultura, em razão do princípio de diversidade/complementaridade artificialmente instituído? Esse raciocínio conduziu Lévi-Strauss a formular o "sistema de diversidade híbrida das mulheres" que, para produzir os efeitos, deve conseguir articular dois pontos de vista diferentes (incompatíveis penso eu), aquele da natureza, isto é, do idêntico de imediato adquirido e aquele da cultura, vale dizer, da diversidade/complementaridade, convencionalmente instituída. Evidentemente é esse ponto de vista, relativo ao caráter natural do idêntico adquirido de imediato - e por isso incontestável e que, de modo algum, pode ser o resultado de um processo - que eu contesto neste livro. Por outro lado, ressaltei que o idêntico, isto é, a mutabilidade não é mais natural do que a diversidade. Da mesma maneira, portanto, que a diversidade, o idêntico deve ser entendido como uma "ficção cultural", gerada graças ao processo de regulação social da ordem sensível, isto é, da beleza humana. O equívoco de Lévi-Strauss foi, tenho a impressão, ter restringido de imediato a singularidade humana ao campo da ética, recusando-lhe todo estatuto científico, não obstante, reconhecendo seu equívoco, ele tenha retomado formalmente a questão por ocasião de uma conferência pronunciada em 1971 na UNESCO. Esse reconhecimento não resultou, todavia, em nenhuma adaptação em suas teorias da troca de mulheres. Explico-me.

Claude Lévi-Strauss defronta-se desde *As estruturas elementares do parentesco* com a questão da singularidade humana. Enfatizei que ele retornará diversas vezes sobre essa questão em sua obra. Todavia, ele jamais reconhecerá cientificamente a eventualidade de uma regulação social da ordem sensível. De fato, situada do lado da natureza, o que identifiquei como sendo uma "desigualdade fundamental" não pode transformar-se em um problema científico, pois o idêntico entre os humanos, pertencendo todos à mesma espécie, não deve ser (moralmente) de imediato adquirido? Nesse sentido ele opor-se-á firmemente ao Darwin da seleção sexual, acusado de haver inventado a noção de raça e, portanto, por extensão do racismo, por ter-se interessado pela variabilidade da espécie humana. É pertinente considerar a "teoria alternativa", expressa em *O pensamento selvagem,* como dizendo respeito ao profundo humanismo de Lévi-Strauss para quem o idêntico é consubstancial à espécie (humana aqui) e não deve ser instaurado: o idêntico torna-se então uma verdade indiscutível. E é nesse sentido que a questão de singularidade que analisei na exposição do processo de regulação da ordem sensível, se ela preocupa Lévi-Strauss, não pode referir-se à ciência, mas de preferência à ética. Mantenho, no entanto, de Claude Lévi-Strauss sua consideração sobre a necessidade de uma troca equivalente (isto é, um dom recíproco, no sentido de dons seguidos de "contradons" equivalentes, aquilo a que remete a aliança pela troca de mulheres, aqui no sentido, onde no plano da natureza, uma mulher vale uma mulher) a fim de tornar pensável a troca cultural de mulheres.[38] Entretanto, essa troca de mulheres, cuja "teoria geral" das *Estruturas elementares do parentesco* explica de modo magistral os princípios concretos de funcionamento, provém de alguma parte. É isso que Lévi-Strauss deixa de mencionar quando considera como requisito a ideia de uma identificação desse idêntico adquirida de imediato e não instituída. É essa questão que, a montante, havia respondido Charles Darwin, e que meu raciocínio sobre a beleza humana pretendeu sistematizar graças à exposição das formas tomadas pela regulação da ordem sensível.

Tendo como horizonte a integração crítica, porém completa, das principais teorias de Darwin na antropologia social e cultural, por meio de uma antropologia fundamental reordenada à luz dos avanços disciplinares e interdisciplinares mais atualizados, e graças à minha discussão das *Metamorphoses de la parente* de Maurice Godelier, recomendo registrar que o papel das alianças não são, na verdade, fundar a sociedade humana como inicialmente defendia Claude Lévi-Strauss,

38 Em outras palavras, a troca das mulheres apoia-se sobre a concepção precedente de uma equivalência entre elas, colocada neste nível sobre um plano essencialmente ético, em razão de uma identidade assumida de imediato entre todos os humanos.

mas antes participar a reprodução das sociedades humanas, não exclusivamente por meio da transmissão das relações políticas e religiosas, como pondera Godelier, mas também pela responsabilidade na regulação da ordem sensível, no entanto, magistralmente percebida, mas não analisada por Lévi-Strauss.

Maurice Godelier apresenta uma integração completamente assumida da contribuição da seleção natural de Darwin na antropologia fundamental, porém o que acontece com a seleção sexual e, portanto, com a singularidade humana? Desse modo, uma vez que os novos desenvolvimentos do conhecimento davam razão a Darwin - a espécie humana era uma espécie social dentre outras - convinha rever a "teoria geral" de Claude Lévi-Strauss. Maurice Godelier, opondo-se sobre essa questão a Claude Lévi-Strauss, e vinculando-se ao ponto de vista de Charles Darwin, inverte a proposta levistraussiana: a sociedade não carece de aliança para acontecer, pois ela é consubstancial à espécie humana. Expliquei, todavia, que ao proceder dessa maneira, ele fixa uma oposição demasiado rígida entre aliança e sociedade que o induz então a, logicamente, desviar da plausibilidade de debater o argumento principal da seleção sexual do Darwin de *A filiação do homem*. Afirmo, como prova, o fato de Maurice Godelier não abordar a "teoria alternativa" elaborada por Lévi-Strauss em *O pensamento selvagem*. No entanto, propicia a Lévi-Strauss contornar o espinhoso problema da singularidade humana identificado por Darwin para justificar a variabilidade da espécie humana, porém essa questão não é aquela (por razões outras que Claude Lévi-Strauss) de Maurice Godelier que mantém aqui uma perspectiva resolutamente estruturalista. O argumento de Darwin é, no entanto, relevante na medida em que atribui às alianças um papel bem distinto daquele inicialmente atribuído por Lévi-Strauss, a saber, aquele de regulação da singularidade humana (cuja descrição prática não foi abordada por Darwin e que proponho neste livro). Mostrei que esse problema foi identificado claramente por Claude Lévi-Strauss quando examina a troca equivalente das mulheres (cf. seu "sistema da diversidade híbrida das mulheres", uma hibridez que, de acordo com Lévi-Strauss atribuiria a esse sistema seu caráter universal), mesmo se o argumento de equivalência é aqui, aquele de uma equivalência de imediato adquirida e não instituída como para Darwin (visto que as formas tomadas pelas alianças vêm opor-se aos efeitos da seleção sexual). Enfatizei que o argumento equivalente da troca possibilitou a Lévi-Strauss fazer o *grande pulo para frente* por cima da teoria darwiniana de seleção sexual, em razão de uma posição, sobretudo ética, e sem dúvida um tanto estratégica, como eu indiquei.

Em resumo, a posição de Maurice Godelier é a seguinte. Ele parte do fato, atualmente bem estabelecido, que a espécie humana é uma espécie social entre outras. Portanto, ela não pode atribuir-se a si mesma a sociedade, e a aliança não pode situar-se como fundamento desta. A aliança é, por isso, isenta do fardo de fundar a sociedade humana. Obtido isso de modo notável, Maurice Godelier, não discute o argumento principal de Darwin, relativo a outro papel que o naturalista confere às alianças quando elas vêm regular a singularidade humana restringindo os efeitos da seleção sexual. Ao contrário, ele defende que as formas tomadas pelas alianças apresentam um problema de monta: aquele de transmissão das relações que nada têm a ver com o parentesco, mas que permitem à sociedade reproduzir-se como um todo coerente. Os homens têm que recuperar os filhos das mulheres. E, para tanto, eles integraram as unidades familiares de modo a participar da educação dos filhos que as mulheres lhes geram, com vista a transmitir as condições e os costumes que os homens possuem, possibilitando assim, a reprodução da ordem que devem reinar em todas as sociedades perenes.

Consequentemente, para Maurice Godelier, a aliança não pode ter existência, por assim dizer, autônoma. Desobrigada de sustentar a sociedade, ela não precisa mais desempenhar o papel fundamental, mas aquele secundário, de participar da "domesticação" da sexualidade/desejo, a fim de possibilitar a reprodução da ordem social, vale dizer, das hierarquias da submissão. Discuti os dois principais elementos pelos quais as alianças não podem, não obstante, serem desobrigadas em fundar a sociedade, segundo Godelier, ter o papel específico na reprodução da sociedade, a não ser aquele de correia de transmissão - como bonecos ventríloquos que não possuem linguagem própria - de relações políticas e religiosas entre as gerações. O primeiro elemento refere-se ao fato que o antropólogo adota um ponto de vista estrutural a partir do qual fica inibido em levar em consideração a singularidade humana. O segundo elemento provém do fato que ele entra no parentesco pela porta exclusiva da dominação dos homens, isto é, dos homens que são impelidos em recuperar os filhos que unicamente as mulheres geram para os dois sexos, subestimando assim a capacidade de iniciativa das mulheres na constituição dos processos de reprodução da sociedade.

Expus, ao contrário, que a aliança uma vez desobrigada do papel ao qual Lévi-Strauss lhe atribuíra, resulta mais simples discutir o papel, embora modesto, todavia crucial, da instituição da semelhança, isto é, da permutabilidade entre as pessoas do mesmo grupo. Esse outro papel atribuído às alianças permite a cada um conservar, durante a vida toda, sua qualidade de membro participante de plenos direitos de um determinado grupo, e isso para além do desejo de uns e outros. Dito de outra forma, é por meio da aliança que aqueles considerados os mais frágeis de um grupo apegam-se à sociedade para sobreviver, tal como a "mulher-colchete" ou a "mulher-gancho" de Claude Lévi-Strauss.[39] A questão da regulação do sensível, isto é, da singularidade humana, pode ser formulada com nitidez, sob a condição de adotar outro olhar sobre o parentesco, a saber, a busca de segurança para o maior número de pessoas. Claude Lévi-Strauss defrontou-se, por diversas vezes, com essa questão. No entanto, mesmo que ele tenha, finalmente, inserido todas as conquistas da seleção natural em sua teoria da troca, o mesmo não ocorreu com a seleção sexual, com certeza, mais difícil para articular-se ao estruturalismo. Lévi-Strauss não pretendia, sem dúvida, abrir a caixa de Pandora que o teria impelido a rever tanto sua "teoria geral" da troca de mulheres, quanto à "teoria alternativa". Ao contrário, mostrei como ele optou por desconsiderar a seleção sexual, rejeitada pelo fato que ela repousava sobre uma explicação da variabilidade da espécie humana (una e diversa, o que preocupou muito Darwin), por argumentos referentes a uma utilização contestável da noção de raça e por extensão de racismo, elaborada, sobretudo, por certos seguidores de Darwin.

Se a inclusão dos "menos aptos" na sociedade, tornada exequível graças à emancipação da seleção sexual que permitem as alianças, é considerada como um traço que caracteriza a espécie humana, é possível então integrar na antropologia fundamental o argumento da seleção sexual de Charles Darwin. Trabalhei nisso descrevendo o processo de regulação da ordem sensível. Tratava-se, essencialmente, de descrever uma espécie que pôde ter-se imputado o compromisso determinado aos dominantes, de tomar cuidado dos mais fracos, e isso para além de seu desejo, por meio de invenção da convenção social das categorias de equivalência entre as mulheres e os homens de um mesmo grupo. Em conclusão dessa terceira parte, com o intuito de compor integralmente o darwinismo, mas de modo crítico, uma vez que a seleção natural já estava, faltava incluir na antropologia fundamental a seleção sexual, amplamente aceita pelos especialistas da ecologia evolutiva; foi a isso que consagrei minhas descrições da regulação da beleza humana por meio do jogo de alianças.

Dos capítulos que precedem foi plausível concluir que, nas "sociedades de aliança", o idêntico não é uma condição natural do humano, ao contrário, fruto de um conjunto de convenções estabelecidas socialmente. Desse modo, demonstrei a existência de uma condição prévia às trocas matrimoniais. Na sequência, de acordo com Darwin, identifiquei outro papel que as alianças desempenham além daquele de fundar uma sociedade, uma vez que se trata de gerar a semelhança lá onde ela não existe. Esse outro papel refere-se ao reconhecimento

39 Cf. capítulo 6, o ponto intitulado "A velha mulher que se apega à vida".

da diversidade humana como uma desigualdade fundamental que vem assumir a responsabilidade no processo de regulação da ordem sensível. Consequentemente, a "equivalência social" torna-se parceira da troca, do mesmo modo que os imperativos de transmissão, identificados por Maurice Godelier, submetem a troca a seus próprios fins, vale dizer, a reprodução da sociedade como um todo coerente.

É possível então superar uma última etapa. Ela vem encerrar a análise, nesse momento em que tenho todos os elementos para mostrar que a troca articula a semelhança com a transmissão. O papel da troca, cujas modalidades práticas de funcionamento foram descritas por Claude Lévi-Strauss não é, propriamente, nem de produzir a semelhança, como acabo de afirmar, nem de ser enclausurada pelos imperativos da transmissão de dados (costumes e atributos) que a ultrapassam, como propõe Maurice Godelier, mas sim de ajustar duas ordens que se nutrem uma a outra para participar plenamente da reprodução da sociedade. A troca é o mecanismo que acomoda duas perspectivas complementares que eu, de certo modo, caricaturei para facilitar a compreensão, embora eu saiba que as coisas não são decididas tão facilmente assim: a do "matrimônio no feminino" que incide sobre a regulação da ordem sensível agrupada mais comumente de modo hierárquico e, a do "matrimônio no masculino" que incide sobre a regulação da ordem política.

Desejaria, para finalizar, focar a atenção sobre o fato que tanto os homens quanto as mulheres dispõem de uma aptidão de iniciativa em matéria de reprodução da sociedade. Essa especificidade remete a papéis diferentes, hierarquizados, que não excluem, decerto, a dominação (mas para além da alienação, a astúcia não é igualmente uma forma refinada da dominação?), mas que são complementares. Para tanto, tratou-se de descrever a aliança por meio do olhar feminino para poder compreender a contribuição específica da feminilidade no estabelecimento das grandes instituições que regem as sociedades humanas. Assim, mostrei o papel preponderante, porém, não exclusivo (cf. os velhos, os frágeis...) das mulheres na regulação da ordem sensível.

Quarta Parte

Regulação da Beleza nas Sociedades de Livre Escolha do Cônjuge

"Corpo de Classe" e "Corpo da Ascensão Social" de Ouagadougou a Rio de Janeiro

Do que precede, mantenhamos que a troca (as formas tomadas pelas alianças) situa-se na charneira de dois princípios que ela articula: aquele da produção de semelhança por meio de regulação da ordem sensível e aquele de transmissão das hierarquias e da sujeição pela regulação da ordem política que dá ao conjunto da sociedade sua coerência. O papel da troca consiste em encaixar duas ordens, a semelhança e a transmissão. Essas duas ordens alimentam-se reciprocamente, a fim de participar plenamente na reprodução da sociedade. A semelhança suscita o reconhecimento que promove as trocas pelo estabelecimento de classes de equivalência, enquanto que a "diferenciação social" gera "o outro" e institui uma relação de ordem pela expressão de uma assimetria admissível.

A quarta e última parte deste livro demonstra que a questão da desigualdade fundamental (de singularidade quando ela se revela na partilha desigual da beleza) participa, mais do que aparenta, da reprodução da ordem política e, portanto, da sociedade, isto é, da transmissão das relações políticas e religiosas, segundo Maurice Godelier, e da distinção segundo Pierre Bourdieu. O que ocorre se a bela do povo seduz o filho do rico? A beleza não é, desde sempre, uma forma popular da esperança? Então a beleza pode tornar-se "fatal" à ordem política, às suas hierarquias e às suas assimetrias. Hoje em Ougadougou e no Rio de Janeiro, quando os caminhos "clássicos" da ascensão social (escola, família, trabalho) encurtam-se, o corpo transforma-se para alguns em um capital com qual é importante saber lucrar. Mas então, a ascensão social não passa mais por um caminhar no seio da ordem política, uma vez que a beleza, por exemplo, (uma qualidade da ordem sensível), possibilita pretender assumir um lugar mais privilegiado no seio dessa ordem. O mercado e o desejo, na medida em que lhes convêm, são cegos às estratificações sociais: eles não são socialmente razoáveis. A beleza, por sua própria essência, possui a aptidão de corromper as hierarquias sociopolíticas e apresenta, portanto, um risco para a reprodução da sociedade. Daí resulta que a beleza não é simples capital colocado ao serviço da distinção ou da reprodução das relações sociopolíticas. A beleza funciona igualmente como um talismã graças ao qual é viável transpor certas barreiras sociais.

Para evidenciar esse fenômeno, deveremos falar do cruzamento em um mesmo espaço do "corpo de classe" e do "corpo da ascensão social" no âmbito das sociedades em plena mudança (Burkina Faso e Brasil). Essa análise excederá amplamente o quadro precedente, o quadro da regulação social da beleza no seio das sociedades consuetudinárias, para ser conduzida para outras formas de regulação da beleza: econômica e doravante física (cirurgia estética), sem as quais as relações de ordem hierárquica e, portanto, as relações políticas e religiosas seriam prejudicadas.

Quando tratei da questão das trajetórias matrimoniais, das mulheres, sobretudo nas sociedades consuetudinárias, pretendi mostrar a impossibilidade de opor, no plano do desejo ou da sedução, as "sociedades (consuetudinárias) com matrimônio imposto" e as "sociedades com matrimônio por consentimento mútuo". A diferença, quanto a isso, é que a beleza e algumas de suas consequências são reguladas de modo diferente. Assim, no que concernem as sociedades consuetudinárias, a beleza física, o desejo e a sedução exprimem-se em cenas *ad hoc,* muito alteráveis de uma sociedade para outra, porém sem dificultar (demasiado) sua reprodução. Todavia, com a modernidade que se expandiu na maioria das sociedades consuetudinárias atualmente, esses aspectos, por vezes muito teatralizados, porém comumente discretos, ou até completamente secretos, saem da sombra - sombra às vezes relativa - na qual se encontravam para, doravante, fixarem-se aos olhos de todos, conduzidos por aqueles que se consideram como seus arautos, vale dizer, os indivíduos mais adiantados na nova escala da mudança social, a escala do desenvolvimento. Nesse contexto de transformação cultural, livrar-se das alianças consuetudinárias e, sobretudo, de suas coerções equivale, para a juventude, transgredir os poderes consuetudinários para saborear a liberdade de escolher. A reivindicação da livre escolha do cônjuge torna-se o principal cavalo de batalha dos jovens na medida em que eles não pensam mais ser a "reencarnação" de um dos ancestrais de sua linhagem com as consequências socioculturais que isso acarreta (Laurent, 2003). Eles empregam então, de modo blasonador, a arte da sedução em praça pública, como foi o caso na aldeia Mossi de Burkina Faso, onde vivi a ruína das alianças consuetudinárias e a emergência da livre escolha do cônjuge pelos jovens.

Nesse momento peculiar de invenção generalizada de um tipo de matrimônio por consentimento mútuo (ou antes, de formas de uniões pessoais e provisórias), a relevância do olhar, no acesso ao outro sexo, torna-se primordial, enquanto que a sociedade consuetudinária cerceava oficialmente o seu uso, ordenando "não olhar" e "tomar o cônjuge que lhe é dado". Maurice Godelier ao retornar em 1981 de seu campo entre os Baruya apresenta uma constatação semelhante:

> *As garotas [...] jogavam basquete em um terreno construído no centro da aldeia para os jovens [...]. Todos assistiam às partidas que as garotas disputavam não se privando de comentar o tamanho de seus seios, sua agilidade ou sua imperícia, cena que lembrava a vida de uma pequena cidade na Europa e nada mais tinha a ver com a segregação entre os sexos que eu havia observado em 1967* (Maurice Godelier, 2004, pp. 78-79).

A temática do olhar percebe que sua influência duplica-se na medida em que se ajusta, como ocorre atualmente em Ougadougou, com a emergência de um capitalismo desregulado pela ineficiência das políticas públicas. Nesse tipo de sociedade em plena transformação, o parecer em público torna-se a chave do reconhecimento e o vetor da identidade do individuo: "Você é o que consome". Ao acompanhar esse "olhar reencontrado", a juventude prova os efeitos das desigualdades em face da sedução, enquanto que novas formas de inveja desvelam-se. Para alguns casar-se se torna difícil, até mesmo inviável, pois a procura do cônjuge é um assunto pessoal e não mais um assunto de linhagem. Esses jovens experimentam penosamente as consequências de uma estratificação estabelecida segundo o critério beleza/feiura e verificam a relevância do papel do dinheiro no acesso ao corpo do outro sexo. O consumo erige-se em valor supremo, mesmo que o trabalho estável e remunerado seja raro e reservado a uma minoria.

As alianças por consentimento mútuo são muito heterogêneas. Seria impensável pretender, nessa obra, propô-las mesmo que fosse um inventário sucinto. Importa-me, especialmente, compreender as consequências da liberdade (às vezes muito relativa) da escolha dos cônjuges sobre o processo de regulação da beleza. Relembro que, de acordo com minha hipótese inicial, deve existir uma relação inversamente proporcional entre a aliança e a beleza. Como consequência, pouco importa que a aliança seja coagida ou livre, pois se ela conhece certa estabilidade, produz efeitos sobre a regulação da beleza. A liberdade não se contrapõe à regulação da beleza. Essa última produz a semelhança entre pessoas lá onde existe heterogeneidade (baseada sobre a partilha desigual da beleza) e vem facilitar a inclusão e as trocas entre semelhantes. A regulação toma outras vias que convêm assinalar e descrever.

Impõe-se uma observação preliminar. Não se trata de contrapor as sociedades consuetudinárias, como sendo, exclusivamente, sociedades sem liberdade na escolha dos cônjuges, e as sociedades ocidentalizadas, como representando as sociedades baseadas sobre a livre escolha do parceiro matrimonial. As "alianças por imposição do parceiro" e aquelas por "livre escolha dos cônjuges" encontram-se nesses dois tipos de sociedade, e, aliás, muito frequentemente, elas podem coexistir, já expliquei quando do estudo das sociedades consuetudinárias. Assim, explanei que pelo viés das "trajetórias matrimoniais" especialmente (pois há o roubo, o rapto...), as sociedades consuetudinárias podem conhecer uma forma de liberdade; assim como em países ocidentalizados, a liberdade de escolha do cônjuge é, de vez em quando, pura forma, pois um conjunto de coações reduz consideravelmente o mercado matrimonial. Para as sociedades ocidentalizadas, onde o matrimônio funda-se no início por um consentimento mútuo, é evidente que essa escolha pode ser bem relativa. Ela varia de uma sociedade a outra, em função das pressões (econômicas, sociais e políticas) que incidem sobre as alianças a favor da pertença a uma classe social específica. A sociologia da família examinou as variáveis que contribuem na conclusão e na estabilidade/instabilidade dos "matrimônios de amor"; eles seriam de uma invenção bem recente. Uma variável retém mais particularmente minha atenção. Ela surge como um fio vermelho na redação desta obra. Diz respeito às formas que podem tomar a busca de segurança social e econômica entre as pessoas confrontadas com a sobrevivência: ou seja, nas sociedades consuetudinárias, a conclusão de alianças que para isso contribuem expressivamente, seja a procura de auxílio aos pobres, às viúvas... organizada por instituições religiosas, seja o apelo às políticas sociais empregadas pelo Estado nas sociedades ocidentalizadas, seja ainda a escolha de um trabalho remunerado, formas que irão outorgar mais liberdade, sobretudo, às mulheres.[1] O antropólogo Jack Goody mostra muito bem que um dos "aspectos mais relevantes da industrialização terá sido o fim do grupo doméstico como uma unidade de produção agregando todos os seus membros [...] para sobreviver" (Goody, 2001, p. 223). Esse autor chega a uma conclusão muito importante para meu propósito: "As mulheres tornaram-se, ao menos potencialmente, com seu acesso crescente ao emprego assalariado financeiramente independente. Elas não eram mais coagidas a permanecer casadas com um homem insuportável..." (*ibid*).

Entre as múltiplas possibilidades que se ofereciam para analisar a regulação da beleza nas sociedades de alianças por consentimento mútuo, selecionei dois casos especialmente interessantes. Nisso, continuei com o método adotado desde o início dessa pesquisa: extrair os efeitos da regulação da beleza lá onde ela esvai-se ou onde não existe, a saber, à margem das alianças matrimoniais. Escolhi, portanto, apresentar nesta quarta parte duas sociedades que, por razões diferentes, conhecem formas demasiado frágeis de matrimônio por consentimento mútuo. O exemplo de Ouagadougou em Burkina Faso, de início, é aquele de uma capital afligida por um capitalismo nascente selvagem. Esse caso possibilita estudar um momento de

1 A respeito dessas questões, ver Goody, 2001.

requestionamento da regulação social da beleza onde o consumo e a infidelidade dominam como mestres. A seguir, de certo modo em oposição, o exemplo do Rio de Janeiro, onde abordo a questão da extensão ao conjunto de uma sociedade, de uma nova forma, muito coercitiva, da regulação da beleza: a cirurgia estética. Esses dois casos, especialmente extremados, me permitem revelar, com maior acuidade, os papéis desempenhados pela regulação da beleza nas sociedades de alianças por consentimento mútuo, seja no vazio, por sua ausência, - quando o dinheiro permite aproximar, sem rivalidade alguma, ao corpo do outro - seja por seu excesso - quando o amor do corpo embelecido, refabricado, encarna a identidade da pessoa. Entre os dois casos existem, de certo, numerosas sociedades que, cada qual por sua própria conta, articula as alianças por livre escolha do cônjuge e a regulação da beleza.

Em sua obra *L´un et l´autre sexe*, Margaret Mead discorre especialmente da invenção, após a segunda Guerra Mundial nos Estados Unidos, da liberdade e do matrimônio de amor (de sua instabilidade devida à insegurança de emprego e ao divórcio legalizado). Em época precedente, nesse país, explica a antropóloga, o matrimônio por escolha recíproca era muito estável. E diante da insegurança de emprego, o "matrimônio oferecia, outrora, um refúgio contra essa eterna incerteza, esse apelo eterno por novos empenhos" (Mead, 1966, p. 408).

> *Não se escrutava muito seus sentimentos quando não havia outra escolha; uma vez a Benção dada, o amor não era mais posto à prova. Mas em nossos dias quando é cada vez mais admitido que o divórcio paire sobre cada matrimônio [...], o marido deve encarar a eventualidade de perder seu emprego, a mulher de perceber-se sem companheiro [...]. Marido e mulher devem escolher-se novamente sem cessar, reafirmar o direito de se solicitar a escolha do outro* (Mead, 1966, p. 409).

O caráter definitivo do matrimônio por consentimento mútuo era a grande interrogação da época, e Margaret Mead faz a constatação seguinte, em relação com nossa análise da "regulação da beleza": "A mulher com papelotes é substituída pela mulher que se pinta antes de despertar seu marido e o homem com os olhos cobiçosos deve vigiar-se mais pensando que aquele que ela observa poderia tomar o lugar de sua mulher...".[2] Seja o que for de Margaret Mead e de suas expressões que devem ser situadas em seu contexto de enunciação, é interessante notar o vínculo explícito entre insegurança do matrimônio e o fato de revelar-se continuamente desejável; o que caminha no sentido de minha hipótese geral.

---

2 Op. cit., p. 410. A propósito, ver o texto breve, mas muito esclarecedor de Mike Singleton: *Singleton, K. Pourquoi les Femmes Mettent-elles Du Rouge aux Lèvres?* Université Catholique de Louvain, Unité d´Anthopologie et de Sociologie, 1905, p. 5 (dactil.)

IX

Regulação Econômica da Beleza (Ouagadougou em Burkina Faso)

1 | Quando os caminhos clássicos da ascensão social fracassam

A ascensão social atualmente em Burkina Faso repousa sobre o distanciamento da vida rural consuetudinária, e sobre a participação concreta de uma forma de modernidade: instalação na cidade e adesão às "maneiras urbanas de ser".[1] Em uma pesquisa consagrada aos "aspectos da juventude universitária de Ouagadougou" Jacqueline Mazzocchetti trata de um momento particular no qual os caminhos clássicos do sucesso - o diploma, o emprego, o casamento - e o acesso ao reconhecimento e ao consumo fracassam (Mazzocchetti, 2007).[2] Esse caminho parece doravante conduzir a um impasse. Nesse contexto de globalização e de regime semiautoritário,[3] o intelectual ou o funcionário não personificam mais a elite. A Universidade de Ouagadougou não é mais a passagem obrigatória do êxito, pois com diploma em mãos, a maioria dos "jovens intelectuais" permanece desesperadamente como caçulas sociais, sem emprego fixo são sub-remunerados. Entretanto, tendo incorporado os códigos que certificam sua nova identidade de urbanizados é, sobretudo, a vida da aldeia que desejam manter em grande distância.

Para isso, esses jovens estão dispostos a tudo para evitar o regresso à condição campesina e eliminar o sentimento de vergonha ligado à decepção dos pais que, durante anos, os sustentaram na conquista do diploma e afligem-se com um retorno financeiro que demora chegar. A margem de manobra desses jovens universitários é frágil. São tentados a esquecer, isto é, romper os vínculos com a família que permaneceu na aldeia. Essas relações pesam demasiadamente para esses diplomados que não encontram facilmente o emprego qualificado almejado. Elas referem-se a uma dívida geracional que eles são incapazes de

1 Ver a respeito Hilgers, 2007.

2 As referência anotadas nesse capítulo aos trabalhos de Jacinthe Mazzocchetti mencionam sua tese de doutorado. No intervalo, entre a redação e a publicação, a autora extraiu dela um livro: Mazzocchetti, 2009.

3 Cf. Hilgers/Mazzocchetti, 2006.

honrar. Em um país sem seguridade social estatal para todos, em um momento de desregramento social e de transformação veloz da cultura Mossi, os jovens deixam a aldeia para migrar para a cidade ou alhures mais longe. Os idosos, então abandonados, devem improvisar sua sobrevivência. Diante disso, hoje os pais camponeses preferem diversificar suas estratégias de sobrevivência, especialmente investindo na instrução de um filho, com a esperança de, se ele tornar-se funcionário, poder garantir sua aposentadoria quando não forem mais capazes de trabalhar no campo. Visto que a segurança econômica dos mais velhos repousa sempre sobre a solidariedade direta (na ausência de instituições estatais terceiras, anônimas e imparciais) entre as gerações, como os pais, movida pelo imaginário da aldeia, poderiam compreender a desocupação de um filho, expressando-se como intelectual, ostentando os sinais de urbanidade, mas incapaz de lhes dar o mínimo em retorno?

A urbanização de Ouagadougou é veloz e representa para esses jovens a visão que eles têm da globalização. Na cidade, o herói contemporâneo, aquele que é respeitado, torna-se o milionário.[4] Como existir na cidade, na rua, longe da família e tomar seu lugar nesse mundo cosmopolita? Melhor estar conectado, sair com as garotas mais belas, consumir de modo ostensivo, com o risco de apagar, mesmo que por uma noite, todos os sinais de pobreza e esquecer uma filiação camponesa sempre muito próxima. Mais do que nunca, a identidade camponesa faz-se, no imaginário coletivo urbano, o selo da miséria, da ignorância, do caráter angustiante da existência e a pungente lembrança de uma dívida familiar impossível de honrar. Nesse momento particular, que eu denominei alhures "modernidade não assegurada" (Laurent, 2006, pp. 253-303) que leva ao apogeu do consumo, desejo de riqueza e vontade de exibir-se, o corpo pode transformar-se em um capital disponível, a ser aproveitado rapidamente, pois é efêmero. Ele converte-se no local privilegiado do sucesso e da inscrição da identidade.

Em Burkina Faso, como no Rio de Janeiro no Brasil, que será analisado a seguir, o corpo é mais do que nunca um "corpo de classe".[5] Todavia, sobretudo em razão da diferença de desenvolvimento econômico entre esses dois países, as identidades propagadas pelos corpos são desiguais, até mesmo opostas. No Brasil, o "corpo de classe" consiste numa criação à qual se dedicam aquelas e aqueles que possuem, simultaneamente, o tempo necessário e os meios financeiros, tal como uma verdadeira "corpolatria". Esse corpo carece de uma paciente modelagem (*malhação*) nas academias e a reconstrução por meio de

4 Ver sobre isso a figura do "Soberano moderno", proposta por Joseph Tonda (Tonda, 2005).

5 "Corpo de classe", segundo a expressão de Pierre Bourdieu (Bourdieu, 1979, p. 215).

intervenções de cirurgia estética (*a plástica*).[6] O corpo transforma-se em novo local de consumo investido pela indústria da beleza. Consumir, sem dúvida, porém, além disso, fazer com que esse consumo torne-se invisível. Tal consumo funciona como uma galinha dos ovos de ouro para a indústria cosmética, uma vez que o trabalho deve sempre recomeçar no ritmo das estações e do tempo que passa, e que supostamente faz com que as pessoas tornem-se feias. No Rio, visto pelas praias, sobretudo, o corpo nu despido é como revestido com a identidade, pois por si só ele já a exibe, por meio de um domínio corporal tanto mais valorizado que parece natural. Esse corpo, completamente produzido, opõe-se ao corpo gordo, flácido, lascivo, indolente que evidenciaria o não domínio de si pela incapacidade de disciplinar-se (Goldenberg/Ramos, 2002, p. 31). Ao contrário desse Brasil, em Ouagadougou, o corpo jovem, delgado, alto, usando os clichês veiculados pela mídia ocidental, é antes o símbolo de uma ascensão social possível; ele é valorizado por uma parte da juventude como um capital efêmero que para aqueles que dele são dotados é conveniente assumir. Pelo contrário, em Burkina Faso, o "corpo de classe" é aquele que testifica, por sua alentada corpulência, uma vida de fartura e de um acesso ilimitado ao consumo. O "corpo de classe" e o "corpo da ascensão social" coexistem, tanto no Brasil como em Burkina, mas diferem nas formas: idênticos no Brasil e diferentes em Burkina Faso. O que, todavia, é comum às duas situações é que esses tipos de corpo - de classe e de ascensão social - representam problemas à sociedade quando frequentam os mesmos espaços públicos, principalmente nas cidades.

II | Consumo, sexo e concorrência

Jacinthe Mazzocchetti estuda a relação entre a beleza física e o consumo quando fala dessa jovem ouagalesa de vinte e seis anos, classificada como bela pelo seu meio social que, no entanto, considera sua idade e seu diploma como desvantagens "na caça aos maridos capazes", os quais buscam mulheres jovens e, de preferência, submissas. Segundo os relatos da jovem mulher, a beleza não satisfaz: nós a possuímos ou não, mas o que conta hoje, além da beleza, é ser capaz de "realçá-la" a fim de "sair do lote de garotas à espera" [...] e inscrever-se no movimento do mundo pela posse dessas atrações materiais. "Ser bonito é ser notado..." (Mazzocchetti, 2007, pp. 220-221). Ser do mundo equivale

6 Modelar seu " corpo de classe", para retomar a expressão de Malisse, 2002, p. 102.

aqui à posse de objetos que possibilitam anunciar sua capacidade de consumo. Para uma garota, sobretudo, se a beleza e a juventude constituem os melhores trunfos para casar-se e alcançar um lugar na sociedade, a "beleza natural" não é suficiente. Para além dessa "beleza natural" ela deve ser hábil em divulgar sua capacidade de consumir - pelo seu penteado, suas vestes, suas bijuterias, ou ainda pela posse de uma motocicleta - e revelar com isso tudo o que a separa do campesinato. A garota que não ostenta sua disposição ao consumo não é admirada pelos homens. Esses códigos são notadamente divulgados pelas telenovelas brasileiras. As garotas tiram daí imagens de novos comportamentos com os garotos, modelos de vestidos e o desembaraço de comportar-se em público. O garoto sente-se valorizado pelos colegas quando ele pode exibir-se com uma bela garota, isto é, uma "garota na moda": "os garotos a apreciam, as outras garotas comparam-se a ela" (Mazzocchetti, 2007, p. 226). Por sua amiga interposta e os presentes que o garoto pode lhe ofertar, ele pode mostrar sua capacidade de acesso ao valor supremo da sociedade: o consumo. "O corpo e a aparência se tornam lugar igualitário" (Mazzocchetti, 2007, p. 235).

"Se tu não tens dinheiro, tu não és ninguém", afirma um dos informantes de Mazzocchetti (Mazzocchetti, 2007, p. 232). Nesse mundo as garotas mostram interesse principalmente por "homens capazes". Entre os jovens o que vale é, antes de tudo, o dinheiro. Nesse jogo, a situação das garotas difere daquela dos garotos. Assim, um jovem estudante querendo sair com uma garota deve mostrar-se rico, e ainda muito mais que isso se ela é considerada bonita. Ele tomará emprestada uma motocicleta, roupas e sapatos, porém a esperteza não durará muito e, de qualquer modo, ele não chegará ao calcanhar dos ricos. Nesse contexto, ao mesmo tempo, de precariedade econômica e de carência de inclusão nas redes sociais performativas, os pequenos presentes simbólicos perdem todo sentido. A garota procura principalmente receber a garantia de poder contar com um homem com o qual ela poderá iniciar um lar. Para tanto, especialmente quando se percebe cobiçada, desejará presentes úteis e prestigiosos (Mazzocchetti, 2007, p. 233). Em Ouagadougou, hoje, para esse grupo de jovens diplomados sem emprego estável é, ao mesmo tempo, o corpo, a beleza física, e também a ostentação que constituem os instrumentos de sua busca de ascensão social.

Na falta de encontrar facilmente um marido, as garotas aceitam então os "homens capazes" que são os tios. São em geral mais velhos. Seu êxito financeiro lhes autoriza entreter as jovens mulheres. Muito frequentemente são casados, à procura de amantes, conseguem mais facilmente convencer as jovens em situação precária para sair com eles, como certas jovens da universidade, sem remuneração fixa e dividindo, entre várias colegas, um quarto de alguns metros quadrados. É difícil resistir a uma proposta, esclarece uma informante de Jacinthe Mazzocchetti, quando se sabe que isso permitiria sair da precariedade e/ou de conseguir acesso ao consumo (Mazzocchetti, 2007, p. 241). As Mercedes circulam em torno do campus:

> *Há muitos garotos que buzinam para mim, eu paro, eles dão seu número e então... pronto [...]. Isso em pleno dia na rua [...]. Eles te dão o seu número ou para te instigar a chamar, eles te dão 10.000 francos CFA* (francos da Colônia Francesa da África, hoje, Comunidade Financeira Africana. N.T.) *para comprar o que quiser, para te mostrar que tu tens interesse em chamá-lo porque ele tem dinheiro [...]. Ele te para porque tu o agradas. Em geral, ele te diz "tu és bonita, é isso". Tu sorris, tu dizes obrigado [...]. Se me interessa, eu telefono, depende"* (Mazzocchetti, 2007, pp. 243-244).

Como ressalta a antropóloga, as moças desfavorecidas, que saem com os tios, não são mal vistas. Pode ocorrer que uma estudante tenha uma relação com um "homem capaz", com o acordo de seu companheiro, e garanta algum dinheiro para o casal (Mazzocchetti, 2007, p. 277). Outras, não tanto necessitadas, encontram com os tios o tão desejado dinheiro para oferecer-se uma moto, um celular e roupas da moda. Entre as moças, a concorrência é agressiva para conservar um "homem generoso", tanto mais que sua juventude, mormente nessas condições difíceis, passa muito rapidamente e que os corpos, expostos ao perigo, degradam-se. Georg Simmel fazia uma constatação semelhante para a Europa do fim do século XIX:

> *Sem dúvida a prostituição superior, fora de controle, encontra-se melhor favorecida mais tempo; se a garota é bonita e conhece um pouco a arte da recusa, se, além disso, ela faz teatro, então ela tem escolha entre os candidatos [...]. Excetuando o fato que a queda é geralmente mais grave quando a interessada não tem mais à sua disposição os encantos que lhe permitiam comprar a via numa suave alegria - a sociedade revela-se curiosamente mais indulgente [...] do que ela seria com a prostituição do andar de baixo...* (Simmel, 1988, p. 12).

Os tios podem manifestar-se exigentes com aquelas que, financeiramente dependentes, não estão em condições de negociar e recusar. Como explica a autora: "A solução dos tios, visto que ela se generaliza, e é cada vez menos mal vista, é atraente" (Mazzocchetti, 2007, p. 246). E "o hábito do "dinheiro fácil", do "dinheiro presente", como essas jovens mulheres o denominam, pode também, progressivamente, conduzir uma estudante a passar dos tios à prostituição" (Mazzocchetti, 2007, p. 247). Porém, as garotas esperam sempre encontrar "um marido capaz" e chegar ao reconhecimento (e, portanto, ao consumo) pelo matrimônio, ou até cruzar o caminho de um europeu, que não tem necessariamente mais trunfos que um burkinabé, mas que representa o benefício de encarnar o sonho de um alhures e a oportunidade de emigrar. Embora a situação não seja de todo reversível e não seja tão manifesta quanto o fenômeno dos tios, surge em paralelo o fenômeno das tias (*gnagnis*). São mulheres mais velhas, muito independentes e com boa situação financeira, que propõe a jovens estudantes sair com elas: "Funciona muito bem em Ouagadougou [...]. Comumente são mulheres casadas que tem fortuna, que tem bem-estar [...]. Isso não é mal visto, uma vez que o estudante nada possui" (Mazzocchetti, 2007, pp. 252-253).

III | Generalização da infidelidade: os mais velhos abastados acedem à sexualidade dos jovens, sem recursos

Em Ouagadougou, doravante, o dinheiro estrutura as relações sociais. Entre os jovens sem rumo, mergulhados no desembaraço cotidiano, cada qual combate com as armas de que dispõe. Para alguns, o corpo é um capital disponível para tentar tomar pé nessa espécie de modernidade globalizada e de saciar sua sede de reconhecimento por meio do consumo. Deve-se agir com presteza, pois a beleza é fugaz e os corpos frágeis. O tempo como a morte ronda em torno daqueles que não souberem inscrever-se na sociedade rapidamente. Uma estudante diplomada da Universidade de Ouagadougou é precocemente muito velha no mercado matrimonial, e, carregada de diplomas, ela amedronta os homens que procuram, seja uma mãe no lar para seus filhos, ou amantes jovens e belas.

Esse contexto de desregramento social e de transformação rápida da cultura Mossi conduz ao reforço do sentimento de ciúme nos afrontamentos, às vezes violentos que ocorrem entre as garotas, mas também entre garotas e esposas mais velhas, para "encontrar para si um marido capaz" e/ou para conservá-lo. Assim no campo da sexualidade, assunto ainda, geralmente, considerado tabu em Burkina Faso, as garotas não somente colocam seus corpos em concorrência, mas também suas práticas sexuais (Mazzocchetti, 2007, p. 268). As mulheres, jovens e menos jovens, suspeitam muito umas das outras. A luta entre as garotas para atrair um "homem-locador", que geralmente é o marido de outra, é agressiva. Assim, entre certas estudantes e as mulheres casadas, a concorrência evolui para um combate sem piedade visando destituir a esposa ou para conservar o marido, tanto mais que o critério pelo qual as garotas são escolhidas é perecível: a beleza. Por sorte, se uma garota agarra um "marido capaz", ela fará de tudo para manter aquele que garante sua sobrevivência e lhe propicia a condição invejável de mulher casada. Todavia, as mais jovens tentarão roubar seu lugar, "é a conjuntura do momento", explica uma estudante que frequenta um homem casado e que, por sua vez, entende exatamente como tirar proveito de sua juventude. A garota poderia considerar como plausível a poligamia, mas para a maioria das estudantes, não seria então, senão, com resignação e com a expectativa de descartar a primeira esposa (Mazzocchetti, 2007, p. 272). As estudantes são tomadas num jogo duplo: o de desejar atingir logo o consumo, em troca de serviços sexuais, e ao mesmo tempo querer encontrar, a todo preço, um marido.

Do mesmo modo que entre as mulheres, existem, igualmente, rivalidades entre os homens abastados e os outros, muitas vezes mais jovens e menos ricos, pelo acesso à sexualidade das mulheres. Não só os tios conseguem as mulheres sem que os estudantes possam competir com eles, mas eles tomam as mais jovens e as mais bonitas. As garotas são invejadas pelos garotos que se sentem excluídos desse jogo, uma vez que o valor doravante permite aproximar-se do outro sexo é a riqueza. Em situações precárias, esses estudantes não são aptos para conjecturar sobre uma história longa e séria com uma garota. "O matrimônio os amedronta enquanto que as garotas percebem-se envelhecer e não desejam engajar-se com um homem que, além de não ter um emprego estável [...], não promete nada para o futuro" (Mazzocchetti, 2007, p. 274). Elas pressentem seu envelhecimento e a esperança de uma relação duradoura com um tio confiável é bem frágil, sobretudo, por ele ser casado. Isso não deixa de lembrar certos aspectos das sociedades escravagistas afro-americanas descritas por Fritz Gracchus quando ele estuda as consequências de uma relação de desigualdade de sexualidade entre os senhores e os escravos. Ele mostra que o senhor branco investe pela força sobre a sexualidade da jovem mulher negra, excluindo (por uma segunda vez) o homem negro que se tornava o espectador do estupro da mulher negra" (Gracchus, 1986, p. 348); a mulher negra não é conivente, mas seu corpo transforma-se em investimento do poder (Gracchus, 1986, p. 253). Ele cita, aliás, a biografia de um negro fugitivo, Esteban Montejo, que fala de sua mãe nesses termos: "Mamãe era uma velha negra meio bisbilhoteira [...]. Ela espionava tudo, e em seguida corria contar ao contramestre o que havia visto. Puta e bisbilhoteira! Todo mundo temia sua língua de víbora.

Ela tinha vários filhos mulatos. Do pai, ela nunca falava. Penso que era o contramestre. "Não eram atribuídos a ela senão as tarefas menos desgastantes".[7] E Gracchus lança a pergunta: "Em sua condição de escrava, a mãe de Esteban Montejo é investida de um poder que faz com que os outros a temam [...]. Trata-se de uma situação excepcional, ou então as mulheres, especialmente as mães, tiveram, em relação aos homens escravos, uma posição privilegiada?" (Graxos, 1986, p. 242). Ele acrescenta ainda (citando C.J. Munfford): "Numa sociedade pós-escravocrata caracterizada por um desemprego crônico: 'Uma mulher recém-chegada sempre encontrou trabalho como doméstica-concubina ao serviço de um homem branco'. Essa acessibilidade ao emprego não elimina a situação da mulher como explorada, mas lhe proporciona sobre um homem negro um poder nutricional que aumenta sua dependência" (Gracchus, 1986, p. 256). Esse debate referente ao período escravocrata coloca muito bem em evidência a relação entre as condições de sobrevivência e a sexualidade num contexto de desigualdade. Isso relembra, por certas características, os tios ouagaleses que acumulam, sem partilha, o acesso ao consumo e às garotas em face dos jovens estudantes frustrados de não poder ter acesso à sexualidade das estudantes, os quais muitas vezes, depende delas e de sua capacidade de seduzir um "homem capaz" a fim de garantir sua sobrevivência.

Tudo se passa como se o encontro entre garotas e garotos de uma classe não pudesse ocorrer. Com certeza, tais circunstâncias são frequentes nas alianças consuetudinárias Mossi. Mostrei que elas resolviam, especialmente, os problemas relacionados à condição social (a única condição plausível sendo, para todo adulto, a de ser casado) e ao estabelecimento da segurança econômica (o levirato, por exemplo). Contudo, com a decadência das alianças consuetudinárias e a invenção da livre escolha do cônjuge, teríamos podido esperar por outra situação. Convém observar que, para esse grupo particular de jovens diplomados, sem emprego estável, da Universidade de Ouagadougou, o ingresso no matrimônio é problemático e que a sexualidade parece como distanciada de uma geração. Os jovens diplomados ou aguardam para obter um salário para pensar em matrimônio, ou saem com as garotas mais jovens, colegiais (menos exigentes com os presentes). Enquanto que as estudantes travam relações com os tios, as mulheres adultas, financeiramente independentes, podem procurar a companhia de estudantes. Nesse contexto de "modernidade insegura" na qual o consumo (e a demonstração ostensiva de sua capacidade em consumir) é o valor supremo, as relações entre os sexos são essencialmente reguladas pelo

---

7 Citado por Gracchus, 1986, p. 242.

dinheiro, acumulado por uma minoria e pela beleza física do corpo para aqueles que a dispõe. Resulta disso uma espécie de distância entre as gerações no acesso ao corpo do outro sexo.

Nesse contexto, a aliança e as formas de segurança que ela gera, parece debilitada pela infidelidade, justificada segundo os relatos dos homens, quando as esposas não atendem às menores expectativas dos "maridos-reis" (Mazzocchetti, 2007, p. 272) e que as garotas arriscam destronar as mulheres casadas. De fato a obsolescência das alianças consuetudinárias, combinada com as dificuldades com que os pobres sentem em concluir alianças por consentimento mútuo, o dinheiro e, sobretudo, sua partilha desigual apresenta-se aqui como o principal regulador do acesso ao corpo do outro. Nesse jogo, a mulher jovem e bela tem mais trunfos, mesmo que sua dominação não dure, senão, pouco tempo. É com urgência que ela obriga-se a acumular e/ou encontrar um marido e conservá-lo, uma vez que já se sente ameaçada pelas mais jovens e mais belas. Os verdadeiros vencedores desse desregramento das alianças, tanto consuetudinárias como por consentimento mútuo, são os homens abastados que, sem nenhuma concorrência, tiram proveito dessa situação desigual e de generalização da infidelidade. Diante do grupo de jovens desempregados, eles podem chegar à sexualidade feminina sem partilha, sobretudo, se eles sabem que são uma minoria de abastados, adulados pelas mulheres, mais numerosas, competindo em beleza, que anseiam existir aos seus olhos e que tentam mantê-los para sobreviver. A situação das mulheres abastadas e independentes, como as velhas ricas que se apoderam da sexualidade dos jovens, é um tanto distinta daquela dos tios, pois parece que entra em jogo, mais que a inveja de posse, uma inveja ligada ao apego, como se, contrariamente aos homens, a troca monetária não fosse suficiente para essas mulheres (Mazzocchetti, 2007, p. 252).

Para concluir, proponho destacar pontos relevantes que nos ensinam dessa situação ouagalesa no que respeita a compreensão do processo de regulação da beleza. O contexto desempenha aqui um papel determinante na emergência dessa forma de "desregramento da regulação social da beleza". Assistimos a um momento em que as alianças consuetudinárias acabam de sofrer um abalo, assim como as antigas formas de segurança social e econômica. O desejo de uma mais ampla liberdade caminha junto com aquele de escolher sozinho seu cônjuge. A juventude descobre paralelamente a relevância em seduzir para agradar e a necessidade de atrair os olhares para existir aos olhos do outro. Entretanto, a manifestação da livre escolha do cônjuge expande-se num ambiente onde o Estado totalitário está incapacitado de organizar, para o conjunto da população, um sistema público generalizado de segurança social e econômica. Ademais, a oferta de empregos assalariados estáveis é frágil e esses são reservados a uns poucos. Nessas circunstâncias, a insegurança vinculada às dificuldades de sobrevivência é importante para uma maioria dessa população urbana.

Enquanto que na sociedade consuetudinária Mossi, todo mundo, cedo ou tarde, encontrava-se casado, não é mais essa a situação na sociedade urbana que entra em cena. O matrimônio, para usar expressão caricatural, revela-se mais dificilmente acessível a todos e doravante, mais facilmente abordável para os abastados e as pessoas consideradas bonitas. O corpo, sobretudo, sendo dotado da qualidade rara da beleza, pode vir a ser um capital que alguns se sentirão atraídos em rentabilizar, tanto mais que esse capital é transitório. As alianças matrimoniais são instáveis e a infidelidade importante. Essa sociedade que, historicamente conhece a poligamia, pela tradição e pelo islã, parece associar-se a um novo tipo de aliança, dessa vez mais informal. Esse tipo não se reúne mais na mesma unidade de residência (como entre os Mossi) um homem e suas mulheres (mais os seus filhos, seus parentes e às vezes os colaterais), no entanto, conhece um lar monogâmico (às vezes oficialmente poligino) e, paralelamente, sobretudo, o homem (mas de vez em quando a mulher) mantém uma ou diversas amantes em outros lugares, oficiosamente (mais ou menos sigilosamente). Parece então que a sociedade é perpassada por uma poliginia informal muito difundida, porém não instituída oficialmente (que desconhece oficialização por uma forma de aliança, por exemplo). É pertinente, pois, distinguir essa situação e o que a motiva da poliginia encontrada na sociedade consuetudinária Mossi, especialmente quando essa deriva do levirato. De maneira típica, diria que uma minoridade de homens, mais velhos e principalmente mais ricos, mantém mulheres, informalmente, mais jovens e necessitadas. Elas são numerosas e precisam lutar para sobreviver e a concorrência entre elas é áspera para seduzir, mas particularmente para tentar manter um "homem capaz", mormente, quando a beleza terá passado.

Nesse contexto no qual as relações entre os sexos são parcialmente "informais", vale dizer, não mantidas numa modalidade de estabilidade (pela oficialização da relação em respeito à sociedade) como no caso do matrimônio, a beleza torna-se fator de sucesso. É fundamental enfatizar que o objetivo dessas garotas, mais jovens e mais bonitas, não é libertar-se do matrimônio nem da família. Com certeza, na maioria das vezes, essas jovens estudantes não desejam mais viver numa família polígina e sonham em destronar a esposa legítima para tomar seu lugar e desfrutar da felicidade, pelo consumo, no quadro do matrimônio (de uma família monogâmica visando assumir o modelo veiculado na mídia), como reconhecimento de sua condição no seio da sociedade. Com relação a nossa discussão relativa às formas tomadas pelo "desregramento da regulação da beleza", retenhamos que uma minoria de homens abastados consegue mais facilmente ter acesso à sexualidade das garotas. Essas constituem um grupo e competem na busca de sobrevivência ou para chegar ao consumo desejado, mas ao mesmo tempo, para além da procura dos tios, essas garotas almejam casar-se e viver no seio de uma família. Observemos que a aliança como projeto parece nesse caso, mantida pelos mais frágeis de uma sociedade (as mulheres mais velhas temem ser afastadas de seus maridos pelas mais jovens, mais belas e atraentes, mas também pelas jovens mulheres que pretendem a estabilidade e como que um monopólio sobre o homem). Os moços, no que lhes diz respeito, esperam também realizar-se pelo matrimônio, porém o dinheiro lhes falta para concretizar seus anseios.

Se a sociedade *Na* concedeu-me a oportunidade de investigar uma "sociedade consuetudinária sem regulação da beleza" e de discutir suas consequências, a sociedade ouagalesa apresenta, hoje, uma situação de "desregramento da beleza". Essa situação provém do fato de a sociedade, que vem adentrar num tipo de modernidade transnacionalizada, passar por um momento de agitação cultural e institucional sem precedente que combina a obsolescência dos princípios de regulação das sociedades consuetudinárias e a debilitada capacidade do Estado em organizar a segurança das instituições públicas *ad hoc* para todos. Estamos diante de outro caso (outro que os *Na*) de ausência de regulação da beleza, na medida em que a garota tenta encontrar um homem capaz de suprir suas necessidades utilizando seu capital de beleza. E inversamente, os homens (as mulheres de vez em quando) poderosos, vale dizer, os ricos, escolhem as garotas (ou os garotos) em função de sua juventude e de sua beleza. Enquanto que a regulação social da beleza promove a origem da semelhança entre as pessoas pela invenção (do simulacro) das categorias de equivalência entre homens e entre mulheres, é exatamente o inverso que se produz aqui: é pela ênfase das diferenças físicas entre pessoas que aqueles que são dotados de um físico fascinante tentam sobreviver, ou que as mulheres sabem que elas são escolhidas. Em suma, nessa situação de desregramento da beleza, são os mais fortes, aqueles que aqui conseguem aderir ao consumo, que escolhem as garotas mais belas e as mais belas das garotas que consomem.

Mostrei que a ausência de regulação social da beleza ou, ao menos, sua frágil regulação tem consequências sobre a sociedade e as pessoas menos dotadas em capital de beleza. Assim, é de se notar uma tensão exacerbada entre as garotas para encontrar um homem que as sustente financeiramente. Percebe-se igualmente uma tensão entre as mulheres casadas, mais velhas, para conservar o marido e as garotas, mais belas e mais jovens, para tomar seu lugar junto desses maridos. Há igualmente rivalidade entre os homens abastados e os garotos pobres para o acesso à sexualidade das garotas. Enfim, apontarei a fragilidade das alianças que nada têm de definitivo, reforçada ainda pela generalização da infidelidade. Ao contrário, foi outrora uma das razões pelas quais optei por essa questão de "desregramento da beleza", uma vez que ele manifesta o fato que há algo "democrático" na regulação: os velhos/velhas, as feias/bonitas, os pobres... podem encontrar aí um meio de apegar-se à sociedade. Como nós defrontamos com a rejeição de alguns quando a beleza - reivindicada por uma minoria - é posta a serviço da sobrevivência ou da distinção (cf. o caso brasileiro), pela ênfase das diferenças e da exclusão dos outros. Ao contrário das sociedades consuetudinárias nas quais a segurança é, geralmente, garantida para um maior número pela regulação da ordem sensível, nas sociedades modernas esse processo - sem, na verdade, desaparecer completamente - é largamente posto sob os cuidados da segurança social garantida pelo Estado que assume aqui um papel de terceiro e pelo emprego remunerado, o que, na realidade, não existe (para a maioria das pessoas) no caso Ouagales que foi analisado.

Gostaria de finalizar por uma comparação com outras sociedades estudadas nesse livro, como os *Na* e os Muria (o Ghotul). Essas sociedades conhecem, na organização da sexualidade, a multiplicidade de parceiros: uma multiplicidade livre entre os *Na* tendo como motivo a luta contra a posse e o ciúme, uma vez que a segurança econômica é transferida às matrilinhagens e que a sexualidade é estranha à família; uma multiplicidade de parceiros imposta, entre os jovens Muria no Ghotul, visto que o motivo é a busca da igualdade entre os membros do ponto de vista da atração física e que a segurança econômica é garantida, alhures, pelos adultos que vivem como casal. No caso ouagales, estamos em presença de uma multiplicidade informal de parceiros (matrimônio e infidelidade, amante garota ou garoto) pelo fato de o motivo ser o consumo (seja de corpos, seja de bens) e de o dinheiro instituir relações desiguais entre os sexos e entre as gerações, sobre a base da beleza contra a riqueza.

X

Regulação Física da Beleza (Rio de Janeiro - Brasil)

No Rio de Janeiro, os cariocas instituíram progressivamente uma nova relação ao corpo e à beleza física. A beleza não é mais um dom divino. Libertos das influências moralistas, em especial do catolicismo, a intervenção cirúrgica sobre o corpo refere-se a uma verdadeira passagem ao ato generalizado para emancipar-se da imposição da partilha aleatória da beleza entre as pessoas. A beleza torna-se um bem de consumo como qualquer outro bem, pois jovens, velhos, bonitos ou feios podem ter acesso ao corpo que desejam. O corpo deve estar exposto, sobretudo, se ele atrai os olhares e for bonito, expressa a identidade. O corpo retrabalhado constitui o segredo do sucesso, a testemunha de sua pertença de classe e, para outros, um poderoso vetor da ascensão social num país onde o crescimento econômico é pujante e as estratificações sociais rígidas, onde as riquezas são construídas e arruinadas ao léu dos imprevistos do mercado.

Os cariocas emancipam-se dos antigos princípios da regulação social da beleza, definida aqui como uma ficção social fundamental do viver em conjunto das sociedades humanas. Essa emancipação ecoa como um avatar do desencantamento do mundo quando a "secularização" passa nesse caso singular, pelos bisturis dos cirurgiões e pelas salas de musculação, a tantos lugares de fabricação concreta de novos corpos. Estamos diante de um *born again body* (corpo renascido), no qual em razão de uma ética da convicção, e de uma moral da responsabilidade, doravante é pelo erro do indivíduo e não da natureza se não possuir o corpo pretendido e/ou desejável. O paralelismo com a "teologia da prosperidade", muito viva no Brasil, é manifesto uma vez que ser rico transforma-se em dever ao alcance de cada crente contanto que ele liberte-se de seus demônios. Os pastores dessas Igrejas rotulam a pobreza como impostura, da qual os fiéis devem libertar e, de modo semelhante, em relação ao corpo, o embuste, o cirurgião ao diagnosticar a feiura como uma doença que deve ser submetida a cuidados médicos, transforma-se na partilha desigual da beleza. A "corpolatria" brasileira, autêntica religião do desejo, defende que se renasça no mundo ao abandonar o primeiro corpo herdado naturalmente, assim como a crisálida que se transforma em borboleta abandonando sua velha pele. Investir em um novo corpo deve autorizar a ocupar o lugar merecido nas hierarquias socioeconômicas e participar da luta violenta para o acesso aos prósperos negócios.

E empregando as categorias elaboradas nesse livro, diria aqui que esse corpo dado (corpo objeto, corpo próprio), aquele que sinaliza uma "estética já lá" e que assinala o corpo a ser apropriado para que se torne esse corpo sujeito, diferentemente das situações descritas anteriormente, não se forma mais sobre uma ficção, mas sobre uma remodelagem bem concreta desse corpo dado.

Convém livrar-se da divisão desigual da beleza entre os vivos, a qual não leva em conta a participação de classe ou da velhice que vem ratificar como o fim da participação das coisas do mundo. Diferentemente da grande maioria das sociedades consuetudinárias, esse Brasil parece poder prescindir das histórias e símbolos que, como determinados relatos míticos, conduziam a corroborar que uma mulher vale outra mulher, seja ela jovem ou velha, bela ou feia, fecunda ou estéril... e que um homem vale outro homem seja ele forte ou fraco, jovem ou velho, bonito ou feio, fecundo ou estéril... por intermédio de categorias abstratas de homem e de mulher como um pré-requisito imprescindível às trocas matrimoniais generalizadas.

À diferença da maioria das sociedades consuetudinárias, nesse Brasil que coloca a identidade à flor da pele, a singularidade humana ressurge como um atavismo, como uma nova barbárie, aquela da tirania das aparências. No Rio de Janeiro hoje é a ficção das categorias de equivalência de homem e de mulher que é colocada sob suspeita, uma vez que cada qual exibe seu próprio corpo como uma bandeira. O Brasil libera o olhar: ele defende a percepção do corpo como um componente das relações sociais. Estamos distantes de Tirésias cegado por Hera por ter revelado os segredos do feminino, ou ainda as coações que incidiam sobre a livre escolha dos cônjuges nas alianças consuetudinárias. Todavia, não nos iludamos, pois enquanto que a identidade pessoal é elaborada por meio de estratégias de mobilização corporal, o foco não incide tanto em singularizar-se, mas em acomodar-se às regras constrangedoras com a expectativa de aproximar-se do estereótipo, tal como o do corpo de estrelas das escolas de samba. Enquanto que em diversas sociedades consuetudinárias a semelhança dos homens entre eles e das mulheres entre elas podia ser alcançada por meio da submissão de todas as categorias de equivalência que vigoravam como operadores simbólicos (como um mito), nesse Brasil das grandes cidades litorâneas, a semelhança é conseguida por meio do consumo da cirurgia plástica, dos cosméticos ou das academias de ginástica. Esse momento é vivenciado igualmente como uma libertação: a beleza não é mais um direito divino, mas uma exigência democrática.

Os trabalhos de Mônica Raisa Schpun, que tem por tema São Paulo do início do século XX, mostram que essa mudança de percepção já é antiga no Brasil:

> *A beleza espiritual e imaterial das mulheres está cedendo seu lugar, nos discursos normativos, ao trabalho sobre a beleza corporal e ao potencial de sedução física [...]. Essa busca de uma aparência sadia é o fruto de um olhar distinto sobre o corpo, olhar médico e também de esteta, que desdenha os fatores espirituais em sua vontade de fabricar um modelo de beleza feminina estritamente física - e única* (Schpun, 1997, p. 213).

O intuito não é mais contar histórias, nem de aceitar-se tal como é, mas de modificar fisicamente seu corpo. A culpa recai sobre a resignação, uma vez que as façanhas técnicas da cirurgia plástica são cada vez mais acessíveis (promoções, créditos, prêmios, concursos) e que as academias generalizam-se. No Brasil, e também na Coreia do Sul, a gente está longe de ponderações éticas ou hesitações prudentes do cirurgião estético francês Jean Claude Hagège que espera poder articular a pesquisa de um "Limiar mínimo individual garantido de beleza", como "remédio para uma natureza injusta" e que "deveria ser, em nossos dias, um dever social e mesmo um direito de cada um", com "uma autêntica beleza que, aliás, é a que deve expressar-se": "Hoje uma mulher ou um homem, bela ou bonito, é responsável pela sua beleza, é uma beleza conquistada, ambicionada, revelada; uma beleza que é criada por meio de seu comportamento e pela expressão de sua personalidade e não mais pela exposição de seu físico" (Hagège, 2006, pp. 38-42). Com um cirurgião vedete como Ivo Pitanguy no Brasil, não estamos mais na situação em que, em seu "direito à beleza", ele articula a beleza e a imagem como vetor da identidade: "A busca da beleza, do bem-estar, é um direito para todos. O mais relevante objetivo da cirurgia estética é o fato de propiciar ao indivíduo, independentemente da crença, da etnia ou da classe social, harmonia e paz com sua própria imagem".[8] Em 1999, ele recebeu a homenagem de uma célebre escola de samba que lhe dedicou uma canção intitulada "No universo da beleza, mestre Pitanguy", da qual uma estrofe é: "A imagem e a semelhança do Senhor, restauradas pelas mãos do professor, a autoestima em cada ego despertada, Obra divina a ser cultivada..." (Caprichosos de Pilares, 1999).

Sejamos bem claros, é patente que todas as sociedades, sejam elas consuetudinárias ou não, sempre agiram sobre os corpos de seus membros: em todos os lugares o corpo e a beleza são, além de um dado biológico ("de uma estética já ali"), uma construção social (o "corpo sujeito").[9] Todavia, o que basicamente difere nesse caso brasileiro, é que ultrapassa o processo de incorporação e de

---

8 Pitanguy I., <www.pitanguy.com.br>.

9 Cf. Cap. I. A respeito disso ver, por exemplo, Le Breton, 2004, p. 209.

identificação[10] pela magnitude da intervenção e da modelagem que se tornaram possíveis graças às modernas técnicas cirúrgicas e de treinamentos específicos por meio de instrumentos que facilitam intervir de modo independente em cada músculo e com o suporte, se o indivíduo não sente vontade, de um treinador pessoal. Sente-se culpado de se resignar e sofrer traumas de identidade caso não possua um corpo ajustado aos seus próprios desejos e aos padrões do momento, uma vez que existem, atualmente, técnicas que proporcionam a cada indivíduo a possibilidade, como um "Limiar mínimo individual garantido de beleza ('SMIG beleza')", (Hagège, 2006, p. 41), de ser reconhecido em sua identidade pelo fato de assemelhar-se aos ídolos.

Uma última observação para assinalar que este último capítulo, com o precedente, versa sobre a regulação da ordem sensível nas sociedades com livre escolha do parceiro; porém, para esse caso brasileiro, empregarei a expressão "distinção social" para me referir à regulação da ordem política, no intuito de determinar melhor a diferença com as sociedades consuetudinárias analisadas em outra parte, vale dizer, as sociedades sem trabalho remunerado nem seguro social instituído por um Estado terceiro. O foco aqui é reservar o termo transmissão das relações políticas e religiosas (por meio de costumes e atributos, hierarquias e submissão) para as sociedades consuetudinárias.[11] Isso me possibilitará mostrar com maior facilidade como nas sociedades ocidentais, aqui com escolha livre do cônjuge, a beleza, representando a "semelhança", pode iludir a "distinção". O que constitui outro modo de apontar o lugar da regulação da ordem sensível (da beleza) na reprodução das sociedades, a beleza que sem regulação expor-se-ia ao risco de ser fatal à teoria da distinção (cf. as teorias de Pierre Bourdieu).

1 | Liberação do olhar

Em sua obra *Nu é vestido,* Miriam Goldberg - que cita os números da *Times* - afirma que o Brasil é o país mais "plástico" do mundo: somente no ano de 2000, 350.000 pessoas submeteram-se a um tratamento com finalidade estética e, no mesmo ano, uma média de 207 sobre 100.000 pessoas, contra 187 nos Estados Unidos, foram operadas (Goldberg, 2002, p. 32). Mais recentemente, uma pesquisa de opinião realizada pelo Instituto brasileiro de sondagem IBOPE publica

10 Conferir sobre isso os trabalhos de Nicoletta Diasso, 2007.

11 Para acompanhar a definição apresentada por Maurice Godelier.

a cifra de 645.464 operações estéticas para o ano de 2009, ou seja, um aumento de 2,6% em relação a 2008.[12] Das transmissões de televisão de sucessos como *Antes e depois*, e revistas - *Corpo e plástica, Corpo a corpo, Nova, Plástica e beleza etc.* - de grandes tiragens marcam o tom: "As mulheres são loucas pelo bisturi", "Próteses de seio: a febre desse milênio", e mais que isso, os meios de comunicação insistem que hoje o indivíduo é culpado por não possuir o corpo que cobiça!

A cirurgia estética (a *plástica* para usar a expressão brasileira) tornou-se nessa parte do Brasil uma prática moderna de consumo que conquistou sua autonomia ao lado da cirurgia da reconstrução pós-traumática de onde proveio. Libertada de uma prescrição médica, ela representa a vontade de saciar um desejo, motivado pela posse de um corpo sem defeito (segundo critérios do momento) suposto garantir uma vida melhor pelo fato de afirmar assim sua condição social ou ainda de conseguir a mobilidade social (Edmonds, 2002, p. 217). Nesse contexto, a cirurgia configura-se como um novo processo de "regulação da beleza". Para Alexander Edmonds: "A *plástica* é uma técnica visando nivelar o terreno, extinguindo uma injustiça contra as mulheres que creditam sua origem tanto à natureza quanto à cultura" (Edmonds, 2002, p. 231). Uma técnica que atua sobre o corpo, porém de uma maneira que deve ser a mais invisível possível. É imprescindível que ela seja a mais natural e, atenuando as diferenças, faz com que o corpo assemelhe-se às imagens valorizadas da beleza. Aqui a cirurgia estética e também o trabalho exercido sobre o corpo representam (ou supostamente representam), antes de tudo uma impostura, a de repartição desigual da beleza entre os jovens e os velhos, entre os bonitos e os feios... Nesse sentido, isso não significa, na verdade, singularizar-se, mas adaptar-se ao modelo estético produzido coletivamente pelos meios de comunicação e aceitos na sociedade. Por exemplo, essa mulher afirma: "Eu não fiz a cirurgia para ficar mais bonita, mas para me tornar comum, normal, ou igual a todo mundo" (Edmonds, 2002, p. 216). As razões que impelem essa ação no corpo são múltiplas: desejo de agradar, chamar a atenção dos olhares, ter poder, e elas coexistem com o desejo de entrar em outra vida: "Faço isso (lábios, seios, lipoaspiração...) não para ser bem perfeita, mas porque acho indispensável enquanto meio de apresentação de si para subir mais rapidamente na vida" (Edmonds, 2002, p. 224).

A transmissão televisiva *Antes e depois* apresentava índices de audiência nacional com edições em cinco dias da semana. Criada por uma animadora vedete contribuiu sobremaneira para popularizar a cirurgia plástica. Oferecendo às mulheres a possibilidade de submeter-se gratuitamente às intervenções e de

12 IBOPE Inteligências para o 11° Simpósio Internacional de Cirurgia Plástica, 04/05/2010.

participar de seções de recuperação, essa série de realidade televisiva insiste de modo especial, a partir de testemunhos obtidos junto das mulheres operadas, sobre a nova vida que se descortina àqueles que obtêm acesso a outro corpo. A transmissão tem como finalidade implícita de revelar que a *plástica* não é mais privilégio dos ricos. A cadeia europeia RTL-TVI, com sua nova série de "realidade televisiva" *Tout pour plaire,* segue a mesma lógica. Ela introduz em cena a transformação física progressiva de sete mulheres de um meio popular e visa, sobretudo, a desmistificação do recurso à cirurgia e a qualificá-la como um remédio para a ausência de beleza, definida doravante como uma doença cuja cura está em poder de qualquer um. Por seu lado, a série americana *Nip/tuck* coloca em cena o dinheiro, o sexo, o poder, a riqueza e para isso recorre a uma nova atriz vedete que não é senão uma cirurgiã plástica, revelando-se em cena como a principal provedora de milagres na vida cotidiana contemporânea. Os cirurgiões plásticos transformam-se em vedetes de série televisivas e heróis da sociedade, tal como Pitanguy no Brasil.

Muitas revistas de grande tiragem exploram a relação ambivalente entre o consumo, o corpo e a identidade, empregando, por exemplo, o slogan que dá o tom: "A revista que vai transformá-lo" (Edmonds, 2002, p. 238). Etapa por etapa, dependendo dos recursos financeiros de cada um ou dos créditos bancários obtidos, o corpo transforma-se em objeto de progresso para novas compras; a prática da cirurgia fragmenta o corpo na medida em que se trata de refazer os seios, os olhos, as nádegas... O corpo transfigura-se em posse, ou mesmo uma arma, como explica uma informante de Alexander Edmonds: "Eu perdi peso e aumentei os meus seios. Meu corpo é minha melhor arma" (Edmonds, 2002, p. 239). E numa sociedade na qual as relações sociais apresentam-se prioritariamente como utilitárias, Stéphane Malysse constata que a conformidade com um ideal se faz valor de mercado como outro qualquer; "O corpo como moeda constrói-se e apresenta-se como sinal que circula no consenso brasileiro e nos meios de comunicação" (Malysse, 2002, p. 120).

Esse novo vínculo com a beleza do corpo, que se instaura progressivamente no Brasil, é bem expressa por essa informante quando ela fala de vestidos: "Não é a moda que é artificial, é o corpo que não é apto, em face do olhar, de revelar o *eu* verdadeiro. A moda é uma arte feminina que ilude a autêntica beleza" (Edmonds, 2002, p. 230). A nova moral do corpo brasileiro, aquela da "boa forma", é divulgada pela publicidade nos meios de comunicação, e nas conversas cotidianas entre as pessoas. A liberação dos corpos, todavia, não é senão aparente, uma vez que os corpos nus são, finalmente, mais coagidos que nunca e submetidos a novas leis de regulação da beleza que fixam as regras da exposição em público (Goldberg/Ramos, 2002, p. 25). O que é vendido pelos meios de comunicação é a exigência de ser feminina, sobretudo, e masculino em seguida. O novo constrangimento infligido ao corpo, das mulheres em especial, é pesada. As revistas recomendam que se deva "amar seu próprio corpo" ou ainda "estar em paz com seu próprio corpo". Uma paz difícil de atingir que exige uma vigilância em todos os momentos. Convém aprender a ter prazer na autodisciplina (boa forma, cirurgia, regime alimentar etc.), pois é pela vontade que se pode conquistar a forma ideal a fim de expor seu corpo como uma recompensa suprema aos olhares de outro, sem embaraço nem constrangimento, como condição de reconhecimento de identidade. A "moral da boa forma" leva a pensar que a "exibição de um corpo nu é menos indecente que a exibição de um corpo fora de forma". "O corpo trabalhado, sem marcas indesejáveis, sem excesso de celulite, é o único que descoberto é decentemente vestido" (Edmonds, 2002, pp. 28-29).

Para entender a singularidade da relação dos cariocas ao corpo, lembremos que o Brasil situa-se no grupo dos países emergentes. Em pleno desenvolvimento, conhece um crescimento veloz que induz um meio social instável e móvel. Ali a estratificação social é muito forte e as fortunas feitas e desfeitas ao sabor das conjunturas. A classe média se fortalece, permanecendo, todavia, numa situação frágil com uma dúvida sempre pairando sobre a perenidade de sua condição. Então, para consolidar se o consumo deve ser ostensivo: os ricos trafegam em vans 4x4 e as mulheres com porte vaidoso descobrem seus corpos definidos, firmes e malhados pela utilização intensiva de *body-building*, como se devessem distanciar-se dos outros corpos, aqueles das classes populares, depreciados, por serem vistos como flácidos e moles, e que em sua opinião, testificam falta de vontade. Porém, a dúvida não se acalma por causa disso, pois a ascensão social é aberta àqueles que, por agir sobre si mesmos são senhores de seu destino. Os filhos e filhas do povo investem numa *plástica* e trabalham a cada dia seus corpos nas academias de ginástica populares sob o olhar competente de seu treinador, seu *coach,* como investimento em vista de um lugar ao sol. Assim, Daniel, um informante de vinte e cindo anos de Stéphane Malysse, que revela que "quando modificou seu corpo, também mudou de vida e encontrou um trabalho como vigilante em uma loja no centro da cidade":

> *Frequento a academia há quatro anos e, para mim, a nova aparência me é importante. É por isso que trabalho meu corpo durante oito meses, e depois deixo de ir à academia durante os outros dois meses de verão, que é a época que vou à praia todos os dias... Lá me orgulho de meu corpo, e o amo quando os outros o admiram...* (Malysse, 2002, p. 106).

A "regulação física da beleza", que estará sendo analisada aqui, difere da "regulação social da beleza" que tem sido estudada ao longo deste livro, pelo fato de ela ter libertado plenamente o olhar. Em compensação, a "regulação social da beleza" diz respeito à criação de categorias de equivalência das mulheres entre elas e dos homens entre eles com vista a promover as formas de aliança, e para isso foi necessário submeter o olhar aos imperativos de troca: "Toma o que lhe dão (como cônjuge)", diziam-me meus informantes Mossi. Com a invenção brasileira da "regulação física da beleza" o olhar pode ser plenamente desobrigado sem o risco de solapar, por isso, os fundamentos mesmos da regulação da beleza.

Esse olhar é ainda mais livre de detalhar os corpos nus na medida em que esses últimos buscam, por meio de um trabalho cotidiano de domínio, aproximar-se, o quanto possível, da imagem do modelo ideal promovido pela sociedade. Em suma, não se trata aqui de expressar pelo corpo da distinção (social), mas de conformar-se, pela submissão de todos, a uma (ou várias) hierarquia estética admitida comumente. Colocado em outros termos, "a regulação física da beleza" gera a semelhança que pode desde já ser entendida por meio do slogan: "A beleza é acessível a todos, se quiserem!". Estamos diante de uma verdadeira revolução copernicana: a beleza deixa de ser um dom divino, mas diz respeito à responsabilidade de cada qual. Desse modo, o olhar sobre o corpo não apresenta mais a mesma abrangência que em certas sociedades consuetudinárias, e as condições são cumpridas para que ele possa ser liberado (sem dano). O que muda fundamentalmente, é que esse olhar - que antes corria o perigo de comprometer a reprodução da sociedade - torna-se agora um componente do vínculo social. Lembremos que, na sociedade com "regulação social da beleza", o olhar se refere à constatação, inexequível quanto à reprodução da sociedade, da injustiça fundamental inerente à distribuição desigual da beleza entre as pessoas. É nesse sentido que foi imprescindível transcender essa desigualdade por meio da intervenção de categorias de equivalência entre os seres humanos para possibilitar a troca (as formas tomadas pelo matrimônio). Diferentemente, nesse Brasil do Rio, o olhar que se supõe reconhecer, a pertença, à comunidade humana de pessoas comparando seu corpo singular com o modelo societário da beleza, que respeita os corpos em função de sua similaridade com um ideal. O olhar não provoca mais medo, pois não representa o perigo de comprometer a reprodução da sociedade uma vez que ele é considerado um componente do vínculo social. Entra-se em cena com a intenção de expor-se ao olhar dos outros. Os olhares se cruzam, se entrechocam e a visão do corpo do outro remete à imagem do próprio corpo como que admirado novamente, proporcionalmente a sua perfeição ou seus defeitos assim relevados. Em suma, o que faz a sociedade é a referência à beleza, percebida aqui como a submissão de todos à hierarquia, considerada como aceitável. O olhar quando diz respeito à produção dos corpos consumistas, é o que vincula uns e outros à sociedade; é o indicador da pertença e que atribui à identidade. Nisso, esse olhar que examina a similitude dos corpos cotejando-os a um exemplar coletivamente reconhecido, não se assemelha àquele descrito por Pierre Bourdieu, que nota sinais distintivos de pertença a uma classe social quando o corpo é uma das diversas formas de distinguir-se, ao lado da alimentação da cultura (Bourdieu, 1979, p. 204).

Sem dúvida, diria Bourdieu que "o olhar não é um simples poder universal e abstrato de objetivação [...]. É um poder simbólico cuja eficácia depende da posição relativa daquele que percebe e daquele que é percebido..." (Bourdieu, 1998, pp. 92-93). É isso que, de modo particular, será examinado logo a seguir quando tomarei como tema a relação entre identidade corporal, vinculada à hierarquia estética, e a distinção. Ao contrário da situação relatada por Pierre Bourdieu, para a França do fim dos anos 1970, deverei assumir ao mesmo tempo a generalização, ao conjunto das camadas sociais da sociedade, do recurso às mesmas maneiras de embelezamento, assim como, mais especificamente, a importância da cirurgia plástica como a produção, bem brasileira, de certa semelhança que, em sua essência, opõe-se a um princípio de distinção. Dito de outro modo, o que ocorre quando o corpo não remete mais "ao físico do emprego" (Bourdieu, 1998, pp. 212-213), mas sim para Carla Perez, estrela brasileira de uma célebre escola de samba?

O debate a ser encaminhado quanto a esse tema fornecerá a compreensão da consequência dessas transformações sobre a reprodução da sociedade, quando a representação de si (por meio do corpo), como um dos modos de distinguir-se, torna-se incapaz de perceber a distinção, pois ela visa produzir o semelhante. No entanto, seguramente não estamos ainda lá e, nesse momento da discussão, podemos entrar num acordo sobre a proposta, a ser demonstrada, que no Brasil esse olhar que toma parte da construção do vínculo social da sociedade tem muito a ver com a cordialidade.

A modelação dos corpos femininos apresenta-se ao olhar dos homens, e é de preferência nesse sentido que opera o processo, mesmo que o olhar das mulheres para os corpos masculinos evidentemente conta muito também. Todavia, enfatizemos que a transformação do corpo por meio de uma manutenção cotidiana da aparência não é totalmente independente do olhar masculino, pois as mulheres procuram atrair os olhares sobre elas. Na praia, ao longe, os corpos falam de desejo e de sexo, muito além da pertença a uma classe social. A coerência da sociedade, ou antes, o vínculo da sociedade parece como elaborado pelo olhar dos homens que comparam, admiram e classificam todas as mulheres em função de uma hierarquia fundamentalmente de ordem estética. Stéphane Melysse citando, sobre o tema, Gilberto Freire fala de um "convite aos olhos masculinos incapazes de resistir às provocações das formas visíveis" (Malysse, 2002, p. 112).

No entanto, o Brasil que, tal Prometeu, liberou o olhar descobre que a beleza permanece essencialmente uma espada de dois gumes: se as belas ricas se fizeram mais belas ainda e que as ricas não tão belas puderam acercar-se da beleza, por meio do bisturi, (como uma dívida que lhe permite aproximar-se de seu "corpo de classe"), as filhas do povo entraram, todavia, em cena, notadamente pela democratização do acesso à "fabricação do corpo", na expectativa de impor à sociedade seu "corpo de ascensão social". Desse modo, a revista mencionada por Alexander Edmonds que publica uma reportagem sobre "os 21 hospitais que operam quase gratuitamente" (Edmonds, 2002, p. 25), assim como sobre as ONGs que "elaboram programas sociais que ensinam para a cidadania por meio da beleza" (Edmonds, 2002, p. 255). Os ciúmes e as rivalidades entre mulheres, sobretudo, são então atiçados, tanto mais que os "corpos de classe" e os "corpos da ascensão social" entrecruzam-se, nos mesmos lugares, na mesma encenação de sua mesma estética. As *self-made-women,* na praia, disputam a beleza com as mulheres mais desenvoltas para atrair os olhares dos homens, para passear no centro da cidade, cosmopolita e anônima, ou para conseguir um emprego. Como reação, desenvolve-se um tipo de "trauma do muito perto" seguida por numa tentativa de distanciar essas novas ricas: elas podem desfilar corpos dos sonhos, mas terão elas, por isso mesmo, a classe? É necessário acentuar que a beleza pode ser interpretada segundo duas divisões diferentes: a da semelhança e a da distinção. A primeira é a da "regulação da beleza" (social, econômica, física, e mesmo virtual).[13] Como um modo de transcender a divisão desigual da beleza entre os indivíduos, e isso, para incluir na sociedade aqueles que, do ponto de vista do aspecto são considerados como os mais frágeis (velhos/velhas, feios/feias, frágeis e estéreis...). A segunda é a da distinção; ela remete a uma expressão simbólica e ao desejo de afirmação de sua pertença a uma classe social. Portanto, nossa questão poderá, na sequência de nosso raciocínio, enunciar-se da seguinte maneira: o vínculo social estabelecido sobre um vínculo em conformidade com um ideal de beleza encobre, por isso, outra dimensão, aquela de uma

13 A regulação virtual da beleza: cf. Conclusão.

estratificação social rígida? Porém, antes disso, desejaria ainda apresentar um elemento contextual indispensável à boa compreensão desse exemplo do Rio.

II | Ética da responsabilidade: cirurgia estética e pentecostalismo

A programação diária das emissoras de televisão, como a *Rede Record*, propriedade do controvertido bispo Edir Macedo, fundador brasileiro da Igreja Universal do Reino de Deus, combina as bem populares telenovelas nas quais a inversão social, característica central desses folhetins de enorme repercussão, toma em geral, a forma de paixões amorosas que, com a beleza como arma suprema, embaralham as fronteiras das classes sociais, para perturbar (pela astúcia) a evidência das hierarquias sociais, entrelaçando os jogos de futebol e as entrevistas dos heróis dos estádios aos quais os garotos dos bairros populares identificam-se as transmissões muito populares de cirurgia plástica (do tipo *Antes e depois)*, as sessões de exorcismo e os testemunhos de enriquecimento miraculoso obtidos nas catedrais da fé da Universal, por exemplo. Tais transmissões amplificam a neopentecostelização da sociedade brasileira, quando articulam, em concerto, a promoção da autoestima de si com uma fé, sem falha, numa ética da responsabilidade: "Tudo é possível, tornem-se o que quiserem se desejam!".[14] Não é inútil assinalar que a onda estética atinge outros países, como na Ásia: China, Japão, em menor medida a Tailândia e a Coreia do Sul parecendo a mais plástica da região - países que, como o Brasil, note-se bem, conhecem um movimento pentecostal dinâmico (Lucca, 1999) - sem deixar de mencionar os Estados Unidos, verdadeiro berço do pentecostalismo e fervorosos consumidores de bens de embelezamento dos corpos.[15]

No Brasil, sobretudo sem exagerar, todavia, a correlação entre dois fenômenos que, evidentemente, articulam-se em torno de um vasto sistema de variáveis interdependentes, é interessante registrar que beleza e pobreza são abordadas por profissionais do corpo e pelos pastores neopentecostais segundo uma ética similar. A cultura da responsabilidade recomendada por esses atores estende-se ao conjunto da sociedade e adapta-se perfeitamente ao liberalismo e à sua ideologia de assimilação uma vez que o mercado invadiu totalmente os corpos e a pobreza. A feiura e a pobreza transformaram-se em

14 Ver Plaideau, 2008, pp. 113-131.

15 Ver, por exemplo, Laurent, 2005.

produtos banalizados de propaganda: nas academias de ginástica e em clínicas particulares de cirurgia plástica, que colocam seus produtos em liquidação a fim de torná-los acessíveis às filhas e aos filhos do povo, ou ainda nos templos das Igrejas animadas como "empresas multinacionais da fé" (Campos, 1997), cuida-se da feiura e medica-se a pobreza como uma "doença pessoal" curável.

Pastores pentecostais e profissionais da beleza clamam, com enormes recursos e meios, pela responsabilidade do indivíduo, de sua miséria ou de sua feiura uma vez que a solução encontra-se ao alcance de cada um com a condição de converter-se à moral, sem falhas, da convicção: "Rendam-se à vida financeira que desejam! Isso depende exclusivamente de vocês!", apregoam os neopentecostais. "Acedam ao corpo de seus sonhos, se vocês quiserem" proclamam os largos títulos das revistas especializadas. Porém, a vontade de mudar de vida exige que se possua força e vontade suficientes para poder submeter-se, irrestritamente, a uma autodisciplina em todos os instantes, com base na moral "da boa forma" ou "da vida tranquila, feliz e aprazível" na conquista da felicidade. Não são os outros os culpados da situação psíquica ou financeira na qual se encontram os feios e pobres, mas o indivíduo mesmo, errado por comprazer-se com sua miséria.

As transmissões de "telerrealidade" cedem um lugar central aos depoimentos daqueles que vivenciaram a plástica. O processo de aquisição dessa moral da convicção fundamenta-se amplamente sobre a identificação da testemunha que viveu uma autêntica "transfiguração", para não dizer uma cura milagrosa. Por contágio, o testemunho ganha gradualmente novos adeptos e desempenha um papel determinante na mobilização da energia humana, indispensável à mudança: alguém, em tudo comparável a mim, pode, por meio desse tratamento *ad hoc*, conquistar a felicidade! Da audição das transmissões de vulgarização da cirurgia estética, e pela participação de cultos neopentecostais (que tive a oportunidade de estudar alhures), retenho a semelhança da encenação dos depoimentos daqueles que por sua presença, devem certificar a eficácia da cena terapêutica: há um antes e um depois, entre os dois, uma experiência forte que, tal como uma conversão, transforma o indivíduo. A triagem cuidadosa da origem social das pessoas escolhidas para testemunhar em público possibilita aos espectadores uma identificação mais simples, pois o objetivo é transmitir a mensagem segundo a qual dispor de um corpo fascinante está ao alcance de cada um: essa pessoa que testemunha, fisicamente comparável a mim, residente em um quarteirão bem próximo ao meu, cuja casa e maneira de falar são semelhantes às minhas, viveu essa transformação que transtornou inteiramente sua vida. Então, parece dizer a transmissão, se essa testemunha conseguiu também tão facilmente atingir uma nova vida, simplesmente modificando seu corpo, por que não eu? Os depoimentos são encenados segundo um esquema testado. Eles iniciam com a queixa; ela sintetiza o sofrimento provocado por um defeito físico ou um corpo sem brilho. Ela é seguida por um diagnóstico da doença estabelecido pelo cirurgião que desenha linhas (simbólicas) de feltro sobre o corpo como para circunscrever os locais do sofrimento sobre os quais ele irá intervir diretamente. Esse momento é usado geralmente como um álibi - admitido socialmente uma vez que se refere a um gesto médico - para evidenciar o corpo nu do doente, aquém da norma e, portanto, considerado feio. Os espectadores poderão desse modo, avaliar por eles mesmos a extensão da transformação. Sob efeito de anestesia, o paciente submete-se à total autoridade do médico ao qual ele confiou sua vida; a intervenção cirúrgica banaliza os pedaços do corpo que são enquadrados segundo normas de critérios mundiais de beleza. O despertar e os dias posteriores certificam a inocuidade da intervenção e a fraca dor. O momento mais importante é aquele do teste do espelho. Ele transcorre sob olhar especializado do cirurgião que corta as bandagens e desvela sua obra. Esse momento milagroso é vivido como renascimento e, certos pacientes choram lágrimas abundantes. A sequência é bem conhecida, as intervenções cirúrgicas são apresentadas como tendo um efeito milagroso sobre a renovação da identidade da pessoa que parece como que promovida à outra vida por esse corpo corrigido.

A semelhança com a "Igreja do Despertar" é surpreendente, e não resisto à tentação de apresentar os elementos de testemunhos colhidos numa Igreja Neopentecostal brasileira no Cabo Verde. Tais testemunhos de fiéis remetem a uma relação de proximidade, de familiaridade, de vizinhança: é meu vizinho de rua que se beneficiou de um milagre em sua vida, ontem a tal hora, e então por que não eu? Os depoimentos são solicitados durante os cultos. Eles montam a "cena", em geral, escolhida para serem transmitidas pelas estações de televisão pertencentes à Igreja. Certas pessoas são selecionadas. É, para elas, a ocasião de subir ao palco e dirigir-se à assembleia. As intervenções são orientadas pelo pastor que coloca as questões: "Qual é seu nome? Onde você mora? E então o que aconteceu em sua vida, meu amigo(a)?". E a testemunha responde de uma maneira padronizada, assim, por exemplo: "Fui tomado pelo álcool há sete anos. E desde que meus filhos imigraram para os Estados Unidos, minha vida de casal desmoronou. Eu não tenho notícias de meus filhos; eles nunca me enviaram algum dinheiro. Há um ano e meio comecei a frequentar a Igreja e deixei a bebida completamente". O animador indaga: "Completamente?" E o indivíduo responde: "Sim, completamente, e na semana passada, meu filho mais velho entrou em contato comigo".

O animador: "Você compreende? É fantástico. Você vê o poder de Deus, é um milagre... Vamos aplaudir. E agradeçamos a Deus por sua graça".[16]

A felicidade não é mais para amanhã. Terminada a esperança: o mundo de sonho está ao alcance, aqui e agora (*hic et nunc*), de qualquer um que tenha vontade. Esse meio cultural contribui com o rompimento do tabu da resignação: a feiura não pode mais ser aceita como uma manifestação do divino diante do qual os lesados sentem-se impotentes e, igualmente, se eles são confrontados com a pobreza, não se trata mais para eles de se contentar de esperar a recompensa do paraíso. Esses males, dizem os pastores, como os meios de comunicação especializados em beleza, devem, doravante, ser considerados como injustiças contra as quais o indivíduo é forçado a rebelar-se. Não se trata, por isso, de direcionar o estudo para o campo político das injustiças sociais. Essas fórmulas revolucionárias são metáforas convenientes para evocar a violência do conflito interior e a quantidade de energia a ser empregada para vencer a resignação. O sofrimento, afirma ele, é o efeito de um modo de vida viciado, devido ao corpo flácido, gordo, intoxicado por drogas ou pelo álcool, pelo qual a pessoa é integralmente responsável (mesmo se um demônio a ser exorcizado, pode ser a causa). Esse delineamento de solução, para não ser interrompido, carece de uma revolução interior, cogente, que deve levar à restauração da dignidade e da identidade confiante reconhecida por todos. Essa alteração de identidade está ao alcance de um indivíduo com vontade e seguro de si.

Os atores da beleza e os pastores neopentecostais creditam o sofrimento a um problema pessoal sobre os quais os indivíduos podem agir, uma vez que é um problema de identidade, e vinculado à baixa estima de si. Nada a ver aqui com ação coletiva, nem de qualquer reivindicação política. Que seja a experiência de uma morte simbólica por viver em um corpo disforme, ou por padecer uma vida de miséria, vazia de sentido, tomada por hesitações e resignações, o inimigo - a gordura e a pobreza - é percebido como um inimigo interior; o mal provém de um corpo não dominado ou possuído por demônios dos quais se deve escapar a fim de viver com orgulho. O remédio consiste, em primeiro lugar, fazer a boa escolha para escapar do círculo vicioso (seja a cirurgia, ou a abstinência, por exemplo) e, em seguida, tomar o caminho da autodisciplina por uma vigilância cotidiana que induz à constituição de outra relação a si e aos outros. Em suma, a pedagogia do sucesso é sensivelmente semelhante quando se trata de "mudar de corpo para mudar de vida" ou "mudar de comportamento para conhecer a felicidade, o reconhecimento e a riqueza".

---

16 Para uma análise detalhada: Laurent/Furtado, 2008, pp. 113-131.

III | Fabricação da semelhança

A procura de redução da partilha desigual da beleza evoca, em meu entendimento, trabalhos de natureza bem diferente, não mais por invenção, essencialmente simbólica, de categorias de equivalência entre os homens e entre as mulheres, mas dessa vez pelo acesso maciço e concreto, por meio de ações biológicas sobre o corpo, de muitos indivíduos à beleza, como uma democratização da sociedade na qual a razão do mercado vai de encontro ao desejo dos consumidores. De fato, todas as coisas são iguais, por outro lado, entretanto, com relação a nossa discussão referente aos fundamentos antropológicos de regulação da beleza, isso indica alguns aspectos dos trabalhos de Chris Knight quando ela relata as descobertas dos paleoantropólogos referentes ao surgimento por volta de 110.000 anos atrás, do recurso de pigmentos ocreados pelos nossos longínquos ancestrais. Uma hipótese apresentada então para explicar essa prática foi que, a fim de serem tratadas de modo semelhante por machos mesmo na ausência de menstruação, as fêmeas poderiam ter-se pintado o baixo-ventre com ocre para simular suas regras e aparecer, para além de suas diferenças físicas, todos em pé de igualdade.[17] Sem dúvida uma conjectura, mas merecia, penso eu, ser invocada na medida em que representa um caso histórico relevante por referir à fabricação estética da semelhança e não de diferenças.

Assinalemos que a regulação da beleza, seja ela social ou física, diz respeito sempre à elaboração de similaridades pela submissão às regras sociais, seja a uma imagem modelo; em suma, a regulação da beleza não se refere ao processo que instaura diferenças (como aquele da distinção social descrita por Pierre Bourdieu, quando a questão estava focada na "incorporação de um *ethos* de classe"), mas sim de um processo sobre pontes de semelhanças. É então chegado esse momento que proponho qualificar, por ora, de "desordem social".

Essa ambiguidade reside no fato de que não se trata mais aqui da ficção social que constitui a regulação da ordem sensível. O mesmo corpo deve ao mesmo tempo - praticamente, concretamente, "biologicamente" - expressar a distinção e a semelhança, isto é, incorporar a ordem social (a regulação política) e a ordem sensível (regulação da beleza), o que conduz a dois objetivos totalmente distintos...[18] Tudo se passa como se o corpo estivesse subordinado, ao

---

17 Por exemplo: Knight, 1991.

18 Assinalei, nos capítulos 5 e 8, como nas sociedades consuetudinárias esses objetivos eram assumidos pela instituição de ficções sociais que concernem à regulação das duas ordens diferentes e complementares: a sensível e a política.

mesmo tempo, a razões políticas quando ele é posto ao serviço da reprodução das hierarquias sociopolítica e econômica e, simultaneamente, a razões estéticas, elogiadas pelo conjunto da sociedade e pelo mercado que ridicularizam as classes sociais.

Nesse sentido, como um atavismo (cf. capítulo 7) farei referência a um retorno à barbárie, aquela da tirania das aparências, história já bem antiga que conduz aos fundamentos das sociedades humanas. Isso não significa ignorar que o corpo deva ser considerado como materialidade, vale dizer, como um dado básico que, pela práxis, autoriza os processos de incorporação e de identificação de atuar sobre a corporeidade[19] - quantos anos de prática e de experiência, observava Philippe Descola, são necessários para transformar um jovem Achuar em caçador experiente, ao mesmo tempo em seu corpo e em seu ser?[20] Por outro lado, não é menos verdade que a "regulação física da beleza", pela extensão que, doravante, pode assumir a reconstrução do corpo - pela cirurgia estética, sobretudo - opõe-se à "regulação social da beleza", pelo simples fato que ela torna, assim, acessíveis horizontes inéditos: por que continuar tolerando um problema de identidade vinculado aquilo que se converteu em doença (a suposta feiura), quando é exequível curar essa doença e equiparar-se aos belos moços ou garotas das revistas? É o que exalta irônico Alain Souchon quando assevera em seu título *Foule sentimentale* "nós Claudia Schiffer...", ou Boris Vian em seu romance *Et l'on tuera tous les affreux* (1948) delatando a tirania da uniformização. O mesmo ocorre com o cirurgião, muito menos irônico e mais interessado, que, na recente nova série de reality show *Tudo para agradar* (2008), da emissora europeia privada RTL-TVI, produz bonecas Barbies[21], com os termos usados pelas candidatas da emissora.

Repetindo o que já afirmei, não é minha intenção tratar aqui da fragilização das "categorias de equivalência" estabelecidas entre os homens e entre as mulheres como uma evidência social inquestionável e anterior à troca matrimonial. Dito com outros termos, estamos diante de uma forma de desencantamento do mundo provindo graças à obsolescência do simulacro social constituído por essas categorias de equivalência do homem e da mulher e graças a uma passagem ao ato que constitui o recurso, por vezes massivo, ao bisturi. Pode-se, doravante, pretender emancipar-se de uma vez por todas, dessas

---

19 Cf. a Introdução.

20 Descola, P. (considerações proferidas por ocasião de suas palestras ocorridas no âmbito da Cátedra Jacques Leclercq da Universidade Católica de Louvain em março de 2002.

21 Sobre Barbie que se impôs como ícone mundial do corpo (das mulheres) que concerne aos símbolos da cultura de consumo e da sociedade pós-moderna ver, por exemplo, Rogers, 2007. Ver igualmente Rogers, 1999.

categorias de equivalência do homem e da mulher já que a plástica produz, basicamente, a simetria, a harmonia e, portanto, também a semelhança, mesmo que seja de um modo bem diferente.[22] Nesse Brasil onde as hierarquias estéticas sobrepujam os valores, é pela visualização da imagem de si que se torna "bonito quanto outro", enquanto que anteriormente, os humanos consideravam-se semelhantes entre si, não obstante as diferenças próprias da repartição desigual da beleza; e isso tanto mais verdadeiro nas sociedades consuetudinárias e, especialmente, naquelas que excluíam as alianças por consentimento mútuo. Há, portanto, uma diferença de fundo entre a regulação social da beleza, por meio da ficção, e a regulação física da beleza por meio do bisturi do cirurgião.

Essa passagem ao ato representa uma forma bem inédita de regulação social da beleza que concerne, sem dúvida, para além do Brasil, a Argentina, a China, os Estados Unidos e a Tailândia. Cada uma dessas sociedades evoca, entretanto, características próprias no que tange a significação dessa prática, e a discussão sugerida para o Brasil deveria ser reproduzida para cada uma dentre elas, o que nos conduziria muito distante. Outro problema, muito mais delicado, nos detém ainda antes de poder confirmar que esse Brasil plástico inventa as primícias de uma nova forma de regulação da beleza.

É imprescindível que se distinga claramente tais práticas brasileiras de fabricação dos corpos das operações físicas praticadas por determinadas sociedades consuetudinárias: os Mursi da Etiópia com o porte de argolas labiais pelas mulheres, a tradição dos pés enfaixados das jovens mulheres na China medieval, as mutilações sexuais ainda existentes em numerosas sociedades da zona semidesérticas tropicais da África, as tatuagens dos Maori, os sacrifícios dorsais dos Guayaki, ou o corte dos incisivos entre os Mossi etc. Cada uma dessas práticas constitui, sem dúvida, um caso apaixonante no qual a relação ao corpo e, às vezes com a estética, articula-se em torno da reprodução da sociedade (cf. por exemplo, os Peul Wodaabe da Nigéria e a dança de *gere(w) ol* que é, antes de tudo, não nos esqueçamos, uma ocasião institucionalizada para raptar as mulheres casadas - Dupire, 1979, p. 31 - trata-se aqui não tanto de uma operação física sobre o corpo propriamente dito, mas de uma arte da sedução). Todavia, convém observar que tais operações físicas consuetudinárias sobre os corpos não concerne à problemática da regulação da beleza (da ordem sensível) seja ela social (e, portanto, convencional) como nas sociedades consuetudinárias, ou física (e, portanto, concreta) como no caso carioca, regulações com as quais essas operações não podem se confundir. Duas razões para isso:

---

22 Sobre a simetria ver Boudoin/Tiberghien, 2004.

De um lado, enfatizemos que as operações físicas consuetudinárias sobre os corpos inscrevem-se geralmente na produção de diversidades simbólicas entre as pessoas. É o caso, particularmente, de representação da relevância do dote entre os Mursi ou da condição social na China medieval, enquanto que ao contrário, a plástica brasileira tende a produzir o mesmo, a semelhança lá onde há distribuição desigual da beleza experimentada como carência ou sofrimento. Recordemos que, por exemplo, diferentemente das profundas incisões dorsais dos Guaaky, a plástica brasileira é tão mais bem sucedida quanto mais ela é invisível, parecendo "natural".

De outro lado, é impositivo que essas operações físicas infligidas nos corpos por certas sociedades consuetudinárias sejam cuidadosamente distinguidas de "regulação social da beleza", presentes, aliás, nessas mesmas "sociedades consuetudinárias com aliança" e, portanto, do recurso a essas mesmas sociedades com categorias de equivalência entre os homens e as mulheres, categorias essas que produzem diversidade simbólica onde predominam a desigualdade física entre as pessoas. Aqui, as operações corporais têm em vista reforçar, por meio de símbolos físicos, a transparência das diferenças (no sentido da expressão da ordem política e religiosa que deve prevalecer) entre as pessoas lá onde tais sociedades parecem confrontadas com um excesso de semelhança. O que não inibe essas sociedades de conhecer, aliás, as categorias de equivalência, como modelo principal de regulação social da beleza quando diz respeito às alianças (de matrimônio). Em outras palavras, nessas sociedades consuetudinárias, as operações físicas sobre o corpo, não importando sua relevância, não colaboram, por essa razão, ao desencantamento da "regulação social da beleza", como no caso brasileiro onde a "regulação física da beleza" depõe a velha "regulação social da beleza", vale dizer, essa ficção social doravante tida como obsoleta.

Diferentemente do Brasil que conhece uma espécie de desordem social, os processos de diferenciação e de produção da semelhança, as sociedades consuetudinárias que praticam operações físicas sobre o corpo, não são tomadas por aquilo que seria preferível denominar o mesmo corpo: a operação física sobre o corpo próprio exacerba a diferença social, enquanto que a "regulação social da beleza" inflige a todos a ficção de corpos semelhantes, a fim de torná-los substituíveis no jogo das alianças. Posto em outras palavras, nessas sociedades consuetudinárias, as operações corporais exibem as hierarquias político religiosas, ao passo que a "regulação social da beleza", pela ficção imposta, ordena que todos, visando facilitar as alianças, considerem as pessoas como equivalentes no plano físico, mesmo que elas, na realidade não o sejam. Ao contrário, o Brasil visa produzir pessoas que são, de certo modo, realmente idênticas.

Dito de outro modo, no Brasil, as intervenções físicas sobre os corpos pretendem, expressamente, nivelar a partilha desigual da beleza entre as pessoas.

Tendo como ponto de partida essa constatação, determinemos que, uma vez que o objetivo da "regulação física da beleza" do Brasil compara-se muito bem com aquele da "regulação social da beleza" das sociedades consuetudinárias, as vias de acesso para se chegar até aí são diferentes, tendo como consequência, entretanto, no Brasil, a produção de uma espécie de "desordem social". Explico-me.

A partir do momento em que a "regulação física da beleza" entende como obsoleta a "regulação social da beleza", o corpo, no Rio de Janeiro, remodelado fisicamente, acumula obrigatoriamente duas relevantes funções. Ele revela a ordem social que deve preponderar (as hierarquias social, política, e econômica) e ao mesmo tempo a obrigação de moldar-se aos cânones estéticos identicamente valorizados pelo conjunto dos grupos que compõe a sociedade. Então, como nesse Brasil, o "corpo de classe" pode ser facilmente recuperado? Esse corpo da distinção não corre o risco de ser confundido com o "corpo da ascensão social"? É nesse sentido que falava acima, de desordem. Em outros termos, os corpos igualmente bonitos produzem uma sociedade igualitária? Nas sociedades consuetudinárias as tarefas distinguiam-se com nitidez: cabia às operações físicas aguçar a distinção político-religiosa, enquanto que a "regulação social da beleza" (que sempre é uma ficção, um mito)[23] era incumbida de provocar a semelhança tendo em visa a troca. A produção da semelhança, por meio de um jeito bem brasileiro que é a plástica, diz respeito a um novo tipo de regulação da beleza que é radicalmente diferente da regulação da ordem sensível, construção eminentemente social nas sociedades consuetudinárias.

As ideias predominantes atordoam o Brasil apregoando que ele leva a culpa por aceitar, como se fora a vontade divina, a divisão desigual e aleatória da beleza, visto que tem, doravante, à sua disposição, meios tecnológicos sofisticados para intervir direta e fisicamente sobre as formas do corpo. Com isso, é desfeito um antigo tabu, aquele de um vínculo explícito entre o reconhecimento da pessoa e o valor atribuído a seu físico. Com essa nova forma que a regulação da beleza assume, ressurge novamente uma antiga questão levantada por Charles Darwin em *A filiação do homem*. Para recordar, o naturalista menciona em relação à sua teoria da "seleção sexual", que a espécie humana - que é uma espécie dentre outras - atinge o estágio de "civilização" ao emancipar-se dos efeitos da "seleção sexual" por meio de reconhecimento progressivo de

23 Cf. capítulo 5, ponto 3.

regras artificiais - sociais e culturais - que afinal de contas configuram-se explicitamente a "não escolha do parceiro sexual". Para fixar essas regras, os modos mais distintos assumidos pelas alianças desempenham certa função (matrimônios coletivos, infanticídio das filhas, bodas precoces, a baixa estima infligidas às mulheres), para usar os termos da formulação darwiniana, tomando o cuidado de situá-los em seu contexto de enunciação.[24]

Rememoremos também que a "barbárie", termo empregado por Darwin, é análogo a um estado de desenvolvimento societário que advoga aos dominantes ou aos mais fortes o poder de escolher as mulheres mais atraentes e de conservá-las de modo fortemente ciumento (Darwin, 2000, p. 705). Em resumo, para Darwin, o que predispõe à barbárie é, na verdade, a aptidão de escolha dos dominantes, e o que prepara para a "civilização" é a não escolha acoimada pelas regras instituídas pelas sociedades. Nisso, o caso aqui estudado da beleza carioca induz, de fato, a uma distância em relação à explicação darwiniana do estado de "civilização" que, no entanto, em última análise não contradiz sua explicação. São as formas de regulação da beleza que sofreram mudança na medida em que passam de um processo social a um processo físico, permanecendo invariável o objetivo: convém limitar sempre o impacto da partilha desigual da beleza sobre a sociedade. Ao contrário das sociedades consuetudinárias, no Rio houve uma inflexão da "regulação social da beleza" pela regulação do olhar, como metáfora do desejo, e pela imposição (como uma das condições da reprodução da sociedade) de escolha do cônjuge pelos mais velhos. Nem se propõe, também, como nas sociedades que valorizam o matrimônio por consentimento mútuo, produzir o essencial da regulação da beleza pela submissão dos jovens, com fortunas a diversos graus, aos imperativos sociais, culturais, econômicos e religiosos, como meio para a normatização do "matrimônio por amor".[25]

O que está em jogo é uma harmonização do desejo por meio do processo de afinidade com uma estética coletivamente valorizada. Com esse Brasil de formas harmoniosas, a "regulação social da beleza" atenua-se em face de uma nova ponderação do elemento essencial da repartição desigual da beleza, desta feita, pela sua regulação física.

Doravante, é possível encarregar-se, de modo diferente da gestão desigual do desejo, provocado pelos corpos, tornando o maior número de humanos identicamente desejável. No entanto, não é menos verossímil que essa "regulação

24 Ver Darwin, 2000, p. 707.

25 A propósito da complexidade da questão e, sobretudo, dos desafios que lhe são vinculados: Goody, 2001.

física da beleza" gera um corpo mentiroso que, se for atraente, vale mais ainda do que ele é, tanto da perspectiva genética quanto, é certo, da história singular da pessoa. Posto de outro modo, com essa forma de "regulação física da beleza", distancia-se ainda mais da hipótese da natureza sociobiológica que, na busca de um parceiro, a vontade de maximizar a propagação de seu patrimônio genético acentuar-se-ia tanto pelos homens, quanto pelas mulheres. A generalização da plástica vai de encontro com determinadas abordagens da psicologia evolutiva quanto esta afirma, por exemplo: "Nessa guerra de sexos, alguns têm vantagem mais acentuada: as mulheres que se conformam mais a certos critérios têm mais oportunidade de encontrar um bom genitor e recursos para poder prometer maiores sucessos a seus filhos..." (Gouillou, 2006, pp. 61-62). "Uma mulher muito bela poderá atingir uma notável posição social e casar-se com um homem rico, embora não consiga atingir tal objetivo, ela receberá mais amparo que as outras..." (Gouillou, 2006, p. 63). O que está velado, ou pelo menos minimizado aqui, muito mais do que na "regulação social da beleza" é, com efeito, o componente biológico da pessoa humana quando a técnica cirúrgica é posta a serviço de certa harmonização. Nesse sentido, essa nova regulação da beleza vem corroborar de nova maneira a hipótese proposta por Darwin em *A filiação do homem*.

IV | Sociedade híbrida, cordialidade e identidade corporal

De certo modo, servindo-nos de expressão do antropólogo argentino, vivendo e trabalhando no México, Nestor Garcia Canclini, o Brasil é uma sociedade cuja cultura é híbrida, aqui em sentido estrito em que certas formas de redes clientelistas (a burocracia, a lei dos grupos e o favoritismo) coexistem com uma cultura mais individualista que permite, por exemplo, poder contar com certos fornecimentos anônimos de bens de instituições públicas (como a segurança social), sem por isso dever investir nas relações sociais intensas (Garcia-Canclini, 1995). Expressando em outros termos, o individualismo e a autonomia da pessoa são temperados por forças de dependência que induzem a exceção à regra, o favoritismo, a remuneração por serviços pessoais. Roberto da Matta resume tal situação pelo conceito de "estado inacabado da sociedade de contrato" (Da Matta, 1983) na medida em que diversos modelos de relações sociais - familiares, mafiosas, burocráticas e contratuais - coexistem, mesmo que a ideologia liberal igualitária ganhe terreno. A natureza, de certo modo impura do vínculo social, situado em algum ponto entre o personalismo ("a economia do afeto", nos termos de Pierre Bourdieu - 1980, pp. 210-215): dom/dívida/dependência, e o contrato (individualismo) gera a famosa cordialidade brasileira. Antes de tudo utilitária, a cordialidade testemunha, nessa circunstância, uma democracia ainda não totalmente apaziguada, uma vez que a manutenção de redes sociais densas revela-se imprescindível para a compreensão de certas carências do Estado. A cordialidade é a oportunidade de encontrar o outro e ampliar suas redes sociais. Porém, outro sobre o qual, à primeira vista, não se sabe jamais se ele pode ou não ser útil para a estratégia do indivíduo de incluir-se na sociedade. Para lograr sucesso, a cordialidade diverte-se jogar com a aparência. E, nesse sentido, a cordialidade está associada com o olhar. Uma boa aparência promove os encontros daqueles igualmente bonitos por meio de um bônus concedido, à "primeira vista" (Malysse, 2002, p. 127), ao corpo do outro. Mas na sequência, o olhar inquisidor tende a perscrutar o segredo da beleza para lhe aplicar um juízo social.

Onde todos duvidam de uma permanência estável, o acesso ao consumo e, portanto, à felicidade, deve ser enfatizado para que se possam ter garantias pela distância em relação aos que não conseguem acesso, mas que alimentam a perplexidade pela simples imagem de sua presença. Nesse meio híbrido, mutante e instável das identidades sociais, devem ser reveladas e teatralizadas incessantemente. No Brasil e especialmente no Rio, essa manifestação da identidade torna-se aquela de aparência, isto é, da imagem de si que o corpo supostamente encarna. Um corpo perfeito representa sempre anos de trabalho, de investimento e de privação; é imperativo que se manifeste como uma obra de arte.

O extraordinário estimulante de energia humana - que os meios de comunicação e as indústrias de beleza, em singular sinergia, souberam utilizar perfeitamente em seu próprio benefício - mantém aqui, numa relação sutil estabelecida entre um corpo reconstruído e mantido por uma conservação cotidiana e a autoestima, como premissas à felicidade. Estar bem com sua pele se transforma um fator de êxito tanto pessoal quanto social. O corpo perfeito é admirado, pois agrega um valor mercantil e autoriza, ao mesmo tempo, o ingresso no reconhecimento social. Doravante, uma atitude de resignação frente à feiura ou a apresentação de um corpo envelhecido, flácido, obeso, cansado, frouxo, vale dizer, sem domínio, manifesta uma atitude repreensível e o símbolo de negligências imperdoáveis. A feiura, como a velhice, aliás, é uma enfermidade. Aparenta uma chaga narcísica que desfigura cruelmente a estima de si. Todavia, o mal não é crônico uma vez que ele pode ser, de agora em diante, sanado; a cirurgia como um milagre, se transfigura em passagem obrigatória de ascensão a uma nova vida, pois basta "mudar de corpo para mudar de vida". Com a enfermidade infligida à estima de si, cujo agente patogênico é à distância em relação à beleza cobiçada, que cedo ou tarde acometerá todos nós, ao menos pela experiência da velhice, as indústrias de beleza têm sua enfermidade e a garantia de novo mercado, a saber, o do corpo como um objeto de consumo sem limite. "A moral da boa forma" é igualmente uma invenção do mercado que logrou articular-se em torno das evoluções da sociedade brasileira. O mercado e os meios de comunicação são corresponsáveis pela exibição enganosa, por ser sempre retocada numericamente, de um ideal de beleza tanto mais inacessível quanto provoca uma carência e, portanto, o desejo de consumir. A enfermidade do "mal-estar da aparência" é de início, revelado pelos olhares dos outros, direcionados para o corpo de cada indivíduo. Ela recebe confirmação, em seguida, pelos profissionais de beleza, do cirurgião em particular, que detém o poder de cura, uma vez que sua prática recebe reconhecimento público generalizado.

A beleza emancipou-se de sua partilha desigual, pois ela é percebida como uma conquista individual, sem dúvida, amparada por enorme suporte de publicidade (Edmonds, 2002, p. 214), o que representa uma transmutação ética fundamental. O antigo dogma que consistia em aceitar tal como se é em razão de uma vontade divina está em desuso, uma vez que pode fazer-se bonito se essa for realmente sua vontade. A partir do momento em que a autoestima é intimamente vinculada à aparência e que esta carrega um valor mercantil pelo bônus que ela concede a quem a possui, Stéphane Malysse mostra muito bem que a preocupação da aparência é um problema de estética individual. É por essa razão que se "deve envidar esforços para fazer que seu corpo esteja à altura de seu eu e se transforme em sua perfeita encarnação, como se ostentasse seu cartão de visita".[26] O corpo converte-se em parceiro, o duplo de si mesmo, com o qual o indivíduo permuta e negocia. Ele é o portador da identidade da pessoa e na medida do possível de toda sua identidade. Mas isso é simplesmente possível?

No Rio, as praias como local de lazer e o calor combinam-se visando reforçar uma imagem de liberdade. O corpo aparece como definido, malhado (rígido, trabalhado, "batido"), sarado, saudável, atlético... escolhido por outro. Na produção do desejo, a atração e, mais amplamente na manifestação de

---

26 Malysse, op. cit. p. 80. Anotarei na conclusão que o inverso está em jogo nos mundos virtuais, por exemplo, *Second Life*, ou pelo viés de um avatar que se transforma em corpo virtual por procuração. Trata-se de uma "decarnation" e de uma emancipação total da regulação da beleza. Pelo fato de habitar em um mundo virtual, trata-se de ser ao mesmo tempo, aquele, aquela ou aqueles que pretendo ser. Ver sobre isso Boellstorff, 2008, p. 128.

encenação da aparência, o corpo detém o papel principal. Um corpo trabalhado, sem marcas indesejáveis, atesta uma virtuosidade humana pelo perfeito controle de si, tanto quanto o acesso ao consumo, isto é, à riqueza, ao poder e à felicidade que esse corpo supostamente propicia (Goldenberg/Ramos, 2002, p. 38). O corpo desnudo é uma obra composta para ser contemplada. Aparentemente liberado de quaisquer coações, ele é, entretanto, submetido à prova dos olhares. Suas linhas e músculos são portadores de uma infinidade de símbolos, cujo reconhecimento, garantido pelos olhares censores, equivale a vestir uma "nova camisa de força" (Edmonds, 2002, p. 209). Sobretudo, para a classe média, a cultura corporal carioca é mais rígida do que se imagina: No inverno é o tempo da plástica, a primavera é o tempo da caminhada para retomar a forma tendo em vista o verão, quando ele deve estar fisicamente perfeito (Goldemberg/Ramos, 2002, p. 30) a fim de encontrar a harmonia de um eu que sonha fundir-se com os cânones da beleza, socialmente validados. Na fornalha do verão, o objetivo a ser colimado é estar apto a oferecer em espetáculo seu corpo para reafirmar sua identidade, se correr o risco de ensombrar-se de vergonha por não ter sido reconhecido por aquilo que vale em seu "corpo de classe", ou ainda, por ter sido desmascarado em seu "corpo de ascensão social".

O corpo que atrai os olhares instiga ciúmes e invejas. Porém, não percamos de vista que o encontro é ambivalente: ao mesmo tempo indispensável, ambicionável ou cobiçado, propaga também temor e dúvida. A cordialidade é de fachada e o olhar suspeitoso. A cordialidade induz ao contato - e nesse Brasil de Ipanema são, sobretudo, os corpos que se congratulam - e o reconhecimento da identidade do outro se determina pelo *pro rata* do domínio de seu corpo, como uma façanha socialmente gratificada. Essa cordialidade se corrompe, entretanto, por uma cordialidade negativa que evoca, na sequência do distanciamento, a identificação de outra realidade, a da estratificação social.

V | Hierarquias sociopolíticas minadas pelas hierarquias estéticas

A conjuntura que impele o mesmo corpo a significar, ao mesmo tempo, a distinção social e a concordância com o modelo de beleza valorizado pela sociedade inteira, de modo similar a um acordo sobre um "princípio superior comum", empregando os termos de Boltanski e de Thévenot (Boltanski/Thévenot, 1991, pp. 60-82), leva a um tipo de "trauma do muito próximo". Enquanto que no rio, o "corpo de ascensão social" cruza, na mesma estética, o "corpo de classe". Como estabelecer a distinção fundada sobre as hierarquias socioeconômicas quando a sociedade valoriza uma estética do corpo nu como a primeira expressão da identidade?

De longe, nos locais públicos, "todos os corpos são cinza" e a produção de uma hierarquia estética parece subsumir as origens sociais das pessoas. O sonho vendido pelas telenovelas estaria a ponto de realizar-se? A bela das favelas - quando Sonia Braga encarnava Gabriela de Jorge Amado, por exemplo - seduziu o filho de rico, Cinderela foi reconhecida pelo rei e Carmen zombou do poderoso Don José (Sevilha do século XV não tinha a reputação de ser uma cidade "nas mãos das mulheres", os homens tendo partido para o Novo Mundo?).[27] A beleza é desde sempre uma forma popular da esperança. Porém, com a *plástica* e, sobretudo, sua popularização, essa questão pode ser recomposta nos seguintes termos, como afirma perfeitamente essa informante de Alexander Edmonds, proveniente de um meio popular: "Se uma garota de classe média pode ser corrigida, que ela possa colocar-se de traseiro, eu também tenho esse direito" (Edmonds 2002, p. 244). Colocado em outros termos, uma bela garota do povo pode destituir a burguesia de corpos deformados? "Não!", poderíamos estar tentados em afirmar *a priori*, mas observando mais proximamente, as coisas são mais complicadas do que parece dizer esse Brasil.

A beleza pode ser entendida como um tipo de capital[28] que deveria facilitar a mobilidade social. E o etnólogo descreve, em outro texto, o caso de uma jovem mulher obrigada por sua mãe a submeter-se a uma cirurgia estética: "Ela investiu [...] porque em sua opinião trata-se de um investimento, que será rica, famosa, e em seguida poder dar retorno..." (Edmonds, 2002, p. 207). A inversão social pela beleza seria a verdadeira vingança do povo, lá onde os intelectuais de esquerda - aqueles da "teologia da libertação" ou da "pastoral da terra" - não esperavam?[29] Assim, num estudo dedicado ao impacto da revista "Raça Brasil" (revista de luxo com tiragem de mais de 300.000 exemplares), destinado a leitores negros, Peter Fry mostra que a promoção de uma autoestima individual é "estético-mercantil" (Fry, 2002, p. 315), pois realizou o que os movimentos negros não lograram fazer, isto é, "produzir outro em nada diferente dos brancos (a produção de uma taxonomia radical bipolar)" (Fry, 2002, p. 316), lá onde a autoestima é gerada pela apreciação da aparência pessoal (Fry, 2002, p. 323).

27 Ver Goody, 2001, p. 114.

28 Para retomar o conceito de capital (cultural/econômico) de Pierre Bourdieu.

29 A respeito disso: Corten, 1995.

Certamente, isso ocorreria sem levar em conta o fato que a cordialidade cede rapidamente o lugar à dúvida. O corpo nu, vestido de identidade, pode, por ele mesmo, carregar toda a identidade como sugerem, às vezes, algumas passagens da obra coordenada por Mirian Goldenberg? (Goldenberg, 2002). Em minha opinião a resposta deve ser mantida com matizes. Senão, como enfrentar a desordem social engendrada pela construção de uma hierarquia estética como de um autêntico momento de inventividade social vinculado a uma nova forma da regulação da beleza? Evidentemente, essa situação provoca confusão. As hierarquias sociopolítica e econômica estão contaminadas, para não dizer minadas, pela hierarquia estética em processo de generalização: "Não se sabe mais quem é quem!", para usar a expressão de um amigo Ouagalês. O que acontecerá quando as mulheres forem identicamente mais belas, procurando adaptar-se ao modelo de beleza coletivamente aceito pela sociedade? Não somente o "corpo de ascensão social" cruza o "corpo de classe", mas esses tipos de corpos se assemelham: nessa beleza "idêntica", quem é rico e quem é pobre parece, doravante, indagar a sociedade como um todo.

O interesse da indústria e de certos lobbies médicos é, sem dúvida, colossal quando a beleza é estudada em termos de mercado virgem. As estratégias comerciais tendem a ampliar a oferta de beleza ao conjunto da sociedade, como novos segmentos de mercado a serem conquistados. O terreno é bem favorável na medida em que uma sociedade conhece intenso desenvolvimento econômico, aliado a desequilíbrios relevantes entre grupos de pessoas, em razão da distribuição desigual da riqueza que beneficia a sustentação de estratificações sociais rígidas. A riqueza é onipresente e aqueles que a têm acesso consomem de maneira ostensiva. Vender a arma diabólica da "recompensa atribuída à aparência" aos filhos e filhas do povo, como um medicamento milagroso para chegar ao consumo e, portanto, "à felicidade", faz com que o desejo das populações e os interesses dos negócios se cruzem. Em tais circunstâncias, enaltecer por meio da publicidade o desejo de mobilidade social da classe média e das massas populares é um jogo infantil. E, no Brasil, vender a modelagem do corpo como esperança de deslocar-se de sua classe social, é algo um tanto mais fácil do que alhures. Retenhamos na memória que a fórmula "mudar de corpo para mudar de vida!" é fantasticamente polissêmica, e soa como um extraordinário estimulante de energia humana constitutiva de sua força, ao mesmo tempo em que produz a desordem social, pois, quem dos idosos, idosas, feios, feias, pobres... não poderia tirar proveito (em razão da situação em que cada um, de uma maneira ou outra, será algum dia, induzido a conhecer?). Retornarei a esse ponto. Essa fórmula "estimulante de energia humana" repousa sobre a crença que "todo mundo pode ser bonito e que os problemas estéticos comprometem igualmente os ricos e os pobres" (Edmonds, 2002, p. 251).

No Rio, a beleza dos corpos trata hoje, ao mesmo tempo, a produção da distinção e o desejo generalizado por semelhança, dois processos contraditórios, sustentados por um mesmo substrato: o mesmo corpo. Esse processo ambivalente conduz a um momento de desordem social. Ele provém, notadamente, de forma singular que assume aqui a regulação da beleza e que proponho, metaforicamente, resumir pela expressão: "passagem ao ato pelo bisturi".

Assim, parafraseando esse cirurgião (Hagège, 2006, p. 41), "a oferta de um SMIG beleza" ("Limiar mínimo individual garantido de beleza" N.T.) fundamenta-se em uma demanda popular, bem real, contemporânea e transnacional, de simplesmente poder reduzir as desigualdades físicas entre as pessoas, apoiando uma imagem sedutora de si - um corpo fascinante e desejável para todos - como o melhor meio de ser reconhecido em uma identidade de vencedor, e com isso enriquecer-se à imagem das estrelas cadentes do futebol ou das vedetes de grupos musicais da moda, dos modelos, dos apresentadores de TV ou de ricos pastores pentecostais etc. Numa sociedade que valoriza a imagem de si - "Eu valho o que você vê!" - com uma ética da vontade - "Você é responsável pelo seu destino!" - esses heróis, populares, mediáticos, encarnam o sucesso e a esperança de uma ascensão social. Eles transformam-se em imagem, modelo de beleza e o fato de imitá-los reduziria - servindo-se para si mesmo dos benefícios de "recompensa para a beleza",[30] - as desigualdades sociais, econômicas e culturais. A beleza passa a ser, nesse caso, componente do vínculo social. Por isso, esse processo merece toda nossa atenção, pois ele consegue turvar os contornos de determinadas hierarquias sociopolíticas estabelecidas, que não deixam de sentir-se ameaçados e de querer reafirmar-se em outro lugar e de outra maneira.

Um célebre exemplo brasileiro, discutido por Alexander Edmonds, é o de Carla Perez. Provinda de meio popular, essa animadora de TV de audiência de grande público, dançarina de uma escola de samba, é uma glória nacional. Não pelo fato de haver, não obstante suas origens operárias, alçado ao ápice da glória e da riqueza, mas essencialmente, pelas numerosas intervenções cirúrgicas a que se submeteu, e que são detalhadas e comentadas em revistas especializadas como a principal razão de sua reputação. Todavia, afirmam certas ranzinzas, em entrevistas relatadas pelo etnólogo, se o corpo de Carla Perez pode ser considerado como uma obra perfeita, "sua maneira de rir, de falar, de

30 Cf. Amadieu, 2005.

comportar-se, revela que ela não tem muita classe [...], ela é comparada a jogadores de futebol" (Edmonds, 2002, pp. 256-257). Entretanto, esses jogadores de futebol e as heroínas da televisão passam a ser os principais modelos estéticos, assim como um padrão da conquista social e financeira.

Agora, impõe-se uma observação. Ao reconhecer tão especial relevância unicamente à identidade corporal, enfrenta-se risco de reincidir num mito "neofreyrista" que levaria da "democracia radical"[31] a "democracia estética", liberal e integradora. Parece-me mais apropriado afirmar, nesse contexto de dominação da imagem, que o corpo, "sobreinvestido" e suposto expressar a identidade daquele que o ostenta, pela apresentação do absoluto controle de si, permanece sempre investido de múltiplas intenções que geram histórias singulares dos indivíduos. Corpos reconhecidos como bonitos pela coletividade enganam suas intenções. Colocado de outro modo, belezas identicamente reconhecidas, não se fazem valer ao olhar daqueles ou daquelas que delas dispõe. Há outro lugar ao identicamente bonito ao qual, como em um sonho, a democracia estética parece desejar conduzir, por meio de recurso massivo à cirurgia plástica e às indústrias da beleza. A semelhança é um fim em si? E além do tormento e da banalidade aos quais ela atreveria conduzir, o que se esconde por trás da transformação estética do corpo? Nesse sentido, parece-me que a cirurgia estética representa à semelhança o que o consenso representa à democracia, isto é, que ela pode conduzir ao fim da controvérsia, e de modo mais metafórico, à imposição do silêncio, como uma felicidade que repousasse sobre uma beleza politicamente correta; porém, sem a feiura, quem testemunharia a beleza?

A beleza, mesmo dominada pelo bisturi, continua ardil e, para ter resultado, deve permanecer velada para o olhar daqueles que a contemplam. Nesse sentido, a identidade à flor da pele deve compor com aquilo que ela esconde de si ao outro, sob o riso de o indivíduo não ser reconhecido por aquilo que ele projeta como imagem. A identidade à flor da pele, o corpo despido sem segredo no que se refere às suas formas, repousa, no entanto, sobre outro segredo muito bem mantido, aquele da mentira para si mesmo que consiste em fazer crer que se é aquilo que se mostra. Não se sabe o que será o álibi: corpos, com a beleza dominada, entrecruzam-se e se reconhecem segundo valores da hierarquia estética coletivamente reconhecida, porém, nesse mesmo movimento esses corpos sabem que foram construídos seja visando confirmar uma pertença à elite, acesso tão almejado para o consumo, ou para encobrir uma idade avançada ou um defeito físico... Quanto a isso, é conveniente notar a observação do cirurgião que

31 Cf. Freyre, 1952.

esclarece: "os problemas estéticos afetam de maneira idêntica os ricos como os pobres" (Edmonds, 2002, pp. 25-251).

É por uma etapa suplementar, aquela da mentira a si mesmo que se resume no esquecimento (temporário) do que significa para si seu corpo, que esse corpo brasileiro desnudado, transparente para o outro é reconhecido em sua identidade. Esse processo de identidade sustenta o clima de desordem social aludido acima. Eu poderia expressá-lo da seguinte forma: as significações atribuídas à aparência são múltiplas; a ambivalência, todavia, deve ser resguardada, senão, corre-se o risco de desencantar esse vínculo social parcialmente construído sobre a beleza.

A situação torna-se mais complicada ainda quando, ao mesmo tempo, a distinção social exprime-se, em parte, pela semelhança aos padrões de beleza valorizados coletivamente. Aí reside a particularidade desse momento uma vez que todos os componentes da população dão a impressão de submeter-se aos mesmos aspectos corporais como o instrumento das relações sociais. Entretanto, as ricas, bonitas ou embelezadas podem elas aceitar, sem protestar, a concorrência das belas do povo e, sobretudo, aquelas que tiveram a oportunidade de ter acesso, como elas, aos benefícios estéticos da plástica?

O problema levantado por essa questão é relevante. Para possibilitar avaliá-lo, impõe-se uma breve inflexão pela história. Margaret Mead, estudando a sociedade americana da época imediatamente após a 2ª Guerra Mundial, constata o seguinte: "Tudo contribui, aliás, a encher o fosso existente antigamente entre o estilo de vida dos privilegiados e aquele da massa". E prosseguia com esse exemplo do campo de vestuário: "Não significa que todos os matizes desapareceram, que a garota que pagou pelo seu vestido $100 não perceba que o vestido de sua vizinha no cinema valha exatamente $14,78, no entanto, elas encontram-se, ambas, na mesma sala, sentadas nas mesmas poltronas e, se nós fizéssemos delas um simples desenho, não se destacaria diferença alguma. Os mais distintos podem muito bem espantar-se da expressão "rendez-vous"; se elas encontram-se sós, no sábado à noite, chorarão como os outros". E finaliza com esses termos: "A operária, a filha do mundo e a filha do caseiro que toma emprestado um número de *Life* que não pode adquirir, as três interessam-se pelo vestido denominado 'armadilha para homem' " (Mead, 1966, p. 326). Esse exemplo conduz-me a essa situação de coexistência de diferentes classes sociais nos mesmos lugares.

Esse problema foi estudado de modo preciso por Monica Raisa Schpun em um trabalho consagrado à emergência da cidade de São Paulo nos anos 1920, no momento da explosão urbana (Schpun, 1997). Ela expõe como, em razão do sucesso da cafeicultura, a oligarquia dos plantadores deixa as residências situadas nas fazendas para instalar-se na cidade, fenômeno que se faz acompanhar de importante migração rural e de uma imigração (maioria italiana). Nessa época, o matrimônio transforma-se rapidamente; assistimos ao fim do matrimônio enquanto pretexto de aliança entre famílias e de união de patrimônios: "O costume de dotar as filhas da elite paulista de uma quantidade de dinheiro e de bens no momento do matrimônio se esvanece e acaba por extinguir-se..." (Schprun, 1997, p. 37). Então, surgem como no caso estudado acima em Burkina Faso entre os Mossi o momento de decadência das alianças consuetudinárias, os temas de liberdade de escolha e de beleza no qual "as garotas sem dote[32] devem possuir qualidades pessoais por lograr bem 'negociar' um marido..." (Schpun, 1997, p. 38). Nesse Brasil paulista do início do século XX, "o matrimônio constitui sempre a principal carreira das mulheres" (Schpun, 1997, p. 220). A respeito disso," as fontes não deixam dúvida: antes do medo em encontrar um mau marido, há aquele, muito pior, de não encontrar nenhum" (Schpun, 1997, p. 67). "Nesse contexto, a feiura é efetivamente um entrave muito importante para as mulheres e o investimento feminino sobre a aparência física seria o sinal de um acordo tácito referente às vantagens sociais proporcionadas pela condição de esposa" (Schpun, 1997, p. 220). O discurso da época enfatiza que o prestigio social de uma mulher depende de seu potencial "beleza", de sua habilidade em fazer-se bela. A beleza serve para conquistar uma posição social bem prestigiosa que lhe facilita fazer-se entender e de ocupar um lugar dentre os homens (Schpun, 1997, pp. 219-220). Porém, se a beleza desempenha um papel no mercado matrimonial, sua função não está aí. E o vigor do trabalho de Schpun está em mostrar que "essa cultura da beleza" assume naquela época uma função central, tanto para os rapazes (esporte: futebol) quanto para as garotas (ginástica), uma vez que abre a possibilidade de revelar-se, enquanto oligarquia, no anonimato (a multidão anônima) do espaço humano moderno (Schpun, 1997, p. 221): "Para as mulheres burguesas, o discurso normativo tende assegurar que sua aparência física marca sua posição social e as distingue das outras mulheres; o leque social complexo implica novas estratégias com o objetivo de destacar todos os tipos de detalhes que assinalam as diferenças e evitam as misturas" (Schpun, 1997, p. 221). Em suma, é bom realçar que essa cultura da beleza é uma história antiga no Brasil, mas nessa época a

32 Para um debate mais aprofundado sobre a busca de segurança social e econômica com relação às alianças matrimoniais tendo como pano de fundo o dote (pensão se na viuvez) e/ ou seguridade social garantida pelo Estado ou pela família.

beleza não é ainda autenticamente implicada na produção generalizada para toda a sociedade de uma hierarquia estética, como no Rio atual. Ao contrário, a beleza serve principalmente à efetivação de uma distância e de uma distinção social quando na cidade de São Paulo encontram-se grupos sociais bem diferentes. Concluamos pela ideia que, em São Paulo daquela época, a beleza era essencialmente posta ao serviço da distinção, enquanto que no Rio de hoje, ela produz semelhança.

Voltemos ao Rio para observar que esses corpos, definidos para refletir a imagem aceita coletivamente do "padrão de beleza" promovido pelo mercado, dizem sempre algo diferente do que eles mesmos, ainda que fosse, por exemplo, pela transgressão temporária das estratificações sociais que se mostram incapazes de resistir à sedução e apelo do desejo. Nesse Brasil, o sobrelanço estético conduz a uma verdadeira "corpolatria",[33] uma religião do desejo intensificada pelos interesses dos lobbies da beleza que enaltecem as virtudes de consumir um corpo esteticamente bonito para ser feliz, lá aonde a história da constituição da sociedade brasileira conduziu, talvez mais longe do que em outros lugares, a uma situação na qual os corpos são eróticos e o prazer da sedução ajusta-se com os olhares dos homens que julgam em favor de identidades sexuais marcadas.

Nesse jogo, o mercado tem papel relevante e o sobrelanço de identidade dos corpos provoca um "trauma do muito perto" engendrado por uma desordem quando ao maior valor a ser atribuído à beleza se generaliza e se uniformiza. A questão que se apresenta, então, é de saber se, com estilo, somos verdadeiramente reconhecidos por aquilo que somos e aquilo que valemos?

A desordem social gerada pela fabricação dos corpos segundo os padrões de beleza reconhecidos socialmente por todos, por meio da aceitação de um modelo estético, como uma nova assimetria livremente consentida, produz uma situação inédita na qual os "corpos de classe" amedrontam-se quando, nos mesmos lugares, eles cruzam os "corpos de ascensão social". Posto de outra maneira, os corpos dispostos para apresentação são reconhecidos em seu valor de identificação pelos olhares trocados e valorizados nas relações de cordialidade. A cordialidade, todavia, como explanei nesse contexto híbrido, que adota um papel inegável no processo de reconhecimento, deve no mesmo impulso articular-se em torno da reprodução de uma estratificação social rígida. Haveria então beleza e beleza não obstante a referência de todos ao mesmo modelo, isto é, uma beleza que se pretenderia a expressão de distinção social

33 Segundo a expressão de Stéphane Malysse, 2002.

e uma beleza que resultaria da vontade da ascensão social? Sim, incontestavelmente; ao menos é nisso que gostariam muito de acreditar os abastados, mas os tempos mudaram (não se está mais na São Paulo do início do século XX), e é exatamente isso que hoje lhes contesta, em uníssono, o restante da sociedade brasileira. Como lembra Alexander Edmonds, nas telenovelas, especialmente populares no Brasil, a beleza mais do que a piedade e a justiça, é capaz de ludibriar os poderosos (Edmonds, 2002, p. 258).

Lá reside toda a ambivalência desse Brasil contemporâneo: envoltos na beleza, articulam-se a reprodução de uma estratificação social rígida que a usa para seus próprios fins[34] e a ampliação da semelhança (que promove o acesso à sociedade de consumo de um número maior de indivíduos) por meio de regulação física da beleza, visto que o desejo por ela provocado, sustentado pelos profissionais do embelezamento, não reconhece as fronteiras das classes sociais. Convenhamos, o exercício torna-se arriscado quando, na mesma intenção, a cordialidade exprime o reconhecimento estético e a distinção social. Nesse sentido, Michel Agier, discutindo a proposta de Da Matta sobre a razão e a natureza das relações interindividuais na Bahia, revela que esse exercício "traduz-se pelo recurso a uma panóplia heterogênea de símbolos de posição social [...]. Eles permitem interromper bruscamente toda forma de familiaridade excessiva... (Agier, 2000, p. 99). Numa bela expressão Stéphane Malysse esclarece: "Esse holismo superficial, que pode ser percebido nas interações, demonstra que a cordialidade confunde, classifica, descaracteriza e gera a ilusão de uma sociedade unida e homogênea". E prossegue enfatizando: "A cordialidade é outra hipocrisia social [...], uma espécie de verniz simbólico que é substituído rapidamente pelas realidades de exclusão social" (Malysse, 2002, p. 130), acrescentando mais adiante que a cordialidade, nesse contexto, permanece funcional.

O mercado e o desejo são cegos para as estratificações sociais quando isso lhes convêm: não seriam socialmente razoáveis? A beleza, em sua essência mesma, possui a competência de corromper as hierarquias sociopolíticas. Segue-se daí que ela não é um mero capital colocado ao serviço da distinção ou da reprodução das relações sociopolíticas. Isso é fundamental e atinge um aspecto axial desta obra. A beleza atua também como um talismã graças ao que é exequível transpor em determinadas barreiras sociais.

De um lado, trata-se de gerir a repartição desigual da beleza na medida em que ela é aleatória, por sua "regulação social", como nas comunidades consuetudinárias com aliança (nas quais as assimetrias político-religiosas são reproduzidas

34 Servindo-me dos mesmos termos que Maurice Godelier (Godelier, 2004).

facilmente uma vez que a beleza é regulada, vale dizer, o olhar neutralizado não pode corrompê-las). De outro lado, como no Brasil, a questão é o imperativo de levar em consideração a generalização de uma mesma beleza para a reprodução da sociedade, uma vez que a sociedade é intensamente estratificada.

Com respeito a isso eu falava de um momento de desordem social na qual entrecruzam, numa estética semelhante, os "corpos de classe", isto é, aqueles de distinção, e os "corpos de ascensão social", isto é, aqueles da semelhança. Lembremo-nos que essa situação é claramente diferente daquela em curso atualmente em Ougadougou de Burkina Faso, onde a realidade não tem muito a ver com a sociedade consuetudinária Mossi. Nesse país, os "corpos de ascensão social" também cruzam, doravante, aquele de distinção social, mas no cenário de estéticas diferentes. A conservação dessas diferentes estéticas salvaguarda a acomodação imediata das pertenças sociais; nesse país onde o ingresso ao consumo é reservado a uma pequena minoria, "sabe-se sempre quem é quem" num piscar de olhos! Ser bonito ou bonita, para aqueles que dispõem desse corpo como uma oportunidade, avaliado tomando por referência os critérios estéticos divulgados pelos meios de comunicação transnacionais, é um capital efêmero a ser rentabilizado, que se diferencia de um "corpo de classe" expressando, por meio da opulência, um acesso ilimitado ao consumo (a gordura aqui é amiga dos milionários, mas inimiga de todos os brasileiros). Nesse país sem seguridade social nacional, com empregos remunerados raros e reservados, mostrei que o acesso ao corpo do outro articula o desejo e a sobrevivência: os abastados trocam a riqueza pela beleza e pela juventude, na cidade na qual, atualmente, a regulação da beleza é desregulada e manipulada pelo "homem capaz" em detrimento de grupos da população mais frágil. É nesse sentido que, em diversas ocasiões, destaquei que a regulação da beleza - pela produção da semelhança (que se opõe à beleza utilizada como critério de distinção) - deve ainda ser creditada aos mais frágeis de uma sociedade.

Dado isso, podemos avançar de modo mais preciso a análise do caso brasileiro onde sempre retorna à tona a mesma questão, pois, estudar a beleza leva a uma dimensão de condição humana que jamais pode ser completamente avassalada pelos imperativos das hierarquias sociais vinculados à reprodução da sociedade: o que ocorre quando não se tem o "corpo de classe" que deveria ter-nos sido concedido como algo devido? Ou, mais simplesmente, quando a filha do rei é feia e que a camponesa, dirigindo-se à cidade, seduz o burguês? E mais ainda, o que se passa quando no Brasil a cirurgia plástica produz seres igualmente bonitos? A beleza mantém em sua essência (e nisso, no que tange esse Brasil do Rio de Janeiro, manter-me-ei, mais matizado do que Pierre Bourdieu e Maurice Godelier; suas pesquisas têm como foco, e isso são fundamental, outras sociedades e outras épocas), certa capacidade de enganar a reprodução social pela distinção (cf. Bourdieu, 1979, pp. 225-230), ou ainda a usar astúcia com as relações político-religiosas (cf. Godelier, cujas análises, é de se notar, visam às sociedades consuetudinárias sem castas nem classes).[35] A beleza é fundamentalmente ambivalente; é a principal razão pela qual, na maioria das sociedades, os dominantes e os dominados, sob uma forma ou outra, descobriram seu maior interesse em regulá-la. Onde a beleza não é regulada, como entre os *Na*, ou pode ser regulada, como atualmente em Ougadougou, por exemplo, há mais ainda, abandono, como relatei, sejam mulheres feias, entre os *Na*, que não recebem visitas, ou os jovens garotos que em Ougadougou encontram dificuldade em poder achegar-se à sexualidade das garotas...

Para melhor aquilatar esse debate, relembro que para Pierre Bourdieu, a distinção - pela alimentação, a apresentação de si, (pelo corpo), ou ainda a cultura - remete ao gosto como operador prático que possibilita o acesso das diferenças inscritas na ordem física dos corpos à ordem simbólica das distinções significantes. A distinção alude a uma "prática classificatória", vale dizer, uma expressão simbólica da posição de classe (Bourdieu, 1979, pp. 194-195). Sendo assim, parece-me relevante destacar que com a "corpolatria" brasileira, a expressão de Bourdieu do "físico do emprego" encontra-se descompassada: o corpo está um pouco menos apto de manifestar uma posição de classe social quando é induzido ao jogo da afinidade um modelo admitido por todos em geral. Acenei a esse respeito de um momento de desordem social e de trauma de identidade quando o corpo brasileiro, remodelado, portador da identidade deve manifestar ao mesmo tempo a similaridade a um modelo de beleza e a distinção social.

Tal relação brasileira ao corpo comporta possibilitar e explicitar que a beleza pode ser tocada segundo duas partituras. A primeira, aquela de "regulação da beleza", é um processo que tem por finalidade a inclusão de todos os humanos na sociedade, por meio de produção de similaridades, lá onde há heterogeneidade; isso significa que ela autoriza uma inclusão de todos, muito além da fascinação ou do mero desejo. É nesse sentido que propus que a "regulação da beleza"- seja ela social (a invenção de categorias simbólicas de equivalência) ou física (bisturi) - desempenha um papel na instituição da segurança social e econômica. Essa regulação pode adotar formas muito diversas, e sua descrição representa uma parte relevante nesta obra, como a regulação da plástica

35 Cf. Godelier, 2004, pp. 485-486 e p. 529, por exemplo.

no Brasil contemporâneo, ou ainda a regulação pelas alianças (matrimônios) na maioria das sociedades consuetudinárias que não conhecem nem o trabalho remunerado nem a seguridade social organizada pela Igreja ou pelo Estado nas sociedades ocidentais. Desse modo, numa sociedade consuetudinária, a aliança, único estatuto aceito por todo adulto é a condição de possibilidade para assegurar um lugar aos mais frágeis (idosos, feios, fracos, estéreis...) - estatuto que todos nós iremos conhecer algum dia. O segundo modo de produzir a partilha da beleza, tão relevante quanto à primeira, que se contrapõe, todavia, à "regulação social da beleza", é aquela da exclusão que gera a distinção. A ela Pierre Bourdieu focalizou toda sua atenção. Vale dizer, Bourdieu conservou "o corpo de classe" e omitiu o "corpo da ascensão social" que usa de ardil com a distinção.

Em duas ocasiões sucessivas, Pierre Bourdieu aborda a questão da distribuição aleatória da beleza, sem, no entanto, extrair as consequências sobre a teoria da distinção, algo com o que Claude Lévi-Strauss, em sua análise dos mitos ameríndios, defronta-se, como ficou demonstrado, com as diferenças físicas entre as mulheres, classificadas de acordo com esses mitos, entre as bonitas e as feias, sem tirar todas as consequências quanto à sua teoria do parentesco e da troca das mulheres pelos homens.[36] Eis o que afirma Pierre Bourdieu sobre isso em *La distinction*: "Assim, esboça-se um espaço dos corpos de classe que, exceto os acasos biológicos, tende a reduzir na sua lógica específica à estrutura do espaço social". E continua com essa proposição bem relevante para meu propósito.

> *Assim, os corpos teriam toda a oportunidade de receber um valor estritamente proporcional à posição de seus possuidores na estrutura de distribuição das outras propriedades fundamentais se a autonomia da lógica da herança biológica em relação à lógica da herança social, às vezes, não propiciasse aos carentes, sob todos os outros aspectos, as propriedades corporais mais raras, por exemplo, a beleza (denominada, às vezes, "fatal" por ameaçar as hierarquias) e se, ao contrário, os acidentes da biologia não privassem, eventualmente, os grandes atributos corporais de sua posição, como tamanho grande ou a beleza* (Bourdieu, 1979, p. 215).

Pierre Bourdieu não acrescentará nada. O célebre sociólogo considera essa partilha aleatória da beleza como um fenômeno marginal. Isso é confirmado quando, na *La domination masculine* ele coloca dessa vez a anotação não mais no corpo do texto, mas numa nota de rodapé (Bourdieu, 1998, p. 92).

36 Lévi-Strauss, 1968, pp. 60-61. Cf. capítulos 5 e 8.

A beleza e sua repartição desigual não parecem, no fundo, dever ser levadas em conta. Em certo nível de raciocínio, o autor, sem dúvida, tem razão, pois não se vê no que a questão da beleza humana viria prejudicar a teoria da distinção, tanto mais que, a fim de seguir a lógica do autor, a beleza manter-se-ia no máximo uma arma, de qualquer maneira "já alienada" dos frágeis. Todavia, relembro que Jack Goody revela que a hipergamia não é rejeitada pelas sociedades estratificadas (matrimônio em um meio superior para a esposa, como o contrário, aliás) e que tal tipo de união sempre existiu na Europa: "ela é um meio de mobilidade social numa sociedade, por outro lado, bem hierarquizada; a riqueza, ou a beleza, podem ser trocadas pela condição social ou pelo prestígio" (Goody, 2001, p. 85).

Para concluir, sintetizemos o que acabamos de obter. O estudo do caso brasileiro, relativo à minha discussão geral das "sociedades de matrimônio por consentimento mútuo" - objeto dessa quarta parte - permitiu assinalar a articulação entre a "regulação da beleza" e a "distinção social". Por outro lado, mostrei que a beleza é ambivalente. De certo modo inoperante na medida em que é o desafio do processo de regulação social da ordem do sensível e procura efetivar a semelhança entre as pessoas visando facilitar as trocas. Porém, a beleza pode igualmente participar da "distinção social" como um modo de propagar, até mesmo reforçar, a diferença.

A propósito da beleza, três situações principais podem apresentar-se no caso das "sociedades com matrimônio por consentimento mútuo". A primeira acha-se quando a regulação da beleza existe pouco ou não existe. A segunda e terceira situações podem ser reunidas sob a rubrica "sociedades com a regulação da beleza".

A primeira situação diz respeito à ausência de "regulação da beleza", capaz, então, de subverter a ordem estabelecida pela "distinção social". Nesse caso, a beleza adota sua própria lógica, aquela que sua repartição aleatória e o fascínio induzem. Não regulada, ela expressa plenamente sua influência sobre a sociedade. Paralelamente, o processo de "distinção social" toma seu próprio caminho. Os dois processos entram, desse modo, em disputa. Disso resulta o afastamento de certos grupos da população na medida em que as pessoas dotadas de beleza, qualidade rara possuída por alguns, são monopolizadas por aqueles que são economicamente dominantes, como no exemplo de Ouagadougou em Burkina Faso.

A segunda situação ocorre quando o processo de "regulação social da beleza" (por meio de categorias de equivalência) funciona como preâmbulo que permite, desse modo, que o processo de "distinção social" produza seus efeitos. Em outros termos, para que a "distinção social" possa expandir-se e reproduzir a ordem da sociedade (as hierarquias e a submissão), ela não pode correr o risco de contrapor-se aos efeitos provocados por uma repartição desigual da beleza entre os membros de um determinado grupo. Nesse caso, a beleza não pode produzir plenamente todos os seus efeitos. Ela é subjugada pelos imperativos da "distinção social". O exemplo, evocado brevemente nesse capítulo, da cidade de São Paulo no início do século XX, ilustra bem o caso no qual a beleza é colocada pela oligarquia e pela burguesia ao serviço da distinção, em favor da espacialização social da cidade.

A terceira situação - representada aqui pela situação do Rio de Janeiro - é inteiramente semelhante à segunda no que tange a regulação da ordem sensível. O foco não é dirigido mais para a questão da "regulação social", mas sim da "regulação física" da beleza, pela plástica. Daí resulta a emergência de um momento que eu qualifiquei de "desordem social", quando a "regulação física da beleza" - que se populariza (se democratiza) - não se curva mais totalmente aos imperativos da "distinção social". Em outras palavras, aqui a beleza diz respeito, de preferência, à busca generalizada de toda a sociedade de uma forma de semelhança e não de distinção, na medida em que os corpos remodelados se tornassem identicamente bonitos em referência ao mesmo modelo. Trata-se então de uma concorrência entre as ordens sensível e política, por meio da adesão de todos ao mesmo padrão de beleza como um modelo identificador forte. Referi-me a respeito disso à instituição de uma hierarquia estética, que se teria emancipada das hierarquias socioeconômicas infligidas pela "distinção social", com as consequências amplamente evocadas de "desordem social" no momento em que a beleza não é um mero vestígio simbólico da distinção social.

Epílogo

O etnólogo sabe, por experiência própria, que seria improfícuo querer concluir uma monografia. O exercício relata as maneiras de vida em comum de uma determinada sociedade cuja complexidade é tal que torna inexequível ser resumida. Todavia, o presente texto é menos uma monografia, embora tenha feito, por diversas vezes, apelo ao campo, do que uma pesquisa antropológica sobre uma característica particular das sociedades humanas quando confrontadas à singularidade de seus membros manifestada aqui pela partilha desigual da beleza, entendida como uma maneira (dentre outras) de considerar o sensível, as emoções. Se denomino monografia como término de uma pesquisa, cuja construção tem seguido geralmente, em diversos graus, a trajetória da vida de um grupo com o qual o etnólogo viveu é, sobretudo, para enfatizar que essa experiência relatada, por mais profunda, sutil ou pesquisada que seja, deixa sempre escapar um resquício, um sentimento de inacabamento ao qual parece inútil tentar suprir. Esse sentimento revela a parte inefável de todos os encontros humanos. Finalmente, uma monografia não se conclui, sobretudo, em razão de uma experiência humana que induz a um pressentimento que ela não poderá encerrar uma parte do mistério, vale dizer, uma parte da complexidade que se esquiva do pesquisador.

Esse trabalho dedicado à singularidade humana e à descrição de regulação da ordem sensível pela qual ela é responsável deve ser compreendido como um convite a lançar outro olhar sobre as alianças. Nesse sentido, essa pesquisa construiu-se não "contra", mas "com" os outros, qualificando desse modo a convicção epistemológica que determinados domínios da antropologia parecem poder ser considerados objetos de "progresso" por integração dos conhecimentos adquiridos, após análise crítica.[1]

Num primeiro momento, esclareci ter pretendido encontrar uma pista para essa integração do lado da psicologia cognitiva e da corrente da antropologia cognitiva. Todavia, defrontei-me, na verdade, com dois impasses na medida em que certos postulados reunidos podem acarretar a rejeição das ciências humanas e sociais e que a pesquisa por invariantes comportamentais específicos da espécie humana, por mais rica que muitas vezes ela seja, desdenha,

1 Sem dúvida, essa proposição, embora formulada aqui de modo sucinto, provoca, no entanto, um debate relevante. Ver, por exemplo, Walliser, 2009.

todavia, a relevância da singularidade e, portanto, as questões lançadas pela regulação da ordem sensível.[2]

Foi de preferência na trilha de Charles Darwin, verdadeiro passador de fronteiras disciplinares, que retomei os trabalhos. Devo admitir que trazia comigo a garantia que o naturalista é acionado, de certo de modo, controverso e variável pelos antropólogos, o que mencionei diversas vezes, sobretudo, pelos pesquisadores de outras disciplinas. Darwin representou para mim a possibilidade de iniciar um diálogo entre a antropologia e as ciências da natureza. Tentei progressivamente delinear pistas para uma integração completamente bem sucedida dos principais eixos do darwinismo na antropologia social e cultural por meio de uma antropologia fundamental que se modifica a vista dos avanços das diversas disciplinas.

A leitura atenta dos trabalhos de Darwin expõe sua grande prudência em relação ao humano - sua espécie e sua liberdade - diante de outras espécies, mesmo se, como mencionei, ele não tenha, sem dúvida, explorado todas as consequências positivas. E nesse mesmo sentido delineado pelo cientista inglês, pistas abertas pelos cientistas que promovem uma abordagem não reducionista do naturalismo nortearam essa pesquisa. Tais, por exemplo, os autores dessa obra coletiva de ecologia comportamental (Danchin e outros, 2005), na qual explicam prudentemente que "mesmo que a cultura humana pareça desmesurada em diversidade e em complexidade em comparação às culturas animais, não se pode afirmar que a cultura seja verdadeiramente específica da espécie humana. A diferença entre o homem e o animal não diz respeito, com efeito, senão, a uma questão de grau na importância da cultura, não da existência ou da ausência de processos culturais" (Danchin e A.L., 2005, p. 524). E acrescenta que a cultura, a moral e as imposições sociais "tornaram-se, então, um elemento relevante de nossa evolução. A consequência é que, em face de tal desenvolvimento, temos o direito de indagar em que medida é plausível reconhecer aos animais e à espécie humana os mesmos raciocínios" (Danchin e A.L., 2005, p. 544). Ou esse outro, Jean-Marie Schaeffer, que enfatiza a relevância em levar em consideração a "identidade humana ancorando-a na evolução das formas de vida biológica sobre a Terra" (Schaeffer, 2007, p. 4389). Ou, finalmente Gérald Edelman, que explica:

---

2 Observei, no capítulo 1, que para a psicologia cognitiva, que não contesta a variabilidade dos critérios de beleza segundo a história, os lugares, as classes sociais de pertença, existe, entretanto, para além dessas diferenças, normas comuns de atratividade, diferentemente do ponto de vista desenvolvido por Darwin na *Afiliação do homem* (cf. Baudoin, Tiberghien. 2004, pp. 86-87).

> *Dados os processos cerebrais paralelos e construtivos que sustentam a consciência, dadas as propriedades simbólicas recursivas da linguagem e, finalmente, dadas as bases históricas irreversíveis de cada realização simbólica e artística no seio das sociedades e das culturas, não é viável existir descrição completamente redutível dos conhecimentos humanos. Todavia, as diversas esferas do conhecimento e os diferentes domínios podem ser compatíveis entre eles, e suas bases, que são da alçada da evolução biológica e cultural, podem ser compreendidas* (Edelman, 1992, p. 274).

A própria ideia de um ponto de vista complementar, aqui apresentado, sobre as alianças determina logicamente que se procure, tanto quanto possível, articular as alianças com outras teorias desenvolvidas no seio do amplo campo do saber que hoje constitui a antropologia de parentesco em relação à antropologia fundamental. O que não passa de um esboço possibilita então ao leitor testar, por sua vez, a hipótese desse olhar complementar sobre as alianças, sintetizada de modo provocador - mais por precaução pedagógica do que por convicção da existência de realidades tão contrastadas entre os gêneros - pela ideia de uma "aliança no feminino". Consequentemente, à maneira da monografia, essa pesquisa não pode verdadeiramente concluir-se. A elaboração de um ponto de vista complementar convida a uma consideração epistemológica que entende de imediato, que coisas lhe escapam. Esse trabalho não faz o ponto de situação da articulação entre a beleza humana e a antropologia de parentesco, mas é um convite ao debate mais amplo e de um modo menos complexo da aparência humana.

Analisando mais detidamente, uma teoria é sempre historicamente situada e adere talvez menos do que aparenta à pele de uma pessoa do que dos membros do campo de conhecimento que a tornou pensável. Abordá-la não transtornaria tanto a identidade de seu autor, visto que ela proviria de um saber mais coletivo, discutido, negociado e recomposto sem cessar. Aquilo que pertence próprio a uns e a outros é, mais modestamente, hoje a formulação de ajustes provisórios, grandes ou pequenos, tantas intuições permitidas por trabalhos anteriores e os contestadores. Certas obras do Renascimento não são anônimas? De acordo, todavia a época e os motivos, religiosos e financeiros, sobretudo, eram outros.

Para dar o tom, finalizarei esse livro expandindo-o para novas perspectivas que a "regulação virtual da beleza" parece oferecer a determinados grupos de pessoas. Credito essa possibilidade à obra *Coming of Age in Second Life*, publicado por Tom Boellsdorf (Boellsdorf, 2008). A questão está focada, por intermédio da incorporação do etnólogo, num avatar da relação de um longo terreno de pesquisa num mundo virtual massivamente com muitos jogadores.

Em maio de 2003, a empresa de informática Linden Lab colocou em linha, pela primeira vez, a plataforma *Second Life*. Trata-se de um mapa informático que visualiza um arquipélago, continentes e um mar azul, tendo como diretriz principal para os "residentes" utilizar sua criatividade para povoar, habitar e viver em conjunto nesse mundo em linha. Hoje, mais de dois milhões de residentes estão ligados ao *Second Life*. As versões do software, bem simples no início, rapidamente tornaram-se complexas para seguir, regular e levar em consideração a inventividade dos residentes. Mediante um preço mensal básico da ordem de $10 (Boellstorff, 2008), cada residente tem acesso a um terreno de 512m² que ele pode habitar segundo sua conveniência.

Tem-se acesso a *Second Life* por meio de um avatar. Uma forma padrão é sugerida a todo recém-chegado. Você pode deslocar na *Second Life*, atualmente estruturada com casas privativas, quadras residenciais, cidades, espaço públicos, lojas, bares, danceterias, Igrejas etc., por meio de nosso avatar, seja observando-o evoluir em seu monitor, seja olhando diretamente o mundo *Second Life* por meio dos olhos de seu avatar... Sobre *Second Life*, o terreno, o espaço, as "posses privadas" que se podem aumentar constituem noções básicas que, convenhamos, indicam uma visão de mundo bem ocidental. Existe uma espécie de direito de propriedade e, sobretudo, de propriedade intelectual sobre os objetos virtuais criados pelos residentes. Pela animação de seu avatar, lhe é permitido entrar num "vasto *role play* de tarefa a fim de seguir o decurso da vida" (Boellstorff, 2008, p. 122). Para que você possa integrar nesse mundo virtual e travar relações, você constrói, aqui no sentido de transformar, suas posses de início, isto é, avatar e terreno (ou seja, seus *prims* na linguagem codificada de *Second Life*), recorrendo às potencialidades de criações informáticas, mas do mesmo modo comprando ou alugando objetos virtuais de outros residentes. Podem-se comprar materiais de construção, móveis residenciais. Dispõem-se, também, de inúmeras possibilidades de modelar a gosto o avatar, tanto da perspectiva de sua aparência corporal (cor, textura, forma, tamanho, sexo) quanto do vestuário, e a compra do software que possibilita aperfeiçoar os movimentos e as expressões. Ao lado das compras, há as trocas, e o auxílio mútuo entre os residentes é uma atitude valorizada.

A inserção em um avatar é uma noção determinante para os residentes (Boellstorff, 2008, p. 232). Aprender a manuseá-lo com destreza para seguir a moda e participar dos encontros, por exemplo, exige muito tempo e atesta sua fidelidade e competência. Para além dos conhecimentos de informática e da criatividade necessárias, qualidades exigidas para constituir o ambiente no qual seu avatar pode mover-se, é, sobretudo, plausível participar de animações organizadas entre grupos de amigos (festas, celebrações, saraus, encontros...). Os encontros entre avatares duplicam-se no *text chat* que facilitam os diálogos (não há trocas sonoras ou visuais entre as pessoas que animam os avatares, o que romperia a virtualidade). Aqui o domínio do inglês escrito refinado e de bom nível é valorizado e confirma que *Second Life* é, de fato, anglófono, embora existam certas zonas habitadas por outros locutores. Em suma, para residir ali, é conveniente integrar-se ao fluxo de vida, participando dos eventos, de acordo com as circunstâncias. O mundo virtual como este, desenvolvido pela *Second Life* foi, às vezes, descrito como uma rede social virtual em 3D viabilizado pela Internet (Boellstroff, 2008, p. 247).

Segundo Tom Boellstroff, parece que a intenção do mundo virtual delineia-se em três direções: a atitude da identidade individual, os negócios e a criatividade (Boellstorff, 2008, p. 245). O etnólogo explica que a sociedade Linden Lab expressa bem a ideologia californiana que modelou o ethos de um "capitalismo criacionista", vale dizer, de uma ideologia mercantil que valoriza ao mesmo tempo a criatividade (expressão de si) e a liberdade como modelo para realizar negócios.[3] Entra em jogo também uma forma de capitalismo que "valoriza a criatividade e a liberdade, mas que depende, para isso, de uma enorme cegueira para com os aspectos muito menos positivos da costa Oeste: racismo, pobreza, degradação do meio ambiente" (Boellstorff, 2008, p. 227).[4] *Second Life*, que pode ser entendido como um mundo virtual em processo de construção conheceu o estabelecimento de hierarquias: alguns fazem negócios, (criadores de informática, partidos políticos que defendem seu programa, firmas privadas apresentando seus produtos, trabalhadores do sexo...), outros brilham por sua criatividade ou suas competências na informática. Na realidade, *Second Life* é um dos raros "mundos em linha massivamente multijogadores" que dispõem de uma moeda, o "Linden dólar", atualmente convertível em dólar americano e amplamente utilizado nas transações entre residentes. Alguns podem ganhar muito dinheiro, porém a grande maioria não participa por essas razões.

De acordo com as afirmações do autor, se o volume dos negócios parece crescente, existe em *Second Life* uma forma de igualitarismo em razão da relativa garantia de anonimato que gozam os residentes, assim como pela utilização do avatar par participar da vida desse mundo virtual. Com esses dois traços,

3 Sobre o *capitalismo criacionista*, ver Boellstorf, 2008, pp. 205-211.

4 De acordo com minha tradução livre.

anonimato e identificação por meio da incorporação em um avatar, SL torna exequível aos residentes emanciparem-se, ao mesmo tempo, das condições sociais do mundo real, denominado pelos residentes "mundo atual", e das coações corporais (Boellstorff, 2008, p. 239). Certamente, por esses dois aspectos relativos à emancipação virtual das relações de ordem política e das relações de ordem sensível que a *Second Life* reteve, em forma de abertura, minha especial atenção para esse epílogo.

Desde abril de 2004, Tom Boellstroff empreendeu um longo campo de pesquisa segundo as modalidades de observação participante. Seu avatar o apresenta como residente da plataforma com a identidade de um pesquisador em antropologia. Com base em sua experiência e nos encontros realizados em *Second Life* ele chega à constatação que existe "uma realidade social que vincula o virtual e o atual", e esclarece que "o mundo virtual não é inteiramente não real ou desvinculado das realidades" (Boellstorff, 2008, p. 245). Indicarei, para finalizar, alguns aspectos da "desencarnação", noção que revela bem o processo relativo à identidade que está em jogo na incorporação virtual de um avatar, assim como as consequências sobre a construção do eu. Em relação à singularidade humana e com a regulação da beleza, proporei alguns elementos de uma "regulação virtual da beleza", sem pretender uma análise aprofundada como apresentada anteriormente. Mostrarei que esse tipo de regulação da ordem sensível, à imagem da regulação física da beleza (por exemplo, a plástica, no Brasil), encara de uma maneira nova conceber a singularidade humana.

Enquanto que a noção de avatar habitualmente alude à encarnação - um movimento que passa do virtual ao atual (Boellstroff, 2008, p. 128, a encarnação de um deus hindu) - o mundo em linha apresenta a especificidade de conotar o movimento inverso: do atual ao virtual. Boellstorff fala então de *desencarnação* ou de *invirtualização* (Boellstorff, 2008, p. 128). O antropólogo sugere que existe uma relação entre a sociabilidade, a subjetividade e a incorporação. Em *Second Life* o avatar corresponde a uma incorporação virtual, uma representação do residente no mundo virtual (Boellstorff, 2008, p. 251). Ele espelha a sensibilidade dos residentes em sua própria imagem: esses lhe consagram muito tempo e gastam muito dinheiro por ele (Boellstorff, 2008, p. 129). Se houver muito investimento no avatar, explica o autor, é porque ele é um meio, para o residente, de testar sua identidade virtual, central ao mesmo tempo na imersão e na construção da comunidade no espaço virtual (Boellstorff, 2008, p. 129). Para Tom Boellstorff, o avatar implica em uma incorporação intencional, em outros termos, produzida se torna uma zona relacional entre as pessoas no mundo em linha (Boelstorff, 2008, p. 129). Os avatares podem revelar aparências duráveis da identidade pessoal, e nesse sentido fazem com que o mundo virtual seja real: eles são a posição a partir da qual o eu se confronta com o virtual. E o autor esclarece seu pensamento pela seguinte proposta: o avatar é um dos pontos axiais com os quais os utilizadores interagem com o objeto tecnológico e a incorporação deles mesmos, fazendo do ambiente virtual e da variedade dos fenômenos suscitados uma sustentação da realidade (Boellstotff, 2008, p. 130). Consequentemente os avatares exprimem amplamente uma característica relevante e muito compartilhada da sociabilidade do *Second Life*.

É interessante notar o paralelismo com a situação brasileira descrita anteriormente a propósito da "regulação física da beleza" na qual o corpo remodelado supostamente expressava a identidade da pessoa. O problema é similar na medida em que a aparência do avatar, inteiramente imaginada pelo residente, admite representar "de modo translúcido" sua identidade. Se no Brasil descrito no capítulo 10, a identidade adere à pele, no *Second Life*, a identidade do residente torna-se aquela induzida pelo semblante do avatar. Todavia, contrariamente do Brasil onde as pessoas investem em excesso fisicamente em seu próprio corpo, os residentes de *Second Life* desprendem-se de seu corpo da vida real. Para tanto, eles incorporam, por meio do avatar, o corpo de seus sonhos. E pela participação dos *role play*, eles prosseguem o "decurso da vida", dotadas de aparência virtual pretendida. Dito de outro modo, uma maioria de jogadores concebe seu avatar principal como a expressão de seu padrão de beleza na vida real, ou ainda, como a imagem de seu eu na vida real (Boellstroff, 2008, p. 133).

Enquanto que no caso brasileiro estudado os corpos procuram tornar-se igualmente bonitos em referência a um modelo, na *Second Life* cada qual é livre de fantasiar seu ideal corporal. Todavia, parece uma mesma motivação relativa à identidade, age uma vez que o corpo não mostra estar em condições de expressar plenamente "a beleza do eu interior". Nesse sentido um informante do antropólogo esclarece: "Tenho observado que a aparência exterior (o aspecto dado ao avatar) provoca realmente numerosos comentários sobre sua pessoa, porque ela realça escolhas conscientes concernentes à maneira pela qual você quer se apresentar a si mesmo (Boellstorff, 2008 p. 130). Entretanto, de modo comparável, se no Brasil a "regulação física da beleza" proporciona grandes vantagens às indústrias cosméticas, a "regulação virtual da beleza" permitida pela *Second Life* recorrem às companhias especializadas de informática. Tudo ocorre como se a velha regulação social da beleza" - pelo viés da instituição de categorias de equivalência entre os homens e entre as mulheres de um mesmo grupo que alude a uma ficção cultural, como comentei amplamente - tivesse sido desclassificada pela economia de mercado que, por meio da plástica ou do virtual, encontra novos mercados para as mercadorias, levando a um novo cuidado de singularidade humana inquietando com isso a aparência na construção dos laços sociais. Em suma, o corpo que você quiser - real ou virtual (segundo os casos) - se você quiser.

As descrições de Tom Boellstorff abrem pistas apaixonantes, quando mostra como a incorporação em um avatar, que pressupõe uma desincorporação, parece poder ser analisada como mais autêntica que a incorporação no mundo real uma vez que a incorporação virtual, como esclarece esse informante, "é a maneira pela qual eu me vejo do interior" (Boellstroff, 2008, p. 134).

Uma nota para assinalar que em *Second Life*, nunca se sabe quem se oculta por trás do avatar: uma mulher pode ser um homem e vice versa, um velho, uma criança etc. É igualmente possível encarnar um animal doméstico... Pela participação aos *role play*, *Second Life* propicia experimentar e viver situações próprias da identidade muito diferentes, relacionadas ao gênero, à nacionalidade, à condição social. Aliás, um residente pode possuir diversos avatares e um mesmo avatar pode ser animado por diferentes atores. A noção de papel é atrelada à concepção de personalidade em linha. Segundo os residentes, mais do que mera questão de uma dupla vida trata-se de uma fronteira permeável entre o eu virtual e o eu real (Boellsdorff, 2008, p. 120). O que torna plausível, segundo os residentes, viver uma experiência positiva quando "sua vida em linha pode fazer com que o seu eu do mundo atual mais 'real' na medida em que é possível que ele se aproxime mais daquilo que eles avaliam ser seu eu real desvencilhado das pressões sociais ou das particularidades da incorporação física" (Boellsdorff, 2008, p. 121). Essa experiência pode propiciar uma maior confiança em si. De fato, os residentes comentam que seu eu do mundo virtual é mais próximo do seu eu real comparado ao seu eu da vida atual (Boellsdorff, 2008, p. 122). Para Boellsdorf, o fato de viver uma experiência em linha pode desempenhar um papel na construção cultural da personalidade. Nesse sentido, delineia como as relações de amizade são predominantes e fundamentais na *Second Life*. Essas podem, por vezes, transformar-se em autênticas relações amorosas, onde pode surgir a questão da sexualidade (virtual). De modo um tanto paradoxal, à primeira vista, eu destacarei as seguintes intenções de certos usuários: "No mundo real, é algo físico, aqui, porém, é seu pensamento" (Boellsdorff, 2008, p. 178). Ou ainda: "Em *Second Life* você pode conhecer alguém somente por sua personalidade; é quase uma conexão espiritual, sem corpo" (Boellsdorf, 2008, p. 159).

Não é de se estranhar que residentes acometidos de incapacidades físicas no mundo real encontrem em *Second Life* uma oportunidade de ampliar suas redes sociais. O jogo proporciona a essas pessoas novas potencialidades admitindo diferentes incorporações: "Há vantagem em não se estar no limite do corpo, sendo, também apto a ser você mesmo" (Boellsdorff, 2008, p. 137). Admito, o tema é vasto e mereceria ser mais amplamente desenvolvido.

E para concluir, destacarei que diferentemente da "regulação física da beleza" evocada para o Brasil no capítulo 10, de "regulação econômica da beleza", analisada no capítulo 9 a propósito do caso Ouagalês onde uma minoria de homens abastados pode achegar-se mais facilmente à sexualidade das garotas, ou ainda de "regulação virtual da beleza" consentida pela *Second Life* a grande maioria das sociedades consuetudinárias (e das "sociedades com livre escolha generalizada dos parceiros") com "regulação social da beleza" não podem ser tidas a não ser como histórias e símbolos. Com efeito, alguns relatos míticos conduziam à evidência que uma mulher vale outra mulher, que ela seja jovem ou velha, bela ou feia, fecunda ou estéril... e que um homem vale outro homem, que ele seja forte ou fraco, jovem ou velho, bonito ou feio, fecundo ou estéril... pela invenção de categorias abstratas de homem ou de mulher como pressuposto imprescindível às trocas matrimoniais generalizadas e à reprodução da sociedade como um todo coerente.

Que uma mulher seja bela ou feia, assim descrevem as sociedades consuetudinárias, ela é antes de tudo uma mulher, e o homem que a recebe (tomando a expressão canônica) está impelido de desposá-la, é uma evidencia inquestionável. Essas duas categorias, de homem e de mulher, que institui uma relação de equivalência entre os homens e entre as mulheres, baseiam-se, metaforicamente, sobre a regulação do olhar. Esse processo subsume a singularidade humana pela imposição de uma ficção fundamental, isto é, de uma história que cada grupo teve por bem inventá-la para ele mesmo. Esse simulacro diz que para além da diferença encontra-se a permutabilidade.

As categorias de equivalência representam um traço notável das sociedades humanas na medida em que por esse processo cada sociedade é beneficiada com capacidade de se enriquecer pela diversidade. Posto com outros termos, regulando a ordem sensível, as sociedades puderam associar-se "aos outros" desde que eles fossem, doravante, considerados como semelhantes e não mais como estranhos, bárbaros, ou mais, simples comestíveis. Desse modo, os mais frágeis de um determinado grupo, provisória ou duradouramente (os velhos, as velhas, os feios, as feias, os frágeis, os estéreis...) conseguiram apegar-se à sociedade para sobreviver, sem dúvida, mas igualmente para aí exibir atitudes novas, inéditas, vale dizer, seu próprio olhar para o mundo como uma inovação relevante das sociedades humanas. Para isso, tratou-se da submissão de todos as formas mais diversas tomadas pelas alianças, como única condição aceitável por todo adulto. O preço a ser pago para isso foi o olhar, isto é, o sacrifício de uma forma do sensível.

Espero ter demonstrado que a troca (as alianças) articula os dois grandes operadores sociais que constituem a produção de semelhança e a transmissão. O papel de troca, cujas modalidades práticas de funcionamento foram descritas por Claude Lévi-Strauss, não é, propriamente falando, nem de produzir a semelhança nem de ser completamente encarcerada pelos imperativos da transmissão de uma ordem política e religiosa que engloba o parentesco como propõe Maurice Godelier, mas sim, encaixar duas ordens que se alimentam mutuamente a fim de participar plenamente da reprodução da sociedade. A troca é o mecanismo que combina dois pontos de vista complementares, que caricaturei, de certo modo, para facilitar a compreensão (sabendo que as coisas são menos definidas que isso): aquele de "matrimônio no feminino" que diz respeito à regulação da ordem sensível reunida de modo mais frequentemente hierárquico e aquele do "matrimônio no masculino" que diz respeito à regulação da ordem política.

Mostrei que tanto os homens quanto as mulheres dispõe de uma capacidade de iniciativa em matéria de reprodução da sociedade. Suas especificidades indicam a papéis diferentes, hierarquizados, que não eliminam, decerto, a dominação, mas a papéis complementares. Também, foi descrita a aliança por intermédio do olhar feminino a fim de poder determinar a contribuição específica no estabelecimento das grandes instituições que regem as sociedades humanas.

BIBLIOGRAFIA

AGACINSKI, S., D´un sexe qui ne revient pás au même. Em: COHEN-LÉVINAS, D., CLÉMENT, B. (org.) *Emmanuel Lévinas et les Territoires de la Pensée*, Paris, Plon pp. 350-351, 2007.

AGIER, M., *Anthorpologie du Carnaval. La ville, la fête et l´Afrique à Bahia*, Marsseille, Parenthèses/IRD, 2000.

ALÈS, C., BARRAUD, C. (org) *Sexe Relatif ou Sexe Absolu*, Paris, Editions de la Maison des scjences de l´homme, 2001.

ALLARD, O., *Journal de la Société des Américanistes*, tome 90, n. 1, 2004.

AMADIEU, J.F., *Le Poids des Apparences. Beauté, Amour et Gloire*, Paris, Odile-Jacob, 2005.

APULÉE, *Les Métamorphoses. Le Conte d´Amour et de Psyché*, Paris, Les Belles Lettres, 1992.

ARDENER, S. (ed.) *Perceiving Women*, London, Dent/Halsted, 1975.

ARDENER, S. (ed.) *Defining Females. The Nature of Women in Society*, London, Croom Helm amd Oxford university women´s studies committee, 1978.

ARISTOPHANE, *l´Assemblée des Femmes*, Paris, Flammarion (392 a.C.).

ASSAYAG, J., La «glocalisation» du beau. Miss Monde en Inde, 1996. Em: *Terrain*, n. 32 pp. 67-82, 1999.

DONFUT, C. ROSENMAYR, L., (org) *Vieillir en Afrique*, Paris, PUF, 1994.

AUBRY, G., *Le (dé)goût de la Laideur*, Paris, Mercure de France, 2007.

BADINI, A., *Naître et Grandir chez les Moosé Traditionnels*, Paris/Ouagadougou, Sépia, 1994.

BANKS, R., *La Réserve*, Arles, Actes Sud, 2008.

BARNET, M., *Esteban Montejo, Esclave à Cuba. Biographie d´un Cimarron du Colonialisme à l´Indépendance*, Paris, Gallimard, 1967.

BARRY L., A.L. (dir.) Glossaire de la Parenté, *L´Homme*, pp. 154-155, abril/septembre, pp. 721-732, 2000.

BAUCHAU, H., *Diotime et les Lions*, Arles, Actes Sud, 1991.

BAUDOUIN, J.Y., RIBEERGHIEN, G., *Ce qui est Beau... est bien. Psycho-sociobiologie de la Beauté*, Grenoble, Presses Universitaires de Grenoble, 2004.

BECKERMAN, S., VALENTINE P. (ed.) *Cultures of Multiples Fathers. The Theory and Practicec of Partiple Paternity in Lowland South America*, Gainesville, University Press of Florida, 2002.

BERTHOLET, D., *Claude Lévi-Strauss*, Paris, Odile Jacob (Plon 2003), 2008.

BETTELHEIM, B., *Psychanalyse des Contes des Fées*, Paris, Laffont, 1976.

BIERCHENK, T., CHAUVEAU, J. P., OLIVIER DE SARDAN, J. P. *Courtiers en Développement. Les Villages Africains en Quête de Projets*. Paris, Karthala, 2000.

BINETOU, DIAL F., *Mariage et Divorce à Dakar. Itineraires Feminins*, Paris, Karthala/Crepos, 2008.

BLANC, M., *Les Hérétiers de Darwin. L´Évol.ution en Mutation,* Paris, Seuil, 1990.

BLERET, D., *Des Conséquences du Cancer du Sein dans une Perspective Sociologique. Esthétique du Paraître et Intégration Sociale.* Louvain-la-Neuve, némoire de fins d' études en sociologie, 2005.

BLOCH M., 2006, *L´Anthopologie Cognitive à l´Épreuve du Terrain. L´Expérience de la Thoeire de l´Esprit,* Paris, Fayard, Leçons inaugurales du Collège de France, p. 184.

BOELLSTORFF, T., *Coming of Age in Second Life. An Antrhopologist Explores the Virtually Human,* Princeton, Princeton University Press, 2008.

BOLTANSKI, I., THÉVENOT, L., *De la Justification. Les Économies de la Grendeur,* Paris, Gallimard, 1991.

BONNET, D., *Corps Biologique, Corps Socila. Procréation et Maladies de l´Enfant en Pays Mossi, Burkina Faso,*Paris, Orstom, coll. Mémoires, p. 110, 1988.

BONTE, P. (dir.) *Épouser au Plus Proche. Inceste, Prohibitions et Stratégies Matrimoniales Autour de la Méditerannée,* Paris, Editions de l´EHESS, col. Civilisations et Sociétés, 1994.

BOREL, F., *Le Vêtement Incarné. Les Métamorphoses du Corps.* Paris, Calmann-Lévy, 1992.

BOUDON, R., BOURRICAUD, F., *Dictionnaire critique de la sociologie,* Paris, PUF, 1986 (1982).

BOURDIEU, P., *La Distinction. Critique Sociale du Jugement.* Paris, Minuit, 1979.

BOURDIEU, P., *Le Sens Pratique.* Paris, Minuit, 1980.

BOURDIEU, P., *La Domination Masculine.* Paris, Seuil, 1998.

BROHAM, M., Compe Rendu de Beckerman S., Valentine P. (ed.) *Culture of Multiple Fathers. The Theory and Practice of Partible Paternity in Lowland South America,* University Press of Florida, Gainesville, *L´Homme,* pp. 175-176, 2005.

BRUCKNER, P., *Les Vol.eurs de Beauté.* Paris, Grasset, 1997.

BRUIT-ZAIDMAN, I., Le Temps des Jeunes Filles dans la Cité Grecque: Nausicaa, Phrasikleia et les Autres, *Revues. Org. CLIO* n. 4.

BULÉ, P., *Les Femmes Grecques à l´Époque Classique,* Paris, Hachette, 2001.

BRUNET, M., "Un nouveau cousin de Lucy surgit à l´ouest de Rift". Em: *Les Origines de l´Homme,* Paris, Tallandier, cap. 8, pp. 73-76, 1998.

BUTLER, J., *Trouble dans le Gendre. Le Féminisme et la Subversion de l´Identité.* Paris, La Découverte (trad. fr.), 2005.

BUTLER, J., *Défaire le Gendre.* Paris, Amsterdam, 2006.

CAI, H., *Une Société sans père ni Mari.Les Na de Chine,* Paris, PUF, col. Ethnologues, 1997.

CAI, H., *L´Homme Pensé par l´Homme. Du Statut Scientifique des Sciences Sociales,* Paris, PUF, 2008.

CAILLÉ, A., *Don Intérêt et Desintéressement. Boudieu, Mauss, Platon et Queslques Autres.* Paris, La Découverte/MAUSS, 1994.

CALABRESE, O. (dir.) *Vénus Dévoilée. La Vénus d´Urbino du Titien,* Bruxelles, Palais des Beaux-Arts, 2003.

CAMPOS, L.S., *Teatro, templo e mercado. Organização e marketing de um empreendimento neopentecostal,* Petrópolis Vozes/São Paulo, Simpósio/São Bernardo do Campo, UMESP, 1997.

CERTEAU, M.(de), *L'Invention du Quotidien 1. Arts de Faire,* Paris, Gallimard, 1990.

CHAGEUX, J.P., *L'Homme Neuronal.* Paris, Hachette, 1998.

CHAGEUX, J.P, *Du Vrai, du Beau, du bien. Une Nouvelle Approche Neuronale,* Paris, Odile Jacob, 2008.

CHAGEUX, J.P, RICOEUR, P., *Ce qui nous fait Penser la Règle. La Nature e la Règle,* Paris, Odile Jacob, 1998.

CHIENI, T., SPENCER, P., "The World of Telelia". Em: SPEAR T. WALLER R (ed.) *Being Massai,* London, James Currey (Eastern African Studies), pp. 157-173, 1993.

CLASTRES P., *Chroniques des Indiens Guayaki,* Paris, Plon, 1972.

COLLECTIF, 1960, *Le Racisme Devant la Science.* Paris, Unesco, 1960.

CONDOMINAS G., *Nous Avons Mangé la Forêt de la Pierre-Génie Gôo.* Paris, Flammarion, 1982.

CORBIN, A., COURTINE J.J., VIGARELLO G. (dir.) *Histoire du Corps, vol.. 1, De la Rennaissance aux Lunières,* Paris, Seuil, 2005a.

CORBIN, A., COURTINE, J.J., VIGARELLO G. (dir.) *Histoire du Corps, vol.. 2, De la Révol. ution à la Grande Guerre,* Paris, Seuil, 2005b.

CORBIN, A., COURTINE, J.J., VIGARELLO, G. (dir.) *Histoire du Corps, vol.. 3. Les Mutations du Regard. Le XX Siècle,* Paris, Seuil, 2006.

CORTEN, A., *Le Pentecôtisme au Brésil. Émotion du Pauvre et Romantisme Théologique,* Paris, Karthala, 1995.

COUCHARD, F., *Le Fantasme de Séduction dans la Culture Mussulmane,* Paris, PUF, 2004 (1994).

CUISENIER, J., *Mémoires de Carpathes. La Roumanie Millénaire: un Regard Intérieur,* Paris, Plon, col. Terre Humaine, 2000.

CZECHOWSKI, N., NAHOUM-GRAPPE, V. (dir.) "Fatale beauté" *Autrement,* p. 91, 1987.

DAMASION, R.A., *Le Sentiment Même de Soi. Corps, Émotions, Conscience,* Paris, Odile Jacob, 1999.

Da MATTA, R., *Carnavals, Bandits et Héros: Ambiguité de la Société Brésilienne,* Paris, Seuil, 1983.

DANCHIN, É., GIRALDEAU, L.A., CÉZILLY, F., *Écologie Comportamentale,* Paris, Dunod, 2005.

DARMON, P., *Mythologie de la Femme dans l'Ancienne France,* Paris, Seuil, 1983.

DARWIN, C., *L'Origine des Espèces,* Paris, Schleiter, 1973.

DARWIN, C., *L'Expression des Émotions chez l'Homme et les Animaux,* Paris, CTHS (1872, trad.fr. 1890).

DARWIN, C., *La Filiation de l'Homme et la Sélection Liée au Sex* (sous la direction de Patrick Tort) Paris, Institut Charles Darwin International, Éditions Syllepse, 2000.

DARWIN, C., *Autobiographie.* Paris, Seuil, 2008.

DASSETTO, F., LAURENT, J. P., OUEDRAOGO T., À Paraître *Aspects de l'Islam Confrérique ao Burkina Faso.*

DAWKINS, R., *Le gène égoiste*, Paris Odile Jacob (*The Selfish Gene*, 1976, Osford University Press) 2003.

DELANOË, D., *Sexe, croyances et ménopause*. Paris, Hachette, 2006.

DELIÈGE, R., "Le philanthropologue: Verrier Elwin et les tribus de l´Inde". Em: *L´Homme*, octobre-décembre, no. 156, pp. 223-240, 2000.

DELUMEAU, J., *La peur en Occident (XIVe.-XVIIIe. Siècles)*, Paris Fayard, 1978.

DESCLAUX, A., TAVERNE, B., *Allaitement et VIH en Afrique de l´Ouest*, Paris Karthala, 2000.

DESCOLA, P., *La Nature Domestique. Symbolisme et Praxis dans l´Écologie des Achuar*, Paris, Editions de la Maison des Sciences de l´Homme, 1986.

DESCOLA, P., *Par-delà Nature et Culture*. Paris Gallimard, 2005.

DETIENNE, M., VERNANT, J.P., *Les Ruses de l´Intelligence. La Métis des Grecques*. Paris, Flammarion, 1974.

DE WAAL, F., *L´Âge de l´Empathie. Leçons de la Nature. Pour une Société Solidaire*. Paris, Les liens qui libèrent, 2010.

DÉTREZ, C., *La Construction Sociale du Corps*, Paris, Seuil, 2002.

DÉTREZ, C., SIMON, A., *À Leurs Corps Défendant. Les Femmes à l´Épreuve du Nouvel Ordre Moral*. Paris, Seuil, 2006.

DIAMOND, J., *Le Troizième Chimpanzé. Essai sur l´Évol.ution edt l´Avenir de l´Animal Humain*, Paris Gallimard, 2000.

DIASSO, N. , "Faire Corps: Manières de Fabriquer et de dire les Airs de Famille", conferência proferida por ocasião do colóquio "Anthropologie des Cultures Globalisées" Québec, novembro, 2007.

DUMONT, L., *Homo Hierarchicus. Le Système des Castes et des Implications*, Paris, Gallimard, 1966.

DUPIRE, M., *Organisation Sociale des Peul*, Paris, Plon, 1970.

ECO, H., (dir.) *Histoire de la Beauté*. Paris, Flammarion, 2004.

ECO, U., *Histoire de la Laideur*. Paris, Flammarion (traduzido do italiano por Myriem Bonzaher), 2007.

EDELMAN, G., *Biologie de la Conscience*. Paris, Odile Jacob, 1992.

EDELMAN, G., *Plus Vaste que le Ciel. Une Nouvelle Théorie Générale du Cerveau*. Paris, Odile Jacob, 2004.

EDMONDS, A., "No universo da beleza: notas de campo sobre cirurgia plástica no Rio de Janeiro" em GOLDENBERG, M., (dir.) *Nu é vestido. Dez antropólogos revelam a cultura do corpo carioca*, Rio de Janeiro/São Paulo, Record, pp. 189-261, 2007.

EDMONDS, A., "The Poor have the Right to be Beautiful: Cosmetic Surgery in Neoliberal Brazil" *Journal of the Royal Anthopological Institute*, 13, 2, pp. 363-381, 2007.

ELWIN, V., *Maison des Jeunes chez les Muria*. Paris, Gallimard, 1959.

ERCHE NAMU, Y., MATHIEU C. *Adieu au lac Mère*. Paris, Calman-Lévy (trad. fr.), 2005.

EVANS-PRITCHARD, E.F., *La Femme dans les Sociétés Primitives et Autres essais d´Anthropologie Sociale*. Paris, PUF, 1971.

FAINZANG, S. "La Beauté du Sexe ou l´Inscription des Rapports Sociaux" *La Revue Agora* n. 25-26 pp. 91-96, 1993.

FAINZANG, S., JOURNET, O., *La Femme de Mon Mari. Anthropologie du Mariage Polygamique en Afrique et en France*. Paris, Hartmann, 1988.

FISHER, R.A., *The GeneticalTheory of Natural Selection*. Oxford, Oxford University Press, 1930.

FORTIER, C., "Séduction, Jalousie et défi entre Hommes. Choréographie des Affects et des Corps dans la Société Maure". Em: HÉRITIER, F., XANTHAKOU, M. (dir.) *Corps et Affects*. Paris, Odile Jacobs, 2004.

FOURCADE, M., "Biographies de Verrier Elwin (1902-1964), Anthopologie Buissonière en Inde: 'anglocentricité' et 'tribalisation' ". Em: CARRIN, M., JAFFRELOT, C., (dir.), *Tribus et Basses Castes: résistance et autonomie dans la société indienne*. Paris, Éditions de l´EHESS, Purusaartha n. 23, pp. 181-231, 2002.

FOX, R. *Anthropologie Biosociale*, Bruxelles, Complexe, 1978.

FREYRE, G., *Maîtres et Esclaves. La Formation de la Société Brésilienne*. Paris, Gallimard, 1952 (1933, ed. brasileira).

FREYRE, G., *Modos de homem e modos de mulher*. Rio de Janeiro, Record, 2002.

FRY, P., "Estética e política: relações entre 'raça', poeticidade e produção da beleza no Brasil". Em: GOLDENBERG, M (dir.) *Nu é vestido. Dez antropólogos revelam a cultura do corpo carioca*, Rio de Janeiro/São Paulo, Record, pp. 303-326, 2002.

GAGNEBIN, M., *Fascination de la Laideur* Lausanne. L´Âge de l´Homme, 1978.

GALATY, J.G. "Ceremony and Society: The Poetics of Massai Ritual" *Man* 18, 2, pp. 361-382, 1983.

GALATY, J.C., BONTE, P. (ed.) *Herders, Warriors, and Traders: Pastoralism in Africa*. San Francisco/Oxford, Westview Press, 1992.

GARCIA-CANCLINI, N. *Culturas Híbridas. Estrategias para entrar y salir de la modernidade*. Buenos Aires, Editorial Sudamericana, 2ª ed., 1995.

GIDDENS, A., *La Transformation de l´Identité. Sexualité, amour et érotisme dans les sociétés modernes*. Paris, Hachette, 2004.

GIRARD, F., "La Nouvelle Guinée". Em: POIRIER, J. (dir.) *Ethnologie Régionale I*. Paris, Gallimard/ Lá Pleiade, 1972.

GIROUD, F., LÉVY, B.H., *Les Hommes et les Femmes*. Paris, Olivier Orban, 1993.

GLOWCZEWSKI, B., *Lesrêveurs du Désert. PeupleWarlpiri d´Australie*. Arles, Actes du Sd, 1996.

GOBRY, I., *Le Sens de la Beauté*. Paris, Corbeille, 2003.

GODELIER, M., *Horizon, Trajets Marxistes en Anthropologie*. Paris, Maspero, 1973.

GODELIER, M., *La Production des Grands Hommes*, Paris, Fayard, 1982.

GODELIER, M., *Métamorphoses de la Parenté*, Paris, Fayard, 2004.

GODELIER, M., *Au Fondement des Sociétés Humaines. Ce que nous apprend l´anthropologie*, Paris, Albin Michel, 2007.

GODELIER, M., Les Tributs dans l´Histoire et Facce aux États, Paris, CNRS, 2010.

GOLDENBERG, M., *Os novos desejos. Das academias de musculação as agências de encontros*. Rio de Janeiro, Record, 2000.

GOLDENBERG, M. "O corpo como capital: para compreender a cultura brasileira", *Arquivos em Movimento*, 2, 2, pp. 115-123, 2006.

GOLDENBERG, M., RAMOS, M.S., "A civilização das formas: O corpo como valor". Em: GOLDENBERG, M. (dir.) *Nu é vestido. Dez antropólogos revelam a cultura do corpo carioca*. Rio de Janeiro/São Paulo, Record, 2002, pp. 19-40, 2002.

GONSETH, M., LAVILLEY, MAYOR G., (dir.) *Figures de l´Artifice*. Neuchâtel, Musée d´ethnographie, 2007.

GOODY, J., "A comparative Approch to Incest and Adultery", *Britsh Journal of Sociology*, vol..7, 1956, pp 286-305.

GOODY, J., *Entre l´Oralité et l´Éccriture*. Paris, PUF, col. Ethnologies, 1994.

GOODY, J., *Las Famille en Europe*. Paris, Seuil, 2001.

GOUGH, K., "Nayar: Ce tral Kerala". Em: SCHNEIDER, D.M., GOUGH, K., (ed.) *Matrilineal Kinship*. Berkeley and Los Angeles, University of California Press, 1961, pp. 298-414.

GOUILLOU, P. *Pourquoi les Femmes dês Riches sont Belles. Programmation génétique et compétion sexuelle*, Bruxelles, Duculot, 2006.

GOULD, S.J., *L´Éventail du Vivant. Le Mythe du Projet*. Paris, Seuil, 1997.

GRACCHUS, F., *Les Lieux de la Mère dans les Sociétés Afro-Américaines*. Paris, Editions Caribéennes, 1986.

GRUENAIS, M.E., "L´échange différée des femmes chez les *Mossi*", *L´Éthnographie*, 1, 1979. pp. 41-59.

GRÜND, F. *Le Corps et le Sacré*. Paris, Éd. du chêne, 2003.

GUILLE-ESCURET, G., "La Sélection Dénaturée" Em: TORT, P. (dir.) *Darwinisme et Société*. 1992.

GUIONNET, C., NEVEU, E., *Féminins/Masaculins. Sciologie du Genre*. Paris, Armand Colin.

HAGÈGE, J. C., *Vous Êtes Belle*. Paris, Odile Jacob, 2006.

HAIKEN, E., *Venus Envy. A History of Cosmetic Surgery*. Baltimore/London, John Hopkins, 1999.

HAMAYON, R., *La Chasse à l´Âme. Esquisse d´une Théorie du Chamanisme Sibérien*. Partis/ Nanterre, Société d´ethnologie, 1990.

HANDMAN, M.-E., *La Violence et la Ruse. Hommes et Femmes dans un Village Grecque*. Paris, Edisud, 1983.

HAUTECLOQUE-HOWE, A., *Les Rhades: une société de droit maternel*. Paris, Editions du CHRS, 1987.

HÉRITIER, F., *L´Excercice de la Parenté*, Paris, Seuil, 1981.

HÉRITIER, F., *Les deux Soeurs et leur Mère*. Paris, Odile Jacob, 1994.

HÉRITIER, F., *Masculin/Féminin. La Pensée de la Différence*. Paris, Odile Jacob, 1996.

HÉRITIER, F., "À propos de la thérie de l´échange", *L´Homme*, 2000, 154-155, pp. 117-122.

HÉRITIER, F., NANCY, J. L., GREEEN, A. RÉGY, A., AMEISENJ,C., *Le Corps, le Sens*. Paris, Seuil, 2007.

HÉRITIER, F., XANTHAKOU, M., (dir.) *Corps et Affects*. Paris, Odile Jacob, 2004.

HÉRODOTE, *Histoires* (trad. fr.). Paris, FM La Découverte, 1980.

HERRENSCHMIDT, O., "L´Inde et le sous-continent indien". Em: PORRIER, J. (dir.) *Ethnologie Régionale* 2. Paris, Gallimad, *Encyclopédie* de la Pleiada,

HEYES C., "Where do Mirror Neurons come from?", *Neuroscience and Biobehavioral Reviews*, 2010, 34, pp. 575-583.

HILGERS, M. *Une Ethnographie à l´Échelle de la Ville. Urbanité, Histoire et Reconnaissance à Koudougou (Burkina Faso)*. Paris, Karthala, 2009.

HILGERS, M., MAZZOCCHTTI, J., "L´après Zongo: entre ouverture politique et fermeture des possibles", *Politique africaine*, n. 101, mars-avril, 2006.

HILLMAN, J., *La Beauté de Psyché. L`Âme et ses Symboles*. Paris, Le jour, 1993.

HOPKINS, K., "Brother-Sister marriage in Roman Egypt". Em: BONTE, P. (dir.) *Épouser au Plus Proche. Inceste, Prohibitions et Stratégies Matrimoniales Autour de la Méditerranée*. Paris, Éditions de l´EHESS, 1994.

HRBY BLAFFER, S., *La Femme qui n´Évol.uait Jamais*. Paris, Payot, 1942.

HOUELLEBECQ, M., *Extension du Domaine de la Lutte*. Paris, J´ai lu, 1994.

HUXLEY, J.S., *Evol.ution:The Modern Synthesis*. London, Allen &*Unwin, 1942*.

IMBS, F., *Kumtaabo. Une Collectivité Rurale Mossi et son Rapport à l´Espace*. Paris, Orstom, 1987.

INGOLD, T. (ed.) *Companion Encyclopedia of Anthropology. Humanity, Culture and Social Life*. London and New York, Routledge, 1994.

IZARD, M., BONTE P. (dir.) *Dictionnaire de l´Ethnologie et de l´Anthropologie*. Paris, PUF (2ª ed.), 2000.

JAMARD, J. L., "La Passion e la Paternité. Derniers Échos ou Retoru de Flamme?", *L´Homme*. 2000, 154-155, pp. 733-748.

JANKOWIAK, W., (ed.) *Romantic Passion*. New York, Columbia University Press, 1995.

JONES, S., MARTIN, R., PILBEAM, D., (eds.) *The Cambridge Encyclopedia of Human Evol. ution* Cambridge. Cambridge University Press, 1992.

KASHAMURA, A., *Famille, Sexualité et Culture*. Paris, Payot, 1973.

KAUFMANN, J. C., *Corps de Femmes, Regards h´Hommes. Sociologie des Seins Nus*. Paris, Nathan 1998.

KECK, F., "Le Totémisme Aujourd´hui. La Pensée Sauvage. Notice". Em: LÉVI-STRAUSS, C., *Oeuvres*. Paris, Gallimard, Bibliothèque de la Pleiade, 2008b.

KENSINGER, K., *How Real People Ought to Live. The Cashinahua of Eastern Peru*. Illinois, Waverland Press, 1995.

KENSINGER, K., "The Philanderers Dilemma", Communication au XLIXe. Congress international des Américanistes, Quito, 1996.

KENYATTA, J., *Au Pied du Mont Kenya: Facing Mount Kenya.* Paris, Maspero, 1967.

KHOLER, J.M., *Activités Agricoles et Changements Sociaux dans l'Ouest-Mossi.* Paris, Ostrom, col. Mémoires, n. 46, 1977.

KNIGHT, C., *Blood Relations: Mestruations and the Origin of Cultures.* New Haven, Yale University Press, 1991.

LALLEMAND, S., *Une Famille Mossi.* Ouagadougo, col. Recherches vol.taïques, n. 17, 1977.

LALEMAND, S., "Le Bébé-ancetre *Mossi*". Em: LALLEMAND, S., et A.L., (dir.) *Système de Signes.* Paris, Hermann, 1978, pp. 307-316.

LAO-TSEU, *Tao-tö-king.* Paris, Gallimard, 1967.

LATOUCHE, S., LAURENT, P. -J., SINGLETON, M., SERVAIS, O., (dir.) *Les Raisons de la Ruse.* Paris, La Découverte /MAUSS, 2004.

LATOUCHE, X., KROTENBERG, A., *Mon Corps et Moi. Chirurgie Esthétique et Désir de Changement.* Paris, Payot, 2002.

LAURENT, P. -J., *Les Pouvoirs Politiques Locaux et la Décentralisation au Burkina Faso.* Louvain -la-Neuve/Paris. AcademieBruylant/L'Hartmann, col. Cahiers du CIDEP, n. 26, 1995.

LAURENT, P. J., *Une Association de Développement en Pays Mossi. Le don comme Ruse.* Paris, Karthala, 1998.

LAURENT, P. J., "Entre Ville et Campagne: le *big man* local ou la 'gestion copu d'État' de l'espace publique", *Politique africaine*, n. 80, pp. 169-182, 2000.

LAURENT, P. J., *Les Pentecôtistes au Burkina-Faso. Mariage, Pouvoir ett Guériso.* Paris, Karthala/IRD, 2003.

LAURENT, P. J., "Le Travail Missionaire des Assemblées de Dieu du Burkina Faso". Em: FOUCHARD, L., MARY, A., OTAYEK, R., *Entreprises Religieuses Transnationales en Afrique de l'Ouest.* Paris, Karthala, pp. 89-100, 2005.

LAURENT, P. J., "Institution d'un Marché Foncier et Restauration de la "Justice des Ancêtres" dans un Village *Mossi* du Burkinafaso". Em: BIERSCHENK, T., BLUNDO, G., JAFFRÉ, Y., TIDJANI ALOU, M., (dir.) *Une Anthropologie entre Rigueur et Engagement. Essais Autoru de l'Oeuvre de Jean-Pierre Olivier de Sardan.* Paris, Karthala, pp. 315-332, 2007.

LAURENT, P. J., "Éléments pour une Socio-anthropologie de la Défiance. L'Inhumain et l'Humain, esquisse d'une comparaison à partir de la société *Mossi* du Burkina Faso". Em: FURTOS, J., (dir.) *Les Cliniques de la Précarité.* Paris, Plon, 2008.

LAURENT, P. J., FURTADO, C., "Le Pentecôtisme Brésilien au Cap-Vert. L'Église Universelle du Royaume de Dieu", *Archives des Sciences Sociales des Religions,* 2008, 141, janv-mars, pp. 113-131.

LASNIK, M. C., *L'Impensable Désir. Féminité et Sexualité au Prisme de la Ménopause.* Paris, Denoël, 2003.

LE BRETON, D., *Anthopologie du Corps et Modernité*. Paris, PUF, 1990.

LE BRETON, D., "Sociologies des Émotions: Critique de la Raison Darwinienne", *Recherches Sociologiques*, vol.. 29, 1, pp. 37-54, 1998.

LE BRETON, D., *Les Passions Ordinaires. Anthopologie des Émotios*. Paris, Pyot et Rivages, 2004 (1198).

LE GOFF, J., TRUONG, N. , *Une Histoire du Corps au Moyen-Âge*. Paris, Liana Levi, 2003.

Le Monde, 6 juin 1968, p. 11.

LE ROY LADURIE, E., *Montaillou, Village Occitan, de 1294 à 1324*. Paris, Gallimard, 1975.

LÉVINAS, E., *Totalité et Infini. Essai sur l'Exteriorité*, La Haye, Nijhoff, Livre de Pôche, 2006 (1971).

LÉVY-STRAUSS, C., *Les Structures Élémentaires de la Parenté*. Paris, Mouton, 1949.

LÉVY-STRAUSS, C., "Introdution à l'Oeuvre de Marcel Mauss". In MAUSS, M., *Sociologie et Anthropologie*. Paris, PUF, pp. 9-70, 1950.

LÉVY-STRAUSS, C., "Race et Histoire". Em: col. *Le Racisme Devant la Science*. Paris, Unesco, pp. 9-49, 1960.

LÉVY-STRAUSS, C., *Mythologiques*, T. I., *Le Cru et le Cuit*. Paris, Plon, 1964.

LÉVY-STRAUSS, C., *Mythologiques*, T. II., *Du Miel aus Cendrres*. Paris, Plon, 1966.

LÉVY-STRAUSS, C., *Mythologiques*, T. III., *L'Origine des Manières de Table*. Paris, Plon, 1968.

LÉVY-STRAUSS, C., *Mythologiques*, T. IV., *L'Homme Nu*. Paris, Plon, 1971.

LÉVY-STRAUSS, C., *La Voie des Masques*. Paris, Plon, 1979.

LÉVY-STRAUSS, C., *Le Regard Éloigné*. Paris, Plon, 1983.

LÉVY-STRAUSS, C., *La Potière Jalouse*, Paris, Plon, 1985.

LÉVY-STRAUSS, C., *Histoire de Yinx*, Paris, Plon, 1991.

LÉVY-STRAUSS, C., "La Sexualité Féminine et l'Origine de la Société", *Les Temps Modernes*, mars-avril, 1998, 598, pp. 78-84.

LÉVY-STRAUSS, C., "Postface" *L'Homme*, n. 154-155, pp. 713-720, 2000.

LÉVY-STRAUSS, C., *En Substance, Ouvrage en Hommage à Françoise Héritier*. Paris, Fayard, pp. 493-496, 2001.

LÉVY-STRAUSS, C., *Oeuvres. Le Totémisme Aujourd'hui*. Paris, Gallimard, pp. 449-551, 2008a, (PUF, 1962).

LÉVY-STRAUSS, C., *Pensée Sauvage*. Paris, Gallimard, pp. 559-872, 2008b (Plon, 1962).

LITTLE, K., *African Women in Towns. An Aspect of Africa's Social Revol.ution*. Cambridge, Cambridge University Press. 1973.

LORAUX, N. , *Les Expériences de Tirésias. Le Féminin et l'Homme Grec*, Paris, Gallimard, 1989.

LUCA N. , "Pentecôtisme en Corée", *Archives de sciences sociales des religions*, 105, janvier-mars, pp. 99-123, 1999.

LUNEAU R., *Chants de Femmes au Mali*. Paris, Luneau Ascot Éditeurs, 1981.

MALINOWSKI, B., *La Sexualité et sa Répression dans les Scoiétés Primitives*. Paris, Payot, 1976.

MALINOWSKI, B., *La vie Sexuelle des Sauvages du Nord-Ouest de la Mélanésie.* Paris, Payot 2000, (1930).

MALINOWSKI, B., *Les Argonautes du Pacific Occidental.* Paris, Gallimard, 1989, (1922).

MALYSSE, S. "Em busca dos (H)alteres-ego: olhares franceses nos bastidores da corpolatria carioca". Em: GOLDENBERG, M., (dir.) *Nu é vestido. Dez antropólogos revelam a cultura do corpo carioca.* Rio de Janeiro/São Paulo, Record, 2002, pp. 79-137.

MARNHAC, A. (de), *Avant, Aprés. Les Visages de la Beauté.* Paris, Balland, 2004.

MARZANO, M. *Dictionnaire du Corps.* Paris, PUF, 2007.

MAZZOCCHTTI, J., *Aspects de la Jeunesse Universitraire de Ouaganougou au Bukina Faso. Lorsque dire c´est Faire: Une Ethnologie des Imaginaires.* Louvain-la-Neuve, thèse de doctorat, 2007.

MAZZOCCHETTI, J. *Être Étudiant à Ouanadougou. Itinéraires, Imaginaire et Précarité.* Paris, Karthala, 2009.

MAZZUCCO, C. "*E fui fatta Maschio*". *La Donna nel Cristianesimo Primitivo (secoli I-III). Com um´Appendice Sulla "Passio Perpetuae", "Università dgli Studi di Torino. Fondo di Studi Parini-Chirio, Litterature" I.* Firenze, Le Lettere, pp. 11-196, 1989.

MEAD, M. *L´un et l´Autre Sexe.* Paris, Denoël/Gonthier (trad. fr.), 1966.

MEIDANI, A. *Les Fabriques du Corps.* Toulouse, Presses Universitaires du Mirail,2007.

MICHELET, J., *La Femme.* Paris, Flammarion, 1981.

MILLET, R., *Le Gout des Femmes Laides.* Paris, Gallimard, 2005.

MILNER, R., *Encyclopedia of Evol.ution.* Cambridge, Cambridge Universiti Press, 1990.

MORGAN, L.H., *La Société Archaique.* Paris, Anthropos(Ancient Society, 1877).

MORIN, E., *Pe Paradigme Perdu: la Nature Humaine.* Paris, Seuil, 1973.

MORRIS, D., *Le Singe Nu.* Paris, Grasset, 1968.

MORRIS, D., *La Femme Nue.* Paris, Calmann-Lévy, 2005.

MOTTOT, F.,(dossier coordonné par),"Le Corps sous Contrôle", *Sciences Humaines,* n. 195, juillet, pp. 36-49, 2008.

NICOLAS, G., *Dynamiques Socialeset Appréhension du Mondo au Sein d´une Société Hausa.* Paris, Travaux et Mémoires de l´Institut d´Ethnologie, Musée de l´Homme, LXXVIII, 1975.

NOTHOMB, A., *Attentat.* Paris, Albin Michel, 1997.

OLIVIER DE SARDAN, J.P., *Anthropologie et Développement. Essai de Socio-anthropologie du Changement Social.* Paris, APAD/Karthala, 1995.

OPPONG, C. (ed.) *Female and Male in West Africa,* London George Alles and Unwin, 1983.

PASINI, W., BALDINI, M.T. *Les Septs Avantages de la Beauté. S´Ameliorer sans se Transformer.* Paris, Odile Jacob, 2006.

PAULME, D., (dir.) *Femmes d´Afrique noire.* Paris Mouton, 1960.

PAULME, D., (dir.) *Classes et Associations d´Âbe en Afrique de l´Ouest.* Paris, Plon, 1971.

PAULME, D., (dir.) *La Mère Dévorante.* Paris, Galimmard, 1976.

PAULME, D., *Cendrillon en Afrique*. Paris, Gallade, 2007.

PEERSMANN, O., "Beauté". Em: MARZANO, M., (dir.) *Dictionnaires du Corps*. Paris, PUF, pp. 111-116, 2007.

PIATTELLI-PALMARINI, M., (dir.) *Théorie du Langage. Théorie de l´Apprentissage. Le Débat entre Jean Piaget et Noam Chomski*. Paris, Seuil, 1979.

PICHOT, A., *La Société Pure. De Darwin à Hitler*. Paris, Flammarion, 2000.

PLAIDEAU, C., *"O Diabo amarrado" ou La Guerre Néopentêcotiste Contre les Demons Afro-brésiliens (Bahia Brésil)*. Louvain-la-Neuve, Université Catholique de Louvain, thèse de doctorat, 2008.

PLATON, *Le Banquet*. Texte établi et traduit par Léon Robin, Paris, Les Belles Lettres, 1951.

POLANYI, K., *La Grande Transformation*. Paris, Gallimard (The Great Transformation, 1944) 1983.

POPENOE, R., *Feeding Desire. Fatness, Beauty and Sexuality among a Saharan People*. London, Routlodge, 2004.

PRÉVERT, J., *Paroles*. Paris, Folio, 1972.

QUEVAL, I., *Le Corps Aujourd´hui*. Paris, Gallimar, 2008.

RANKE-HEINEMANN, U., *Des Eunuques pour le Royaume des Cieux. L´Église Catholique et la Sexualité*. Paris, Laffont, 1990.

RICOEUR, P., *Soi-Même comme un Autre*. Paris, Seuil, 1990.

RICOEUR, P., *La Mémoire, l´Histoire, l´Oubli*. Paris, Seuil, 2000.

RICOEUR, P., *Parcours de la Reconnaissance. Trois Études*. Paris, Seuil, 2004.

RIZZOLATTI, G., FABRI-DESTRO, M., "The Mirror System and its Role in Social Cognition", *Current Opinio in Neurobiology*, 18, pp. 179-184, 2008.

RIZZOLLATTI, G., SINIGAGLIA, C., *Les Neurones Miroirs*. Paris, Odile Jacob, 2008.

ROGERS, M.F. "Barbie". In: MARZANO, M., (dir.) *Dictionnaire du Corps*. Paris, PUF, pp. 108-111, 2007.

ROGERS, M. F., *Barbie, Culture*. Londres Sage, 1999.

ROUSSELLE, A., SISSA, G., THOMAS, Y., *La Famille dans la Grèce Antique et à Rome*. Paris, Complexe, (1986), 2005.

RUHLEN, M., *L´Origine des Langues*. Paris, Belin, 1997.

SAINT-JACQUES, C., *Éloge du Maquillage. Du Cosmos aus Cosmétiques*. Paris, Max Milo, 2006.

SAHLINS, M., "The Spirit of the Gift. Une Explication du Texte". Em: PUILLON, J., MARANDA, P., (dir.) *Échanges et Communications. Mélanges Offerts à Claude Lévi-Staruss*. Tome II, The Hague, Mouton, pp. 998-1012, 1970.

SANSOT, P., *La Beauté m´Insuporte*. Paris, Payot Rivages, 2004.

SARTRE, J. P., *Les Mots*. Paris, Gallimard, 1964.

SAUTET, M., *Les Femmes? De Leur Émancipation*. Paris, Jean-Claude Lattès, 1996.

SCHAEFFER, J. M., "Objets Esthétiques?", *L´Homme*, 170, pp. 25-46, 1996.

SCHAEFFER, J. M., *La Fin de l´Exception Humaine*. Paris, Gallimard, 2007.

SCHNEIDE, D. M., GOUGH, K., (ed.) *Matrilineal Kinship*. Berkeley and Los Angeles, University of California Press, 1961.

SCHPUN, M.R. *Les Années Folles à São Paulo. Hommes et Femmes au Temps de l´Explosion Urbaine (1920-1929)*. Paris, L´Hartmann, 1997.

SCOT, J. W., *La Citoyenne Paradoxale. Les Féministes Françaises et les Droits de l´Homme*. Paris, Albin Michel, 1998.

SEGALEN, M., *Mari et Femme dans la Foclété Faysanne*. Paris, Flammarion, 1980.

SEGALEN, M., *Essai sur l´Éxotisme*. Paris, LGF, 1986.

SELIGMAN, B., "The Problem of Incest and Exogamy", *American Anthropologist*, vol.. 52m, pp. 306-307, 1950.

SHOSTAK, M., *Nissa. Une Vie de Femme*. Paris, Payot et Rivages, 2003.

SIMMEL, G., *Philosophie de l´Amour*. Paris, Rivages Poche, 1988 (1892).

SIMMEL, G., *Le Conflit*. Paris, Circet Poche, 1995.

SINGLETON, M., *Pourquoi les Femmes Mettent-ellesdu Rouge aux Lèvres?* Université Catholique de Louvain, Unité d´Anthopologie et de sociologie, 5, p. (dactyl.) 1995a.

SINGLETON, M., "Classes d´àge en Afrique: Raisons d´Être et de Naître", *Sociologie des Populations*. Montréal, PUM/AUPELF-UREF, pp. 433-461, 1995b.

SINGLETON, M., *Amateursde Chiens à Dakar: Plaidoyer pour un InterprétariatAnthopologique*, Louvain-la-Neuve/Paris, Academia-Bruylant/l´Hartmann, 1998.

SINGLETON, M., "De l´Épaississement Empirique à l´Interpellation Interprétative en Passant par l´Ampliation Analogique: Une Méthode pour l´Anthropologie Prospective", *Recherches Sociologiques*, n. 1, pp. 15-40, 2001.

SINGLETON, M., *Critique de l´Ethnocentrisme*. Paris, Parangon, 2004.

SINGLETON, M., *Du Bon Usage de l´Épistémologie en Ethnologie*. Louvain-la-neuve, Laboratoire d´Anthropologie Prospective, 10, p. (dactyl.) 2008.

SINIGAGLIA, C., SPARACI, L., "Emotions in Actions Through the Looking Glass" *Journal of Analytical Psychology. 55, pp. 3-29.*

SLOTERDIYK, P., *Bulles. Sphères I* Paris, Hachette/Fayard, 2002.

SMITH M., *Baba de Karo*. Paris, Plon, col. Terre Humaine, 1969.

SOUM-POUYALET, F., *Le Corps, la Voix, le Voile. Chiekhat Marocaines*. Paris, CNRS, 2007.

SPENCER, P., "Becoming Maassai, Being in Time". Em: SPEAR, T., WALLER, R., (ed.) *Beeing Maasai*, London, James Currey Ltd (Eastern Africa Studies), pp. 140-156, 1993.

STOCZKOWSKI, W., "L´Antiracisme doit-il Rompre Avec la Science?", *La Recherche*, 401, p. 47, 2006.

STOCZKOWSKI, W., "Les Fondments de la Pensée de l´Exclusion. Les Progrès de la Biologie Peuvent-ils Faire Réculer le Racisme?", *La Recherche*, 349, pp. 42-48, 2002.

TAUZIN, A., *Figures du Féminin dans la Société Maure (Mauritanie*. Paris, Karthala, 2001.

TESTART, A., *Des Dons et des Dieux*. Paris, Errance, 2006.

THÉRY, I., *Le Démariage. Justice et Vie Privée*. Paris, Odile Jacob, 1993.

TONDA J., *Le Souverain Moderne. Le Corps du Pouvoir en Afrique Centrale (Congo, Gabon)*. Paris, Karthala, 2005.

TORT, P., *La Pensée Hiérarchique et l´Évol.ution (Les Complexes Discursifs)*. Paris, Aubier 1983.

TORT, P., "L´Éffet Réversif de l´Évol.ution. Fondements de l´Anthropologie Darwinienne". Em: TORT P., (dir.) *Darwinisme et Société*. Paris, PUF, pp. 13-46.

TORT P., *Darwinisme et Société*. Paris, PUF, 1992.

TORT P., *Darwin et le Darwinisme*. Paris, PUF, col. Quadrige, 1997.

TORT P., *L´Éffet Darwin. Selection Naturelle et Naissance de la Civilisation*. Paris, Seuil, 2008.

TOURAINE, A., *Le Monde des Femmes*. Paris, Fayard, 2006.

TRAORE, S., *Mariage et Célibat à Ouagadougou*. Paris, L´Hartmann, 2005.

TURNBULL, C., *Un Peuple de Fauves*. Paris, Stock, 1973.

TYLOR, E. B., *Primitive Culture: Researchs into the Development of Mythology, Philosophy, Religion, and Custom,* 2 vol.s. Londres, H. Murray, 1871.

VAN CAMPENHOUDT, M., *Féminisme Africain entre Local et Global: Étude de Terrain à Lomé au Togo,* Louvain -la-Neuve, mémoire de fin d´études em Sociologie, 2006.

VAN GULIK, R., *La Vie Sexuel dans la Chine Ancienne*. Paris, Gallimard (*Sexual Lifen in Ancien China, 1961).*

VERNANT, J. P., *Mythe et Société en Grece Ancienne. Paris, La Découverte, 1974.*

VERNANT, J. P., *L´Univers, les Dieux, les Hommes*. Paris, Seuil, 1999.

VERNANT, J. P., *Pandora, la Première Femme*. Paris, BNF/Bayard, 2006.

VERNANT, J. P., *Oeuvres. Religions, Rationalités, Politiques,* vol. I, Paris, Seuil, pp. 1-1294, 2007a.

VERNANT, J. P., *Oeuvres. Religions, Rationalités, Politiques,* vol. II, pp. 1303-2508. Paris, Seuil, 2007b.

VEYNE, P., *L´Élégie Érotique Moderne. L´Amour, la Poésie et L´Occident. Paris, Seuil, 1983.*

VIAN, B., (Vernon Sullivan) *E l´on Tuera Tous les Affreux*. Paris, Scorpio, 1983.

VIGARELLO, G., *Histoire de la Beauté. Le Corps et l´Art d´Embellir de la Rennaissance à nos Jour.* Paris, Seuil, 2004.

VINCENT, J. D., *La Biologie des Passions*. Paris, Odile Jacob, 1986.

VINCENT, L., *Comment Devient´on Amoureux?* Paris, Odile Jacob, 2004.

VINEL, V., "Comment les Alliés sont aussi des Parents. Endogamie Locale et Relations Familiales dans un Quaretier Moose Sikoomse (Burkina Faso)", *L´Homme* n. 154, avril-septembre, 2000, pp. 205-223.

VINEL, V., *Des Femmes et des Lignages. Ethnologie des Relations Féminines au Burkina Faso (Moose, Skoomse)*. Paris, L´Hartmann, 2005.

WALLACE, A.R., "The Origin of Human Races and the Antiquity of Man Deduced from the Theory of 'Natural Selection' " *Journam of the Anthropological Society of London,* n. 2,

1864, pp. 163-170.

WALLISER, B., (dir.) *La Cumulativité du Savoir en Sciences Sociales. En Hommage à Jean-Michel Berthelot.* Paris, EHESS, 2009.

WAUTHIER, P.Y., *Récit(s) d´une Stratégie et de Motivations d´Appariementdans une Société à Mariage(s) par Consentement Mutuel. Spéed Dating.* Louvain-la-Neuve, mémoire de master 120 en anthropologie, 2010.

WILSON, E. O., *Sociobiology:The New Synthesis,* Harvard, Harvard University Press, 1975.

WOOD, B., "Toumai: un ancêtre encombrant?", *La Recherche,* n. 356, septembre, pp. 42-46, 2002.

Esta obra foi composta em CTcP
Capa: Supremo 250 g – Miolo: Pólen Soft 80 g
Impressão e acabamento
Gráfica e Editora Santuário